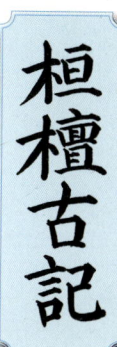

桓檀古記

桓檀古記 (포켓용)

발행일 2015년 3월 20일 초판 2쇄 발행 | 역주 안경전 |
펴낸곳 상생출판 | 주소 대전시 중구 중앙로 79번길 68-6 |
전화 070-8644-3156 | 팩스 0505-116-9308 |
홈페이지 www.sangsaengbooks.co.kr | 출판등록 2005년 3월 11일 (제175호) |
ⓒ 2013, 2015 상생출판 | ISBN 978-89-94295-40-4 03900

국립중앙도서관 출판시도서목록(CIP)

환단고기 / 안경전 역주. -- 대전 : 상생출판, 2012
  p. ; cm

한자표제 : 桓檀古記
편저: 계연수
교열: 이기
현토: 이유립
ISBN 978-89-94295-40-4 03900 : ₩15000

한국 고대사[韓國古代史]

911.02-KDC5
951.901-DDC21   CIP2012005956

桓檀古記

안경전安耕田 역주譯註

상생출판

간행사

올해로 『환단고기』가 간행된 지 100돌을 넘겼다. 이 책이 세상에 나온 1911년은, 동서양 제국주의 세력이 한반도에 몰려와 패권을 다툰 끝에 조선 왕조를 무너뜨린 바로 그 다음해이다. 나라를 잃고 온 백성이 절망에 빠졌을 때, 우리 민족의 시원 역사인 환국-배달-고조선이라는 삼성조三聖祖 시대부터 고려에 이르기까지, 9천 년 한민족사를 총체적으로 드러낸 『환단고기』가 출간된 것이다. 이 책의 간행은 한민족사의 진실을 백일하에 드러낸 일대 쾌거이자 동북아와 인류의 창세 역사를 밝힌 기념비적인 대사건이었다.

『환단고기』를 편찬한 사람은 당시 압록강을 넘나들며 독립운동을 하던 운초 계연수(1864~1920) 선생이다. 이 책은, 신라의 고승 안함로(579~640)와 고려 시대 인물로 추정되는 원동중(?~?)이 쓴 두 권의 『삼성기』, 고려 공민왕 때 수문하시중守門下侍中을 지낸 행촌 이암(1297~1364)이 쓴 『단군세기』, 이암의 동지이자 고려 말 충신인 복애거사 범장(?~?)이 쓴 『북부여기』, 조선시대에 찬수관撰修官을 역임한 일십당 이맥(1455~1528)이 쓴 『태백일사』 등 다섯 사서를 묶어 편찬한 것이다. 안함로 이래 무려 1,400년에 걸쳐 여러 선인의 공덕과 혈성血誠이 빚어낸 위대한 문화유산인 이 『환단고기』는 한민족의 고대사와 국통 맥을 밝혀 줄 사서들이 외세의 침탈과 사대주의자들 때문에 모두 사라진 이후, 유일하게 남은 정통 사서라는 점에서 그 가치가 더욱 빛난다.

그런데도 중화주의 사관과 식민주의 사관에 중독되고 서구 실증주의 사관에 치우친 이 땅의 강단사학자들은 『환단고기』의 저자들을 부정하고, 이 책을 조선 백성들에게 독립심을 고취시키기 위해 꾸며 낸 위서라 주장한다. 혹자는 상고시대 종교 교리서는 될지언정 역사서는 될 수 없다고 주장하는가 하면, 책에 적힌 지명, 인명이 시대에 맞지 않다고 시비를 걸기도 한다. 또 책에 나오는 세계, 인류, 만방, 국가, 헌법, 산업, 문화 같은 술어를 근대 용어로 단정하여, 최근세에 쓴 책이라 말한다. 하지만 필자가 『환단고기』 역주 완간본 해제에서 밝힌 바와 같이 이러한 용어들은, 비록 단어의 의미가 지금과 차이가 있을 수 있지만, 이미 오래 전부터 사용된 교양인의 상식 언어에 속한다. 위서론자들의 주장은 편견과 무지 때문에 생긴 오해라는 것이 최근 학자들의 연구에서도 속속 밝혀지고 있다.

『환단고기』를 근대 역사학의 안목으로만 본다면, 그 진가를 결코 알아볼 수 없다. 이 땅의 주류 사학자들은 집터, 무덤, 그릇 같은 유물과 유적으로만 과거를 추적하는 고고학 중심의 근대 실증사학에 갇혀서 『환단고기』가 전하는 인류 창세 역사와 원형 문화의 정신을 제대로 읽어내지 못하는 것이다. 『환단고기』라는 책 이름의 뜻조차 모르는 사람이 어찌 책의 내용과 가치를 제대로 밝힐 수 있겠는가. 신교 문화의 삼신, 칠성, 우주관, 인성론을 전할 뿐 아니라, 동북아 대륙에 걸친 큰 삼한의 역사를 기술한 이 책을 제대로 해석하려면, 인간을 천지의 꿈을 이루는 역사 주인공 즉 태일太―[대한大韓]로 보는 새로운 사관, 대한사관大韓史觀이 필요하다.

그동안 뜻있는 사람들이 20여 종에 이르는 『환단고기』 번역서를 내었다. 그러나 아직까지 『환단고기』의 저자들이 가지고 있었던 역사관을 정확하게 이해한 번역서를 찾아보기는 어렵다. 기존 번역서는, 잘못 해석한 곳이 적지 않을 뿐 아니라 한민족 시원 역사의 진실, 특히 태곳적 인류의 정신문화인 신교의 본질을 제대로 드러내지 못하였다는 것을 지적하지 않을 수 없다. 이에 필자는 『환단고기』 출간 100주년을 맞아, 잃어버린 한민족의 뿌리 역사를 되찾고 인류 시원 문화의 참모습을 밝히기 위해 본 번역서를 발간하게 되었다.

『환단고기』는 과연 어떤 책인가? 한마디로 말해서 '인간이 천지 광명을 직접 체험하며 살았던 창세 역사시대 즉 환단시대 이래의 한민족 역사를 전하는 책'이다. 오늘날 인류는 하늘과 땅의 광명을 잊고 살지만, 태고시대의 일상생활과 문화 주제는 오직 광명 체험에 초점이 맞춰져 있었다. 인간의 순수성이 오염되기 이전으로 인간이 자연과 더불어 하나 된 생활을 하였기 때문이다.

『환단고기』는 인류의 상고 역사, 그 중에서도 동북아 역사의 실체를 밝혀주는 고귀한 역사 경전이다. 수억 광년 떨어진 밤하늘의 별자리를 망원경으로 조망하듯, 이 책 한 권으로 인류의 잊혀진 뿌리 역사를 시원스레 들여다볼 수 있다. 『환단고기』에는 홍미진진한 동북아의 창세 역사 이야기와, 한민족이 9천 년 전부터 받든 하늘 숭배의 실체인 상제上帝 신앙이 담겨 있고, 동서의 종교와 철학, 역사학 등에서 제기한 여러 문제에 대한 궁극의 해답이 들어 있다. 뿐만 아니라 천지 대자연의 법칙, 인간의 생성 원리, 성性과 명命의 존재 원리, 진아眞我를 구현하는 신교의 수행 원리 같은 진리의 한 소식이 들어 있다. 그러므로 『환단고기』를 실로 한민족의 역사 경전이면서 동시에 종교 경전이요 문화 경전이라 부르는 것이 마땅할 것이다.

『환단고기』를 마치 명상서를 보듯이 오랜 세월 깊이 들여다보면, 밝을 환桓이 바로 하늘과 땅과 인간의 본성이고, 역사의 궁극 목적이라는 것을 깨칠 수 있다. 만법귀일萬法歸一이란 말처럼, 역사의 모든 주제는 환이라는 한 글자로 통한다.

천지가 열리기 전부터 우주는 오직 광명으로 가득 차 있었고, 그 광명 속에 대자연과 인간을 낳는 궁극의 존재 근거로서 삼신이 계셨다. 삼신은 무형의 신이고, 그 삼신의 조화권을 그대로 쓰시면서 이 우주를 다스리는 절대자 하나님은 따로 계신다. 그분을 우리 민족은 삼신상제님이라 불렀다.

하늘과 땅과 인간 세계는 삼신의 자기 현현으로 열렸다. 하늘과 땅과 인간은 삼신이 낳은 삼위일체三位一體的 존재이다. 따라서 인간은 자신의 존재 의미를 천지인 삼위일체 속에서 찾을 수 있고, 삶의 목적도 그 속에서 온전히 성취할 수 있다. 본서에서 전하는 인류의 원형 문화인 신교의 삼신 문화를 예리한 통찰력으로 이해하고 깨닫는다면, 『환단고기』의 독보적인 인류문화사적 가치를 제대로 맛볼 수 있을 것이다.

이번에 『환단고기』 역주본에 맞춰서 발간하는, 소책자 크기의 포켓용 『환단고기』에는 원문과 번역문만 실어서 책의 부피를 줄였다. 이 책을 언제든지 들고 다니면서, 마치 경문經文을 읽듯이 즐겨 읽고 암송하면 우리 겨레가 일군 천지 환단의 역사와 사상에서 큰 깨달음을 얻고 새 기운을 체험할 것이다. 아무쪼록 이 책이 전하는 문화와 정신을 영성의 양식으로 삼아 새롭게 열리는 환의 문명에 크게 눈 뜨기를 축원한다.

환기 9209년 신시개천 5909년 단군기원 4345년
서기 2012년 6월 3일

安 耕 田

桓檀古記 목차

간행사 4

범례 凡例 13

삼성기전三聖紀全 상편上篇 21
삼성기전三聖紀全 하편下篇 35

단군세기檀君世紀
  단군세기檀君世紀 서序 60
  단군세기檀君世紀 73

북부여기北夫餘紀
  북부여기 상北夫餘紀 上 202
  북부여기 하北夫餘紀 下 219
  가섭원부여기迦葉原夫餘紀 227

인류 창세 역사와 한민족 9천년사의 국통맥國統脈을 바로 세우는
인류 원형 문화의 원전原典

태백일사太白逸史

- 삼신오제본기三神五帝本紀 243
- 환국본기桓國本紀 287
- 신시본기神市本紀 301
- 삼한관경본기三韓管境本紀 377
- 소도경전본훈蘇塗經典本訓 505
- 고구려국본기高句麗國本紀 535
- 대진국본기大震國本紀 625
- 고려국본기高麗國本紀 657

부록 | 참고사료 : 삼국유사 고조선 725

『환단고기』를 편찬한

운초雲樵 계연수桂延壽 (1864~1920)

- 『삼성기전』 상, 『삼성기전』 하, 『단군세기』, 『북부여기』, 『태백일사』를 합편하여 『환단고기』로 정명正名하였다.
- 『환단고기』를 구성하는 『삼성기전』 상, 『삼성기전』 하, 『단군세기』, 『북부여기』, 『태백일사』 등 다섯 권의 출처를 서문격인 범례에서 자세히 밝혔다.
- 『삼성기전』 상은 운초 집안 소장본이고, 『삼성기전』 하와 『단군세기』는 북녘 땅 제1의 장서가 백관묵白寬默에게서 전수받았다. 백관묵의 아들은 독립운동으로 유명한 백삼규白三圭이다. 『북부여기』는 삭주 사람 이형식 소장본이고, 『태백일사』는 해학 이기의 집안에서 전해 오던 것이다.
- 스승이자, 『단군세기』를 쓴 이암과 『태백일사』를 쓴 이맥의 직계 후손인, 해학 이기의 지도 아래 『환단고기』를 발간하였다.
- 『환단고기』의 중추신경이라 할 수 있는 한민족과 인류의 창세 원형 문화인 신교의 우주론과 인간관, 신관과 태고의 수행문화를 근원으로 하여 단절된 한국사의 국통 맥을 환국―배달―조선―북부여―고구려―대진(발해)―고려로 잡아 주었다.
- 『환단고기』 역사관을 이해하기 위해서는 **신교의 삼신관에 근거한 우주관과 신관 그리고 인간관의 총 결론인 하늘과 땅과 인간이 하나 되는 심법원리인 삼일심법三一心法을 강력하게 체험해야 한다**는 것을 강조하고 있다. 동시에 이 심법은 인류 최초의 경전인 『천부경』과 『삼일신고』의 천지 광명 환단의 역사관의 근본을 두고 있음을 밝히고 있다.

桓檀古記 凡例
범례

운초雲樵 계연수桂延壽

桓檀古記

一. 古記引用이 始自一然氏之遺事나
而今其古記를 不可得見일새
乃以三聖紀·檀君世紀·北夫餘紀·
太白逸史로 合爲一書하니 名曰 桓檀古記라

一. 三聖紀는 有二種이나 而似非完編이오
安含老氏所撰은 余家舊傳이니
今爲三聖紀全上篇하고 元董仲氏所撰은
得於泰川白進士寬默氏하니

遺 남길 유 逸 숨을 일 撰 지을 찬 篇 책편 편 董 감독할 동 寬 너그러울 관

一. 『고기古記』의 인용이 일연의 『삼국유사』로부터 시작되었으나, 지금은 『고기』를 볼 수 없으므로 이제 『삼성기』, 『단군세기』, 『북부여기』, 『태백일사』를 합본하여 한 권의 책으로 만들어 『환단고기』라 한다.

一. 『삼성기』는 두 종류가 있으나 모두 완편完編은 아닌 것 같다. 안함로가 찬술한 것은 오래 전부터 우리 집안에 전해 내려 온 것이다.
이제 이를 「삼성기전」 상편으로 하고, 원동중이 찬술한 것은 평안도 태천泰川의 진사 백관묵白寬默으로부터 얻

14 환단고기

今爲三聖紀全下篇하야
總謂之三聖紀全이라

一. 檀君世紀는 紅杏村叟所編이니
乃杏村先生文貞公所傳也라
此書도 亦得於白進士하니
進士는 文藻古家也라 素多藏書오
而今兩種史書가 俱出其家하니
奚啻譬諸百朋之賜리오

總 합할 총   叟 늙은이 수   藻 꾸밀 조   素 본디 소   啻 뿐 시   譬 비유할 비

은 것인데 이를 「삼성기전」 하편으로 하며, 이 두 편을 합본하여 『삼성기전』이라 한다.

一. 『단군세기』는 홍행촌수紅杏村叟가 엮은 것으로, 바로 행촌 선생 문정공文貞公이 전한 것이다.
이 책 또한 백진사에게서 얻은 것으로, 진사의 가문은 예로부터 문재로 이름이 높은 집안이라 소장하고 있는 책이 많았다.
두 종류 사서史書가 모두 이 집에서 나왔으니, 어찌 만금을 주는 것에 이를 비유할 수 있으리오.

可謂祖國之萬丈光彩也라

一. 北夫餘紀上下는 伏崖居士 范樟所撰也라
舊有以檀君世紀로合編者를
得於朔州梨洞李進士亨栻家하니
檀君世紀는 與白進士所藏으로
無一字異同하고
今又有別本而行於世者하니
此本內容이 自與前書로 頗有所殊故로

崖 벼랑 애 范 성 범 樟 녹나무 장 栻 나무이름 식 頗 자못 파 殊 다를 수

가히 조국의 앞날을 밝혀 주는 크나큰 영광이라 할 것이다.

一. 『북부여기』 상·하는 복애거사伏崖居士 범장范樟이 지은 것이다. 예전에 『단군세기』와 합편해 놓은 것을 삭주朔州 뱃골(梨洞)의 진사 이형식李亨栻의 집에서 얻었는데, 『단군세기』는 백진사가 소장한 것과 한 글자도 다름이 없다.

근래에 와서 별본이 세상에 나돌고 있는데, 이 별본의 내용은 앞의 『북부여기』와 자못 다른 바가 많아 더이상

<ruby>更<rt>갱</rt></ruby><ruby>不<rt>불</rt></ruby><ruby>及<rt>급</rt></ruby><ruby>之<rt>지</rt></ruby><ruby>也<rt>야</rt></ruby>라.

一. <ruby>太白逸史<rt>태백일사</rt></ruby>는 <ruby>一十堂主人李陌氏所編<rt>일십당주인이맥씨소편</rt></ruby>이니
   <ruby>乃海鶴李沂先生所藏也<rt>내해학이기선생소장야</rt></ruby>라.
   <ruby>蓋桓檀以來 相傳之敎學經文<rt>개환단이래 상전지교학경문</rt></ruby>이 <ruby>悉備<rt>실비</rt></ruby>하고
   <ruby>取材典據<rt>취재전거</rt></ruby>가 <ruby>可一見瞭然者也<rt>가일견요연자야</rt></ruby>라.
   <ruby>且其天符經<rt>차기천부경</rt></ruby>·<ruby>三一神誥<rt>삼일신고</rt></ruby>의 <ruby>兩書全文<rt>양서전문</rt></ruby>이
   <ruby>俱在篇中<rt>구재편중</rt></ruby>하니 <ruby>實爲郎家之大學中庸也<rt>실위낭가지대학중용야</rt></ruby>라.
   <ruby>嗚呼<rt>오호</rt></ruby>라 <ruby>桓檀相傳之三一心法<rt>환단상전지삼일심법</rt></ruby>이

陌 두렁길맥 編 엮을편 沂 물이름기 備 갖출비 據 의지할거 瞭 명백할요

언급하지 않는다.

一. 『태백일사』는 일십당 주인 이맥이 엮은 것으로 해학 이기 선생이 소장해 온 것이다. 대개 환단 이래로 서로 전해 온 교학 경문이 모두 여기에 갖추어져 있으니, 인용한 전서가 상세하여 일목요연하다.
또 『천부경』과 『삼일신고』 두 글의 전문이 모두 여기에 실려 있으니, 이는 실로 낭가郎家의 『대학』·『중용』과 같은 것이다.
아아! 환국·배달·조선(환단)이 서로 전한 삼일심법三一心

眞在是書하니 果太白眞敎重興之基歟인저

手自舞하고 足自蹈하며

興欲哄하고 喜欲狂也라.

一. 桓檀古記는 悉經海鶴李先生之監修오

而且余精勤繕寫하고

又因洪範圖吳東振兩友之出金하야

付諸剞劂하니

一爲自我人間之發見主性而大賀也며

蹈 발구를 도 悉 모두 실 繕 정서할 선 寫 베낄 사 剞 새김칼 기 劂 새김끌 궐

法이 진실로 이 책 속에 들어 있으니, 대광명의 동방 신교의 진리 가르침[太白眞敎:神敎]이 중흥하는 기틀이 아니고 무엇이랴! 손발이 절로 춤추며, 흥겨워 외치고 싶고 기뻐서 미칠 듯하도다!

一. 『환단고기』는 모두 해학 이기 선생의 감수를 거쳤으며, 또 내가 정성을 들여 부지런히 편집하고 옮겨 적었다. 그리고 홍범도·오동진 두 벗이 자금을 대어 목판에 새겨서 인쇄하였다.
이로써 우리 자신의 주체성을 발견하게 되었으니 크게

一爲民族文化之表出理念而大賀也며
一爲世界人類之對合共存而大賀也라.

神市開天 五千八百八年은
卽光武十五年이니 歲次辛亥 五月廣開節에
太白遺徒宣川桂延壽仁卿은
書于妙香山之檀窟庵하노라.

表 겉표 類 무리류 廣 넓을광 宣 베풀선 卿 벼슬경 窟 굴굴 庵 암자암

축하할 만한 일이요, 또한 민족 문화의 이념을 표출하게 되었으니 크게 경축할 만한 일이며, 또 한편으로 세계 인류가 대립을 떠나 공존할 수 있는 기틀을 마련하게 되었으니 더욱 경축할 만한 일이다.

신시개천神市開天 5808년, 광무光武 15년 신해(1911)년 5월 광개절에 태백 진리[神敎]의 정신을 계승한 선천宣川 사람 계연수 인경仁卿이 묘향산 단굴암에서 쓰노라.

유불선儒佛仙과 상고 시대 신교神敎문화를 회통會通한

안함로安舍老 (579~640)

- 선덕여왕 9년(환기 7837, 신시개천 4537, 단기 2973, 640) 만선도량萬善道場에서 입적.
- 이찬伊飡을 지낸 시부詩賦의 손자. 신라 진평왕 때의 도승道僧. 안홍安弘 법사, 안함태安舍咍 화상이라고도 부르며, 신라 십성十聖 중 한 사람이다.
- 시원始原 신교神敎의 선맥仙脈을 계승하여 유불선儒佛仙의 정수를 신교 우주론으로 정리하였고, 한민족 신교문화의 상수철학과 삼신·칠성문화의 원형을 상세히 밝혔다.
- 『삼성기』 상은 환국-배달-조선-북부여-고구려로 이어지는 한민족사의 국통 맥을 밝히고, 고주몽이 북부여의 정통을 계승했다는 것을 처음으로 지적하였다.

三聖紀全 上篇
삼성기전 상편

안함로安含老 찬撰

1. 桓因天帝의 桓國 開創

吾桓建國이 最古라.
有一神이 在斯白力之天하사
爲獨化之神하시니
光明照宇宙하시고 權化生萬物하시며
長生久視하사 恒得快樂하시며
乘遊至氣하사 妙契自然하시며
無形而見하시며 無爲而作하시며
無言而行하시니라.

獨홀로독 照비출조 權권세권 快즐거울쾌 乘탈승 遊놀유 契합할계

1. 환인천제의 환국 개창

우리 환족이 세운 나라가 가장 오래 되었다.
하느님[一神]은 사백력斯白力(대광명)의 하늘에 계시며 홀로 우주의 조화를 부리는 신이시다.
광명으로 온 우주를 비추고, 대권능의 조화[權化]로 만물을 낳으며, 영원토록 사시며[長生久視] 항상 즐거움을 누리신다.
지극한 조화기운[至氣]을 타고 노니시고 스스로 그러함(대자연의 법칙 : 道)에 오묘하게 부합하며, 형상 없이 나타나고 함이 없이 만물을 지으시며 말없이 행하신다.

人類 太古 文明의 始祖, 安巴堅桓因

日^일에 降^강童^동女^녀童^동男^남八^팔百^백於^어黑^흑水^수白^백山^산之^지地^지하시니

於^어是^시에 桓^환因^인이 亦^역以^이監^감羣^군으로

居^거于^우天^천界^계하사 搭^부石^석發^발火^화하사

始^시敎^교熟^숙食^식하시니 謂^위之^지桓^환國^국이오

是^시謂^위天^천帝^제桓^환因^인氏^씨이시니

亦^역稱^칭安^안巴^파堅^견也^야시니라

傳^전七^칠世^세로대 年^연代^대는 不^불可^가考^고也^야니라.

三聖紀全 上篇

監 살필감 羣 무리군(群의 본자) 搭 칠부 發 필발 熟 익힐숙 稱 일컬을칭

인류 태고 문명의 시조, 안파견환인

어느 날 동녀동남 800명을 흑수와 백산의 땅에 내려 보내시니, 이에 환인께서 만백성의 우두머리[監羣]가 되어 천계天界(천산 동방의 환국)에 거주하시며 돌을 부딪쳐서 불을 피워 음식을 익혀 먹는 법을 처음으로 가르치시니 이 나라를 환국桓國(광명의 나라)이라 했다.

이 환국을 다스리신 분을 '천제 환인씨'라 부르고, 또한 '안파견'이라고도 불렀다.

환국은 7세를 전했으나, 그 연대는 자세히 살필 수 없다.

2. 桓雄天皇의 倍達 時代

後에 桓雄氏繼興하사 奉天神之詔하시고

降于白山黑水之間하사

鑿子井女井於天坪하시고

劃井地於靑邱하시며

持天符印하시고 主五事하사

在世理化하사 弘益人間하시며

立都神市하시고 國稱倍達하시니라.

繼이을계 興일어날흥 詔조칙조 鑿팔착 坪벌평 劃그을획 持가질지

2. 환웅천황의 배달 시대

그 후 환웅씨가 환국을 계승하여 일어나 하늘에 계신 상제上帝님의 명을 받들어 백산과 흑수 사이의 지역에 내려오셨다.

그리하여 천평天坪에 우물[자정子井과 여정女井]을 파고 청구靑邱에 농사짓는 땅을 구획하셨다.

환웅께서 천부와 인을 지니고 오사五事를 주관하시어 세상을 신교의 진리로 다스려 깨우쳐 주시고[在世理化], 인간을 널리 이롭게 하시며[弘益人間], 신시에 도읍을 정하여[立都神市] 나라 이름을 배달[國稱倍達]이라 하셨다.

熊氏族 女人을 皇后로 삼다

擇_택三_삼七_칠日_일하사 祭_제天_천神_신하시며

忌_기愼_신外_외物_물하사 閉_폐門_문自_자修_수하시며

呪_주願_원有_유功_공하시며 服_복藥_약成_성仙_선하시며

劃_획卦_괘知_지來_래하시며 執_집象_상運_운神_신하시니라.

命_명羣_군靈_령諸_제哲_철하사 爲_위輔_보하시며

納_납熊_웅氏_씨女_녀하사 爲_위后_후하시며

定_정婚_혼嫁_가之_지禮_례하사 以_이獸_수皮_피로

爲_위幣_폐하시며 耕_경種_종有_유畜_축하시며 置_치市_시交_교易_역하시니

擇 가릴 택 愼 삼갈 신 執 잡을 집 哲 밝을 철 輔 도울 보 幣 폐백 폐

웅씨족 여인을 황후로 삼다

삼칠일(21일)을 택하여 상제님께 제사지내고 바깥일[外物]을 꺼리고 삼가 문을 닫고 수도하셨다. 주문을 읽고 공덕이 이뤄지기를 기원하셨으며, 선약을 드시어 신선이 되셨다. 괘卦를 그어 미래의 일을 아시고, 천지변화의 움직임[象]을 파악하여 신명을 부리셨다[執象運神].

여러 신령한 인물과 명철한 인재를 두루 모아 신하로 삼고, 웅씨족 여인[熊氏女]을 맞아들여 황후로 삼으셨다. 혼인 예법을 정하여 짐승 가죽으로 폐백을 삼게 하시고 농사를 짓고 가축을 기르게 하시고, 시장을 열어 교역을 하게 하

九域이 貢賦하며 鳥獸率舞라.
後人이 奉之爲地上最高之神하야
世祀不絶하니라.
神市之季에 有治尤天王이 恢拓靑邱하시고
傳十八世하사 歷一千五百六十五年이러라.

3. 檀君王儉의 朝鮮 開國

後에 神人王儉이
降到于不咸之山檀木之墟하시니

貢 바칠공 **賦** 구실 부(세납) **絶** 끊을 절 **季** 끝 계 **恢** 넓힐 회 **拓** 개척할 척

시니, 구환족九桓族이 사는 모든 지역에서 공물과 세를 바치고, 뭇 새와 짐승들까지 따라서 춤을 추었다. 후세 사람이 이분을 지상의 최고신으로 모시고 세세토록 제사 지내기를 그치지 않았다.

배달국 신시 시대 말기에 치우천황이 계시어 청구靑邱를 널리 개척하셨다. 환웅천황의 배달 시대는 18세를 전하였으며 1,565년을 누렸다.

3. 단군왕검의 조선 개국

이후에 **신인**神人 **왕검**이 불함산不咸山의 박달나무가 우거진

其至神之德과 兼聖之仁이
乃能承詔繼天而建極하사
巍蕩惟烈이어시늘
九桓之民이 咸悅誠服하야
推爲天帝化身而帝之하니
是爲檀君王儉이시라.
復神市舊規하사 設都阿斯達하시고
開國하사 號朝鮮하시니라.

兼 겸할겸　承 이을승　巍 높을외　蕩 광대할탕　烈 빛날렬　推 밀추　規 법규

터[墟]에 내려오셨다. 왕검께서 지극히 신성한 덕성과 성인의 인자함을 겸하시고, 능히 선대 환인·환웅 성조의 법을 이어 받고 하늘의 뜻을 받들어 인륜의 푯대를 세우시니, 그 공덕이 높고 커서 찬란하게 빛났다.
이에 **구환**九桓의 백성이 모두 기뻐하고 진실로 복종하여 천제의 화신으로 추대하여 임금으로 옹립하니, 이분이 바로 단군왕검이시다. 왕검께서는 신시 배달의 옛 법도를 되살리시고 아사달에 도읍을 정하여 나라를 여시니, 그 이름을 조선朝鮮이라 하셨다.

菲西岬 河伯女를 皇后로 삼다

檀君이 端拱無爲하사 坐定世界하시며
玄妙得道하시며 接化羣生하실새
命彭虞하사 闢土地하시며
成造로 起宮室하시며
高矢로 主種稼하시며
臣智로 造書契하시며
奇省으로 設醫藥하시며
那乙로 管版籍하시며

端 단정할 단　拱 두손 맞잡을 공　稼 심을 가　契 새길 계　籍 호적 적

비서갑 하백의 따님을 황후로 삼다

단군왕검께서는 두 손을 맞잡은 채 단정히 앉아 함이 없이 세상의 질서를 바로잡아 다스리셨다. 현묘한 도를 깨치셨으며, 뭇 생명을 접하여 교화하실 때,
팽우彭虞에게 명하여 토지를 개척하게 하시고,
성조成造에게 궁실을 짓게 하시고,
고시高矢에게 농사일을 맡게 하시고,
신지臣智에게 글자를 만들게 하시고,
기성奇省에게 의약을 베풀게 하시고,
나을邢乙에게 호적을 관장하게 하시고,

義로 典卦筮하시며
尤로 作兵馬하시며
納菲西岬河伯女하사 爲后하시고 治蠶하시니
淳厖之治가 熙洽四表러라.

마흔일곱 분의 檀君, 2096年間의 大朝鮮史

丙辰周考時에 改國號하사
爲大夫餘하시고
自白岳으로 又徙於藏唐京하사 仍設八條하사

義 밝을 희 筮 점서 蠶 누에잠 厖 두터울 방 熙 빛날 희 洽 흡족할 흡

희羲에게 괘서卦筮를 주관하게 하시고,
우尤에게 병마兵馬를 담당하게 하셨다. 단군왕검께서 비서갑菲西岬에 사는 **하백의 따님**[河伯女]을 맞이하여 황후로 삼고 누에치기를 관장케 하시니, 백성을 사랑하시는 어질고 후덕한 정치가 사방에 미치어 천하가 태평해졌다.

마흔일곱 분의 단군, 2,096년간의 대조선사

병진(단기 1909, BCE 425)년 주周나라 고왕考王 때 나라 이름을 대부여로 바꾸고 도읍을 백악산白岳山에서 장당경藏唐京으로 옮겼으며, '8조 금법禁法'으로 법도를 세우셨다.

독서습사   위과   제천   위교
讀書習射로 爲課하시며 祭天으로 爲敎하시며

전잠시무   산택무금   죄불급노
田蠶是務하시며 山澤無禁하시며 罪不及孥하시며

여민공의   협력성치
與民共議하시며 協力成治하시니

남유상직   여유호구
男有常職하며 女有好逑하며

가개축적   산무도적
家皆蓄積하며 山無盜賊하며

야불견기   현가일역
野不見飢하며 絃歌溢域하니라.

단군왕검   자무진통국   전사십칠세
檀君王儉이 自戊辰統國으로 傳四十七世하사

역이천구십육년
歷二千九十六年이러라.

務 힘쓸무 逑 짝구 積 쌓을적 飢 주릴기 絃 현악기현 溢 넘칠일

책읽기와 활쏘기에 힘쓰게 하고, 하늘(삼신상제님)에 제사 지내는 것을 근본 가르침으로 삼았으며, 농사와 누에치기에 힘쓰고 산과 못을 일반 백성에게 개방하셨다. 죄를 지어도 처자식에게 미치지 않게 하고, 백성과 더불어 의논하고 힘을 합하여 다스리셨다. 남자에게는 일정한 직업이 있고 여자에게는 좋은 배필이 있었다. 집집마다 재물이 풍족하고, 산에는 도적이 없고 들에는 굶주리는 사람이 없으며, 악기 소리와 노랫소리가 온 나라에 넘쳐흘렀다.
시조 단군왕검께서 무진(BCE 2333)년에 나라를 다스리신 이래 47세世를 전하니, 역년은 2,096년이다.

4. 北夫餘의 始祖 解慕漱와 東明王 高豆莫汗

壬戌秦始時에 神人大解慕漱가
_{임술진시시} _{신인대해모수}

起於熊心山하시니라
_{기어웅심산}

丁未漢惠時에 燕酋衛滿이 竊居西鄙一隅할새
_{정미한혜시} _{연추위만} _{절거서비일우}

番韓準이 爲戰不敵하야 入海而亡하니
_{번한준} _{위전부적} _{입해이망}

自此로 三韓所率之衆이
_{자차} _{삼한소솔지중}

殆遷民於漢水之南하고
_{태천민어한수지남}

一時羣雄이 競兵於遼海之東이러니
_{일시군웅} _{경병어요해지동}

至癸酉漢武時하야
_{지계유한무시}

慕 사모할 모 漱 씻을 수 竊 훔칠 절 鄙 궁벽한 곳 비 隅 구석 우 番 차례 번

4. 북부여의 시조 해모수와 동명왕 고두막한

임술(단기 2095, BCE 239)년 진왕秦王 정政 때 신인 대해모수大解慕漱가 웅심산熊心山에서 일어났다. 정미(단기 2140, BCE 194)년 한나라 혜제惠帝 때 연나라 유민의 우두머리 위만이 서쪽 변방 한 모퉁이를 도적질하여 차지하였다. 이에 번한의 왕 준準이 맞서 싸웠으나 당해 내지 못하고 바다로 도망하였다. 이로부터 삼한三韓에 속한 백성들은 대부분 한수漢水(한강)이남으로 옮겨 살게 되었다.

이후 한때 여러 영웅이 요해遼海의 동쪽에서 군대를 일으켜 서로 힘을 겨루더니, 계유(단기 2226, BCE 108)년 한무제 때

三聖紀全 上篇

漢한이 移兵이병하야 滅右渠멸우거할새

西鴨綠人서압록인 高豆莫汗고두막한이 倡義興兵창의흥병하사

亦稱檀君역칭단군하시고

乙未한소시漢昭時에 進據夫餘故都진거부여고도하사

稱國東明칭국동명하시니 是乃新羅故壤시내신라고양야이라.

高鄒牟(高朱蒙)의 北夫餘 繼承과 高句麗 建國

至癸亥春正月지계해춘정월하야 高鄒牟고추모가

亦以天帝之子역이천제지자로 繼北夫餘而興계북부여이흥하사

渠 도랑 거 莫 없을 막 倡 부르짖을 창 據 점거할 거 鄒 나라이름 추 牟 클 모

한나라가 쳐들어와 위만의 손자 우거右渠를 멸하였다.
이때 서압록사람 **고두막한**高豆莫汗이 의병을 일으켜 또한
단군이라 칭하였다.
을미(단기 2248, BCE 86)년 한나라 소제昭帝 때 **고두막한**이
부여의 옛 도읍을 점령하고 나라를 동명東明이라 칭하시니,
이곳은 곧 신라의 옛 땅이다.

고추모(고주몽)의 북부여 계승과 고구려 건국

계해(단기 2276, BCE 58)년 봄 정월에 이르러 **고추모(고주몽)**
가 역시 천제의 아들로서 북부여를 계승하여 일어났다.

復^{복단군구장}檀君舊章하시고 祠^{사해모수}解慕漱하사
爲^{위태조}太祖하시고 始^{시건원}建元하사 爲^{위다물}多勿하시니
是^{시위고구려시조야}爲高句麗始祖也시니라.

復 회복할 복 章 법 장 祠 제사 지낼 사 建元:연호를 세움 麗 고울 려

단군의 옛 법을 회복하고, 해모수를 태조로 받들어 제사 지내며 연호를 정하여 다물多勿이라 하시니, 이분이 곧 고구려의 시조이시다.

환국의 실체와 배달의 역년을 밝히고
배달의 성웅 치우천황의 진면목을 드러낸

원동중元董仲 (? ~ ?)

🔹 원동중의 자세한 행적은 전하지 않는다. 『세조실록』에, 세조가 팔도관찰사에게 수거하도록 유시한 도서 목록에 안함로와 더불어 『삼성기』의 저자로 기록되어 있다. 한암당寒闇堂 이유립은 원동중을 고려 때 인물로 추정하였다.

🔹 안함로의 『삼성기』 상편과 원동중의 『삼성기』 하편은 두 권의 책이 마치 일란성 쌍생아와 같이 절묘하게 상호 보완하고 있다.

🔹 원동중의 『삼성기』 하편은 상편에서 빠진 내용을 중점으로 다루었다. 무엇보다도 환국의 일곱 분 환인의 역년과 12분국의 이름을 드러내어 환국의 실체를 밝혔고, 배달의 열여덟 분 환웅의 역년을 '신시역대기'로 밝혀 주었다. 특히 한민족사의 성웅 치우천황에 대해서 집중적으로 다루었다.

三聖紀全 下篇
삼성기전 하편

원동중元董仲 찬撰

1. 人類의 始祖와 東西 文明의 始原 國家

人類之祖를 曰那般이시니

初與阿曼으로 相遇之處를 曰阿耳斯庀라.

夢得天神之敎하사 而自成昏禮하시니

則九桓之族이 皆其後也라.

昔에 有桓國하니 衆이 富且庶焉이라.

初에 桓仁이 居于天山하사 得道長生하사

擧身無病하시며 代天宣化하사 使人無兵하시니

人皆作力하야 自無飢寒이러라.

那어찌나 般클반 阿언덕아 曼뻗을만 遇만날우 庀다스릴비 庶많을서

1. 인류의 시조와 동서 문명의 시원 국가

인류의 시조는 **나반**那般이시다. 나반께서 **아만**阿曼과 처음 만나신 곳은 아이사비阿耳斯庀이다. 두 분이 꿈에 천신(상제님)의 가르침을 받고 스스로 혼례를 올리시니 환족의 모든 족속[九桓族]이 그 후손이다. 옛적에 환국이 있었다[昔有桓國]. 백성들은 풍요로웠고 인구도 많았다. 처음에 환인께서 천산에 머무시며 도를 깨쳐 장생하시니 몸에는 병이 없으셨다. 하늘(삼신상제님)을 대행하여 널리 교화를 베풀어 사람들로 하여금 싸움이 없게 하셨다. 모두 힘을 합해 열심히 일하여 굶주림과 추위가 저절로 사라졌다.

2. 桓國의 統治者와 十二國 聯邦

傳赫胥桓仁·古是利桓仁·朱于襄桓仁·
釋提壬桓仁·邱乙利桓仁하야
至智爲利桓仁하니 或曰檀仁이라.
古記에 云「波奈留之山下에 有桓仁氏之國하니
天海以東之地를 亦稱波奈留之國이라.
其地廣이 南北五萬里오 東西二萬餘里니
摠言桓國이오 分言則卑離國과 養雲國과
寇莫汗國과 勾茶川國과 一羣國과

赫 빛날 혁 胥 서로 서 襄 도울 양 釋 풀 석 提 끌 제 波 물결 파 奈 어찌 내

2. 환국의 통치자와 열 두 나라 연방

초대 안파견환인에서 2세 혁서환인, 3세 고시리환인, 4세 주우양환인, 5세 석제임환인, 6세 구을리환인을 이어 7세 지위리환인에 이르렀는데, 환인을 단인檀仁이라고도 한다.
『고기』에 다음과 같이 기록되어 있다.

파내류산波奈留山 아래에 환인씨의 나라가 있으니 천해天海의 동쪽 땅을 또한 파내류국이라 한다. 그 땅의 넓이는 남북으로 5만 리요, 동서로 2만여 리이니 통틀어 환국이라 했다. 이 환국은 다시 여러 나라로 구성되었는데, 그 이름은 비리국, 양운국, 구막한국, 구다천국, 일군국,

虞婁國一云畢那國과 客賢汗國과 勾牟額國과
賣勾餘國一云稷臼多國과 斯納阿國과
鮮稗國一稱豕韋國或云通古斯國과
須密爾國이니 合十二國也라.
天海는 今曰北海라.」
傳七世하야 歷年이 共三千三百一年이오
或云六萬三千一百八十二年이라 하니
未知孰是라.

婁별이름루 畢마칠필 額이마액 賣팔매 稷피직 臼절구구 爾너이

우루국(일명 필나국), 객현한국, 구모액국, 매구여국(일명 직구다국), 사납아국, 선패국(일명 시위국 또는 통고사국), 수밀이국으로 합하여 12국이다. 천해는 지금의 북해北海이다.

환국은 7세를 전하니, 그 역년은 3,301년인데, 혹자는 63,182년이라고도 하니 어느 것이 옳은지 알 수 없다.

3. 桓國 末, 桓雄의 東方 開拓

三千名 桓族 무리의 白頭山 文明 開拓

桓國之末에 安巴堅이
<small>환국지말 안파견</small>

下視三危太白하시고
<small>하시삼위태백</small>

皆可以弘益人間일새
<small>개가이홍익인간</small>

誰可使之오 하신대 五加僉曰
<small>수가사지 오가첨왈</small>

庶子에 有桓雄이 勇兼仁智하고
<small>서자 유환웅 용겸인지</small>

嘗有意於易世以弘益人間하오니
<small>상유의어역세이홍익인간</small>

可遣太白而理之니이다 하야늘
<small>가견태백이리지</small>

堅굳을견 危높을위 誰누구수 使부릴사 僉다첨 嘗일찍이상 遣보낼견

3. 환국 말, 환웅의 동방 개척
3천 명 환족 무리의 백두산 문명 개척

환국 말기에 안파견께서 삼위산三危山과 태백산太白山을 내려다보시며 이렇게 물으셨다. "두 곳 모두 인간을 널리 이롭게 할[弘益人間] 수 있는 곳이다. 과연 누구를 보내는 것이 좋은가?"

오가의 우두머리가 모두 대답하였다. "서자庶子에 환웅이란 인물이 있는데 용기와 어짊과 지혜를 겸비하고, 일찍이 홍익인간의 이념으로 세상을 개혁하려는 뜻을 가지고 있으니 그를 동방의 태백산(백두산)으로 보내 다스리게 하십시오."

乃授天符印三種하시고
仍敕曰 如今에 人物이 業已造完矣니
君은 勿惜厥勞하고 率衆三千而往하야
開天立敎하고 在世理化하야
爲萬世子孫之洪範也어다.

神市를 열어 360餘事를 主管하신 桓雄天皇

時에 有盤固者가 好奇術하야
欲分道而往으로 請하니 乃許之하시니라

授 줄 수 種 종류 종 仍 이에 잉 敕 조서 칙 惜 아낄 석 厥 그 궐 盤 소반 반

이에 환인께서 환웅에게 천부天符와 인印 세 종류를 주시며 명하셨다. "이제 인간과 만물이 이미 제자리를 잡아 다 만들어졌으니, 그대는 노고를 아끼지 말고 '무리 3천 명'을 이끌고 가서, 새 시대를 열어 가르침을 세우고[開天立敎] 세상을 신교의 진리로써 다스리고 깨우쳐서[在世理化] 이를 만세 자손의 큰 규범으로 삼을지어다."

신시를 열어 3600여 가지 일을 주관하신 환웅천황

환웅께서 동방을 개척할 당시 기이한 술법을 좋아하던 반고라는 인물이 있었다. 반고가 개척의 길을 따로 나누어

遂積財寶하고 率十干十二支之神將하고
與共工·有巢·有苗·有燧로
偕至三危山拉林洞窟하야 而立爲君하니
謂之諸畎이오 是謂盤固可汗也라.
於是에 桓雄이 率衆三千하사
降于太白山頂神壇樹下하시니
謂之神市오 是謂桓雄天王也시니라
將風伯·雨師·雲師하시고
而主穀·主命·主刑·主病·主善惡하시며

遂 드디어 수 積 쌓을 적 巢 집 소 苗 싹 묘 燧 부싯돌 수 偕 함께 해 拉 꺾을 랍

가기를 청하므로 환인께서 이를 허락하셨다.
그리하여 반고는 많은 재화와 보물을 싣고 십간十干 십이지十二支의 신장을 거느리고 공공共工·유소有巢·유묘有苗·유수有燧와 함께 삼위산 납림拉林 동굴에 이르러 임금으로 즉위하였다. 이들을 제견諸畎이라 하고, 반고를 반고가한이라 불렀다. 이내 환웅께서는 무리 3,000명을 이끌고 태백산 마루, 신단수檀樹 아래에 내려오시어 이곳을 신시神市라 하시니, 이분이 바로 환웅천황이시다.
환웅께서 풍백風伯과 우사雨師와 운사雲師를 거느리시고, (오가五加에게) 농사·왕명·형벌·질병·선악을 주장하게 하시고, 인

九主人間三百六十餘事하사

在世理化하사 弘益人間하시니라.

4. 倍達의 建國

神敎의 修行 戒律, 百日 祈禱와 二十一日 修行

時에 有一熊一虎가 同隣而居러니

嘗祈于神壇樹하야

願化爲神戒之氓이어늘

雄이 聞之曰可敎也라 하시고 乃以呪術로

凡 무릇 범(凡) 隣 이웃 린 祈 빌 기 戒 경계할 계 氓 백성 맹 聞 들을 문

간 세상의 360여 가지 일을 주관하여 세상을 신교의 진리로써 다스려 깨우쳐서[在世理化] 인간을 널리 이롭게 하셨다[弘益人間].

4. 배달의 건국

신교의 수행 계율, 100일 기도와 21일 수행

이때 웅족과 호족[一熊一虎]이 이웃하여 함께 살았다. 일찍이 이 족속들은 삼신상제님께 천제를 올리고 기도 드리는 신단수에 가서 "삼신의 계율을 따르는 백성이 되기를 바라옵니다" 하고 빌었다. 환웅께서 이 소식을 듣고 "가히 가르칠 만하도다" 하시고, 신령한 도술로써 환골換骨케 하여 정신

換骨移神하실새 先以神遺靜解로
靈其艾一炷와 蒜二十枚하시고
戒之하야 曰
爾輩食之하라 不見日光百日이라야
便得人形이라.
熊虎二族이 皆得而食之하고 忌三七日이러니
熊은 能耐飢寒하야 遵戒而得儀容하고
虎則放慢不能忌하야 而不得善業하니
是는 二性之不相若也라

換바꿀환 靜고요할정 艾쑥애 蒜마늘산 輩무리배 便곧변 遵좇을준

을 개조시키셨다. 먼저 삼신께서 전해 주신 정해법靜解法으로 그렇게 하셨는데, 쑥 한 묶음과 마늘 스무 매를 영험하게 여겨 이를 주시며 경계하여 말씀하셨다.
"너희들은 이것을 먹을지어다. 100일 동안 햇빛을 보지 말고 기도하라. 그리하면 참된 인간이 되리라."
이에 웅족과 호족 두 족속이 힘께 쑥과 마늘을 먹으면서 삼칠일(21일)을 지내더니, 웅족은 능히 굶주림과 추위를 참아 내고 계율을 지켜 인간의 참모습[儀容]을 얻었으나, 호족은 방종하고 게을러 계율을 지키지 못하여 좋은 결과[善業]를 얻지 못하였으니, 이것은 두 족속의 성정性情이 서로 같

熊女者無與爲歸故로 每於壇樹下에
呪願有孕이어늘
乃假化爲桓而使與之爲婚하사
懷孕生子에 有帳하시니라.

倍達의 發展과 蚩尤天皇의 繼承

桓雄天王이 肇自開天으로 生民施化하실새
演天經하시고 講神誥하사
大訓于衆하시니라.

孕아이밸잉 假임시가 懷품을회 帳장부장 肇시초조 施베풀시 演펼연

지 않았기 때문이다. (후에) 웅족 여인[熊女]들이 시집갈 곳이 없어 매일 신단수 아래에 와서 주문을 외우며 아이 갖기를 빌었다. 이에 환웅께서 이들을 임시로 환족으로 받아들여 환족 남자들과 혼인하게 하셨는데, 임신하여 아이를 낳으면 환桓의 핏줄을 이은 자손으로 입적시키셨다.

배달의 발전과 치우천황의 계승

환웅천황께서 처음으로 동방 배달민족의 새 역사 시대를 열고[開天] 백성에게 교화를 베푸실 때, 『천부경天符經』을 풀어 설명하시고 『삼일신고三一神誥』를 강론하여 뭇 백성에게

自是^{자시}以後^{이후}로 治尤天王^{치우천왕}이
闢土地^{벽토지}하시며 採銅鐵^{채동철}하시며 鍊兵興産^{연병흥산}하시니
時^시에 九桓^{구환}이 皆以三神^{개이삼신}으로 爲一源之祖^{위일원지조}하니라.
主蘇塗^{주소도}하시며 主管境^{주관경}하시며 主責禍^{주책화}하시며
與衆議一歸^{여중의일귀}로 爲和白^{위화백}하시며
並智生雙修^{병지생쌍수}하사 爲居佺^{위거전}하시니라.
自是^{자시}로 九桓^{구환}이 悉統于三韓管境之天帝子^{실통우삼한관경지천제자}하니
乃號曰 檀君王儉^{내호왈 단군왕검}이시니라.

採 캘채 鍊 단련할련 蘇 소생할소 塗 진흙도 管 다스릴관 境 지경경

큰 가르침을 베푸셨다.

이후에 치우천황(14세 환웅, 자오지환웅)께서 영토를 개척하고, 구리와 철을 캐어 무기를 제조하는 한편 병사를 훈련시키고 산업을 일으키셨다. 이때에 구환족이 모두 삼신을 한뿌리의 조상으로 삼았다. 천황께서 소도蘇塗와 관경管境 과 책화責禍를 주관하고, 백성의 의견을 보아 하나로 통일하는 화백제도를 두셨다. 또한 백성으로 하여금 지혜와 생명력을 함께 닦아[智生雙修] 전佺의 도에 머물게 하셨다. 그 후 구환족이 관경을 삼한三韓으로 나누어 다스리시는 천제의 아들[天帝子]에 의해 모두 통일되니, 이분이 단군왕검이시다.

熊族과 虎族의 對立과 桓族의 敎化

密記에 云「桓國之末에 有難治之强族하야 患之러니 桓雄이 乃以三神으로 設敎하시고 以佺戒로 爲業하시며 而聚衆作誓하사 有勸懲善惡之法하시니 自是로 密有剪除之志하시니라. 時에 族號不一하야 俗尙漸歧러니 原住者는 爲虎오 新移者는 爲熊이라.

佺 온전한사람 전 懲 징계할 징 剪 벨 전 除 없앨 제 漸 차차 점 歧 갈림길 기

웅족과 호족의 대립과 환족의 교화

『밀기密記』에 이렇게 기록되어 있다.

환국 말기에 다스리기 어려운 강한 족속[强族]이 있어 이를 근심하던 차에 환웅께서 **삼신의 도로써 가르침을 베풀고**[以三神設敎], 전계[佺戒]로써 삶의 본업[業]을 삼으며, 백성을 모아 맹세하게 하여 권선징악의 법을 두셨다. 이때부터 은밀히 그 강족을 제거하려는 뜻을 두셨다.

이때 각 부족의 이름[族號]이 한결같지 않고 풍속은 점점 갈라졌다. 본래 살고 있던 사람들은 호족이고, 새로 이주해 온 사람들은 웅족이었다.

虎性은 嗜貪殘忍하야 專事掠奪하고
熊性은 愚愎自恃하야 不肯和調하니
雖居同穴이나 久益疎遠하야
未嘗假貸하며 不通婚嫁하며 事每多不服하야
咸未有一其途也러라.
至是하야 熊女君이
聞桓雄이 有神德하고
乃率衆往見曰 願賜一穴廛하야
一爲神戒之盟이니이다 하거늘

嗜 즐길 기 愎 괴퍅할 퍅 恃 자부할 시 疎 멀 소 貸 빌려줄 대 廛 집터 전

호족은 탐욕이 많고 잔인하여 오로지 약탈을 일삼고, 웅족은 어리석고 괴팍하며 고집스러워서 서로 조화를 이루지 못하였다. 비록 같은 곳에 살았으나 세월이 지날수록 더욱 소원해졌다. 그리하여 서로 물건을 빌리거나 빌려 주지도 않고 혼인도 하지 않으며, 매사에 서로 불복하여 함께 같은 길을 가지 않았다.
이 지경에 이르자 웅족의 여왕이, 환웅께서 신령한 덕[神德]이 있으시다는 소문을 듣고 무리를 거느리고 찾아와 환웅을 뵙고 아뢰기를, "원하옵건대 저희들에게 살 곳을 내려 주십시오. 저희들도 하나같이 **삼신의 계율을 따르는 환족**

雄이 乃許之하시고 使之奠接하사 生子有産하시고
虎는 終不能悛하야 放之四海하시니라.
桓族之興이 始此焉하니라.」

5. 倍達의 全盛期

靑銅器 文化를 꽃피운 十四世 蚩尤天皇

後에 有葛古桓雄이 與炎農之國으로
劃定疆界하시며
又數傳而有慈烏支桓雄하시니

> 奠 정할 전 悛 고칠 전 放 내쫓을 방 焉 어조사 언 葛 칡 갈 炎 불꽃 염

의 **백성**이 되고자 하옵니다"라고 하였다.

환웅께서 이 말을 듣고 허락하시어 웅족에게 살 곳을 정해 주시고 자식을 낳고 살아가게 하셨다. 그러나 호족은 끝내 성격을 고치지 못하므로 사해四海 밖으로 추방하셨다. 환족의 흥성이 이때부터 시작되었다.

5. 배달의 전성기

청동기 문화를 꽃피운 14세 치우천황

그 후 10세 갈고환웅 때는 염제신농의 나라와 국경을 정하였다. 다시 몇 세를 내려와 14세 **자오지환웅**이 계셨는데,

^{신용관절} ^{이동두철액} ^{능작대무}
神勇冠絶하사 以銅頭鐵額으로 能作大霧하시며

^{조구치이채광} ^{주철작병}
造九冶而採鑛하사 鑄鐵作兵하시니

^{천하대외지} ^{세호위치우천왕}
天下大畏之하야 世號爲蚩尤天王이라 하니

^{치우} ^{속언} ^{뇌우대작}
蚩尤는 俗言에 雷雨大作하야

^{산하개환지의야}
山河改換之義也라.

蚩尤天皇의 臣下였던 漢族의 始祖 軒轅

^{치우천왕} ^{견염농지쇠}
蚩尤天王이 見炎農之衰하시고

^{수포웅도} ^{누기천병어서}
遂抱雄圖하사 屢起天兵於西하시고

冠 뛰어날 관 絶 뛰어날 절 霧 안개 무 鑛 쇳돌 광 鑄 쇠를 부어 만들 주

이분은 신이한 용맹이 매우 뛰어났다. 구리와 철로 투구를 만들어 쓰고[銅頭鐵額] 능히 큰 안개를 일으키며, 구치九冶를 제작하여 광석을 캐내고 철을 주조하여 무기를 만드시니 천하가 크게 두려워하였다.

세상에서는 이분을 치우천황이라 불렀는데, 속언에 치우는 '뇌우가 크게 일어 산하가 뒤바뀐다'는 뜻이다.

치우천황의 신하였던 한족의 시조 헌원

치우천황께서 염제신농의 나라가 날로 쇠약해지는 것을 지켜보시고 드디어 웅대한 포부를 품고 여러 번 서쪽에서

又自索度로 進兵하사

據有淮岱之間하시고

及軒侯之立也에 直赴涿鹿之野하사

擒軒轅而臣之하시고

後에 遣吳將軍하사

西擊高辛하사 有功케 하시니라.

時에 天下鼎峙하야 涿之北에 有大撓하고

東有倉頡하고 西有軒轅하야

自相以兵으로 欲專其勝而未也러라.

索동아줄삭 淮강이름회 岱대산대(=泰山) 赴다다를부 擒사로잡을금

천자天子의 군사[天兵]를 일으키셨다. 삭도索度에서 군사를 진격시켜 회수와 태산 사이의 땅을 점령하시고 헌후軒侯(헌원)가 왕위에 오르자 바로 탁록涿鹿의 광야로 진격하여 헌원을 사로잡아 신하로 삼으셨다.

이후 오장군을 파견하여 서쪽으로 고신高辛 땅을 공격하여 공을 세우게 하셨다.

이때 천하의 형세는 세 세력이 세발솥의 솥발과 같이 대치하고 있었는데, 탁록의 북쪽에 대요大撓, 동쪽에 창힐, 서쪽에 헌원이 자리잡고 무력으로 승패를 겨루었으나 서로 이기지 못했다.

初에 軒轅이 稍後起於蚩尤하니
每戰不利하야 欲依大撓而未得하고
又依倉頡而不得하니
二國은 皆蚩尤之徒也라
大撓는 嘗學干支之術하고
倉頡은 受符圖之文하니
當時諸侯가 罔不臣事者는 亦以此也라.

轅 끌채 원 **稍** 조금 초 **頡** 사람 이름 힐 **術** 재주 술 **符** 부적 부 **罔** 없을 망

당초에 헌원이 치우천황보다 조금 늦게 일어났으므로 싸울 때마다 불리하였다. 이에 대요에게 의지하고자 하였으나 도움을 얻지 못하고, 다시 창힐에게 의지하려 하였으나 여기서도 역시 도움을 얻지 못했으니, 이들 두 나라는 모두 치우천황을 추종하는 세력이었다.

대요는 일찍이 배달로부터 육십갑사의 '간시干支의 술법'을 배웠고, 창힐은 '부符 같고 그림 같은 모습을 한 글자[符圖之文]'를 전수받았다. 이때 모든 제후는 치우천황의 신하가 되어 섬기지 않는 자가 없었는데, 이 또한 배달로부터 문물을 배워갔기 때문이다.

『史記』에서 歪曲된 蚩尤天皇

司馬遷史記에 曰
「諸侯咸來賓從이로대 而蚩尤가 最爲暴하야
天下莫能伐이라」한대
「軒轅이 攝政에 蚩尤有兄弟八十一人하야
並獸身人語하며 銅頭鐵額하며
食沙하며 造五丘杖과 刀戟太弩하야
威振天下하니
蚩尤는 古天子之號也니라.」

賓 복종할 빈 攝 다스릴 섭 杖 창자루 장 戟 창극 弩 쇠뇌 노 振 떨칠 진

『사기』에서 왜곡된 치우천황

사마천의 『사기』에 이렇게 기록되어 있다.

천하의 제후가 모두 황제헌원에게 와서 복종하였으나, 치우가 가장 강포하여 천하에서 능히 그를 정벌하지 못하였다.(『사기史記』) 헌원이 섭정할 때 치우는 형제가 81명으로, 짐승의 몸을 하고 사람의 말을 하였다. 머리가 구리같이 단단하고 이마는 철같이 강하였으며 모래를 먹었다. 오구장五丘杖과, 칼[刀]과, 가지가 있는 창[戟]과, 한꺼번에 많은 화살을 쏘는 태노太弩를 만들어 천하에 그 위세를 떨쳤다. **치우는 옛 천자의 호칭**[古天子之號]이다.

6. 神市歷代記

倍^{배달}達은 桓^{환웅}雄이 定^{정유천하지호야}有天下之號也니

其^{기소도}所都를 曰^{왈신시}神市오 後에 徙^{사청구국}靑邱國하니

傳^{전십팔세}十八世하야 歷^{역년일천오백육십오년}年一千五百六十五年이라

一^{일세왈환웅천황}世曰桓雄天皇이시니 一^{일운거발환}云居發桓이시며

在^{재위구십사년}位九十四年이시오 壽^수는 一^{일백이십세}百二十歲시니라.

二^{이세왈거불리환웅}世曰居佛理桓雄이시니 在^{재위팔십육년}位八十六年이시오

壽^수는 一^{일백이세}百二歲시니라.

三^{삼세왈우야고환웅}世曰右耶古桓雄이시니 在^{재위구십구년}位九十九年이시오

達 통할 달 都 도읍 도 徙 옮길 사 邱 언덕 구 歷 지날 력 耶 어조사 야

6. 신시역대기

배달倍達은 환웅께서 천하를 안정시키고 정하신 나라의 이름이다. 수도는 신시神市요, 후에 청구국靑邱國으로 옮겼다. 18세를 전하니, 역년은 1,565년이다.

1세는 **환웅천황**桓雄天皇이시니 일명 **거발환**居發桓이라. 재위 94년이요 전수 120세이시다. (신시개천 원년, BCE 3897~신시개천 94, BCE 3804)

2세는 **거불리**居佛理**환웅**이시니 재위 86년이요 천수 102세이시다. (신시개천 94, BCE 3804~신시개천 180, BCE 3718)

3세는 **우야고**右耶古**환웅**이시니 재위 99년이요 천수 135세

壽는 一百三十五歲시니라.

四世曰慕士羅桓雄이시니 在位一百七年이시오

壽는 一百二十九歲시니라.

五世曰太虞儀桓雄이시니 在位九十三年이시오

壽는 一百一十五歲시니라.

六世曰多儀發桓雄이시니 在位九十八年이시오

壽는 一百十歲시니라.

七世曰居連桓雄이시니 在位八十一年이시오

壽는 一百四十歲시니라.

壽 목숨 수 慕 그리워할 모 羅 벌일 라 虞 헤아릴 우 儀 모양 의 連 잇달을 련

이시다. (신시개천 180, BCE 3718~신시개천 279, BCE 3619)
4세는 **모사라**慕士羅환웅이시니 재위 107년이요 천수 129
세이시다. (신시개천 279, BCE 3619~신시개천 386, BCE 3512)
5세는 **태우의**太虞儀환웅이시니 재위 93년이요 천수 115세
이시다. (신시개천 386, BCE 3512~신시개천 479, BCE 3419)
6세는 **다의발**多儀發환웅이시니 재위 98년이요 천수 110세
이시다. (신시개천 479, BCE 3419~신시개천 577, BCE 3321)
7세는 **거련**居連환웅이시니 재위 81년이요 천수 140세이시
다. (신시개천 577, BCE 3321~신시개천 658, BCE 3240)

팔 세 왈 안 부 련 환 웅　　　　　재 위 칠 십 삼 년
八世日安夫連桓雄이시니 在位七十三年이시오

수　　구 십 사 세
壽는 九十四歲시니라.

구 세 왈 양 운 환 웅　　　　재 위 구 십 육 년
九世日養雲桓雄이시니 在位九十六年이시오

수　　일 백 삼 십 구 세
壽는 一百三十九歲시니라.

십 세 왈 갈 고 환 웅　　　　일 운 갈 태 천 왕
十世日葛古桓雄이시니 一云葛台天王이시며

우 왈 독 로 한　　　　재 위 일 백 년
又日瀆盧韓이시니 在位一百年이시오

수　　일 백 이 십 오 세
壽는 一百二十五歲시니라.

십 일 세 왈 거 야 발 환 웅
十一世日居耶發桓雄이시니

재 위 구 십 이 년　　　　수　　일 백 사 십 구 세
在位九十二年이시오 壽는 一百四十九歲시니라.

三聖紀全 下篇

夫 사내부　**養** 기를양　**雲** 구름운　**葛** 칡갈　**台** 별태　**瀆** 도랑독　**盧** 화로로

8세는 **안부련**安夫連환웅이시니 재위 73년이요 천수 94세이시다. (신시개천 658, BCE 3240~신시개천 731, BCE 3167)

9세는 **양운**養雲환웅이시니 재위 96년이요 천수 139세이시다. (신시개천 731, BCE 3167~신시개천 827, BCE 3071)

10세는 **갈고**葛古환웅이시니 일명 갈태천왕葛台天王 또는 독로한瀆盧韓이라. 새위 100년이요 친수 125세이시다. (신시개천 827, BCE 3071~신시개천 927, BCE 2971)

11세는 **거야발**居耶發환웅이시니 재위 92년이요 천수 149세이시다. (신시개천 927, BCE 2971~신시개천 1019, BCE 2879)

十二世曰州武愼桓雄이시니

在位一百五年이시오 壽는 一百二十三歲시니라.

十三世曰斯瓦羅桓雄이시니

在位六十七年이시오 壽는 一百歲시니라.

十四世曰慈烏支桓雄이시니

世稱蚩尤天王이시오 徙都靑邱國하사

在位一百九年이시오 壽는 一百五十一歲시니라.

十五世曰蚩額特桓雄이시니

在位八十九年이시오 壽는 一百一十八歲시니라.

武 굳셀 무 愼 삼갈 신 慈 사랑할 자 烏 까마귀 오 額 이마 액 特 특별할 특

12세는 주무신州武愼환웅이시니 재위 105년이요 천수 123세이시다. (신시개천 1019, BCE 2879~신시개천 1124, BCE 2774)

13세는 사와라斯瓦羅환웅이시니 재위 67년이요 천수 100세이시다. (신시개천 1124, BCE 2774~신시개천 1191, BCE 2707)

14세는 자오지慈烏支환웅이시니 세칭 치우천왕蚩尤天王이요 도읍을 청구국靑邱國으로 옮기셨다. 재위 109년이요 천수 151세이시다. (신시개천 1191, BCE 2707~신시개천 1300, BCE 2598)

15세는 치액특蚩額特환웅이시니 재위 89년이요 천수 118세이시다. (신시개천 1300, BCE 2598~신시개천 1389, BCE 2509)

十六世曰祝多利桓雄이시니

在位五十六年이시오 壽는九十九歲시니라.

十七世曰赫多世桓雄이시니

在位七十二年이시오 壽는九十七歲시니라.

十八世曰居弗檀桓雄이시니 或云檀雄이시며

在位四十八年이시오 壽는八十二歲시니라.

祝 빌축 多 많을 다 利 이로울 리 赫 빛날 혁 弗 아닐 불 檀 박달나무 단

16세는 **축다리**祝多利환웅이시니 재위 56년이요 천수 99세이시다. (신시개천 1389, BCE 2509~신시개천 1445, BCE 2453)

17세는 **혁다세**赫多世환웅이시니 재위 72년이요 천수 97세이시다. (신시개천 1445, BCE 2453~신시개천 1517, BCE 2381)

18세는 **거불단**居弗檀환웅이시니 혹은 **단웅**檀雄이라. 재위 48년이요 천수 82세이시나. (신시개천 1517, BCE 2381~신시개천 1565, BCE 2333)

신교의 삼신문화와 역사관에 정통한
행촌杏村 이암李嵒 (1297~1364)

- 본관 고성固城, 초명 군해君侅, 자 고운古雲, 호 행촌杏村, 시호 문정文貞
- 고려 충렬왕 23년(1297), 경상도 김해, 강원도 회양 부사를 지낸 이우李瑀의 장남이자 고성이씨 9세손으로 태어났다.
- 10세(충렬왕 32, 1306) 때 강화도 마리산 참성단에 올라 단군왕검의 역사의식을 가슴에 새기고 고려를 동방의 맑고 깨끗한 나라로 일신하겠다고 맹세하였다.
- 17세(충선왕 6, 1313) 때 문과에 급제, 충정왕 때 찬성사, 좌정승을 지냈고, 공민왕 때 철원군鐵原君에 봉해졌다. 홍건적 침입 때 임금을 호종하여 1등 공신이 되고 철성부원군鐵城府院君에 봉해졌다. 글씨를 잘 써서 동국東國의 조자앙趙子昻이라 일컬어졌고 묵죽墨竹을 잘 그렸다. 『서경書經』「태갑太甲」편을 옮겨 써서 왕에게 바쳤다.
- 환국과 배달 역사의 근본을 통하고 환단사상에 대해 깊은 안목을 가진 대학자 조부 이존비李尊庇의 정신을 그대로 이어 받았다.
- 『단군세기』서문은 신교 문화의 우주관, 신관, 인성론, 수행문화의 근원적 핵심원리를 체계화시킨 만고의 대문장이다.
- 이암이 죽자(공민왕 13년) 공민왕이 친히 초상을 그리고 행촌이란 두 글자를 써서 관원을 보내 제사를 지냈다. 우왕 1년(1375)에 충정왕의 묘정에 배향되었다.

행촌杏村 이암李嵒 찬撰

檀君世紀序

나라를 다스리는 根本 法道

爲^위國^국之^지道^도가 莫^막先^선於^어士^사氣^기하고 莫^막急^급於^어史^사學^학은
何^하也^야오 史^사學^학이 不^불明^명則^즉士^사氣^기가 不^부振^진하고
士^사氣^기가 不^부振^진則^즉國^국本^본이 搖^요矣^의오 政^정法^법이 歧^기矣^의니라.

史學의 重要性

蓋^개史^사學^학之^지法^법이 可^가貶^폄者^자貶^폄하고 可^가褒^포者^자褒^포하야

莫 없을 막 急 급할 급 振 떨칠 진 搖 흔들 요 貶 깎아 내릴 폄 褒 기릴 포

단군세기 서문

나라를 다스리는 근본 법도

나라를 위하는 길에는 선비의 기개보다 앞서는 것이 없고, 사학보다 더 급한 것이 없음은 무엇 때문인가? 사학이 분명하지 않으면 선비의 기개를 진작시킬 수 없고, 선비의 기개가 진작되지 못하면 국가의 근본이 흔들리고 나라를 다스리는 법도가 갈라지기 때문이다.

사학의 중요성

대개 역사학의 정법이, 폄하할 것은 폄하하고[可貶者貶] 기릴

衡量人物하고 論診時像하니
莫非標準萬世者也라
斯民之生이 厥惟久矣오 創世條序가
亦加訂證하야
國與史가 並存하고 人與政이 俱擧하니
皆自我所先所重者也라.

自我 認識의 重要性

嗚呼라 政猶器하고 人猶道하니

衡 저울대형 診 볼진 厥 그궐 條 조목조 證 증거증 俱 함께구 猶 오히려유

것은 칭찬해서 인물을 저울질하여 평가하고, 시대의 모습을 논하여 진단하는 것이니, 만세의 표준이 아닌 것이 없다. 이 백성의 삶은 참으로 유구하다. 새 세상을 열고 질서와 법도를 세운 내용[創世條序] 또한 분명히 밝혀져 있어서, 나라는 역사와 함께 존재하고 사람은 정치와 함께 거론되니, **나라**와 **역사**와 **사람**과 **정치**[國, 史, 人, 政], 이 네 가지는 모두 우리 자신이 우선시하고 소중히 여겨야 할 바로다.

자아 인식의 중요성

아아! 정치는 그릇과 같고 사람은 도道와 같으니, 그릇이

器可離道而存乎며

國猶形하고 史猶魂하니 形可失魂而保乎아.

並修道器者도 我也며 俱衍形魂者도 亦我也니

故로 天下萬事가 先在知我也니라.

然則其欲知我인댄 自何而始乎아.

宇宙의 三神과 人間의 誕生 原理

夫三神一體之道는 在大圓一之義하니

造化之神은 降爲我性하고

器 그릇 기　離 떠날 리　形 형상 형　魂 넋 혼　衍 펼 연　欲 하고자 할 욕

도를 떠나서 어찌 존재할 수 있으며, 나라는 형체와 같고 역사는 혼과 같으니, 형체가 그 혼을 잃고서 어찌 보존될 수 있겠는가. 도와 그릇을 함께 닦는 자도 나요, 형체와 혼을 함께 키워 나가는 자도 나이다. 그러므로 천하만사는 무엇보다 먼저 나를 아는 데 있다[先在知我]. 그런즉 나를 알려고 할진대 무엇부터 시작해야 하겠는가?

우주의 삼신과 인간의 탄생 원리

대저 삼신일체(삼신과 하나됨)의 도[三神一體之道]는 '무한히 크고 원융무애하며 하나 되는 정신[大圓一]에 있으니, 조화신造

教化지신   강위아명
教化之神은 降爲我命하고

치화지신   강위아정
治化之神은 降爲我精하나니

고 유인   위최귀최존어만물자야
故로 惟人이 爲最貴最尊於萬物者也라.

사람의 本性과 목숨의 存在 原理

性·命과 神·氣의 相互 關係

부성자   신지근야
夫性者는 神之根也라

신본어성   이성미시신야
神本於性이나 而性未是神也오

기지형형불매자   내진성야
氣之炯炯不昧者가 乃眞性也라

降 내릴 강 惟 오직 유 貴 귀할 귀 尊 높을 존 炯 빛날 형 昧 어두울 매

化神이 내 몸에 내려 나의 성품[性]이 되고, 교화신敎化神이 내려 삼신의 영원한 생명인 나의 목숨[命]이 되며, 치화신治化神이 내려 나의 정기[精]가 된다. 그러므로 오직 사람만 만물 가운데 가장 고귀하고 존엄한 존재가 된다.

사람의 본성과 목숨의 존재 원리

성·명과 신·기의 상호 관계

대저 성性이란 인간의 신神(신명)이 생겨나고 자리를 잡는 근거와 바탕[神之根]이다. 신이 성에 뿌리를 두고 있지만 성이 곧 신인 것은 아니다. 기氣가 환히 빛나 어둡지 않은 것이

是以로 神不離氣하고 氣不離神하나니
吾身之神이 與氣로 合而後에
吾身之性與命을 可見矣오.

서로 分離될 수 없는 性과 命

性不離命하고 命不離性하나니
吾身之性이 與命으로 合而後라야
吾身의 未始神之性과
未始氣之命을 可見矣니라.

吾 나 오 離 떠날 리 與 더불어 矣 어조사 의 始 비로소 시

곧 참된 성품이다. 그러므로 신神은 기氣를 떠날 수 없고, 기 또한 신을 떠날 수 없으니, 내 몸 속의 신[吾身之神]이 기와 결합된 후에야 내 몸 속의 본래 성품[吾身之性·조화신]과 (삼신의 영원한 생명인) 나의 목숨[命·교화신]을 볼 수 있다.

서로 분리될 수 없는 성과 명

성품[性]은 저마다 타고난 (삼신의 영원한 생명이 화한) 목숨[命]과 분리될 수 없고, 목숨도 성품과 분리될 수 없다. 그러므로 내 몸에 깃든 성품이 목숨과 결합된 뒤라야, 내 몸속에서 신화神化하기 이전의 본래 성품과 내 몸에서 기화氣化하

性命精을 通해 天地와 歷史를 보라

故_고로

其_기性_성之_지靈_영覺_각也_야는

與_여天_천神_신으로 同_동其_기源_원하고

其_기命_명之_지現_현生_생也_야는

與_여山_산川_천으로 同_동其_기氣_기하고

其_기精_정之_지永_영續_속也_야는

與_여蒼_창生_생으로 同_동其_기業_업也_야니라

靈 신령 령 覺 깨달을 각 源 근원 원 續 이을 속 蒼 우거질 창 業 일 업

기 이전의 본래 목숨[命]의 조화 경계를 볼 수 있다.

성명정을 통해 천지와 역사를 보라

그러므로 인간의 이러한 본성[性]에 담긴 신령스러운 지각[靈覺]의 무궁한 조화 능력은 하늘의 신[天神=三神]과 그 근원을 같이 하고, (삼신의 영원한 생명 자체인) **인간의 본래 목숨[命]이 생명으로 발현됨**은 자연의 산천과 그 기를 같이 하고, 인간의 정기[精]가 자손에게 이어져 영원히 지속함은 창생과 천지의 이상세계를 이루어 가는 과업[業]을 함께 하고자 함이다.

神教의 修行 原理 : 宇宙와 하나 되는 길

乃執一而含三하고
<small>내집일이함삼</small>

會三而歸一者가 是也니라.
<small>회삼이귀일자 시야</small>

故로
<small>고</small>

定心不變을
<small>정심불변</small>

謂之眞我오
<small>위지진아</small>

神通萬變을
<small>신통만변</small>

謂之一神이니
<small>위지일신</small>

眞我는 一神攸居之宮也라
<small>진아 일신유거지궁야</small>

執 잡을 집 舍 머금을 함 會 모을 회 歸 돌아올 귀 變 변할 변 通 통할 통

신교의 수행 원리 : 우주와 하나 되는 길

이에 하나(一氣) 속에는 셋(삼신)이 깃들어 있고[執一‧舍三], 셋(세 손길로 작용하는 삼신)은 하나의 근원으로 돌아가는 원리[會三歸一]가 그것이다(하나[一神] 속에 셋[조화造化‧성性, 교화敎化‧명命, 치화治化‧정精]이 있고 셋은 그 근본이 하나[一氣] 속의 신[三神]의 조화이다).

그러므로 (무궁한 일신의 조화에 머무는) 한마음(일심)으로 안정되어 변치 않는 것을 '진아眞我(참을 실현한 나)'라 하고, 신통력으로 온갖 변화를 짓는 것을 '일신一神(하나님)'이라 하니, 진아는 우주의 일신이 거처하는 궁전이다.

知此眞源하고 依法修行하면
吉祥自臻하고 光明恒照하나니
此乃天人相與之際에
緣執三神戒盟而始能歸于一者也니라.
故로
性命精之無機는
三神一體之上帝也시니
與宇宙萬物로 混然同體하시며
與心氣身으로 無跡而長存하시며

依 의지할 의 臻 이를 진 際 사이 제 緣 말미암을 연 機 틀 기 跡 자취 적

이 참됨의 근원을 알고 법에 의지해 닦고 행하면 상서로운 기운이 저절로 이르고 신(삼신)의 광명이 항상 비치게 된다. 이것이 바로 사람이 하늘과 하나 되고자 할 때[天人相與之際], 진실로 삼신의 계율(참전계)을 굳게 지킬 것을 맹세함으로 말미암아[三神戒盟] 비로소 능히 이 '하나 됨의 경지'[一者]에 돌아갈 수 있다는 것이나. 따라서 성품과 목숨과 정기[性命精]가 혼연일체의 경계에 계신 분은 '삼신과 한 몸이신 상제님'[三神一體上帝]이시다. 상제님은 천지 만물과 혼연히 한 몸이 되시어, 마음과 기운과 몸[心氣身]으로 아무런 자취를 남기지 않으시나 영원히 존재하신다.

感息觸之無機는 桓因主祖也시니
與世界萬邦으로 一施而同樂하시며
與天地人으로 無爲而自化也시니라.

是故로

其欲立敎者는 須先立自我하고

革形者는 須先革無形이니

此乃知我求獨之一道也니라.

感 느낄감 息 숨쉴식 觸 닿을촉 須 모름지기수 革 바꿀혁 獨 홀로독

그리고 느낌과 호흡과 촉감[感息觸]이 혼연일체의 경지에 계신 분이 인류의 시조인 **환인주조**主祖님이시다.

환인주조님은 세계만방에 한결같이 덕화를 베풀고 즐거움을 함께 누리시며, 하늘·땅·인간 삼계三界와 더불어, 함이 없이 저절로 조화를 이루신다.

이러하므로 가르침[敎]을 세우려는 자는 반드시 먼저 자아를 확립해야 하고, 자신의 형체를 바꾸려는 자는 반드시 먼저 무형의 정신을 뜯어고쳐야 하나니, 이것이 바로 '나를 알아 자립을 구하는 유일한 방도'[知我求獨之一道]인 것이다.

救國의 길, 國統을 바로 세움

嗚呼痛矣라.
夫餘에 無夫餘之道然後에 漢人이 入夫餘也며
高麗에 無高麗之道然後에
蒙古가 入高麗也어니와 若其時之制先하야
以夫餘로 有夫餘之道則漢人은
歸其漢也며 高麗에 有高麗之道則蒙古는
歸其蒙古也니라.
嗚呼痛矣라. 向年에 潛淸輩之邪論이

痛 아플 통 蒙 입을 몽 若 같을 약 制 지을 제 潛 잠길 잠 輩 무리 배 邪 간사할 사

구국의 길, 국통을 바로 세움

아, 슬프구나!
부여에 부여의 도道가 없어진 후에 한漢나라 사람이 부여에 쳐들어왔고, 고려에 고려의 도가 없어진 후에 몽골이 고려에 쳐들어왔다. 만약 그 당시에 미리 제정되어, 부여에 부여의 노가 있었다면 한나라 사람은 한나라로 쫓겨 가고, 고려에 고려의 도가 있었다면 몽골인은 몽골로 쫓겨 갔을 것이다.
아, 통탄스럽도다!
과거에 오잠吳潛(?~?)과 류청신柳淸臣(?~1329) 같은 간신배가

陰_음與_여百_백鬼_귀夜_야行_행하야

以_이男_남生_생發_발歧_기之_지逆_역心_심으로 相_상應_응而_이合_합勢_세하니

爲_위國_국者_자抑_억何_하自_자安_안於_어道_도器_기兩_양喪_상하며

形_형魂_혼全_전滅_멸之_지時_시乎_호아.

今_금에 外_외人_인干_간涉_섭之_지政_정이 去_거益_익滋_자甚_심하야

讓_양位_위重_중祚_조를 任_임渠_거弄_농擅_천호대

如_여我_아大_대臣_신者_자가

徒_도束_속手_수而_이無_무策_책은 何_하也_야오

國_국無_무史_사而_이形_형失_실魂_혼之_지故_고也_야니라.

滋 더욱 자 讓 사양할 양 祚 천자의 자리 조 渠 클 거 弄 희롱할 롱 擅 멋대로 천

떠들어 댄 사악한 말이 은밀히 백귀百鬼와 더불어 야행하여 고구려의 역신인 남생男生(연개소문의 장자)과 발기發歧(고구려 고국천열제(9세)의 아우)의 역심逆心과 상응하여 합세하였는데, 나라를 다스리는 사람들이 도와 그릇이 함께 없어지고 형체와 혼이 다 사라지는 때에 어찌하여 자신만 편안코자 한단 말인가! 금일에 외인(몽골인)이 정사를 간섭함이 갈수록 심하여 왕위에서 물러나고 다시 오름을 저희들 멋대로 조종하되, 우리 대신들이 한갓 속수무책인 것은 무슨 까닭인가? 나라에 역사가 없고, 형체가 혼을 잃어버렸기 때문[國無史而形失魂之故]이로다.

一大臣之能이 姑無可救之爲言이나
而乃擧國之人이 皆救國自期오
而求其所以爲有益於救國然後에
方可得以言救國也니라
然則救國이 何在哉아.
向所謂國有史而形有魂也니라.
神市開天이 自有其統하야 國因統而立하고
民因統而興하나니
史學이 豈不重歟아

檀君世紀

姑 잠시고 救 구원할구 擧 모든거 期 기약할기 因 인할인 歟 어조사여

대신大臣 한 사람의 능력으로 나라를 구할 수 있다고 말할 수는 없으나, 온 나라 사람이 나라 구하기를 스스로 기약하고 나라를 구하는 데 무엇이 유익한 것인지 찾아낸 연후에 비로소 구국救國을 말할 수 있으리라.
그렇다면 나라를 구하는 길은 어디에 있는가.
앞에서 말한 바, '나라에 역사가 있고, 형체에 혼魂이 있어야 한다[國有史而形有魂]'는 것이다.
신시에 나라를 연[神市開天] 이후로 국통國統이 있어, 나라는 이 국통으로 인하여 세워지고, 백성은 이 국통으로 인해 흥하였나니, 역사를 배움이 어찌 소중하지 않으리오?

檀君世紀 71

書此하야 樂爲檀君世紀序하노라.
上之十二年癸卯十月三日에
紅杏村叟는 書于江都之海雲堂하노라.

紅 붉을 홍 杏 살구 행 村 마을 촌 叟 늙은이 수 江都:강화도 堂 집 당

이 글을 써서 기쁜 마음으로 『단군세기』의 서문으로 삼는다.
공민왕 12년(환기 8560, 신시개천 5260, 단기 3696, 서기 1363) 계묘 10월 3일에, 홍행촌수紅杏村叟가 강화도의 해운당海雲堂에서 쓰노라.

檀君世紀

國祖 檀君王儉 在位九十三年

1. 檀君王儉의 誕降과 繼天

檀君王儉의 血統과 朝鮮의 建國

_{고 기} _운
古記에 云

_{왕 검} _부 _{단 웅} _모 _{웅씨왕녀}
「王儉의 父는 檀雄이시오 母는 熊氏王女시라

_{신 묘 오 월 이 일 인 시} _{생 우 단 수 하}
辛卯五月二日寅時에 生于檀樹下하시니

_{유 신 인 지 덕} _{원 근} _{외 복}
有神人之德하사 遠近이 畏服하니라

檀 박달나무단 雄 웅장할웅 熊 곰웅 樹 나무수 畏 두려울외 服 복종할복

국조 단군왕검 재위 93년

1. 단군왕검의 탄강과 계천

단군왕검의 혈통과 조선의 건국

『고기古記』에 다음과 같이 기록되어 있다.

　왕검王儉의 아버지는 난웅檀雄이요, 어머니는 웅씨왕熊氏王의 따님이다. 신묘(환기 4828, 신시개천 1528, BCE 2370)년 5월 2일 인시에 박달나무가 우거진 숲[檀樹]에서 태어나시니, 신인神人의 덕이 있어 원근 사람들이 모두 경외敬畏하여 따랐다.

檀君世紀 73

年十四甲辰에 熊氏王이 聞其神聖하고
擧爲裨王하야 攝行大邑國事하시고
戊辰唐堯時에 來自檀國하사
至阿斯達檀木之墟하시니
國人이 推爲天帝子하야 混一九桓하시고
神化遠曁하시니 是謂檀君王儉이시라.
在裨王位二十四年이시오
在帝位九十三年이시오 壽는 一百三十歲시니라.」

裨 도울 비 攝 대신할 섭 墟 엣터 허 推 받들 추 混 합할 혼 曁 미칠 기

14세 되던 갑진(신시개천 1541, BCE 2357)년에, 웅씨왕이 그 신성함을 듣고 비왕裨王으로 천거하여 '대읍국大邑國'의 국사를 맡아 다스리게 하였다.

무진년 당요唐堯 때에 단국檀國에서 돌아와 아사달의 박달나무가 우거진 터[檀木之墟]에 이르시니 온 나라 백성이 천제의 아들로 추대하였다. 구환족九桓族을 합쳐서 하나로 통일하시고 신성한 덕화가 멀리까지 미치니 이분이 단군왕검이시다. 성조께서 비왕으로 24년, 제왕으로 93년 동안 재위하셨고 그 수壽는 130세였다.

檀君世紀

_{무진원년}
戊辰元年이라

_{대시신시지세 사래지민}
大始神市之世에 四來之民이

_{편거산곡   초의선족}
遍居山谷하며 草衣跣足이러니

_{지개천일천오백육십오년상월삼일}
至開天一千五百六十五年上月三日하야

_{유신인왕검자}
有神人王儉者가

_{오가지괴   솔도팔백}
五加之魁로 率徒八百하시고

_{내어우단목지허   여중}
來御于檀木之墟하사 與衆으로

_{봉제우삼신   기지신지덕 겸성지인}
奉祭于三神하시니 其至神之德과 兼聖之仁이

_{내능봉조계천   외탕유열}
乃能奉詔繼天하사 巍蕩惟烈이어시늘

遍 두루편 跣 맨발선 魁 우두머리괴 巍 높을외 蕩 광대할탕 烈 빛날렬

단군왕검의 재위 원년은 무진(환기 4865, 신시개천 1565, 단기 원년, BCE 2333)년이다. 신시 시대가 처음 시작될 무렵에는 사방에서 백성이 모여 들어 산골짜기 곳곳에 퍼져 살았는데, 풀로 옷을 지어 입고 맨발로 다녔다.

배달 신시 개천開天 1565(단기 원년, BCE 2333)년 10월[上月] 3일에, 신인 왕검께서 오가五加의 우두머리로서 무리 8백 명을 거느리고 단목 터에 와서 백성과 더불어 삼신상제님께 천제를 지내셨다. 왕검께서 지극히 신성한 덕성과 성스러움을 겸한 인자함으로 능히 선대 환인·환웅 성조의 가르침을 받들고 하늘의 뜻을 계승[繼天]하시니 그 공덕이 높고 커

九桓之民이 咸悅誠服하야

推爲天帝化身而帝之하니

是爲檀君王儉이시라. 復神市舊規하시고

立都阿斯達하시고

建邦하사 號朝鮮하시니라.

2. 檀君王儉의 八大 綱領

참된 삶을 위한 여덟 가지 가르침

詔曰 天範은 惟一이오 弗二厥門이니

咸 다함 悅 기뻐할열 復 회복할복 邦 나라방 範 법범 弗 아닐불 厥 그궐

서 찬란하게 빛났다. 이에 구환의 백성이 모두 기뻐하고 진실로 복종하여 천제의 화신으로 여기고 임금으로 추대하니, 이분이 바로 **단군왕검**이시다. 왕검께서는 신시 배달의 법도를 되살리고, 아사달에 도읍을 정하여 나라를 세우시고 그 이름을 조선朝鮮이라 하셨다.

2. 단군왕검의 8대 강령
참된 삶을 위한 여덟 가지 가르침

단군왕검께서 조칙을 내려 말씀하시니 이러하다.
제1조: 하늘의 법도는 오직 하나요, 그 문은 둘이 아니니라.

爾^이惟^유純^순誠^성하야 一^일爾^이心^심이라야 乃^내朝^조天^천이니라.

天^천範^범은 恒^항一^일하고 人^인心^심은 惟^유同^동하니

推^추己^기秉^병心^심하야 以^이及^급人^인心^심하라.

人^인心^심惟^유化^화하면 亦^역合^합天^천範^범하니

乃^내用^용御^어于^우萬^만邦^방이니라.

爾^이生^생由^유親^친이오 親^친降^강自^자天^천이시니

惟^유敬^경爾^이親^친이라야 乃^내克^극敬^경天^천이오

以^이及^급于^우邦^방國^국이면 是^시乃^내忠^충孝^효라

爾^이克^극体^체是^시道^도하면

檀君世紀

爾너이 純순수할순 推밀추 秉잡을병 及미칠급 御다스릴어 体체득할체

너희들이 오직 순수한 정성으로 다져진 일심을 가져야 하느님(상제님)을 뵐 수 있느니라[朝天].

제2조: 하늘의 법도는 항상 하나이며, 사람 마음은 똑 같으니라. 자기의 마음을 미루어 다른 사람의 마음을 깊이 생각하라. 사람들의 마음과 잘 융화하면, 이는 하늘의 법도에 일치하는 것이니 이로써 만방을 다스릴 수 있게 되리라.

제3조: 너를 낳으신 분은 부모요, 부모는 하늘로부터 내려오셨으니, 오직 너희 부모를 잘 공경하여야 능히 하느님(상제님)을 경배[敬天]할 수 있느니라. 이러한 정신이 온 나라에 퍼져 나가면 충효가 되나니, 너희가 이러한 도를 몸으로 잘 익

天有崩이라도 必先脫免이니라.

禽獸有雙하고 弊履有對하니

爾男女는 以和하야 無怨하며 無妬하며 無淫하라.

爾嚼十指하라 痛無大小리니

爾相愛하야 無胥讒하며

互佑하야 無相殘이라야 家國以興이니라.

爾觀牛馬하라 猶分厥蒭어니

爾互讓하야 無胥奪하며

共作하야 無相盜라야 國家以殷이니라.

> 弊낡을폐 履신리 嚼깨물작 胥서로서 讒헐뜯을참 蒭꼴추 奪뺏을탈

히면 하늘이 무너져도 반드시 먼저 벗어나 살 수 있으리라.
제4조: 짐승도 짝이 있고 헌 신도 짝이 있는 법이니라. 너희 남녀는 잘 조화하여 원망하지 말고 질투하지 말며, 음행하지 말지어다.
제5조: 너희는 열 손가락을 깨물어 보라. 그 아픔에 차이가 없느니라. 그러므로 서로 사랑하여 헐뜯지 말며, 서로 돕고 해치지 말아야 집안과 나라가 번영하리라.
제6조: 너희는 소와 말을 보아라. 오히려 먹이를 나누어 먹나니, 너희는 서로 양보하여 빼앗지 말며, 함께 일하고 도적질하지 않아야 나라와 집안이 번영하리라.

爾觀于虎하라 彊暴不靈하야 乃作孼하나니

爾無桀驁以戕性하고 無傷人하며

恒遵天範하야 克愛物하라.

爾扶傾하야 無陵弱하며

濟恤하야 無侮卑하라.

爾有越厥則이면 永不得神佑하야

身家以殞하리라.

爾如有衝하야 火于禾田이면

禾稼將殄滅하야 神人以怒하리니

孼 재앙얼 桀 사나울걸 驁 달릴무 戕 상하게할장 陵 업신여길릉 殞 죽을운

제7조: 너희는 저 호랑이를 보아라. 강포彊暴하고 신령하지 못하여 재앙을 일으키느니라. 너희는 사납고 성급히 행하여 성품을 해하지 말고 남을 해치지 말며, 하늘의 법을 항상 잘 준수하여 능히 만물을 사랑하여라. 너희는 위태로운 사람을 붙잡아 주고 약한 사람을 능멸하지 말 것이며, 불쌍한 사람을 도와주고 비천한 사람을 업신여기지 말시어다. 너희가 이러한 원칙을 어기면 영원히 신의 도움을 얻지 못하여 몸과 집안이 함께 망하리라.

제8조: 너희가 만일 서로 충돌하여 논밭에 불을 내면 곡식이 다 타서 없어져 신과 사람이 노하게 되리라. 너희가 아

爾雖厚包라도 厥香必漏니라.

爾敬持彛性하야 無懷慝하며

無隱惡하며 無藏禍心하라.

克敬于天하며 親于民이라야 爾乃福祿無窮하리니

爾五加와 衆아 其欽哉어다.

3. 皇后와 主要 臣下

於是에 命彭虞하사 闢土地하시며

成造로 起宮室하시며 臣智로 造書契하시며

漏 샐루 持 간직할지 彛 떳떳할이 懷 품을회 慝 사특할특 隱 숨을은

무리 두텁게 싸고 덮는다 해도 그 냄새는 반드시 새어 나오게 되느니라. 너희는 타고난 본성을 잘 간직하여 사특한 생각을 품지 말고, 악을 숨기지 말며, 남을 해치려는 마음을 지니지 말지어다. 하늘을 공경하고 백성을 사랑하여야 너희들의 복록이 무궁하리라.
너희 오가五加와 백성들아! 나의 말을 잘 받들지어다.

3. 황후와 주요 신하

이때에 단군왕검께서 어명을 내려 팽우彭虞에게 토지를 개간하게 하시고, 성조成造에게 궁실을 짓게 하시며, 신지臣智

奇省으로 設醫藥하시며
那乙로 管版籍하시며
羲로 典卦筮하시며
尤로 掌兵馬하시고
納斐西岬河伯女하사 爲后하시고 治蠶하시니
淳厖之治가 熙洽四表라.

東方의 大洪水 事件과 摩璃山 塹城壇의 由來

丁巳五十年이라 洪水汎濫하야 民不得息일새

檀君世紀

管 다스릴관 版 호적부판 籍 호적적 卦 점괘괘 筮 점칠서 掌 손바닥 장

에게 글자를 만들게 하셨다. 기성奇省에게 의약을 베풀게 하시고, 나을那乙에게 호적을 관장하게 하시며, 희羲에게 괘서卦筮를 주관하게 하시고, 우尤에게 병마兵馬를 담당하게 하셨다.

비서갑斐西岬에 사는 하백의 따님[河伯女]을 맞이하여 황후로 삼고 누에치기를 맡게 하시니, 백성을 사랑하시는 어질고 후덕한 정치가 사방에 미치어 천하가 태평하였다.

동방의 대홍수 사건과 마리산 참성단의 유래

재위 50년 정사(단기 50, BCE 2284)년에 홍수가 범람하여 백

檀君世紀 81

帝命風伯彭虞하사 治水하시고
定高山大川하사 以便民居하시니
牛首州에 有碑하니라.
戊午五十一年이라 帝命雲師倍達臣하사
設三郞城于穴口하시고
築祭天壇於摩璃山하시니
今塹城壇이 是也니라.
甲戌六十七年이라 帝遣太子扶婁하사
與虞司空으로 會于塗山하실새

彭성팽 虞염려할우 碑비석비 築쌓을축 璃유리리 塹구덩이참 塗진흙도

성이 편안히 살 수 없게 되었다. 왕검께서 풍백風伯 팽우에게 명하여 물을 다스리게 하시고, 높은 산과 큰 하천을 잘 정리하여 백성이 편안히 거처하게 하셨다. 우수주牛首州에 이 내용을 기록한 비碑가 남아 있다.

재위 51년 무오(단기 51, BCE 2283)년에 왕검께서 운사雲師 배달신倍達臣에게 명하여 혈구穴口에 삼랑성三郞城을 건설하게 하시고, 마리산摩璃山에 제천단을 쌓게 하시니 지금의 참성단塹城壇이 곧 그것이다. 재위 67년 갑술(단기 67, BCE 2267)년에 왕검께서 태자 부루扶婁를 보내어 우순虞舜(순임금 BCE 2255~BCE 2208)이 보낸 사공司空(우禹를 말함)과 도산塗山

太子가 傳五行治水之法하시고 勘定國界하시니
幽營二州가 屬我오 定淮岱諸侯하사
置分朝以理之하실새
使虞舜으로 監其事하시니라.

4. 太平聖代의 모습과 檀君王儉의 御天

神敎의 十月 祭天 文化

庚子九十三年이라
帝在柳闕하시니 土階自成하야

勘 살필 감 幽 그윽할 유 屬 붙을 속 監 살필 감 闕 대궐 궐 階 섬돌 계

에서 만나게 하셨다. 태자께서 '오행의 원리로 물을 다스리는 법[五行治水之法]'을 전하시고, 나라의 경계를 살펴 정하시니 유주幽州·영주營州 두 주가 우리 영토에 귀속되고, 회수와 태산 지역의 제후들을 평정하여 분조分朝를 두어 다스리실 때 우순을 시켜 그 일을 감독하게 하셨다.

4. 태평성대의 모습과 단군왕검의 어천

신교의 10월 제천 문화

재위 93년 경자(단기 93, BCE 2241)년에 왕검께서 버드나무로 지은 궁궐에 머무실 때 흙 계단이 저절로 이루어지고

草䒷不除하시고 檀木茂陰하야
與熊虎遊하시며 觀牛羊茁하시며
浚溝洫하시며 開田陌하시며
勸田蠶하시며 治漁獵하시고
民有餘物이면 俾補國用하시고
國中大會하사 上月祭天하시니
民皆熙皞自樂일새
自此로 皇化가 洽被九域하야
遠暨耽浪하야 德敎漸得偉廣이러라.

桓檀古記

䒷 우거질 묘　茁 살찔 줄　浚 팔 준　溝 봇도랑 구　洫 봇도랑 혁　皞 밝을 호

풀이 우거졌으나 베지 않으셨고, 박달나무[檀木]가 무성한 그늘 밑에서 곰과 호랑이와 더불어 노니시고 소와 양이 풀을 뜯는 평화로운 정경을 바라보셨다. 도랑을 파고 밭길을 내며, 농사짓기와 누에치기를 권장하시고 고기잡이와 사냥을 익히게 하셨다. 백성에게 남아 도는 물자가 있으면 나라 살림에 보태어 쓰게 하셨다. 10월 상달에 나라에 큰 제전을 열어 하늘에 제사를 지내니[上月祭天], 온 백성이 진실로 밝은 모습으로 즐거워하였다. 이로부터 단군왕검의 덕화德化가 온 누리를 덮어 멀리 탐랑耽浪까지 미쳤고, 성덕聖德의 가르침은 점차로 위세를 얻어 널리 퍼져 나갔다.

三韓管境과 檀旂 風俗의 由來

先_{선시}是에 區_{구획천하지지}劃天下之地하사 分_{분통삼한}統三韓하시니

三_{삼한}韓에 皆_{개유오가육십사족}有五家六十四族이러라.

是_{시세삼월십오일}歲三月十五日에 帝_{제붕우봉정}崩于蓬亭하시니

葬_{장우교외십리지지}于郊外十里之地라.

萬_{만성}姓이 如_{여상고비}喪考妣하야 奉_{봉단기}檀旂하고 晨_{신석}夕으로

合_{합좌경배}坐敬拜하야 常_{상념불망우회}念不忘于懷하니라.

太_{태자부루}子扶婁가 立_입하시니라.

蓬쑥봉 葬장사장 郊들교 妣죽은어미비 旂기기 晨새벽신 懷품을회

삼한관경과 단기(댕기) 풍속의 유래

이에 앞서 왕검께서 천하의 땅을 일정한 지역으로 경계를 정해 삼한三韓으로 나누어 다스리셨다. 삼한에는 모두 5가五家 64족六十四族이 있었다.

이 해(환기 4957, 신시개천 1657, 단기 93, BCE 2241)3월 15일에 단군왕검께서 봉정蓬亭에서 붕어하시니 교외 십 리 되는 곳에 장사지냈다.

모든 백성이 부모를 잃은 듯 슬퍼하였고, 단기檀旂를 받들어 아침저녁으로 모여 앉아 경배하며 항상 단군왕검의 덕을 가슴에 품고 잊지 않았다. 태자 부루께서 즉위하셨다.

檀君世紀 85

二世檀君 扶婁 在位五十八年

1. 諸侯 虞舜이 定한 國境을 바로잡으심

辛丑元年이라.

帝賢而多福하사 居財大富하시고

與民으로 共治産業하사 無一民飢寒하며

每當春秋에 巡省國中하사 祭天如禮하시며

察諸汗善惡하사 克愼賞罰하시며

浚渠洫하시며 勸農桑하시며 設庠興學하시니

飢굶주릴기 寒찰한 巡돌순 省살필성 察살필찰 勸권할권 庠학교료

2세 단군 부루 재위 58년

1. 제후 우순이 정한 국경을 바로잡으심

부루단군의 재위 원년은 신축(환기 4958, 신시개천 1658, 단기 94, BCE 2240)년이다. 임금께서 어질고 복이 많아서 재물을 많이 쌓아 큰 부를 누리셨다. 백성과 더불어 산업을 다스리시니 굶주리거나 추위에 떠는 사람이 하나도 없었다. 매년 봄가을에 나라 안을 순행하여 살피고, 예를 갖추어 하늘에 제사 지내고, 모든 제후의 선악을 살피고 상벌을 신중히 하셨다. 도랑을 파고, 농업과 양잠을 권장하며, 학교

文化大進하야 聲聞日彰하니라.

初에 虞舜이 置幽營二州於藍國之隣이어늘

帝遣兵征之하사 盡逐其君하시고

封東武道羅等하사 以表其功하시니라.

2. 倍達과 檀君朝鮮 時代의 祭天歌

參佺戒律이 된 「於阿歌」

神市以來로 每當祭天이면

國中大會하야 齊唱讚德諧和하야

彰밝을창 藍쪽람 隣이웃린 盡다할진 逐쫓아낼축 讚기릴찬 諧화할해

를 지어 학문을 일으키시니 문화가 크게 진보하고 그 명성이 나날이 퍼져 나갔다. 초기에 우순虞舜이 유주와 영주를 남국藍國 근처에 설치하므로, 임금께서 군사를 보내 이들을 정벌하여 그곳 왕을 모두 쫓아내고 동무東武와 도라道羅 등을 봉하여 그 공을 표창하셨다.

2. 배달과 단군조선 시대의 제천가
참전계율이 된 「어아가」

신시 개천神市開天 이래로 매년 하늘에 제사를 지낼 때 나라에 큰 축제를 열어 모두 삼신상제님의 덕을 찬양하는 노래

於阿爲樂하고 感謝爲本하니
神人以和하야 四方爲式하니 是爲參佺戒라
其詞에 曰
於阿於阿여
我等大祖神의 大恩德은
倍達國我等이 皆百百千千年勿忘이로다.
於阿於阿여
善心은 大弓成하고 惡心은 矢的成이로다.
我等百百千千人이 皆大弓絃同하고

感 느낄감 謝 사례할사 佺 온전한사람전 忘 잊을망 絃 악기줄현

를 부르며 화합하였다. 「어아於阿」를 음악으로 삼고 감사함을 근본으로 하여 하늘의 신명과 인간을 조화시키니 사방에서 모두 이를 본받았다. 이것이 참전계參佺戒가 되었는데, 그 가사는 다음과 같다.

어아 어아
우리 대조신의 크나큰 은덕이시여!
배달의 아들딸 모두 백백천천 영세토록 잊지 못하오리다.
어아 어아
착한 마음 큰 활되고 악한 마음 과녁되네.
백백천천 우리 모두 큰 활줄 같이 하나되고

善心은 直矢一心同이라.

於阿於阿여

我等百百千千人이 皆大弓一에

衆多矢的貫破하니

沸湯同善心中에 一塊雪이 惡心이라.

於阿於阿여

我等百百千千人이

皆大弓堅勁同心하니 倍達國光榮이로다.

百百千千年의 大恩德은

貫 꿰뚫을 관 破 깨뜨릴 파 沸 끓을 비 湯 끓을 탕 塊 흙덩이 괴 勁 굳셀 경

착한 마음 곧은 화살처럼 한마음 되리라.
어아 어아
백백천천 우리 모두 큰 활처럼 하나 되어
수많은 과녁을 꿰뚫어 버리리라.
끓어오르는 물 같은 착한 마음 속에서
한 덩이 눈 같은게 악한 마음이라네.
어아 어아
백백천천 우리모두 큰 활처럼 하나 되어
굳세게 한마음 되니 배달나라 영광이로세.
백백천천 오랜 세월 크나큰 은덕이시여!

我等大祖神이로다.
我等大祖神이로다.

3. 少連·大連과 三年喪 風俗의 由來

壬寅二年이라

帝召少連大連하사 問治道하시니라.

先是에 少連大連이 善居喪하야 三日不怠하며

三月不懈하며 朞年悲哀하며 三年憂하니

自是로 擧俗이 停喪五月하야

| 召 부를소 怠 게으를태 懈 게으를해 朞 돌기 憂 근심할우 停 머무를정

우리 대조신이로세.
우리 대조신이로세.

3. 소련·대련과 삼년상 풍속의 유래

재위 2년 임인(단기 95, BCE 2239)년에 임금께서 **소련**少連과 **대련**大連을 불러 나라를 다스리는 방도에 대해 물으셨다. 이에 앞서 소련과 대련은 거상居喪을 잘 하였으니 처음 3일 동안 태만하지 않았고, 3개월 동안 게으르지 않았고, 한 해가 다 지나도록 슬퍼하였으며, 3년간 근심으로 지냈다. 이로부터 세상의 풍속이 부모상을 당하면 소련과 대련을

以久爲榮하니 此非天下之大聖이면
其能德化之流行이
如是傳郵之速者乎아
二連이 以孝聞하고 亦見稱於孔子하니
夫孝者는 愛人益世之本이오
放諸四海而準焉이니라.

4. 度量衡 統一과 井田法 施行

癸卯三年이라 九月에 下詔하사

流 흐를 류 郵 역참 우 速 빠를 속 連 잇닿을 련 稱 칭할 칭 放 놓을 방

본받아 다섯 달 동안 정상停喪을 하였는데 오래도록 상을 모시는 것을 영광으로 여겼다.
천하의 대성인이 아니었다면 어찌 덕화德化가 널리 퍼짐이 이토록 역말驛馬로 전하는 것처럼 빠를 수 있었겠는가? 소련과 대련은 효자로 알려지고, 공자 또한 이들을 칭송하였다. 무릇 효란 사람을 사랑하고 세상을 이롭게 하는 근본이니 온 세상에 이를 널리 펴서 표준으로 삼았다.

4. 도량형 통일과 정전법 시행

재위 3년 계묘(단기 96, BCE 2238)년 9월에 조칙을 내려 백성

使民으로 編髮蓋首하시고 服靑衣하시며
斗衡諸器를 悉準於官하시며
布苧市價를 無處有二하시니 民不自欺하야
遠近便之하니라.

庚戌十年이라
四月에 劃邱井하사 爲田結하시고
使民으로 自無私利하시니라.
壬子十二年이라 神誌貴己가
製獻七回曆과 邱井圖하니라.

髮 터럭발 蓋 덮을개 衡 저울대형 苧 모시저 價 값가 欺 속일기 獻 바칠헌

들에게 머리카락을 땋아서 머리를 덮게 하고[編髮蓋首] 푸른 옷[靑衣]을 입게 하셨다. 도량형度量衡을 모두 관官의 표준에 맞게 통일하고, 삼베와 모시의 시장 가격을 어디서나 똑같게 하셨다. 백성이 서로 속이지 않게 되므로, 원근 사람들이 모두 이를 편하게 여겼다.

재위 10년 경술(단기 103, BCE 2231)년 4월에 토지의 경계를 우물 정井 자로 그어 구분하여 전결田結을 정해 주어 백성이 스스로 사리사욕을 채우지 못하게 하셨다.

재위 12년 임자(단기 105, BCE 2229)년에 신지神誌 귀기貴己가 「칠회력七回曆」과 「구정도邱井圖」를 만들어 바쳤다.

5. 扶婁壇地 風俗의 由來와 佺戒의 뜻

戊戌五十八年이라. 帝崩하시니

是日에 日蝕하고 山獸作隊하야

亂叫山上하고 萬姓慟之甚하니라.

後에 國人이 設祭하야 家內에 擇地設壇하고

而土器에 盛禾穀하야 置壇上하고

稱爲扶婁壇地라 是爲業神이오

又稱佺戒라 하니 以全人受戒로

爲業主嘉利하야 人與業이

蝕좀먹을식 獸짐승수 隊떼대 叫부르짖을규 慟서럽게울통 嘉아름다울가

5. 부루단지 풍속의 유래와 전계의 뜻

재위 58년 무술(환기 5015, 신시개천 1715, 단기 151, BCE 2183)년에 부루단군께서 붕어하셨다. 이 날 하늘에 일식日蝕이 있었고, 산짐승이 떼를 지어 산 위에서 울부짖고, 만백성이 목놓아 통곡하였다. 후에 백성들이 제사를 지낼 때, 집안에 자리를 정하여 제단을 설치하고 항아리에 곡식을 담아 제단 위에 올려 놓았는데, 이것을 부루단지扶婁壇地라 부르고, 업신業神으로 삼았다. 또한 전계佺戒라고도 칭하였는데, 전계는 '온전한 사람이 되는 계율을 받아[全人受戒] 업주가리業主嘉利가 된다'는 것으로, '사람과 그가 이루고자 하는 업業이

구전지의야 태자가륵 입
俱全之義也라. 太子嘉勒이 立하시니라.

三世檀君 嘉勒 在位四十五年

1. 神과 王과 倧과 佺의 道에 對한 道言

기해원년 오월 제소삼랑을보륵
己亥元年이라. 五月에 帝召三郞乙普勒하사

문신왕종전지도
問神王倧佺之道하신대

보륵 교무가우수 행삼육대례
普勒이 交拇加右手하야 行三六大禮하고

이진언왈
而進言曰

俱갖출구 勒굴레륵 郞사내랑 普넓을보 佺상고신인종 拇엄지손가락 무

함께 온전해진다'는 뜻이다. 태자 가륵께서 즉위하셨다.

3세 단군 가륵 재위 45년

1. 신과 왕과 종과 전의 도에 대한 말씀

가륵단군의 재위 원년은 기해(환기 5016, 신시개천 1716, 단기 152, BCE 2182)년이다. 5월에 임금께서 삼랑三郞 을보륵乙普勒을 불러 '신神과 왕王과 종倧과 전佺의 도'를 하문하셨다.
보륵이 엄지손가락을 깍지 끼고 오른손을 왼손 위에 포개어 삼육대례三六大禮를 행하고서 진언進言하니 이러하였다.

^{신자} ^{능인출만물} ^{각전기성}
神者는 能引出萬物하야 各全其性하나니

^{신지소묘} ^{민개의시야}
神之所玅를 民皆依恃也며

^{왕자} ^{능덕의이세} ^{각안기명}
王者는 能德義理世하야 各安其命하나니

^{왕지소선} ^{민개승복야}
王之所宣을 民皆承服也며

^{종자} ^{국지소선야}
倧者는 國之所選也오

^{전자} ^{민지소거야} ^{개칠일위회}
佺者는 民之所擧也니 皆七日爲回하야

^{취삼신집맹}
就三神執盟하며

^{삼홀위전} ^{구환위종}
三忽爲佺하고 九桓爲倧하니

^{개기도야} ^{욕위부자} ^{사부의}
蓋其道也가 欲爲父者는 斯父矣오

檀君世紀

玅 묘할묘 恃 믿을시 宣 베풀선 選 가릴선 就 이룰취 忽 고을홀

"신神은 (천지조화의 기氣로부터) 만물을 낳고 각기 타고난 성품[性]을 온전하게 하시니 신의 오묘한 조화를 백성이 모두 믿고 의지하는 것입니다.

왕王은 덕과 의로써 세상을 다스려 각자 타고난 목숨[命]을 안전하게 해주시니, 왕이 베푸는 것을 백성이 복종하여 따르는 것입니다.

종倧은 나라에서 선발한 스승이요 전佺은 백성이 천거한 스승이니, 모두 이레(7일)을 한 회로 하여 삼신께 나아가 맹세합니다. 세 고을[三忽]에서 뽑은 사람은 전佺이 되고 구환에서 뽑은 사람은 종倧이 됩니다. 그 도를 말하자면 아비가 되고

욕 위 군 자   사 군 의
欲爲君者는 斯君矣오
욕 위 사 자   사 사 의
欲爲師者는 斯師矣오
위자위신위도자   역사자사신사도의
爲子爲臣爲徒者는 亦斯子斯臣斯徒矣라.

2. 神敎의 뜻

고   신 시 개 천 지 도
故로 神市開天之道는

역 이 신 시 교
亦以神施敎하야

지 아 구 독   공 아 존 물
知我求獨하며 空我存物하야

능 위 복 어 인 세 이 이
能爲福於人世而已라.

斯 이사 徒 무리도 施 베풀시 獨 홀로독 空 빌공 物 만물물 已 이미이

자 하는 사람은 아비다워야 하고, 임금이 되고자 하는 사람은 임금다워야 하고, 스승이 되고자 하는 사람은 스승다워야 하는 것입니다. 아들, 신하, 제자가 된 사람 역시 아들답고 신하답고 제자다워야 합니다.

2. 신교의 뜻

그러므로 환웅천황께서 펼치신 신시 개천의 도는 신도(삼신의 도)로써 가르침을 베풀어, 나를 알아 자립을 구하며 나를 비워 만물을 잘 생존케 하여 능히 인간 세상을 복되게 할 따름입니다.

^{대천신이왕천하} ^{홍도익중}
代天神而王天下하야 **弘道益衆**하야

^{무일인실성}
無一人失性하며

^{대만왕이주인간} ^{거병해원}
代萬王而主人間하야 **去病解怨**하야

^{무일물해명}
無一物害命하야

^{사국중지인} ^{지개망즉진}
使國中之人으로 **知改妄卽眞**하고

^{이삼칠계일} ^{회전인집계}
而三七計日하야 **會全人執戒**하니

^{자시 조유종훈} ^{야유전계}
自是로 **朝有倧訓**하고 **野有佺戒**하야

^{우주정기 수종일역}
宇宙精氣는 **粹鍾日域**하고

^{삼광오정 응결뇌해}
三光五精은 **凝結腦海**하야

害 해칠 해 **妄** 거짓 망 **粹** 순수할 수 **鍾** 모일 종 **凝** 엉길 응 **腦** 머리 뇌

천상의 상제님[天神]을 대신하여 천하를 다스릴 때는, 도를 널리 펴서 백성을 이롭게 하여 한 사람도 자신의 타고난 성품을 잃지 않게 하며, 만왕萬王을 대신하여 인간을 다스릴[主人間] 때는 '병을 없애고 원한을 풀어 주어[去病解怨]' 비록 미물이라도 함부로 생명을 해하지 못하게 하는 것이옵니다. 백성으로 하여금 그릇된 미음을 고쳐 참되게 하고 삼칠일(21일)을 기약하여 '온전한 사람이 되는 계율'을 굳게 지키게 해야 하옵니다. 이로부터 조정에는 종훈倧訓이 서고 민간에는 전계佺戒가 바로 서게 되며 우주 정기가 삼한의 온 천하에 순수하게 모이고, 삼광오정三光五精의 기운이 모

^{현묘자득} ^{광명공제}
玄玅自得하고 光明共濟하니

^{시위거발환야}
是爲居發桓也니이다 한대

^{시지구환} ^{구환지민}
施之九桓하시니 九桓之民이

^{함솔귀일우화}
咸率歸一于化하나라.

3. 한글의 始原과 古朝鮮 原形 文字

^{경자이년} ^{시속} ^{상불일}
庚子二年이라 時俗이 尙不一하고

^{방언} ^{상수}
方言이 相殊하야

^{수유상형표의지진서} ^{십가지읍}
雖有象形表意之眞書나 十家之邑이

得 얻을 득 濟 건질 제 尙 오히려 상 殊 다를 수 雖 비록 수 邑 고을 읍

든 사람의 머릿속에 응결하게 되어 '**현묘한 도**[神敎]를 깨쳐 **광명** 사상으로 세상을 함께 건지게 될 것'이니 이것이 바로 '**거발환**居發桓의 정신'입니다."
임금께서 구환족에게 이 가르침을 베푸시니 구환의 백성이 모두 순종하고 삼신의 한마음으로 돌아가 교화되었다.

3. 한글의 시원과 고조선 원형 문자

재위 2년 경자(단기 153, BCE 2181)년, 이때 풍속이 일치하지 않고 지방마다 말이 서로 달랐다. 비록 상형象形·표의表意 문자인 진서眞書가 있어도 열 가구 정도 모인 마을에서도

^{어다불통} ^{백리지국} ^{자난상해}
語多不通하고 百里之國이 字難相解라.

^{어시} ^{명삼랑을보륵}
於是에 命三郞乙普勒하사

^{찬정음삼십팔자} ^{시위가림토}
譔正音三十八字하시니 是爲加臨土라.

^{기문 왈}
其文에 曰

· ㅣ ㅡ ㅏ ㅣ ᅎ ᅩ ㅗ ㅑ ㅕ ㅛ ㅍ ㆆ ㅋ

ㅇ ㄱ ㄴ ㅁ ㄴ ㅿ ㅈ ㅊ ㅊ ᅀ ᅀ ㅎ ㅅ ㅆ

ㅑ ㄹ ㅂ ㅐ ㅂ ᅙ ㄷ ㅜ ㅊ ㅅ ㅋ ㅗ ㅍ ㅛ

^{신축삼년}
辛丑三年이라.

^{명신지고설} ^{편수배달유기}
命神誌高契하사 編修倍達留記 하시니라.

難어려울난 郞사내랑 譔지을찬 臨임할림 契사람이름설 編엮을편

말이 통하지 않는 것이 많고, 땅이 백 리가 되는 나라에서는 서로 문자를 이해하기 어려웠다. 이에 가륵단군께서 삼랑 을보륵에게 명하시어 '정음正音 38자'를 짓게 하시니, 이것이 가림토加臨土이다. 글자는 다음과 같다.

· ㅣ ㅡ ㅏ ㅣ ᅎ ᅩ ㅗ ㅑ ㅕ ㅛ ㅍ ㆆ ㅋ

ㅇ ㄱ ㄴ ㅁ ㄴ ㅿ ㅈ ㅊ ㅊ ᅀ ᅀ ㅎ ㅅ ㅆ

ㅑ ㄹ ㅂ ㅐ ㅂ ᅙ ㄷ ㅜ ㅊ ㅅ ㅋ ㅗ ㅍ ㅛ

재위 3년 신축(단기 154, BCE 2180)년에 신지神誌 고설高契에게 명하시어 『배달유기倍達留記』를 편찬하게 하셨다.

4. 匈奴族의 始祖와 牛首國의 起原

甲辰六年이라 命列陽褥薩索靖하사

遷于弱水하시고 終身棘置러시니 後에 赦之하사

仍封其地하시니 是爲凶奴之祖라.

丙午八年이라

康居叛이어늘 帝討之於支伯特하시니라.

夏四月에 帝登不咸之山하사

望民家炊煙少起하시고

命減租稅하사 有差하시니라.

褥 요욕 薩 보살살 靖 다스릴정 棘 가시극 赦 용서할사 叛 배반할반

4. 흉노족의 시조와 우수국의 기원

재위 6년 갑진(단기 157, BCE 2177)년, 임금께서 열양列陽 욕살 삭정索靖을 약수弱水 지방에 유배시켜 종신토록 감옥에 가두셨다. 후에 용서하여 그 땅에 봉하시니, **흉노**凶奴의 시조가 되었다.

재위 8년 병오(단기 159, BCE 2175)년에 강거康居가 반란을 일으키니 임금께서 지백특支伯特에서 토벌하셨다.

여름 4월에 불함산에 올라 민가에서 밥짓는 연기가 적은 것을 보시고 조세를 줄이고 차등을 두게 하라고 명하셨다.

무신십년　　두지주예읍　　반
戊申十年이라 豆只州濊邑이 叛이어늘

명　여수기　　　참기추소시모리
命余守己하사 斬其酋素尸毛犁하시니라.

자시　칭기지왈소시모리
自是로 稱其地曰素尸毛犁오

금전음위우수국야
今轉音爲牛首國也라.

기후손　유협야노자　　도어해상
其後孫에 有陝野奴者가 逃於海上하야

거삼도　　참칭천왕
據三島하고 僭稱天王하니라.

계미사십오년
癸未四十五年이라.

구월　제붕　　　태자오사구　입
九月에 帝崩하시니 太子烏斯丘가 立하시니라.

檀君世紀

濊 종족이름 예　斬 벨참　犂 밭갈리　陜 좁을협　逃 달아날도　據 의거할거

재위 10년 무신(단기 161, BCE 2173)년에 두지주豆只州의 예읍
濊邑이 반란을 일으키니 임금께서 여수기余守己에게 명하여
그곳 추장 소시모리素尸毛犁의 목을 베게 하셨다.
이로부터 그 땅을 소시모리라 불렀는데, 지금은 음이 변해
서 소머리 나라牛首國가 되었다.
그 후손에 협야奴陜野奴라는 인물이 있는데, 바다를 건너가
삼도三島를 점거(BCE 667)하고 스스로 천왕이라 참칭하였다.
재위 45년 계미(환기 5060, 신시개천 1760, 단기 196, BCE 2138)
년 9월에 가륵단군께서 붕어하셨다.
태자 오사구烏斯丘께서 즉위하셨다.

檀君世紀 101

桓檀古記

四世檀君 烏斯丘 在位三十八年

蒙古王 任命과 人蔘의 由來

甲申元年이라.
_{갑신원년}

封皇弟烏斯達하사 爲蒙古里汗하시니
_{봉황제오사달} _{위몽고리한}

或曰今蒙古族이 爲其後云이라
_{혹왈금몽고족} _{위기후운}

冬十月에 北巡이라가
_{동시월} _{북순}

而回到太白山하사 祭三神하시고
_{이회도태백산} _{제삼신}

得靈草하시니 是謂人蔘이오 又稱仙藥이라
_{득영초} _{시위인삼} _{우칭선약}

封 봉할봉 蒙 입을몽 汗 임금한 巡 돌순 回 돌아올회 到 이를도 靈 영묘할령

4세 단군 오사구 재위 38년

몽고왕 임명과 인삼의 유래

오사구단군의 재위 원년은 갑신(환기 5061, 신시개천 1761, 단기 197, BCE 2137)년이다. 임금께서 아우 **오사달**烏斯達을 몽고리한蒙古里汗으로 봉하셨다. 혹자는 지금의 몽골족이 그 후손이라 말한다.

겨울 10월에, 북쪽을 순수巡狩하고 돌아오시는 길에 태백산에 이르러 삼신께 천제를 지내고 영험한 약초를 얻으셨다. 이것이 곧 인삼이며, 선약仙藥이라고도 불렀다.

自後로 神仙不死之說이 與採蔘保精으로
密有關聯하고 間有採得家所傳하니
神異顯靈하야 頗多奇驗 云하나라.

貨幣 鑄造와 夏 征伐

戊子五年이라 鑄圓孔貝錢하시니라.
秋八月에 夏人이 來獻方物하고
求神書而去하니라.
十月에 朝野記를 別書于石하야 以公于民하시니라.

密빽빽할밀 聯잇닿을련 顯나타날현 頗자못파 驗효과험 鑄쇠부어만들주

이때부터 '신선 불사의 설'이 인삼을 먹어 보정保精하는 것과 밀접한 관련이 있게 되었다. 간혹 삼을 캐어 먹은 사람이 전하는 바에 따르면, 신이한 영험이 있어 자못 특이한 효과가 있다고 하였다.

화폐 주조와 하나라 정벌

재위 5년 무자(단기 201, BCE 2133)년에 둥근 구멍이 뚫린 패전[圓孔貝錢]을 주조하였다. 이해 가을 8월에, 하夏나라 사람이 와서 특산물을 바치고 신서神書를 구해 갔다. 10월에 「조야기朝野記」를 돌에 기록하여 백성에게 공포하였다.

庚寅七年이라 設造船于薩水之上하시니라.

壬寅十九年이라 夏主相이 失德이어늘

帝命息達하사 率藍眞弁三部之兵하야

往征之하시니

天下가 聞之乃服하니라.

辛酉三十八年이라

六月에 帝崩하시니 鷄加丘乙이 立하시니라.

設 세울 설　船 배 선　薩 보살 살　藍 쪽 람　往 갈 왕　征 칠 정　鷄 닭 계

재위 7년 경인(단기 203, BCE 2131)년에 살수薩水 강가에 조선소造船所를 설치하였다.

재위 19년 임인(단기 215, BCE 2119)년에 하나라 5세 왕 상相이 실덕하므로 임금께서 식달息達에게 명하여 남·진·변藍眞弁 3부部의 군대를 이끌고 가서 정벌征伐하게 하시니, 천하 사람이 그 소식을 듣고 복종했다.

재위 38년 신유(환기 5098, 신시개천 1798, 단기 234, BCE 2100)년 6월에 오사구단군께서 붕어하셨다. 계가鷄加 출신 구을丘乙이 즉위하셨다.

五世檀君 丘乙 在位十六年

壬戌元年이라.

命築壇于太白山하시고 遣使致祭하시니라.

癸亥二年이라 五月에 蝗虫이 大作하야

遍滿田野어늘 帝親巡田野하사

吞蝗而告三神하사 使滅之러시니

數日盡滅하니라.

乙丑四年이라 始用甲子하사 作曆하시니라.

築 쌓을 축 壇 제터 단 遣 보낼 견 致 보낼 치 蝗 누리 황 遍 두루 편

5세 단군 구을 재위 16년

구을단군의 재위 원년은 임술(환기 5099, 신시개천 1799, 단기 235, BCE 2099)년이다. 임금께서 태백산에 단을 쌓으라 명하시고, 사자使者를 보내 제사를 지내게 하셨다.
재위 2년 계해(단기 236, BCE 2098)년, 5월에 황충蝗蟲이 크게 번져 밭과 들에 가득찼다. 임금께서 친히 밭과 들을 돌아보며 황충을 잡아 입에 넣어 삼키시고 삼신께 이를 멸해 주시기를 비니 과연 며칠 만에 황충이 다 사라졌다.
재위 4년 을축(단기 238, BCE 2096)년에 갑자甲子를 첫머리로

己巳八年이라

身毒人이 流漂하야 到東海濱하나라.

丁丑十六年이라 親幸藏唐京하사

封築三神壇하시고 多植桓花하시나라.

七月에 帝南巡하사 歷風流江하시고

到松壤하사 得疾尋崩하시니

葬于大博山하나라.

牛加達門이 被選於衆하야

入承大統하시나라.

漂 뜰 표 濱 물가 빈 幸 임금의 행차 행 尋 깊을 심 博 넓을 박 被 입을 피

하여[始用甲子] 책력을 만드셨다.

재위 8년 기사(단기 242, BCE 2092)년, 신독身毒 사람이 표류하여 동해가에 도착했다.

재위 16년 정축(단기 250, BCE 2084)년, 임금께서 친히 장당경에 순행하여 삼신단三神壇을 봉축하시고 환화桓花를 많이 심으셨다. 이 해(환기 5114, 신시개천 1814, 단기 250, BCE 2084) 7월에 임금께서 남쪽으로 순수하실 때 풍류강을 거쳐 송양松壤에 당도하여 병을 얻어 갑자기 붕어하시므로 대박산大博山에 장사를 지냈다. 우가牛加 출신 달문達門이 무리의 추대를 받아 대통을 이으셨다.

六世檀君 達門 在位三十六年

1. 韓民族의 뿌리를 노래한 大叙事詩「誓效詞」

^{무인원년}
戊寅元年이라.

^{임자삼십오년}
壬子三十五年이라

^{회제한우상춘}
會諸汗于常春하시고

^{제삼신우구월산}   ^{사신지발리}
祭三神于九月山하실새 使神誌發理로

^{작서효사}
作誓效詞하시니

^{기사   왈}
其詞에 曰

敍 서술할서 諸 여러제 使 하여금사 誓 맹세할서 效 드릴효 詞 말씀사

6세 단군 달문 재위 36년

1. 한민족의 뿌리를 노래한 대서사시 「서효사」

달문단군의 재위 원년은 무인(환기 5115, 신시개천 1815, 단기 251, BCE 2083)년이다.

재위 35년 임자(단기 285, BCE 2049)년에 여러 왕(諸汗)을 상춘常春에 모아 구월산九月山에서 삼신께 제사지내실 때, 신지神誌 발리發理로 하여금 「서효사誓效詞」를 짓게 하시니 그 가사는 이러하다.

檀君世紀

東方 文明의 開創 精神을 讚揚함

「朝光先受地_{조광선수지}에 三神赫世臨_{삼신혁세림}이로다

桓因出象先_{환인출상선}하사 樹德宏且深_{수덕굉차심}이로다

諸神議遣雄_{제신의견웅}하사 承詔始開天_{승조시개천}이로다

蚩尤起靑邱_{치우기청구}하시니 萬古振武聲_{만고진무성}이로다

淮岱皆歸王_{회대개귀왕}하니 天下莫能侵_{천하막능침}이로다

王儉受大命_{왕검수대명}하시니 懽聲動九桓_{환성동구환}이로다

桓檀古記

讚 기릴 찬 揚 날릴 양 赫 밝을 혁 宏 클 굉 侵 침범할 침 懽 기뻐할 환

동방 문명의 개창 정신을 찬양함

아침 햇빛 먼저 받는 이땅에 삼신께서 밝게 세상에 임하셨고
환인천제 먼저 법을 내셔서 덕을 심음에 크고도 깊사옵니다.
모든 신이 의논하여 환웅을 보내셔서
환인천제 조칙받들어 처음으로 나라 여셨사옵니다.
치우천황 청구에서 일어나 만고에 무용을 떨치셔서
회수 태산 모두 천황께 귀순하니
천하의 그 누구도 침범할 수 없었사옵니다.
단군왕검 하늘의 명을 받으시니
기쁨의 소리 구환에 울려 퍼졌사옵니다.

_{어 수 민 기 소} _{초 풍 덕 화 신}
魚水民其蘇오 草風德化新이로다

_{원 자 선 해 원} _{병 자 선 거 병}
怨者先解怨이오 病者先去病이로다

_{일 심 존 인 효} _{사 해 진 광 명}
一心存仁孝하시니 四海盡光明이로다

_{진 한 진 국 중} _{치 도 함 유 신}
眞韓鎭國中하니 治道咸維新이로다

_{모 한 보 기 좌} _{번 한 공 기 남}
慕韓保其左하고 番韓控其南이로다

_{참 암 위 사 벽} _{성 주 행 신 경}
巉岩圍四壁하니 聖主幸新京이로다

檀君世紀

蘇 소생할 소 鎭 누를 진 維 이에 유 控 당길 공 巉 가파를 참 壁 벽 벽

물고기 물 만난 듯 백성들이 소생하고
풀잎에 부는 바람처럼 덕화가 새로워졌사옵니다.
원한 맺힌 자 원한 먼저 풀어주고
병든 자 먼저 낫게 하셨사옵니다.
일심으로 인과 효를 행하시니 사해에 광명이 넘치옵니다.
진한이 나라 안을 진정시키니
정치의 도는 모두 새로워졌사옵니다.
모한은 왼쪽을 지키고 번한은 남쪽을 제압하옵니다.
깎아지른 바위가 사방 벽으로 둘러쌌는데
거룩하신 임금께서 새서울에 행차하셨사옵니다.

檀君世紀 109

여칭추극기　　　　극기백아강
如秤錘極器하니　極器白牙岡이오

칭간소밀랑　　　　추자안덕향
秤幹蘇密浪이오　錘者安德鄕이로다

수미균평위　　　　뇌덕호신정
首尾均平位하야　賴德護神精이로다

흥방보태평　　　　조항칠십국
興邦保太平하야　朝降七十國이로다

영보삼한의　　　　왕업유흥륭
永保三韓義라야　王業有興隆이로다

흥폐막위설　　　　성재사천신
興廢莫爲說하라　誠在事天神이로다.」

秤 저울 칭　錘 저울추 추　極器:저울판　幹 줄기 간　賴 힘입을 뢰　隆 성할 륭

삼한형세 저울대 저울추 저울판 같으니
저울판은 백아강이요 저울대는 소밀랑이요
저울추는 안덕향이라
머리와 꼬리가 서로 균형이루니
그 덕에 힘입어 삼신정기 보호하옵니다.
나라를 흥성케 하여 태평세월 보전하니
일흔 나라 조공하며 복종하였사옵니다.
길이 삼한관경제 보전해야 왕업이 흥하고 번성할 것이옵니다.
나라의 흥망을 말하지 말지니
천신(삼신상제)님 섬기는 데 정성을 다하겠사옵니다.

2. 東方의 모든 王을 召集하여 桓國 五訓과 神市 五事를 傳授하심

乃與諸汗으로 立約束曰「凡我同約之人은
以桓國五訓과 神市五事로
爲永久遵守之案이니 祭天之儀는
以人爲本하고 爲邦之道는 以食爲先하라
農者는 萬事之本이오 祭者는 五敎之源이니
宜與國人으로 共治爲産호대 先講重族하라
次宥俘囚하며 並除死刑하고

約 맺을 약 遵 따를 준 案 계책 안 儀 법식 의 宥 용서할 유 俘 사로잡을 부

2. 동방의 모든 왕을 소집하여 환국 오훈과 신시 오사를 전수하심

이에 모든 왕(諸汗)과 약속하시니 이러했다.

"무릇 나와 함께 약속한 사람은 환국 오훈桓國五訓과 신시 오사神市五事를 영구히 준수할 법도로 삼아야 하리라. 제천 의례는 사람을 근본으로 삼고, 나라를 다스리는 도는 먹는 것을 우선으로 삼아라.

농사는 만사의 근본이요, 제사는 오교五敎의 근원이라. 마땅히 백성과 함께 일하고 생산하되, 먼저 겨레를 중히 여기도록 가르쳐라.

포로와 죄수를 용서하며, 아울러 사형을 없애도록 하라.

責禍保境하며 和白爲公하야
專以一施共和之心으로
謙卑自養이 以爲仁政之始也라 하시니
時에 執盟貢幣者가
大國이 二오 小國이 二十이오
墟落이 三千六百二十四러라.
癸丑三十六年이라 帝崩하시니
鷄加翰栗이 立하시니라.

責 꾸짖을 책　謙 겸손할 겸　卑 낮을 비　貢 바칠 공　幣 폐백 폐　墟落 : 읍락

책화責禍 제도를 두어 지경地境을 보존하고, 화백을 공의로 삼아라[和白爲公]. 오로지 한결같이 함께 화합하는 마음[共和之心]을 베풀어 겸양의 덕을 길러야 어진 정치를 행하는 기틀이 열리리라."
이때 맹세하고 폐백을 바친 자는 대국이 둘, 소국이 스물, 읍락이 3,624곳이었다.
재위 36년 계축(환기 5150, 신시개천 1850, 단기 286, BCE 2048)년에 달문단군께서 붕어하셨다. 계가鷄加 출신 한율翰栗이 즉위하셨다.

七世檀君 翰栗 在位五十四年

甲寅元年이라.

丁未五十四年이라

帝崩하시니 于西翰이 立하시니라.

八世檀君 于西翰 或曰烏斯含 在位八年

戊申元年이라.

翰 날개한 栗 밤율 崩 천자돌아가실붕 烏 까마귀오 斯 이사 含 머금을함

7세 단군 한율 재위 54년

한율단군의 재위 원년은 갑인(환기 5151, 신시개천 1851, 단기 287, BCE 2047)년이다.
재위 54년 정미(환기 5204, 신시개천 1904, 단기 340, BCE 1994)년에 임금께서 붕어하셨다. 우서한于西翰이 즉위하셨다.

8세 단군 우서한(일명 오사함) 재위 8년

우서한단군의 재위 원년은 무신(환기 5205, 신시개천 1905, 단

定二十稅一之法하시고 廣通有無하사

以補不足하시니라.

己酉二年이라

是歲에 豊登하야 有一莖八穗러라.

辛亥四年이라

帝以微服으로 潛出國境하사

視察夏情而還하시고 大改官制하시니라.

甲寅七年이라

三足烏가 飛入苑中하니 其翼廣이 三尺이러라.

補도울보 莖줄기경 穗이삭수 微숨길미 潛숨길잠 還돌아올환 翼날개익

기 341, BCE 1993)년이다. 임금께서 '20분의 1 세법'을 정하시고, 물자가 있는 곳과 없는 곳을 서로 통하게 하여 부족한 것을 보충하게 하셨다.

재위 2년 기유(단기 342, BCE 1992)년에 풍년이 들어 줄기 하나에 이삭이 여덟 개씩 패었다.

재위 4년 신해(단기 344, BCE 1990)년에 임금께서 미복을 입고 몰래 국경을 벗어나 하夏나라의 실정을 살피시고 돌아와 관제를 크게 개혁하셨다.

재위 7년 갑인(단기 347, BCE 1987)년에 삼족오三足烏가 동산에 날아들었는데 그 날개 길이가 석 자나 되었다.

乙卯八年이라

帝崩하시니 太子阿述이 立하시니라.

九世檀君 阿述 在位三十五年

丙辰元年이라.

帝有仁德하사 民有犯禁者면 必曰

糞地雖汚나 降雨露有時라 하시고

置而不論이러시니

述 펼술 犯 범할범 糞 똥분 雖 비록수 汚 더러울오 露 이슬로 置 놓을치

재위 8년 을묘(환기 5212, 신시개천 1912, 단기 348, BCE 1986)년에 우서한단군께서 붕어하셨다. 태자 아술阿述께서 즉위하셨다.

9세 단군 아술 재위 35년

아술단군의 재위 원년은 병진(환기 5213, 신시개천 1913, 단기 349, BCE 1985)년이다. 임금께서 어진 덕이 있어 백성 중에 **금법**禁法을 범한 자가 있으면 반드시 "분지糞地(오물 구덩이)가 비록 더러우나 비와 이슬이 가리지 않고 내리느니라"

犯_범禁_금者_자가 乃_내化_화其_기德_덕하야
淳_순厖_방之_지化_화가 大_대行_행하니라.
是_시日_일에 兩_양日_일並_병出_출하야 觀_관者_자如_여堵_도러라.
丁_정巳_사二_이年_년이라 靑_청海_해褥_욕薩_살于_우捉_착이
擧_거兵_병犯_범闕_궐이어늘 帝_제避_피于_우常_상春_춘하사
創_창新_신宮_궁于_우九_구月_월山_산南_남麓_록하시고
命_명遣_견于_우支_지于_우粟_속等_등하사 討_토誅_주之_지하시고
後_후三_삼年_년에 還_환都_도하시니라.
庚_경寅_인三_삼十_십五_오年_년이라 帝_제崩_붕하시니

厖두터울방 堵담도 褥요욕 捉잡을착 避피할피 麓산기슭록 誅벨주

하시고, 죄를 논하지 않으셨다. 금법을 범한 자가 그 덕에 감화되어 순박하고 후덕한 교화가 널리 행해졌다. 이 날 해가 둘이 나타나 그것을 보는 사람들이 담처럼 늘어서서 큰 행렬을 이루었다.

재위 2년 정사(단기 350, BCE 1984)년에 청해靑海 욕살褥薩 우착于捉이 군사를 일으켜 대궐을 침범하였다. 임금께서 상춘으로 피난하여 구월산 남쪽 기슭에 새 궁궐을 세우시고, 우지于支와 우속于粟 등을 보내 우착을 토벌하여 죽이셨다. 그 후 3년 만에 다시 환도하셨다.

재위 35년 경인(환기 5247, 신시개천 1947, 단기 383, BCE 1951)

우가노을 입
牛加魯乙이 立하시니라.

十世檀君 魯乙 在位五十九年

民衆 解寃 思想의 實踐과 天河에서 나온 윷판

신묘원년
辛卯元年이라.
시작대유 양축외지수
始作大囿하사 養畜外之獸하시니라.
임진이년 친림허락 존문
壬辰二年이라 親臨墟落하사 存問하시고
가정야외
駕停野外하시니

- 魯 노둔할 로 囿 동산 유 養 기를 양 畜 기를 축 獸 짐승 수 駕 어가 가

년에 아슬단군께서 붕어하셨다. 우가牛加 출신 노을魯乙이 즉위하셨다.

10세 단군 노을 재위 59년

민중 해원 사상의 실천과 천하의 강에서 나온 윷판

노을단군의 재위 원년인 신묘(환기 5248, 신시개천 1948, 단기 384, BCE 1950)년에 큰 동산을 만들어 처음으로 야생 동물을 기르셨다.

재위 2년 임진(단기 385, BCE 1949)년에 임금께서 친히 읍락

賢者多歸之하니라.

乙未五年이라 宮門外에 設伸寃木하사
以聽民情하시니 中外大悅하니라.

丙午十六年이라
東門外十里에 陸地生蓮하고
不咸에 臥石自起하고 天河에 神龜가
負圖而現하니 圖如枡板이오
渤海沿岸에 金塊露出하니
數量이 十有三石이러라.

| 伸펼신 聽들을청 負질부 枡윷사 板널빤지판 渤바다이름발 塊덩어리괴 |

에 행차하여 민정을 살피며 백성을 위로하시고 어가를 멈추고 야외에 머무르실 때 현자가 많이 따랐다.

재위 5년 을미(단기 388, BCE 1946)년, 궁문 밖에 **신원목**伸寃木을 세워 백성의 하소연을 들으시니 모든 백성이 크게 기뻐하였다.

재위 16년 병오(단기 399, BCE 1935)년, 동문 밖 십 리 떨어진 땅 위에 연꽃이 피었고, 불함산에서 누웠던 돌이 저절로 일어났으며, 천하天河에서 신령스런 거북이 그림을 지고 나타났는데 그 모양이 윷판과 같았다. 또 발해 연안에서 금괴가 나왔는데 수량이 13석石이었다.

乙丑三十五年이라 始置監星하시니라.

己丑五十九年이라 帝崩하시니

太子 道奚가 立하시니라.

十一世檀君 道奚 在位五十七年

1. 國仙蘇塗 設置와 雄常의 由來

庚寅元年이라.

帝命五加하사 擇十二名山之最勝處하사

置둘치 監살필감 奚어찌해 擇가릴택 最가장최 勝뛰어날승 處곳처

재위 35년 을축(단기 418, BCE 1916)년에 처음으로 별을 관측하는 감성監星을 설치하셨다.

재위 59년 기축(환기 5306, 신시개천 2006, 단기 442, BCE 1892)년에 노을단군께서 붕어하셨다. 태자 도해道奚께서 즉위하셨다.

11세 단군 도해 재위 57년

1. 국선소도 설치와 웅상의 유래

재위 원년인 경인(환기 5307, 신시개천 2007, 단기 443, BCE 1891)년에 도해단군께서 오가에게 명하여 12명산 가운데

^{설 국 선 소 도} ^{다 환 식 단 수}
設國仙蘇塗하실새 多環植檀樹하시고

^{택 최 대 수}
擇最大樹하사

^{봉 위 환 웅 상 이 제 지} ^{명 웅 상}
封爲桓雄像而祭之하시니 名雄常이라.

倍達의 敎化 精神 - 佺의 道

^{국 자 사 부 유 위 자} ^{헌 책 왈}
國子師傅有爲子가獻策曰

^{유 아 신 시} ^{실 자 환 웅}
惟我神市는 實自桓雄으로

^{개 천 납 중} ^{이 전 설 계 이 화 지}
開天納衆하사 以佺設戒而化之하니

^{천 경 신 고} ^{조 술 어 상} ^{의 관 대 검}
天經神誥는 詔述於上하고 衣冠帶劒은

環 고리 환　植 심을 식　樹 나무 수　傅 스승 부　策 기록할 책　納 바칠 납

가장 아름다운 곳을 택해 국선소도國仙蘇塗를 설치하게 하셨다. 그 둘레에 박달나무를 많이 심고, 가장 큰 나무를 택하여 환웅상桓雄像으로 모시고 제사를 지내셨다. 그 이름을 웅상雄常이라 하셨다.

배달의 교화 정신 - 전의 도

국자랑國子郞을 가르치는 사부師傅 유위자有爲子가 헌책하여 아뢰었다. "오직 우리 배달이 실로 환웅천황의 신시 개천 이래 백성을 모아 '전佺의 도'로써 계율을 세워 교화하였습니다. 『천부경』과 『삼일신고』[天經神誥]는 역대 성조들이 조

樂效^{낙효}於下^{어하}하야
民無犯而同治^{민무범이동치}하고 野無盜而自安^{야무도이자안}하야
擧世之人^{거세지인}이 無疾而自壽^{무질이자수}하고
無歉而自裕^{무겸이자유}하야 登山而歌^{등산이가}하며
迎月而舞^{영월이무}하야 無遠不至^{무원부지}하며
無處不興^{무처불흥}하야 德敎加於萬民^{덕교가어만민}하고
頌聲^{송성}이 溢於四海^{일어사해}니이다 하야
有是請^{유시청}하니라.

效 본받을 효 **歉** 흉년들 겸 **裕** 넉넉할 유 **迎** 맞을 영 **頌** 기릴 송 **溢** 넘칠 일

명詔命으로 기록하였고, 의관을 갖추고 칼을 차고 다니는 풍속은 아래로 백성이 즐거이 본받았습니다. 이에 백성은 법을 범하지 않고 한결같이 잘 다스려졌으며, 들에는 도적이 없어 저절로 평안하게 되었습니다. 온 세상 사람이 병이 없어 저절로 장수를 누리고 흉년이 없어 저절로 넉넉하여, 산에 올라 노래 부르고 달맞이를 하면서 춤을 추며, 아무리 먼 곳이라도 그 덕화가 미치지 않은 데가 없고 어떤 곳이든 흥하지 않은 곳이 없었습니다. 이렇게 덕과 가르침이 만백성에게 미치고 칭송하는 소리가 사해에 넘쳤다 하옵니다." 그러고는 그렇게 다스려 주시기를 청하였다.

2. 大始殿의 威容

冬十月에 命建大始殿하시니 極壯麗라
奉天帝桓雄遺像而安之하시니
頭上에 光彩閃閃하야
如大日有圓光하사 照耀宇宙하시고
坐於檀樹之下桓花之上하사
如一眞神이 有圓心하사 持天符印하시고
標揭大圓一之圖旗於樓殿하시며
立號居發桓하시니라.

> 彩 빛날 채 閃 번쩍할 섬 耀 빛날 요 持 가질 지 標 표할 표 揭 높이들 게

2. 대시전의 위용

그 해 겨울 10월, 임금께서 대시전大始殿을 건축하도록 명하셨다. 대시전이 완성되니 그 모습이 지극히 웅장하고 화려하였다. 천제 환웅의 유상遺像을 받들어 모시니 머리 위에 광채가 찬란하여 마치 태양이 온 우주를 환하게 비추는 것 같았다.

신단수 아래 환화桓花 위에 앉아 계시니 마치 진신 한 분一眞神이 원융무애한 마음으로 손에 천부인天符印을 쥐고 계시는 것 같았다. 누전樓殿에 대원일大圓一을 그린 기旗를 걸어 놓고 명호를 거발환居發桓이라 하셨다.

^{삼일이계} ^{칠일이강}
三日而戒하시고 七日而講하사

^{풍동사해}
風動四海하니라.

3. 天·地·人의 創造精神과 目的

^{기 염 표 지 문   왈}
其念標之文에 曰

^{천   이현묵위대}
「天은 以玄默爲大하니

^{기 도 야 보 원}
其道也普圓이오

^{기 사 야 진 일}
其事也眞一이니라.

^{지   이축장위대   기도야효원}
地는 以蓄藏爲大하니 其道也效圓이오

講 풀이할 강   念 생각할 념   默 고요할 묵   普 넓을 보   圓 원만할 원   蓄 쌓을 축

사흘 동안 재계하고 이레 동안 강론하시니, 그 덕화의 바람이 사해를 움직였다.

3. 하늘·땅·사람의 창조 정신과 목적

그 「염표문念標之文」의 내용은 다음과 같다.

"하늘은 아늑하고 고요함[玄默]으로 광대하니,
하늘의 도[天道]는 두루 미치어 원만(원융무애)하고,
그 하는 일은 참됨으로 만물을 하나 되게 함[眞一]이니라.
땅은 하늘의 기운을 모아서[蓄藏] 성대하니,
땅의 도[地道]는 하늘의 도를 본받아 원만하고,

^{기 사 야 근 일}
其事也勤一이니라.

^{인   이 지 능 위 대}
人은 **以知能爲大**하니

^{기 도 야 택 원}
其道也擇圓이오

^{기 사 야 협 일}
其事也協一이니라.

^고
故로

^{일 신 강 충   성 통 광 명}
一神降衷하사 **性通光明**하니

^{재 세 이 화   홍 익 인 간}
在世理化하야 **弘益人間**하라, 하고

^{잉 각 지 우 석}
仍刻之于石하시니라.

勤 부지런할 근 擇 가릴 택 協 화합할 협 降 내릴 강 衷 참마음 충 刻 새길 각

그 하는 일은 쉼 없이 길러 만물을 하나 되게 함[勤一]이니라.
사람은 지혜와 능력이 있어[知能] 위대하니,
사람의 도[人道]는 천지의 도를 선택하여 원만하고,
그 하는 일은 서로 협력하여 태일의 세계[協一]를 만드는 데 있느니라.
그러므로 삼신[一神]께서 참마음을 내려 주셔서[一神降衷]
사람의 성품은 삼신의 대광명에 통해 있으니[性通光明]
삼신의 가르침으로 세상을 다스리고 깨우쳐[在世理化]
인간을 널리 이롭게 하라[弘益人間]."
하고, 이 글을 그대로 돌에 새기셨다.

4. 東方 文物의 中心地 松花江

丁巳二十八年이라 設所而聚方物하야
以閱珍奇하니 天下之民이 爭獻하야
陳設如山하니라.

丁卯三十八年이라 徵民丁하사 皆爲兵하시고
送選士二十人于夏都하시고
始傳國訓하사 以示威聲하시니라.

乙亥四十六年이라 設作廳于松花江岸하시니
舟楫器物이 大行于世하니라.

聚 모일 취 閱 검열할 열 陳 늘어놓을 진 徵 부를 징 廳 관청 청 楫 노 즙

4. 동방 문물의 중심지 송화강

재위 28년 정사(단기 470, BCE 1864)년에 장소를 마련하여 각지의 특산물을 모아 진기한 물건을 진열하게 하니, 천하의 백성이 다투어 바쳐 쌓은 것이 산과 같았다.

재위 38년 정묘(단기 480, BCE 1854)년에 장정을 징집하여 병사로 만드셨다. 선비 20명을 뽑아 하夏나라 수도로 보내 처음으로 국훈國訓을 전하여 위엄 있는 명성을 보여주셨다.

재위 46년 을해(단기 488, BCE 1846)년에 송화강변에 청사廳舍를 세워 배와 노, 기물器物을 생산하여 세상에 크게 쓰이게 하셨다.

三月에 祭三神于山南하실새 供酒備膳하사
致詞而醮之하시고 是夜에 特賜宣醞하사
與國人環飮하시며 觀百戱而罷하시고
仍登樓殿하사 論經演誥하실새
顧謂五加曰
自今以後로 禁殺放生하고 釋獄飯丐하며
並除死刑하라 하시니 內外聞之하고 大悅하니라.
丙戌五十七年이라
帝崩하시니 萬姓이 慟之를 如考妣喪하야

供 받들공 膳 반찬선 醮 제사 지낼초 醞 빚을온 戱 놀희 顧 돌아볼고

3월에 산 남쪽에서 삼신께 제사 지낼 때 술과 음식을 준비하여 제문을 지어 초제醮祭를 지내시고, 이날 밤에 특별히 술을 하사하시어 백성과 함께 돌려가며 드셨다.
모든 유희가 끝난 뒤에 누대의 전각에 오르시어 『천부경』을 논하고 『삼일신고』를 강론하시고, 오가五加를 돌아보고 이렇게 말씀하셨다. "이제부터 살생을 금하고 잡은 것은 놓아주며, 옥문을 열고, 거지에게 밥을 주고, 사형을 없애라." 나라 안팎에서 이 소식을 듣고 크게 기뻐하였다.
재위 57년 병술(환기 5363, 신시개천 2063, 단기 499, BCE 1835)년에 도해단군께서 붕어하시자 만백성이 통곡하기를 아비

三年憂하고 四海停聲樂하나라.

牛加阿漢이 립하시니라.

十二世檀君 阿漢 在位五十二年

丁亥元年이라.

戊子二年이라 夏四月에 一角獸가

見於松花江北邊하나라.

秋八月에 帝巡國中이라가

慟 서럽게울통 憂 염려할우 停 멈출정 阿 언덕아 見 나타날현 邊 변두리변

어미의 상喪과 같이 하였다. 3년 동안 슬퍼하고 사해에 음악 소리가 그쳤다.
우가牛加 출신 아한阿漢이 즉위하셨다.

12세 단군 아한 재위 52년

아한단군의 재위 원년은 정해(환기 5364, 신시개천 2064, 단기 500, BCE 1834)년이다.
재위 2년 무자(단기 501, BCE 1833)년 여름 4월에 외뿔 달린 짐승이 송화강 북변에 나타났다. 가을 8월에 임금께서 나

至遼河之左하사

立巡狩管境碑하시고

刻歷代帝王名號而傳之하시니

是金石之最也라

後에 滄海力士黎洪星이 過此라가

題一詩曰

村郊稱弁韓하니 別有殊常石이라

臺荒躑躅紅이오 字沒莓苔碧이라

生於剖判初하야 立了興亡夕이라

滄 푸를창 黎 검을려 殊 다를수 躑躅:철쭉 莓苔:이끼 碧 푸를벽

라를 순행하시다가 요하遼河의 왼쪽에 이르러 순수관경비巡狩管境碑를 세우고, 역대 제왕의 명호를 새겨 전하셨다. 이것이 금석문金石文으로 가장 오랜 것이다. 후에 창해역사 여홍성黎洪星이 이곳을 지나다가 시 한 수를 지었는데, 그 시는 이러하다.

이곳 들판 예로부터 변한이라 불렀는데
유난히 특이한 돌 하나 서 있구나.
토대는 무너져 철쭉꽃이 붉게 피었고
글자는 이지러져 이끼만 푸르네.
저 아득한 태고 시절에 만들어져

^{문 헌 구 무 징} ^{차 비 단 씨 적}
文獻俱無徵이나 此非檀氏跡가

^{을 묘 이 십 구 년}
乙卯二十九年이라

^{명 청 아 욕 살 비 신}
命菁莪褥薩丕信과

^{서 옥 저 욕 살 고 사 침}
西沃沮褥薩高士琛과

^{맥 성 욕 살 돌 개} ^{봉 위 열 한}
貊城褥薩突盖하사 封爲列汗하시니라.

^{무 인 오 십 이 년} ^{제 붕}
戊寅五十二年이라 帝崩하시니

^{우 가 흘 달} ^입
牛加屹達이 立하시니라.

徵 증명할 징   跡 자취 적   菁 부추꽃 청   莪 지칭개 아   丕 클 비   琛 보배 침

흥망의 역사 간직한 채 홀로 서 있구나.
문헌으로 고증할 길 없지만
이것이 단군왕검의 자취가 아니겠는가!
재위 29년 을묘(단기 528, BCE 1806)년에 조칙을 내려 청아菁莪 욕살 비신丕信과 서옥저西沃沮 욕살 고사침高士琛과 맥성貊城 욕실 돌개突盖들 열한列汗으로 봉하셨다.
재위 52년 무인(환기 5415, 신시개천 2115, 단기 551, BCE 1783) 년에 아한단군께서 붕어하셨다. 우가牛加 출신 흘달屹達이 즉위하였다.

十三世檀君 屹達 一云代音達 在位六十一年

己卯元年이라.

甲午十六年이라

定州縣하사 立分職之制하시니

官無兼權하며 政無越則하며

民無離鄕하며 自安所事하야

絃歌溢域하나라

屹산높을흘 縣고을현 職직책직 兼겸할겸 越넘을월 則법칙칙

13세 단군 흘달(일명 대음달) 재위 61년

흘달단군의 재위 원년은 기묘(환기 5416, 신시개천 2116, 단기 552, BCE 1782)년이다.

재위 16년 갑오(BCE 1767)년에 임금께서 주현州縣을 정하고 관직을 분립하는 제도를 두셨다. 관官은 권한을 겸하지 못하게 하고 정치는 법도를 넘지 않게 하시므로, 백성은 고향을 떠나지 않고 스스로 하는 일을 편안하게 여기어 현악기에 맞추어 부르는 노래 소리가 나라에 넘쳐흘렀다.

夏 滅亡과 殷 建國 祕史

是歲冬에殷人이伐夏한대其主桀이請援이어늘
帝以邑借末良으로率九桓之師하사
以助戰事하신대湯이遣使謝罪어늘
乃命引還이러시니桀이違之하고遣兵遮路하야
欲敗禁盟일새遂與殷人으로伐桀하시고
密遣臣智于亮하사率畎軍하시고
合與樂浪하사進據關中邠岐之地而居之하시고
設官制하시니라.

援 도울 원 借 빌릴 차 遮 막을 차 敗 깨뜨릴 패 亮 밝을 량 畎 밭도랑 견

하나라 멸망과 은나라 건국 비사

이 해 겨울, 은殷나라 사람이 하夏나라를 치자 하나라 왕 걸桀(BCE 1818~BCE 1767)이 구원을 청하였다. 임금께서 읍차邑借 말량末良에게 구환의 병사를 이끌고 전투를 돕게 하셨다. 이에 탕湯이 사신을 보내 사죄하므로 군사를 되돌리라 명하셨다. 이때 걸이 약속을 어기고 군사를 보내어 길을 막고 맹약을 깨뜨리려 하였다. 그리하여 임금께서 마침내 은나라 사람과 함께 걸을 치는 한편, 은밀히 신지臣智 우량于亮을 보내어 견군畎軍을 이끌고 낙랑樂浪 군사와 합세하여 관중의 빈邠·기岐 땅을 점령하여 주둔시키고 관제官制를 설치하셨다.

新羅 花郞의 起原인 國子郞 選拔과 五星 觀察

戊戌二十年이라 **多設蘇塗**하사 **植天指花**하시고
使未婚子弟로 **讀書習射**하사
號爲國子郞하시니라.
國子郞이 **出行**에 **頭揷天指花**하니
故로 **時人**이 **稱爲天指花郞**이라.
戊辰五十年이라 **五星**이 **聚婁**하고 **黃鶴**이
來棲苑松하니라.
己卯六十一年이라

桓檀古記

指 가리킬 지 揷 꽂을 삽 聚 모일 취 婁 별이름 루 棲 깃들 서 苑 동산 원

신라 화랑의 기원인 국자랑 선발과 오성 관찰

재위 20년 무술(단기 571, BCE 1763)년에 소도蘇塗를 많이 설치하고 천지화天指花를 심으셨다. 미혼 소년들에게 독서와 활쏘기를 익히게 하고, 이들을 국자랑國子郞이라 부르셨다. 국자랑이 밖에 다닐 때 머리에 천지화를 꽂았기 때문에 당시 사람들이 천지화랑天指花郞이라 불렀다.

재위 50년 무진(단기 601, BCE 1733)년에 오성五星이 누성婁星에 모이고, 황학黃鶴이 날아와 금원禁苑의 소나무에 깃들었다.

재위 61년 기묘(환기 5476, 신시개천 2176, 단기 612, BCE 1722)

帝崩하시니 萬姓이 絶食而哭不絶이라.
仍命釋囚俘하고 禁殺放生하며
過歲而葬之하니라.
牛加古弗이 立하시니라.

十四世檀君 古弗 在位六十年

庚辰元年이라.
乙酉六年이라 是歲에 大旱이어늘

絶끊을절 哭울곡 釋풀석 俘사로잡을부 葬장사지낼장 旱가물한

년에 흘달단군께서 붕어하시자 만백성이 음식을 끊었고 울음소리가 그치지 않았다. 명을 내려 죄수와 포로를 석방하고, 살생을 금하고 방생하였다. 해를 넘겨서 장례를 치렀다. 우가牛加출신 고불古弗이 즉위하셨다.

14세 단군 고물 재위 60년

고불단군의 재위 원년은 경진(환기 5477, 신시개천 2177, 단기 613, BCE 1721)년이다.
재위 6년 을유(단기 618, BCE 1716)년, 이 해에 큰 가뭄이 들

帝^제親^친禱^도天^천祈^기雨^우하실새 誓^서告^고于^우天^천曰^왈
「天^천雖^수大^대이나 無^무民^민이면 何^하施^시며
雨^우雖^수膏^고나 無^무穀^곡이면 何^하貴^귀리잇고
民^민所^소天^천者^자는 穀^곡이오
天^천所^소心^심者^자는 人^인也^야니
天^천人^인一^일軆^체인대 天^천何^하棄^기民^민이리잇고
乃^내雨^우滋^자穀^곡하사 濟^제化^화以^이時^시하소서.」
言^언訖^흘에 大^대雨^우가
立^입降^강數^수千^천里^리하니라.

禱빌도 雖비록수 膏기름질고 穀곡식곡 棄버릴기 滋자랄자 訖마칠흘

어 임금께서 친히 하늘에 기우제를 지내셨다. 하늘에 바친 「서고문誓告文」은 이러하다.

하늘이 비록 크다 하여도 백성이 없으면 어찌 베풀 것이며
비가 비록 대지를 기름지게 하지만
곡식이 없으면 어찌 귀하겠사옵니까!
백성이 하늘처럼 섬기는 것은 곡식이요
하늘이 마음으로 삼는 바는 사람이옵니다.
하늘과 사람이 한 몸일진대 하늘이 어찌 백성을 버리시나이까!
어서 비를 내려 곡식이 잘 자라도록 하여
저희 백성을 제 때에 구제하여 주옵소서.

辛酉四十二年이라

九月에 枯木生芽하고

五色大鷄가 生於城東子村家하니

見者가 誤指爲鳳하니라.

乙亥五十六年이라

遣官四方하사 査計戶口하시니

總一億八千萬口러라.

己卯六十年이라

帝崩하시니 代音이 立하시니라.

枯 마를 고 芽 싹 아 誤 잘못 오 遣 보낼 견 査 조사할 사 總 합칠 총

기도를 마치자 곧 큰 비가 수천 리에 내렸다.
재위 42년 신유(단기 654, BCE 1680)년 9월에 고목에서 싹이 돋았고, 오색찬란한 큰 닭이 성동자 마을의 한 집에서 태어났는데 보는 사람들이 봉鳳으로 잘못 알았다.
재위 56년 을해(단기 668, BCE 1666)년에 사방으로 관리를 보내 호구를 조사하니 모두 1억 8천만 명이었다.
재위 60년 기묘(환기 5536, 신시개천 2236, 단기 672, BCE 1662)년에 고불단군께서 붕어하셨다.
대음代音이 즉위하셨다.

十五世檀君 代音一云後屹達

在位五十一年

庚辰元年이라. 殷主小甲이 遣使求和하니라.
_{경진원년　　　은주소갑　　전사구화}

是歲에 改八十稅一之制하니라.
_{시세　개팔십세일지제}

辛巳二年이라
_{신사이년}

洪水大漲하야 民家多被害하니 帝甚憐恤하사
_{홍수대창　　민가다피해　　제심연휼}

移其粟於蒼海蛇水之地하시고
_{이기속어창해사수지지}

均給于民하시니라.
_{균급우민}

屹 우뚝솟을 흘 漲 물불을 창 被 입을 피 憐 불쌍히여길 련 恤 구휼할 휼

15세 단군 대음(일명 후흘달) 재위 51년

대음단군의 재위 원년은 경진(환기 5537, 신시개천 2237, 단기 673, BCE 1661)년이다. 은나라 왕 소갑小甲(7세 BCE 1666~BCE 1650)이 사신을 보내 화친을 청하였다. 이 해에 세제를 개혁하여 80분의 1 세법으로 고쳤다.

재위 2년 신사(단기 674, BCE 1660)년, 홍수가 크게 나서 민가에 많은 피해를 주었다. 임금께서 심히 불쌍히 여기시어 곡식을 창해蒼海·사수蛇水 땅으로 옮겨 백성에게 균등하게 나누어 주게 하셨다.

_{동시월} _{양운수밀이이국인} _{내헌방물}
冬十月에 養雲須密爾二國人이 來獻方物하니라.

_{기축십년} _{제서행약수}
己丑十年이라 帝西幸弱水하사

_{명신지우속} _{채금철급고유}
命臣智禹粟하사 採金鐵及膏油하시니라.

_{추칠월} _{우루인이십가} _{내투}
秋七月에 虞婁人二十家가 來投하니

_{명정착우염수근지}
命定着于鹽水近地하시니라.

_{정미이십팔년}
丁未二十八年이라

_{제등태백산} _{입비}
帝登太白山하사 立碑하시고

_{각열성군한지공}
刻列聖羣汗之功하시니라.

_{기미사십년} _{봉황제대심}
己未四十年이라 封皇弟代心하사

檀君世紀

須 모름지기수 粟 조속 膏 기름고 投 투항할투 着 붙을착 鹽 소금염

겨울 10월에 양운養雲·수밀이須密爾 두 나라 사람이 와서 방물을 바쳤다.

재위 10년 기축(단기 682, BCE 1652)년에 임금께서 서쪽의 약수弱水에 순행하여, 신지 우속禹粟에게 명하여 금과 철과 기름을 채취하게 하셨다. 가을 7월에 우루虞婁 사람 20가구가 투항해 오므로 염수鹽水 근치의 땅에 정착하게 하셨다.

재위 28년 정미(단기 700, BCE 1634)년에 임금께서 **태백산에** 올라 옛 성조들과 여러 제후국 왕의 공적을 새긴 비석을 세우셨다.

재위 40년 기미(단기 712, BCE 1622)년에 아우 대심代心을 남

<ruby>爲<rt>위</rt></ruby><ruby>南<rt>남</rt></ruby><ruby>鮮<rt>선</rt></ruby><ruby>卑<rt>비</rt></ruby><ruby>大<rt>대</rt></ruby><ruby>人<rt>인</rt></ruby>하시니라.

<ruby>庚<rt>경</rt></ruby><ruby>午<rt>오</rt></ruby><ruby>五<rt>오</rt></ruby><ruby>十<rt>십</rt></ruby><ruby>一<rt>일</rt></ruby><ruby>年<rt>년</rt></ruby>이라

<ruby>帝<rt>제</rt></ruby><ruby>崩<rt>붕</rt></ruby>하시니 <ruby>牛<rt>우</rt></ruby><ruby>加<rt>가</rt></ruby> <ruby>尉<rt>위</rt></ruby><ruby>那<rt>나</rt></ruby>가 <ruby>立<rt>입</rt></ruby>하시니라.

十六世檀君 尉那 在位五十八年

<ruby>辛<rt>신</rt></ruby><ruby>未<rt>미</rt></ruby><ruby>元<rt>원</rt></ruby><ruby>年<rt>년</rt></ruby>이라.

<ruby>戊<rt>무</rt></ruby><ruby>戌<rt>술</rt></ruby><ruby>二<rt>이</rt></ruby><ruby>十<rt>십</rt></ruby><ruby>八<rt>팔</rt></ruby><ruby>年<rt>년</rt></ruby>이라

<ruby>會<rt>회</rt></ruby><ruby>九<rt>구</rt></ruby><ruby>桓<rt>환</rt></ruby><ruby>諸<rt>제</rt></ruby><ruby>汗<rt>한</rt></ruby><ruby>于<rt>우</rt></ruby><ruby>寧<rt>영</rt></ruby><ruby>古<rt>고</rt></ruby><ruby>塔<rt>탑</rt></ruby>하사

卑 낮을 비 尉 벼슬 위 那 어쩌나 諸 모두 제 寧 편안할 녕 塔 탑 탑

선비국南鮮卑國의 대인으로 봉하셨다.
재위 51년 경오(환기 5587, 신시개천 2287, 단기 723, BCE 1611)년에 대음단군께서 붕어하셨다. 우가 출신 위나尉那가 즉위하셨다.

16세 단군 위나 재위 58년

위나단군의 재위 원년은 신미(환기 5588, 신시개천 2288, 단기 724, BCE 1610)년이다.
재위 28년 무술(단기 751, BCE 1583)년에 임금께서 **구환족의**

祭三神上帝하실새 配桓因桓雄蚩尤와
及檀君王儉而享之하시고 五日大宴하실새
與衆으로 明燈守夜하사 唱經踏庭하시며
一邊列炬하며 一邊環舞하야
齊唱愛桓歌하니
愛桓은 卽古神歌之類也라.
先人이 指桓花而不名하고 直曰花라
愛桓之歌에 有云
山有花여 山有花여

配 배열배 唱 노래할창 經 경서경 踏 밟을답 庭 뜰정 邊 가변 炬 횃불거

모든 왕을 영고탑寧古塔에 모이게 하여 삼신상제님께 천제를 지낼 때, 환인천제·환웅천황·치우천황(14세 환웅천황)과 단군왕검을 배향하셨다. 5일간 큰 연회를 베풀어 백성과 함께 불을 밝히고 밤을 새워 「천부경」을 노래하며 마당밟기를 하셨다. 한쪽에 햇불을 줄지어 밝히고, 다른 쪽에서 둥글게 춤을 추며[環舞] 「애환가愛桓歌(환회를 사랑하는 노래)」를 함께 불렀다. 「애환가」는 고신가古神歌의 한 종류이다.

옛 사람들은 환화를 가리켜 이름을 짓지 않고 그냥 꽃이라 하였다. 애환가에 전하는 가사가 있으니 이러하다.

산에는 꽃 피네, 꽃이 피네.

去年種萬樹하고 今年種萬樹라
春來不咸花萬紅하니
有事天神樂太平이로다.
戊辰五十八年이라
帝崩하시니 太子余乙이 立하시니라.

十七世檀君 余乙 在位六十八年

己巳元年이라.

種 심을 종 樹 나무 수 咸 다 함 紅 붉을 홍 余 나 여

지난해 만 그루 심고 올해도 만 그루 심었어라.
봄이 찾아와 불함산 꽃이 온통 붉으니
상제님 섬기고 태평세월 즐겨 보세.
재위 58년 무진(환기 5645, 신시개천 2345, 단기 781, BCE 1553)년에
위나단군께서 붕어하셨다. 태자 여을余乙께서 즉위하셨다.

17세 단군 여을 재위 68년

여을단군의 재위 원년은 기사(환기 5646, 신시개천 2346, 단기 782, BCE 1552)년이다.

경신오십이년
庚申五十二年에

제여오가　역순국중
帝與五加로 歷巡國中이라가

지개사성지경
至蓋斯城之境하시니

유청포노인　헌하왈
有青袍老人이 獻賀曰

장생선인지국
長生仙人之國하야

낙위선인지맹
樂爲仙人之氓이로이다.

제덕무건
帝德無愆하시고

왕도무편
王道無偏하시니

민혜　린혜　불견수고
民兮여 隣兮여 不見愁苦로다.

檀君世紀

蓋 덮을개　袍 두루마기포　氓 백성맹　愆 허물건　偏 치우칠편　愁 근심수

재위 52년 경신(단기 833, BCE 1501)년에 임금께서 오가와 함께 두루 나라를 순수巡狩하셨다. 개사성蓋斯城 부근에 이르시자, 푸른 도포를 입은 노인이 찬미하는 노래를 지어 바쳤다.

오랫동안 선인仙人의 나라에 살면서
기쁜 마음으로 신인 나라 백성이 되었네.
임금님 밝은 덕 어긋남 없고
임금님 훌륭하신 도 치우침 없으니
백성이여! 이웃이여!
근심과 괴로움을 볼 수 없어라.

檀君世紀 141

책화 이 신
責禍以信하시고

관경이은
管境以恩하시니

성혜 국혜 불견전벌
城兮여 國兮여 不見戰伐이로다.

제왈 가납 가납
帝曰 嘉納嘉納이로다

짐 지 수 덕 일 천
朕之修德이 日淺하야

공무이보민지여망
恐無以報民之興望이로다.

병자육십팔년   제붕
丙子六十八年이라 帝崩하시니

태자동엄 입
太子冬奄이 立하시니라.

伐칠벌 嘉기쁠가 納들일납 朕나짐 淺얕을천 恐두려울공 奄가릴엄

책화로 믿음을 삼으시고
관경으로 은혜를 베푸시네.
성이여! 나라여! 전쟁과 정벌 따위 볼 수 없어라.
임금께서 말씀하시기를, "암, 그래야지. 반드시 그렇게 해야지! 짐의 덕 닦음이 일천하여 백성이 바라는 바에 보답하지 못할까 두렵도다" 하셨다.
재위 68년 병자(환기 5713, 신시개천 2413, 단기 849, BCE 1485)년에 여을단군께서 붕어하셨다. 태자 동엄冬奄께서 즉위하셨다.

十八世檀君 冬奄 在位四十九年

丁丑元年이라.

丙申二十年이라

支伯特人이 來獻方物하니라.

乙丑四十九年이라

帝崩하시니 太子 緱牟蘇가 立하시니라.

支 가를 지 伯 맏 백 特 특별할 특 緱 칼자루 감을 구 牟 소우는 소리 모

18세 단군 동엄 재위 49년

동엄단군의 재위 원년은 정축(환기 5714, 신시개천 2414, 단기 850, BCE 1484)년이다.

재위 20년 병신(단기 869, BCE 1465)년에 지백특支伯特 사람이 와서 방물을 바쳤다.

재위 49년 을축(환기 5762, 신시개천 2462, 단기 898, BCE 1436)년에 동엄단군께서 붕어하셨다. 태자 구모소緱牟蘇가 즉위하셨다.

十九世檀君 緩牟蘇 在位五十五年

丙寅元年이라.

己丑二十四年이라 南裳人이 入朝하니라.

己未五十四年이라

支離叔이 作周天曆과 八卦相重論하니라.

庚申五十五年이라

帝崩하시니 牛加固忽이 立하시니라.

裳 치마 상 離 떠날 리 叔 아재비 숙 曆 책력 력 固 군을 고 忽 갑자기 홀

19세 단군 구모소 재위 55년

구모소단군의 재위 원년은 병인(환기 5763, 신시개천 2463, 단기 899, BCE 1435)년이다. 재위 24년 기축(단기 922, BCE 1412)년에 남상인南裳人이 입조하였다.

재위 54년 기미(단기 952, BCE 1382)년에 지리숙支離叔이 「주천력周天曆」과 「팔괘상중론八卦相重論」을 지었다.

재위 55년 경신(환기 5817, 신시개천 2517, 단기 953, BCE 1381)년에 구모소단군께서 붕어하셨다. 우가 출신 고홀固忽이 즉위하셨다.

二十世檀君 固忽 在位四十三年

辛<small>신</small>酉<small>유</small>元<small>원</small>年<small>년</small>이라.

辛<small>신</small>未<small>미</small>十<small>십</small>一<small>일</small>年<small>년</small>이라

秋<small>추</small>에 白<small>백</small>日<small>일</small>이 貫<small>관</small>虹<small>홍</small>하니라.

丙<small>병</small>申<small>신</small>三<small>삼</small>十<small>십</small>六<small>육</small>年<small>년</small>이라

修<small>수</small>築<small>축</small>寧<small>영</small>古<small>고</small>塔<small>탑</small>하시고 作<small>작</small>離<small>이</small>宮<small>궁</small>하시니라.

庚<small>경</small>子<small>자</small>四<small>사</small>十<small>십</small>年<small>년</small>이라

共<small>공</small>工<small>공</small>工<small>공</small>忽<small>홀</small>이 製<small>제</small>獻<small>헌</small>九<small>구</small>桓<small>환</small>地<small>지</small>圖<small>도</small>하니라.

貫 뚫을관 虹 무지개홍 修 손질할수 離宮 : 궁성 밖의 별궁 製 만들 제

20세 단군 고홀 재위 43년

고홀단군의 재위 원년은 신유(환기 5818, 신시개천 2518, 단기 954, BCE 1380)년이다.

재위 11년 신미(단기 964, BCE 1370)년 가을에 태양이 무지개를 꿰뚫었다.

재위 36년 병신(단기 989, BCE 1345)년에 **영고탑**을 개축하시고 별궁(離宮)을 지으셨다.

재위 40년 경자(단기 993, BCE 1341)년에 공공共工인 공홀工忽이「**구환지도**九桓地圖」를 만들어 바쳤다.

^{계 묘 사 십 삼 년}
癸卯四十三年이라
^{사 해 미 령 이 제 붕}
四海未寧而帝崩하시니
^{태 자 소 태   입}
太子蘇台가 立하시니라.

二十一世檀君 蘇台 在位五十二年

古朝鮮 諸侯國을 侵攻하다가 大敗한 殷의 武丁

^{갑 진 원 년}
甲辰元年이라
^{은 주 소 을   견 사 입 공}
殷主小乙이 遣使入貢하니라.

寧편안할녕 蘇소생할소 台별이름태 遣보낼견 使사신사 貢바칠공

재위 43년 계묘(환기 5860, 신시개천 2560, 단기 996, BCE 1338)년, 사해가 평안하지 못할 때 고홀단군께서 붕어하셨다. 태자 소태蘇台께서 즉위하셨다.

21세 단군 소태 재위 52년

고조선 제후국을 침공하다가 대패한 은나라 무정

소태단군의 재위 원년은 갑진(환기 5861, 신시개천 2561, 단기 997, BCE 1337)년이다. 은나라 왕 소을小乙(21세, BCE 1352~BCE 1325)이 사신을 보내 조공을 바쳤다.

庚寅四十七年이라 殷主武丁이
旣勝鬼方하고 又引大軍하야
侵攻索度令支等國이라가 爲我大敗하고
請和入貢하니라.
壬辰四十九年이라
蓋斯原褥薩高登이 潛師하야
襲鬼方滅之하니
一羣養雲二國이 遣使朝貢하니라.
於是에 高登이 手握重兵하야 經畧西北地하니

旣 이미 기 潛 몰래 잠 師 군사 사 襲 엄습할 습 握 쥘 악 畧 다스릴 략

재위 47년 경인(단기 1043, BCE 1291)에 은나라 왕 무정武丁(22세, BCE 1324~BCE 1266)이 전쟁을 일으켜 이미 귀방鬼方을 물리치고 나서 다시 대군을 이끌고 삭도索度와 영지令支 등 여러 나라를 침공하다가 우리 군사에게 대패하여 화친을 청하고 조공을 바쳤다.

재위 49년 임진(단기 1045, BCE 1289)년에 개사원蓋斯原 욕살褥薩 고등高登이 몰래 군사를 이끌고 귀방을 공격하여 멸망시키자, 일군一群·양운養雲 두 나라가 사신을 보내 조공을 바쳤다.

이때 고등이 대군을 장악하고 서북 지방을 경략하니 세력이

勢^세甚^심強^강盛^성이라 遣^견人^인하야 請^청爲^위右^우賢^현王^왕이어늘

帝^제憚^탄之^지不^불允^윤이라가 屢^누請^청乃^내許^허하시고

號^호爲^위豆^두莫^막婁^루라.

高登의 孫子 索弗婁의 革命

乙^을未^미五^오十^십二^이年^년이라 右^우賢^현王^왕高^고登^등이 薨^훙하고

其^기孫^손索^색弗^불婁^루가 襲^습爲^위右^우賢^현王^왕하니라.

帝^제巡^순狩^수國^국中^중이라가 南^남至^지海^해城^성하사

大^대會^회父^부老^로하사 祭^제天^천歌^가舞^무하시고 仍^잉召^소五^오加^가하사

甚 심할 심 憚 꺼릴 탄 允 승낙할 윤 屢 자주 루 薨 제후 죽을 훙 狩 순행할 수

더욱 강성해졌다. 고등이 임금께 사람을 보내어 우현왕右賢 王이 되기를 주청하였다. 임금께서 꺼리시며 윤허하지 않으시다가 거듭 청하므로 윤허하시고, 두막루豆莫婁라 불렀다.

고등의 손자 색불루의 혁명

재위 52년 을미(단기 1048, BCE 1286)년에 우현왕 고등이 홍서薨逝하고, 손자 색불루索弗婁가 우현왕을 계승하였다.
임금께서 나라를 순수하시다가 남쪽 해성海城에 이르러 부로父老들을 크게 모아 하늘에 제사 지내고 노래와 춤을 즐기셨다. 이때 오가五加를 모아 놓고 옥좌를 양위할 일을 함

與之議傳位하실새 自謂老倦于勤이라 하시고
欲委政於徐于餘라 하시나라.
環薩水百里而封之하사 命爲攝主하시고
號曰奇首라 하시나라.

殷·周 交替期, 古朝鮮의 諸侯國인 孤竹國

右賢王이 聞之하고 遣人하야 勸帝止之한대
帝終不聽하시나라. 於是에 右賢王이
率左右及獵戶數千하야 遂卽位于夫餘新宮하니

> 倦 고달플 권 勤 부지런할 근 徐 천천히서 攝 거느릴 섭 勸 권할 권

께 의논할 때 "내가 이제 늙어 일하기가 고달프다"라고 말씀하시고, "서우여徐于餘에게 정사를 맡기겠노라" 하셨다. 이에 살수薩水 주위의 땅 백 리를 분봉하여 섭주攝主로 삼고 기수奇首라 하셨다.

은·주 교체기, 고조선의 제후국인 고죽국

우현왕이 소식을 듣고 임금께 사람을 보내어 멈추시기를 청하였으나, 임금께서 끝내 듣지 않으시므로 우현왕이 좌우의 사람들과 사냥꾼 수천 명을 이끌고 부여 신궁夫餘新宮에서 단군으로 즉위하였다.

제부득이   전옥책국보
帝不得已하사 傳玉冊國寶하시고

폐서우여   위서인
廢徐于餘하사 爲庶人하시니라.

제은어아사달   이종
帝隱於阿斯達하사 以終하시니라.

시세   백이숙제   역이고죽군지자
時歲에 伯夷叔齊가 亦以孤竹君之子로

손국이도   거동해빈   역전자급
遜國而逃하야 居東海濱하야 力田自給하니라.

二十二世檀君 索弗婁 在位四十八年

白岳山(鹿山) 阿斯達로 都邑을 옮김

병신원년
丙申元年이라.

廢 폐할 폐 隱 숨을 은 孤 외로울 고 遜 사양할 손 逃 달아날 도 濱 물가 빈

이에 임금께서 부득이 옥책玉冊과 국보國寶를 우현왕에게 전하고, 서우여를 폐하여 서인으로 만드셨다. 임금께서 아사달에 은거하여 그곳에서 최후를 마치셨다. 이때 백이伯夷와 숙제叔齊는 고죽국孤竹國의 왕자로서 왕위를 사양하고 달아나 동해 쪽 물가에 살면서 스스로 밭을 일구어 먹고 살았다.

22세 단군 색불루 재위 48년

백악산(녹산) 아사달로 도읍을 옮김

색불루단군의 재위 원년은 병신(환기 5913, 신시개천 2613, 단

帝命修築鹿山하시고 改官制하시니라.

秋九月에 親幸藏唐京하사

立廟祀高登王하시고

十一月에 親率九桓之師하사

屢戰破殷都러시니 尋和하시고

又復大戰하사 破之하시니라.

明年二月에 追至河上하사 而受捷賀하시고

遷弁民于淮岱之地하사 使之畜農하시니

國威大振하니라.

廟 사당 묘 破 깨뜨릴 파 尋 얼마 되지 아니할 심 追 뒤쫓을 추 捷 이길 첩

기 1049, BCE 1285)년이다. 임금께서 녹산鹿山의 성城을 개축하게 하시고 관제를 개혁하셨다. 가을 9월에 장당경에 행차하여 종묘宗廟를 세우고 (할아버지) 고등高登왕에게 제사를 지내셨다[立廟祀高登王]. 11월에 친히 구환의 군사[師]를 이끌고 여러 차례 전투를 벌여 은나라 수도를 함락하고 잠시 강화講和하였으나, 또 다시 싸워 크게 격파하셨다.

이듬해 2월에 황하 상류[河上]까지 추격하여 대첩의 하례賀禮를 받으시고, 회수와 태산 지역에 변한弁韓(변한) 백성을 이주시켜 가축을 기르고 농사를 짓게 하시어 국위를 크게 떨쳤다.

辛丑六年이라

臣智陸右가奏曰阿斯達은千年帝業之地라

大運이已盡하고寧古塔은王氣濃厚하야

似勝於白岳山하니請築城移之하소서 한대

帝不許하시고曰新都已宅하니更何他徙이리오.

乙卯二十年이라

至是하야 藍國이頗强하야 與孤竹君으로

逐諸賊하고南遷하야至奄瀆忽하야居之하니

近於殷境이라.

盡 다할 진 濃 짙을 농 似 같을 사 頗 자못 파 逐 쫓을 축 瀆 도랑 독

재위 6년 신축(단기 1054, BCE 1280)년에 신지 육우陸右가 주청하기를, "아사달은 천 년 제업帝業의 땅이나 대운이 이미 다했고 영고탑은 왕기가 농후하여 백악산보다 나으니, 청하옵건대 그곳에 성을 쌓고 천도하시옵소서" 하니, 임금께서 윤허하지 않고 말씀하시기를, "새 수도에 이미 자리를 잡았거늘 어찌 다시 다른 곳으로 옮기리오" 하셨다.

재위 20년 을묘(단기 1068, BCE 1266)년에 이르러 남국藍國은 자못 강성해져 고죽국孤竹國왕과 함께 모든 도적을 쫓아 버렸다. 남쪽으로 옮겨 엄독홀奄瀆忽에 이르러 머무르니 그곳은 은나라 국경과 가까운 곳이었다.

使^사黎^여巴^파達^달로 頒^반兵^병하사 進^진據^거邠^빈岐^기하시고
與^여其^기遺民^{유민}으로 相^상結^결하사 立國稱黎^{입국칭려}하시니
與西戎^{여서융}으로 雜處於殷家諸侯之間^{잡처어은가제후지간}하사
藍氏威勢甚盛^{남씨위세심성}하고
皇化^{황화}가 遠及恒山以南之地^{원급항산이남지지}하나라.
辛未三十六年^{신미삼십육년}이라
邊將申督^{변장신독}이 因兵作亂^{인병작란}이어늘
帝暫避于寧古塔^{제잠피우영고탑}하신대 民多從之^{민다종지}하나라.
癸未四十八年^{계미사십팔년}이라

檀君世紀

頒 나눌 반　據 웅거할 거　戎 서융 융　雜 섞일 잡　督 살필 독　暫 잠시 잠

임금께서 여파달黎巴達로 하여금 병력을 나누어 빈邠·기岐 땅으로 진격하게 하시고, 그곳 유민과 서로 단합하여 나라를 세워, 그 이름을 여黎라 하셨다. 이들을 서쪽 융족[西戎]과 더불어 은나라의 제후국들 안에 뒤섞여 살게 하셨다. 남씨의 위세가 매우 강성해지고, 임금의 덕화가 멀리 항산恒山 이남의 땅까지 미쳤다.

재위 36년 신미(단기 1084, BCE 1250)년에 변방 장수 신독申督이 난을 일으켜 임금께서 잠시 영고탑으로 피난하시니 많은 백성이 뒤를 따랐다.

재위 48년 계미(환기 5960, 신시개천 2660, 단기 1096, BCE 1238)

檀君世紀 153

帝崩하시니 太子阿忽이 立하시니라.

二十三世檀君 阿忽 在位七十六年

甲申元年이라.
命皇弟固弗加하사 治樂浪忽하시고
遣熊乫孫하사 與藍國君으로
觀南征之兵하시고 置六邑於殷地러시니
殷人으로 相爭不決이어늘

固군을고 浪 물결랑 乫 사람이름갈 觀 볼관 置 둘치 決 결정할결

년에 색불루단군께서 붕어하셨다. 태자 아홀阿忽께서 즉위하셨다.

23세 단군 아홀 재위 76년

아홀단군의 재위 원년은 갑신(환기 5961, 신시개천 2661, 단기 1097, BCE 1237)년이다. 아우 고불가固弗加에게 명하여 낙랑홀樂浪忽을 다스리게 하시고, 웅갈손熊乫孫을 보내어 남국藍國 왕과 함께 남방을 정벌하는 군대를 살피게 하셨다.
은나라 땅에 여섯 읍邑을 설치할 때, 은나라 사람과 서로

乃^내進^진兵^병攻^공破^파之^지하시니라.

秋^추七^칠月^월에 誅^주申^신督^독하시고

還^환都^도하사 命^명釋^석囚^수俘^부하시니라.

淮岱 平定과 殷 征伐

乙^을酉^유二^이年^년이라 藍^남國^국君^군今^금達^달이 與^여靑^청邱^구君^군과

句^구麗^려君^군으로 會^회于^우周^주愷^개하고 合^합蒙^몽古^고里^리之^지兵^병하야

所^소到^도에 破^파殷^은城^성柵^책하고

深^심入^입奧^오地^지하야 定^정淮^회岱^대之^지地^지하야

誅벨주 釋석방할석 囚가둘수 俘사로잡을부 愷편안할개 柵울짱책

다투어 결판이 나지 않으므로 병력을 진군시켜 이를 격파하셨다.

가을 7월에 임금께서 신독을 베고 환도하여 죄수와 포로를 석방하라고 명하셨다.

회대 땅 평정과 은나라 정벌

재위 2년 을유(단기 1098, BCE 1236)년, 남국 왕 금달今達이 청구국 왕, 구려국 왕과 더불어 주개周愷에서 만나 몽고리의 군대와 합세하여 이르는 곳마다 은나라 성책을 부수고 오지奧地로 깊숙이 들어갔다. 아홉단군께서 회대淮岱(회수와

分封蒲古氏於淹하고 盈古氏於徐하고
邦古氏於淮하니
殷人이 望風惺慴하야 莫敢近之하니라.

戊子五年이라 召二韓及五加하사
議停寧古塔移都事하시니라.

己亥七十六年이라
帝崩하시니 太子延那가 立하시니라.

蒲 창포 포 淹 담글 엄 盈 찰 영 淮 강이름 회 慴 두려워할 황 敢 감히 감

태산) 땅을 평정하고 포고씨蒲古氏를 엄淹에, 영고씨盈古氏를 서徐에, 방고씨邦古氏를 회淮에 봉하시니 은나라 사람이 이 것을 보고 겁내어 감히 근접하지 못하였다.

재위 5년 무자(단기 1101, BCE 1233)년에 임금께서 이한二韓 (변한, 마한)과 오가五加를 불러 영고탑으로 도읍을 옮기는 일에 대한 의논을 중지시키셨다.

재위 76년 기해(환기 6036, 신시개천 2736, 단기 1172, BCE 1162) 년 아홉단군께서 붕어하셨다. 태자 연나延那께서 즉위하셨 다.

二十四世檀君 延邧 在位十一年

庚子元年이라.

命皇叔固弗加하사 爲攝政하시니라.

辛丑二年이라

諸汗이 奉詔하야 增設蘇塗하고 祭天하며

國家에 有大事異災則輒禱之하야

定民志于一하니라.

庚戌十一年이라

延 끌연 攝 대신할섭 增 더할증 異 다를이 災 재앙재 輒 문득첩 禱 빌도

24세 단군 연나 재위 11년

연나단군의 재위 원년은 경자(환기 6037, 신시개천 2737, 단기 1173, BCE 1161)년이다. 임금께서 숙부 고불가固弗加에게 명하여 섭정을 맡기셨다.

재위 2년 신축(단기 1174, BCE 1160)년에 모든 왕[汗]이 조칙을 받들어 소도蘇塗를 증설하여 하늘에 제사 지내고, 국가에 대사가 있거나 재앙이 있으면 곧 (하늘에) 기도를 드리고 백성의 뜻을 하나로 모았다.

재위 11년 경술(환기 6047, 신시개천 2747, 단기 1183, BCE 1151)년에

^{제 붕}
帝崩하시니 ^{태 자 솔 나} ^입
太子率那가 立하시니라.

二十五世檀君 率那 在位八十八年

殷人 箕子의 隱遁 生活 - 捏造된 箕子朝鮮

^{신 해 원 년}
辛亥元年이라.

^{정 해 삼 십 칠 년}
丁亥三十七年이라

^{기 자} ^{사 거 서 화} ^{사 절 인 사}
箕子가 徙居西華하야 謝絶人事하니라.

^{정 유 사 십 칠 년} ^{제 재 상 소 도}
丁酉四十七年이라 帝在上蘇塗하사

率 거느릴솔 那 어찌나 箕 키기 徙 옮길사 華 빛날화 謝 끊을사 絶 끊을절

연나단군께서 붕어하셨다. 태자 솔나率那께서 즉위하셨다.

25세 단군 솔나 재위 88년

은나라 사람 기자의 은둔 생활 - 날조된 기자조선

솔나단군의 재위 원년은 신해(환기 6048, 신시개천 2748, 단기 1184, BCE 1150)년이다.

재위 37년 정해(단기 1220, BCE 1114)년에 기자箕子가 서화西華(중국 하남성 소재)에 살면서 인사를 사절하였다.

재위 47년 정유(단기 1230, BCE 1104)년에 임금께서 상소도上

158 환단고기

講古禮라가 因問佞臣直臣之分하신대

三郞洪雲性이 進對曰

執理不屈者는 直臣也오

畏威曲從者는 佞臣也라

君源臣流니 源旣濁矣오

流豈求淸이면 是爲不可니

故로 君聖然後에 臣直이니이다 하니

帝曰 善哉라.

己酉五十九年이라 田穀이 豊登하야

佞 아첨할녕 **執** 잡을집 **屈** 굽힐굴 **畏** 두려워할외 **威** 권위위 **濁** 흐릴탁

蘇塗에서 고례古禮를 강론하시다가, 아첨하는 신하[佞臣]와 올곧은 신하[直臣]의 차이를 물으셨다. 삼랑三郞 홍운성洪雲性이 나아가 아뢰었다. "올바른 이치를 굳게 지켜 굽히지 않는 자는 직신直臣이요, 권위를 두려워하여 자기 뜻을 굽혀 복종하는 자는 영신佞臣입니다. 임금은 근원이요 신하는 지류니, 근원이 이미 탁하거늘 지류가 맑기를 바란다면 이는 옳지 않습니다. 그러므로 군왕이 성군이라야 신하가 올곧은 신하가 되는 것이옵니다."

임금께서 "그대 말이 옳도다" 하셨다.

재위 59년 기유(단기 1242, BCE 1092)년에 밭곡식이 잘 여물

有一莖五穗之粟이라.

戊寅八十八年이라

帝崩하시니 太子鄒魯가 立하시니라.

二十六世檀君 鄒魯 在位六十五年

己卯元年이라. 秋七月에 白岳山溪谷에
白鹿二百이 作隊而來遊하니라.

癸未六十五年이라

莖 줄기 경 穗 이삭 수 粟 조속 鄒 땅이름 추 魯 노둔할 로 溪 시내 계

한 줄기에 다섯 이삭이 패었다.
재위 88년 무인(환기 6135, 신시개천 2835, 단기 1271, BCE 1063)년에
솔나단군께서 붕어하셨다. 태자 추로鄒魯께서 즉위하셨다.

26세 단군 추로 재위 65년

추로단군의 재위 원년은 기묘(환기 6136, 신시개천 2836, 단기 1272, BCE 1062)년이다. 가을 7월에 백악산 계곡에 흰 사슴 200마리가 떼를 지어 와서 놀았다.
재위 65년 계미(환기 6200, 신시개천 2900, 단기 1336, BCE 998)

제붕　　　태자두밀　입
帝崩하시니 太子豆密이 立하시니라.

二十七世檀君 豆密 在位二十六年

十二桓國 中 三國이 朝貢을 보내 옴

갑신원년
甲申元年이라.

천해수일　　사아란산　붕
天海水溢하고 斯阿蘭山이 崩하니라.

시세　수밀이국　　양운국　구다천국
是歲에 須密爾國과 養雲國과 句茶川國이

개견사　헌방물
皆遣使하야 獻方物하니라.

豆 콩 두　溢 넘칠 일　蘭 난초 란　崩 무너질 붕　須 모름지기 수　茶 차 다

년에 추로단군께서 붕어하셨다. 태자 두밀豆密께서 즉위하셨다.

27세 단군 두밀 재위 26년

12환국 중 세 나라가 조공을 보내 옴

두밀단군의 재위 원년은 갑신(환기 6201, 신시개천 2901, 단기 1337, BCE 997)년이다. 천해天海의 물이 넘치고 사아란산斯阿蘭山이 무너졌다. 이 해에 수밀이국須密爾國·양운국養雲國·구다천국句茶川國이 모두 사신을 보내 방물을 바쳤다.

辛卯八年이라 太旱之餘에 大雨注下하야
民無收穫이어늘 帝命發倉周給하시니라.
己酉二十六年이라
帝崩하시니 奚牟가 立하시니라.

二十八世檀君 奚牟 在位二十八年

庚戌元年이라.
帝有疾이어시늘 使白衣童子로

旱가물한 餘나머지여 注물댈주 穫벨확 給줄급 疾병질 童아이동

재위 8년 신묘(단기 1344, BCE 990)년에 심한 가뭄이 든 뒤에 큰비가 내려 백성들이 곡식을 거둬들이지 못하였다. 임금께서 곡물 창고를 열어 두루 나누어 주게 하셨다.
재위 26년 기유(환기 6226, 신시개천 2926, 단기 1362, BCE 972) 년에 두밀단군께서 붕어하셨다. 해모奚牟가 즉위하셨다.

28세 단군 해모 재위 28년

해모단군의 재위 원년은 경술(환기 6227, 신시개천 2927, 단기 1363, BCE 971)년이다. 임금께서 병이 나자 흰옷 입은 동자

禱天하시대 尋瘳하시니라.

庚申十一年이라

夏四月에 旋風大起하고 暴雨注下하니

陸上에 魚類亂墜하니라.

丁卯十八年이라

氷海諸汗이 遣使入貢하니라.

丁丑二十八年이라

帝崩하시니 摩休가 立하시니라.

禱 빌도 瘳 병나을유 旋 돌선 暴 사나울폭 陸 뭍륙 墜 떨어질추

[白衣童子]로 하여금 하늘에 기도하게 하니 얼마 되지 아니하여 나으셨다.

재위 11년 경신(단기 1373, BCE 961)년 여름 4월에 회오리바람이 크게 일어나고 폭우가 쏟아져 땅 위에 물고기가 어지럽게 떨어졌다.

재위 18년 정묘(단기 1380, BCE 954)년에 빙해氷海 지역 여러 왕[汗]이 사신을 보내 조공을 바쳤다.

재위 28년 정축(환기 6254, 신시개천 2954, 단기 1390, BCE 944)년에 해모단군께서 붕어하셨다. 마휴摩休가 즉위하셨다.

二十九世檀君 摩休 在位三十四年

戊寅元年이라. 周人이 入貢하니라.

乙酉八年이라 夏에 地震하니라.

丙戌九年이라
南海潮水가 退三尺하니라.

辛亥三十四年이라
帝崩하시니 太子奈休가 立하시니라.

摩 갈마 休 쉴휴 震 흔들릴진 潮 바닷물조 退 물러날퇴 尺 자척

29세 단군 마휴 재위 34년

마휴단군의 재위 원년은 무인(환기 6255, 신시개천 2955, 단기 1391, BCE 943)년이다. 주周나라 사람이 공물을 바쳤다.
재위 8년 을유(단기 1398, BCE 936)년 여름에 지진이 있었다.
재위 9년 병술(단기 1399, BCE 935)년에 **남해 조수潮水가 석 자 후퇴**했다.
재위 34년 신해(환기 6288, 신시개천 2988, 단기 1424, BCE 910)년에 마휴단군께서 붕어하셨다. 태자 내휴奈休가 즉위하셨다.

三十世檀君 奈休 在位三十五年

奄瀆忽에서 天祭를 奉行하고 周와 修交

壬子元年이라.

帝南巡하사 觀靑邱之政하시고

刻石蚩尤天王功德하시니라.

西至奄瀆忽하사 會分朝諸汗하사

閱兵祭天하시고 與周人으로 修好하시니라.

丙辰五年이라 凶奴가 入貢하니라.

奈 어찌 내 觀 볼 관 刻 새길 각 奄 가릴 엄 瀆 도랑 독 閱 점고할 열

30세 단군 내휴 재위 35년

엄독홀에서 천제를 봉행하고 주나라와 수교

내휴단군의 재위 원년은 임자(환기 6289, 신시개천 2989, 단기 1425, BCE 909)년이다. 임금께서 남쪽으로 순수하여 청구靑邱의 정치 상황을 둘러보고 돌에 치우천황의 공덕을 새기셨다. 서쪽으로 엄독홀에 이르러 분조分朝의 모든 왕을 모아 열병하신 후 하늘에 제사 지내고, 주周나라와 수교修交하셨다.
재위 5년 병진(단기 1429, BCE 905)년, 흉노匈奴가 공물을 바쳤다.

丙戌三十五年이라
帝崩하시니 太子登屼이 立하시니라.

三十一世檀君 登屼 在位二十五年

丁亥元年이라.
壬寅十六年이라 鳳鳴白岳하고 麒麟이
來遊上苑하니라.
辛亥二十五年이라

屼 민둥산 올 鳴 울 명 麒 기린 기 麟 기린 린 遊 놀 유 苑 동산 원

재위 35년 병술(환기 6323, 신시개천 3023, 단기 1459, BCE 875)년에 내휴단군께서 붕어하셨다. 태자 등올登屼께서 즉위하셨다.

31세 단군 등올 재위 25년

등올단군의 재위 원년은 정해(환기 6324, 신시개천 3024, 단기 1460, BCE 874)년이다.
재위 16년 임인(단기 1475, BCE 859)년에 봉황이 백악산에서 울고 기린이 상원上苑에 와서 놀았다.
재위 25년 신해(환기 6348, 신시개천 3048, 단기 1484, BCE 850)년에

^{제붕} ^{자추밀} ^입
帝崩하시니 子鄒密이 立하시니라.

三十二世檀君 鄒密 在位三十年

^{임자원년}
壬子元年이라.

^{갑인삼년}
甲寅三年이라

^{선비산추장문고} ^{입공}
鮮卑山酋長們古가 入貢하니라.

^{계해십이년}
癸亥十二年이라

^{초대부이문기} ^{입조}
楚大夫李文起가 入朝하니라.

鄒나라이름추 鮮고울선 卑낮을비 酋우두머리추 們무리문 起일어날기

등올단군께서 붕어하셨다. 아들 추밀鄒密께서 즉위하셨다.

32세 단군 추밀 재위 30년

추밀단군의 재위 원년은 임자(환기 6349, 신시개천 3049, 단기 1485, BCE 849)년이다.
재위 3년 갑인(단기 1487, BCE 847)년에 **선비산**鮮卑山 추장 문고們古가 공물을 바쳤다.
재위 12년 계해(단기 1496, BCE 838)년에 초楚나라 대부 이문기李文起가 입조入朝하였다.

甲子十三年이라 三月에 日蝕하니라.
丙寅十五年이라 農作大饑러라.
辛巳三十年이라
帝崩하시니 太子甘勿이 立하시니라.

三十三世檀君 甘勿 在位二十四年

壬午元年이라.
癸未二年이라.

蝕 좀먹을 식 農 농사 농 作 지을 작 饑 흉년들 기 甘 달 감 勿 말 물

재위 13년 갑자(단기 1497, BCE 837)년 3월에 일식이 있었다.
재위 15년 병인(단기 1499, BCE 835)년에 농작물에 심한 흉년이 들었다.
재위 30년 신사(환기 6378, 신시개천 3078, 단기 1514, BCE 820)년에 추밀단군께서 붕어하셨다. 태자 감물甘勿께서 즉위하셨다.

33세 단군 감물 재위 24년

감물단군의 재위 원년은 임오(환기 6379, 신시개천 3079, 단기 1515, BCE 819)년이다.

周人이 來獻虎象之皮하니라.

戊子七年이라

寧古塔西門外甘勿山之下에

建三聖祠하시고 親祭하실새

有誓告文하시니 曰

「三聖之尊은 與神齊功하시고

三神之德은 因聖益大로시다

虛粗同軆하고 個全一如하니

誓 맹세할 서 齊 같을 제 因 인할 인 虛 텅빌 허 粗 조박할 조 個 낱 개

재위 2년 계미(단기 1516, BCE 818)년에 주周나라 사람이 와서 호랑이와 코끼리 가죽을 바쳤다.
재위 7년 무자(단기 1521, BCE 813)년에 영고탑 서문 밖 감물산甘勿山 아래에 삼성사三聖祠를 세우고 친히 제사를 드렸는데, 그「서고문誓告文」에서 이렇게 말씀하셨다.
세 분 성조(한인 환웅 단군)의 높고도 존귀하심은
삼신과 더불어 공덕이 같으시고
삼신(상제님)의 덕은 세 분 성조로 말미암아 더욱 성대해지도다.
텅 빔(무)과 꽉 참(유)은 한 몸이요[虛粗同軆]
낱낱[個]과 전체[全]는 하나이니[個全一如].

檀君世紀

智生雙修면 形魂俱衍이로세

眞敎乃立하야 信久自明하고

乘勢以尊하니 回光反躬이로세

截彼白岳이여 萬古一蒼이로다

列聖繼作하야 文興禮樂하니

規模斯大하야 道術淵宏이로다

執一含三하고 會三歸一하니

衍 뻗쳐나갈 연 躬 몸 궁 截 가파를 절 蒼 푸를 창 模 본보기 모 宏 클 굉

지혜와 삶 함께 닦아[智生雙修]
내 몸과 영혼 함께 뻗어나가네[形魂俱衍].
참된 가르침이 이에 세워져 믿음이 오래면 스스로 밝아지리라.
삼신의 힘을 타면 존귀해지나니 빛을 돌려 내 몸을 살펴보세.
저 높고 가파른 백악산은 만고에 변함없이 푸르구나.
역대 성조께서 대를 이어 예악을 찬란히 부흥시키셨으니
그 규모 이토록 위대하여 신교의 도술 깊고도 광대하여라.
하나[一氣] 속에 셋(삼신)이 깃들어 있고[執一含三],
세 손길로 작용하는 삼신은
하나의 근원으로 돌아가나니[會三歸一].

大^{대연}演天^{천계}戒하야 永^{영세위법}世爲法이로다.」

乙^{을사이십사년}巳二十四年이라

帝^{제붕}崩하시니 太^{태자오루문}子奧婁門이 立^입하시니라.

三十四世檀君 奧婁門 在位二十三年

丙^{병오원년}午元年이라.

是^{시세}歲에 五^{오곡풍숙}穀豊熟하고 萬^{만성환강}姓歡康하야

作^{작도리지가}兜里之歌하니 其^{기가}歌에 曰^왈

演 펼 연 奧 깊을 오 熱 익을 숙 歡 기뻐할 환 康 즐거워할 강 兜 도솔천 도

하늘의 계율 널리 펴서 영세토록 법으로 삼으리.
재위 24년 을사(환기 6402, 신시개천 3102, 단기 1538, BCE 796)년에 감물단군께서 붕어하셨다. 태자 오루문奧婁門께서 즉위하셨다.

34세 단군 오루문 재위 23년

오루문단군의 재위 원년은 병오(환기 6403, 신시개천 3103, 단기 1539, BCE 795)년이다. 이 해에 오곡이 풍성하게 잘 익어 만백성이 기뻐하며 「도리가兜里歌」를 지어 부르니 그 가사

天有^{천유}朝暾^{조돈}하야 明光照耀^{명광조요}하고
國有聖人^{국유성인}하야 德敎廣被^{덕교광피}로다.
大邑國我倍達聖朝^{대읍국아배달성조}는
多多人^{다다인}이 不見苛政^{불견가정}하야
熙皞歌之^{희호가지}하니 長太平^{장태평}이로다.
乙卯十年^{을묘십년}이라
兩日^{양일}이 並出^{병출}하고 仍黃霧四塞^{잉황무사색}하니라.
戊辰二十三年^{무진이십삼년}이라
帝崩^{제붕}하시니 太子沙伐^{태자사벌}이 立^입하시니라.

暾 아침해 돈　照 비출 조　耀 빛날 요　苛 가혹할 가　皞 밝을 호　塞 막힐 색

는 이러하다.
하늘에 아침 해 솟아 밝은 빛 비추고
나라에 성인이 계셔 후덕한 가르침 널리 미치도다.
큰 나라 우리 배달 성조聖朝여!
많고 많은 사람들 가혹한 정치 당하지 않아
즐겁고 화평하게 노래하니 늘 태평성대로세!
재위 10년 을묘(단기 1548, BCE 786)년, 두 개의 해가 함께 뜨고 누런 안개가 사방을 덮었다.
재위 23년 무진(환기 6425, 신시개천 3125, 단기 1561, BCE 773)년에 오루문단군께서 붕어하셨다. 태자 사벌沙伐께서 즉위하셨다.

三十五世檀君 沙伐 在位六十八年

熊襲(日本 九州 地方)과 燕·齊 平定

己巳元年이라.

甲戌六年이라

是歲에 有蝗蟲大水하니라.

壬午十四年이라 虎入宮殿하니라.

壬辰二十四年이라

有大水하야 山이 崩壞하고 谷이 充塡하니라.

蝗 누리 황　蟲 벌레 충　殿 대궐 전　壞 무너질 괴　充 채울 충　塡 메울 전

35세 단군 사벌 재위 68년

웅습(일본 큐슈 지방)과 연·제 평정

사벌단군의 재위 원년은 기사(환기 6426, 신시개천 3126, 단기 1562, BCE 772)년이다.

재위 6년 갑술(단기 1567, BCE 767)년, 이 해에 누리가 날뛰고 홍수가 있었다.

재위 14년 임오(단기 1575, BCE 759)년에 범이 궁전에 들어왔다.

재위 24년 임진(단기 1585, BCE 749)년에 홍수가 나서 산이 무너지고 골짜기가 메워졌다.

> 무오오십년
> 戊午五十年이라
>
> 제견장언파불합
> 帝遣將彦波弗哈하사
>
> 평해상웅습
> 平海上熊襲하시니라.
>
> 갑술육십육년
> 甲戌六十六年이라
>
> 제견조을 직천연도
> 帝遣祖乙하사 直穿燕都하시니
>
> 여제병 전우임치지남교 고첩
> 與齊兵으로 戰于臨淄之南郊하야 告捷하니라.
>
> 병자육십팔년
> 丙子六十八年이라
>
> 제붕 태자매륵 입
> 帝崩하시니 太子買勒이 立하시니라.

彦 선비 언 哈 마실 합 襲 엄습할 습 穿 뚫을 천 淄 물이름 치 捷 이길 첩

재위 50년 무오(단기 1611, BCE 723)년에 임금께서 장수 언파불합彦波弗哈을 보내어 바다 위의 웅습熊襲(구마소)을 평정하셨다.

재위 66년 갑술(단기 1627, BCE 707)년에 임금께서 조을祖乙을 보내어 곧장 연燕나라 수도로 진격하게 하시니, 제齊나라 군대와 더불어 임치臨淄(제나라 수도) 남쪽 들판에서 싸워 승리를 거두었다고 고하였다.

재위 68년 병자(환기 6493, 신시개천 3193, 단기 1629, BCE 705)년에 사벌단군께서 붕어하셨다. 태자 매륵買勒께서 즉위하셨다.

三十六世檀君 買勒 在位五十八年

丁丑元年이라.

甲辰二十八年이라 有地震海溢하니라.

戊申三十二年이라

西村民家에 牛生八足犢하니라.

辛亥三十五年이라

龍馬가 出於天河한대 背有星文이러라.

買 살 매 勒 굴레 륵 溢 넘칠 일 犢 송아지 독 背 등 배 星 별 성

36세 단군 매륵 재위 58년

매륵단군의 재위 원년은 정축(환기 6494, 신시개천 3194, 단기 1630, BCE 704)년이다.

재위 28년 갑진(단기 1657, BCE 677)년에 지진과 해일이 일어났다.

재위 32년 무신(단기 1661, BCE 673)년에 서쪽 마을 민가에서 다리가 여덟 개 달린 송아지가 태어났다.

재위 35년 신해(단기 1664, BCE 670)년에 용마龍馬가 천하天河에서 나왔는데 등에 별 무늬가 있었다.

日本 王家의 뿌리, 陝野侯 裵幋命

甲寅三十八年이라

遣陝野侯裵幋命하사 徃討海上하시니

十二月에 三島悉平이라.

戊辰五十二年이라

帝遣兵하사 與須臾兵으로 伐燕하신대

燕人이 告急於齊라

齊人이 大擧入孤竹이라가

遇我伏兵하야 戰不利어늘 乞和而去하니라.

陝 좁을 협 侯 제후 후 裵 성배 幋 횃대보 반 討 칠토 遇 만날 우 乞 빌 걸

일본 왕가의 뿌리, 협야후 배반명

재위 38년 갑인(단기 1667, BCE 667)년, **협야후**陝野侯 **배반명**裵幋命을 보내어 해상의 적을 토벌하게 하셨다. 12월에 삼도三島(일본을 구성하는 세 섬, 곧 큐슈, 혼슈, 시코쿠)를 모두 평정하였다.

재위 52년 무진(단기 1681, BCE 653)년에 임금께서 병력을 보내 수유국須臾國 군대와 더불어 연燕나라를 정벌하자 연나라 사람이 제齊나라에 위급을 고했다. 제나라 사람들이 대거 고죽孤竹으로 쳐들어오다가 아군의 복병을 만나 전세가 불리하자, 화친을 구걸하고 물러갔다.

갑술오십팔년
甲戌五十八年이라

제붕   태자마물   입
帝崩하시니 太子麻勿이 立하시니라.

三十七世檀君 麻勿 在位五十六年

을해원년
乙亥元年이라.

경오오십육년
庚午五十六年이라

제남순   지기수   붕
帝南巡이라가 至淇水하사 崩하시니

태자다물   입
太子多勿이 立하시니라.

麻 삼 마 巡 순행할 순 至 이를 지 淇 물이름 기

재위 58년 갑술(환기 6551, 신시개천 3251, 단기 1687, BCE 647)년에 매륵단군께서 붕어하셨다. 태자 마물麻勿께서 즉위하셨다.

37세 단군 마물 재위 56년

마물단군의 재위 원년은 을해(환기 6552, 신시개천 3252, 단기 1688, BCE 646)년이다.
재위 56년 경오(환기 6607, 신시개천 3307, 단기 1743, BCE 591)년에 임금께서 남쪽으로 순수하시다가 기수淇水에 이르러 붕어하셨다. 태자 다물多勿께서 즉위하셨다.

三十八世檀君 多勿 在位四十五年

辛未元年이라.

乙卯四十五年이라

帝崩하시니 太子豆忽이 立하시니라.

三十九世檀君 豆忽 在位三十六年

丙辰元年이라.

多많을다 勿말물 豆콩두 忽문득홀

38세 단군 다물 재위 45년

다물단군의 재위 원년은 신미(환기 6608, 신시개천 3308, 단기 1744, BCE 590)년이다.
재위 45년 을묘(환기 6652, 신시개천 3352, 단기 1788, BCE 546)년에 다물단군께서 붕어하셨다. 태자 두홀豆忽께서 즉위하셨다.

39세 단군 두홀 재위 36년

두홀단군의 재위 원년은 병진(환기 6653, 신시개천 3353, 단기

辛卯三十六年이라
帝崩하시니 太子達音이 立하시니라.

四十世檀君 達音 在位十八年

壬辰元年이라.

己酉十八年이라

帝崩하시니 太子音次가 立하시니라.

達 통할 달 音 소리 음 次 버금 차

1789, BCE 545)년이다.
재위 36년 신묘(환기 6688, 신시개천 3388, 단기 1824, BCE 510)년에
두홀단군께서 붕어하셨다. 태자 달음達音께서 즉위하셨다.

40세 단군 달음 재위 18년

달음단군의 재위 원년은 임진(환기 6689, 신시개천 3389, 단기 1825, BCE 509)년이다.
재위 18년 기유(환기 6706, 신시개천 3406, 단기 1842, BCE 492)년에
달음단군께서 붕어하셨다. 태자 음차音次께서 즉위하셨다.

四十一世檀君 音次 在位二十年

庚戌元年이라.

己巳二十年이라

帝崩하시니 太子乙于支가 立하시니라.

四十二世檀君 乙于支 在位十年

庚午元年이라.

乙새을 于광대할우 支보전할지

41세 단군 음차 재위 20년

음차단군의 재위 원년은 경술(환기 6707, 신시개천 3407, 단기 1843, BCE 491)년이다. 재위 20년 기사(환기 6726, 신시개천 3426, 단기 1862, BCE 472)년에 음차단군께서 붕어하셨다. 태자 을우지乙于支께서 즉위하셨다.

42세 단군 을우지 재위 10년

을우지단군의 재위 원년은 경오(환기 6727, 신시개천 3427, 단

己卯十年이라

帝崩하시니 太子勿理가 立하시니라.

四十三世檀君 勿理 在位三十六年

于和冲의 逆謀事件과 平定

庚辰元年이라.

乙卯三十六年이라

隆安獵戶于和冲이 自稱將軍하고

理 이치 리 隆 융성할 륭 獵 사냥할 렵 戶 지게 호 冲 빌 충 稱 일컬을 칭

기 1863, BCE 471)년이다. 재위 10년 기묘(환기 6736, 신시개천 3436, 단기 1872, BCE 462)년에 을우지단군께서 붕어하셨다. 태자 물리勿理께서 즉위하셨다.

43세 단군 물리 재위 36년

우화충의 역모사건과 평정

물리단군의 재위 원년은 경진(환기 6737, 신시개천 3437, 단기 1873, BCE 461)년이다.
재위 36년 을묘(환기 6772, 신시개천 3472, 단기 1908, BCE 426)

聚衆數萬하야 陷西北三十六郡이어늘

帝遣兵不克이러시니

冬에賊이圍都城急攻이라 帝與左右宮人으로

奉廟社主하시고 浮舟而下하사

之海頭하사 尋崩하시니라.

是歲에 白民城褥薩丘勿이

以命起兵하야 先據藏唐京하니

九地師가 從之하고 東西鴨綠十八城이

皆遣兵來援하나라.

聚 모일취 陷 무너뜨릴함 賊 도둑적 圍 에울위 廟 사당묘 援 도울원

년에 융안隆安의 사냥꾼 우화충于和沖이 스스로 장군이라 칭하고 무리 수만 명을 모아 서북 36군郡을 함락시켰다. 임금께서 군사를 보내셨으나 이기지 못하였다. 겨울에 이 역적이 도성을 포위하고 급히 공격하므로 임금께서 좌우 궁인과 더불어 종묘와 사직의 신주神主를 받들고 배를 타고 내려가다가 해두海頭에 이르렀는데 얼마 있지 않아 붕어하셨다. 이 해에 백민성白民城 욕살 구물丘勿이 천명을 받들어 병사를 일으켜 먼저 장당경藏唐京을 점령하자, 아홉 지역의 군사가 추종하고 동서압록의 열여덟 성이 모두 군사를 보내 원조하였다.

四十四世檀君 丘勿 在位二十九年

古朝鮮 國運 大轉換의 契機

丙^병辰^진元^원年^년이라.
三^삼月^월에 大^대水^수가 浸^침都^도城^성하니
賊^적大^대亂^란이라.
丘^구勿^물이 率^솔兵^병一^일萬^만하야 往^왕討^토之^지하니
賊^적이 不^부戰^전自^자潰^궤어늘 遂^수斬^참于^우和^화冲^충하니라.

浸 잠길침 賊 도둑적 亂 어지러울란 潰 무너질궤 遂 마침내수 斬 벨참

44세 단군 구물 재위 29년

고조선 국운 대전환의 계기

구물단군의 재위 원년은 병진(환기 6773, 신시개천 3473, 단기 1909, BCE 425)년이다. 3월에 홍수로 도성이 잠기자 역적들이 크게 어지러워졌다.

구물이 병사 1만 명을 이끌고 가서 토벌하자, 역적들은 싸워 보지도 못하고 스스로 궤멸하였다. 마침내 우화충을 잡아 참수하였다.

國號를 大夫餘로 改稱, 三朝鮮 分立

於是_{어시}에 丘勿_{구물}이 爲諸將所推_{위제장소추}하야
乃於三月十六日_{내어삼월십육일}에 築壇祭天_{축단제천}하시고
遂卽位于藏唐京_{수즉위우장당경}하사 改國號爲大夫餘_{개국호위대부여}하시고
改三韓爲三朝鮮_{개삼한위삼조선}하시니 自是_{자시}로 三朝鮮_{삼조선}이
雖奉檀君_{수봉단군}하야 爲一尊臨理之制_{위일존임리지제}나
而惟和戰之權_{이유화전지권}은 不在一尊也_{부재일존야}라
七月_{칠월}에 命改築海城_{명개축해성}하사 爲平壤_{위평양}하시고
作離宮_{작이궁}하시니라.

推 공경하여높이받들 추 雖 비록 수 尊 존귀할 존 惟 오직 유 權 권한 권

국호를 대부여로 개칭, 삼조선 분립

이에 구물이 모든 장수의 추대를 받아 3월 16일에 단을 쌓아 하늘에 제사 지내고 장당경에서 즉위하였다. 구물단군께서 국호를 대부여_{大夫餘}로 바꾸고, 삼한_{三韓}을 삼조선_{三朝鮮}으로 바꾸셨다.

이로부터 삼조선이 비록 대단군을 받들어 한 분이 다스리는 제도는 그대로 유지하였으나 화전_{和戰}의 권한(병권_{兵權})은 단군 한 분에게 있지 않았다.

7월에 해성_{海城}을 개축하여 평양_{平壤}이라 하고 별궁[離宮]을 지으셨다.

丁巳二年이라 禮官이 請行三神迎鼓祭하니
乃三月十六日也라.
帝親幸敬拜하실새 初拜三叩하고
再拜六叩하고 三拜九叩가 禮也나
從衆하사 特爲十叩하시니 是爲三六大禮也라.
壬申十七年이라 遣監察官于州郡하사
糾察吏民하시고 擧孝廉하시니라.
戊寅二十三年이라
燕이 遣使賀正하니라.

迎 맞을영 鼓 북고 叩 조아릴고 從 좇을종 糾 살필규 廉 청렴할렴

재위 2년 정사(단기 1910, BCE 424)년에 예관禮官이 삼신영고제三神迎鼓祭를 올리기를 청하니 3월 16일(대영절大迎節)이었다. 임금께서 친히 납시어 경배하실 때, 초배에 세 번 조아리고, 재배에 여섯 번 조아리고, 삼배에 아홉 번 조아리는 것이 예禮이지만, 무리를 따라 특별히 열 번 조아리셨다. 이것이 삼육대례三六大禮이다.

재위 17년 임신(단기 1925, BCE 409)년에 임금께서 각 주군州郡에 감찰관을 보내어 관리와 백성을 규찰糾察하고, 효자와 청렴한 선비를 천거하게 하셨다.

재위 23년 무인(단기 1931, BCE 403)년에 연나라에서 사신을

갑 신 이 십 구 년
甲申二十九年이라.

제 붕   태 자 여 루   입
帝崩하시니 太子余婁가 立하시니라.

四十五世檀君 余婁 在位五十五年

을 유 원 년   축 성 장 령 낭 산
乙酉元年이라. 築城長嶺狼山하니라.

신 축 십 칠 년
辛丑十七年이라

연 인   침 변 군
燕人이 侵邊郡이어늘

수 장 묘 장 춘   격 패 지
守將苗長春이 擊敗之하니라.

婁별이름루 嶺고개령 狼이리랑 燕연나라연 邊변방변 苗싹묘 擊칠격

보내 신년 하례를 올렸다.
재위 29년 갑신(환기 6801, 신시개천 3501, 단기 1937, BCE 397)년에 구물단군께서 붕어하셨다. 태자 여루余婁께서 즉위하셨다.

45세 단군 여루 재위 55년

여루단군의 재위 원년은 을유(환기 6802, 신시개천 3502, 단기 1938, BCE 396)년이다. 장령長嶺·낭산狼山에 성을 쌓았다.
재위 17년 신축(단기 1954, BCE 380)년에 연나라 사람이 변방을 침범하자 그곳을 지키던 장수 묘장춘苗長春이 이를 쳐

遼西 地方의 모든 城을 回復함

丙辰三十二年이라
燕人이 倍道入寇하야
陷遼西하고 逼雲障이어늘
番朝鮮이 命上將于文言하야 禦之하고
眞莫二朝鮮이 亦派兵來救하고 設伏夾攻하야
破燕齊之兵於五道河하니
遼西諸城이 悉復하니라.

寇 침범할구 陷 빠질함 逼 핍박할핍 障 막힐장 禦 막을어 派 보낼파

서 물리쳤다.

요서 지방의 모든 성을 회복함

재위 32년 병진(단기 1969, BCE 365)년에 연나라 사람들이 이틀길을 하루에 달려 쳐들어와 요서를 함락하고 운장雲障 지방을 핍박하였다.
번조선番朝鮮 왕이 상장 우문언于文言에게 명하여 막게 하고, 진眞·막莫 두 조선도 역시 군대를 보내 구원하였다. 복병을 두어 협공하여 연燕·제齊 두 나라의 군대를 오도하五道河에서 깨뜨리고 요서 지방의 성을 모두 회복하였다.

燕나라의 끊임없는 侵略

丁巳三十三年이라

燕人이 敗屯連雲島하야 造船하고

將來襲할새 于文言이 追擊大破하고

射殺其將하니라.

辛未四十七年이라

北漠酋長 厄尼車吉이 來朝하야

獻馬二百匹하고 請共伐燕이어늘

乃以番朝鮮少將 申不私로 率兵一萬하사

敗 패할 패 屯 진칠 둔 襲 엄습할 습 射 쏠 사 漠 사막 막 厄 재앙 액 匹 마리 필

연나라의 끊임없는 침략

재위 33년 정사(단기 1970, BCE 364)년에, 연나라 사람들이 패한 뒤에도 연운도連雲島에 주둔하면서 배를 만들어 장차 쳐들어오려 하였다. 우문언이 추격하여 대파하고 그 장수를 쏘아 죽였다.

재위 47년 신미(단기 1984, BCE 350)년에 북막北漠 추장 액니거길厄尼車吉이 내조來朝하여 말 2백 필을 바치고 함께 연燕을 치자고 청하였다.

이에 번조선 소장少將 신불사申不私로 하여금 병사 1만 명을 거느리게 하시니 연나라 상곡上谷을 함께 공격하여 함

合攻燕上谷하야拔之하고置城邑하니라.

戊寅五十四年이라

自上谷役後로燕이連年來侵이라가

至是하야遣使請和하니許之하시고

復以造陽以西로爲界하시니라.

己卯五十五年이라.

夏에大旱이어늘

慮有寃獄하사大赦하시고親幸祈雨하시니라.

九月에帝崩하시니太子普乙이 立하시니라.

檀君世紀

拔 처서빼앗을발 役 싸움역 復 다시부 慮 염려할려 獄 옥옥 赦 사면할사

락하고 성읍城邑을 설치하였다.
재위 54년 무인(단기 1991, BCE 343)년, 상곡 싸움 이후로 연나라가 해마다 쳐들어오다가 이때에 사신을 보내 강화를 청하자, 이를 윤허하시고 다시 조양造陽의 서쪽으로 경계를 삼으셨다.
재위 55년 기묘(환기 6856, 신시개천 3556, 단기 1992, BCE 342)년, 여름에 큰 가뭄이 들자 임금께서 원통하게 옥살이하는 사람이 있을까 염려하여 대사면을 내리고, 친히 납시어 기우제를 지내셨다. 9월에 여루단군께서 붕어하셨다. 태자 보을普乙께서 즉위하셨다.

四十六世檀君 普乙 在位四十六年

番朝鮮 王 弑害事件과 古朝鮮 中央政府의 內紛 深化

庚辰元年이라.
十二月에 番朝鮮王解仁이
爲燕所遣刺客의 所害하고 五加爭立하니라.

箕詡가 番朝鮮 王이 되다

戊戌十九年이라

普넓을보 解풀해 遣보낼견 刺찌를자 客손객 害해칠해 爭다툴쟁

46세 단군 보을 재위 46년

번조선 왕 시해사건과 고조선 중앙정부의 내분 심화

보을단군의 재위 원년은 경진(환기 6857, 신시개천 3557, 단기 1993, BCE 341)년이다.
12월에 번조선 왕 해인解仁이 연나라에서 보낸 자객에게 시해弑害를 당하였다. 오가五加가 서로 권력을 다투었다.

기후가 번조선 왕이 되다

재위 19년 무술(단기 2011, BCE 323)년 정월에 읍차邑借 기후

正月에 邑借箕詡가 以兵入宮하고
自以番朝鮮王으로 遣人請允한대
帝許之하시고 使堅備燕하시니라.
丁巳三十八年이라
都城이 大火盡燒어늘
帝避御于海城離宮하시니라.
癸亥四十四年이라
北漠酋長尼舍가 獻樂한대
乃受而厚賞하시니라.

借 빌릴 차　詡 자랑할 후　備 갖출 비　燒 불탈 소　避 피할 피　御 거둥할 어

箕詡가 병사를 이끌고 번조선 궁에 진입하여 스스로 번조선 왕이 되고, 사람을 보내어 윤허를 청하였다. 임금께서 윤허하시고 연나라에 대한 방비를 강화하게 하셨다.
재위 38년 정사(단기 2030, BCE 304)년에 도성(장당경)에 큰 불이 일어나 모두 타 버리자 임금께서 해성海城의 별궁으로 피하셨다.
재위 44년 계해(단기 2036, BCE 298)년에 북막 추장 이사尼舍가 음악을 지어 바치니 임금께서 이를 받으시고 후히 상을 내리셨다.

韓介의 叛亂을 鎭壓한 高列加, 衰落하는 古朝鮮

乙丑四十六年이라

韓介가 率須臾兵하야 犯闕自立이어늘

上將高列加가 起義하야 擊破之하고

帝還都하사 大赦하시니라.

自此로 國勢甚微하고 國用不敷러니

尋에 帝崩하시니 無嗣라

高列加가 以檀君勿理之玄孫으로

爲衆愛戴하시고 且有功하사 遂卽位하시니라.

介 낄 개 還 돌아올 환 甚 심할 심 微 미약할 미 嗣 후사 사 戴 받들 대

한개의 반란을 진압한 고열가, 쇠락하는 고조선

재위 46년 을축(환기 6902, 신시개천 3602, 단기 2038, BCE 296)년에 한개韓介가 수유須臾의 병사를 이끌고 궁궐을 침범하여 스스로 임금 자리에 올랐다. 이에 상장 고열가高列加가 의병을 일으켜 한개를 격파하였다. 임금께서 환도하고 대사면을 내리셨다. 이로부터 나라의 힘이 심히 미약해지고 살림살이가 넉넉지 못하더니 얼마 있지 않아 보을단군께서 붕어하셨다. 후사는 없었다. 고열가가 43세 물리勿理단군의 현손으로 백성의 사랑과 공경을 받고 또한 공로가 많으므로 드디어 추대를 받아 즉위하셨다.

四十七世檀君 古列加 在位五十八年

丙寅元年이라.

己卯十四年이라

立檀君王儉廟于白岳山하사

令有司로四時祭之하시고

帝는歲一親祭하시니라.

己酉四十四年이라

燕이遣使賀正하니라.

廟 사당묘 岳 큰산악 有司:담당관리 四時:사계절 使 사신사 賀 하례하

47세 단군 고열가 재위 58년

고열가단군의 재위 원년은 병인(환기 6903, 신시개천 3603, 단기 2039, BCE 295)년이다.

재위 14년 기묘(단기 2052, BCE 282)년에 임금께서 백악산에 단군왕검의 사당을 세워 유사有司로 하여금 계절마다 제사 지내게 하시고, 임금께서는 일 년에 한 번씩 친히 제사를 드리셨다.

재위 44년 기유(단기 2082, BCE 252)년에 연나라가 사신을 보내어 신년 하례를 올렸다.

癸^계丑^축四^사十^십八^팔年^년이라

十^시月^월朔^삭에 日^일蝕^식하니라.

是^시歲^세冬^동에 北^북漠^막酋^추長^장阿^아里^리當^당夫^부가

請^청出^출師^사伐^벌燕^연이어늘

帝^제不^부從^종하시니 自^자是^시로 怨^원不^부朝^조貢^공하니라.

解慕漱가 熊心山에서 일어남

壬^임戌^술五^오十^십七^칠年^년이라

四^사月^월八^팔日^일에 解^해慕^모漱^수가 降^강于^우熊^웅心^심山^산하사

朔 초하루 삭 蝕 좀먹을 식 漠 사막 막 師 군사 사 慕 높일 모 漱 씻을 수

재위 48년 계축(단기 2086, BCE 248)년 10월 초하루에 일식이 있었다.
이 해 겨울에 북막 추장 아리당부阿里當夫가 연나라를 정벌하는데 출병해 주기를 청하였다. 임금께서 응하지 않으시자, 원망하여 이후로 조공을 바치지 않았다.

해모수가 웅심산에서 일어남

재위 57년 임술(환기 6959, 신시개천 3659, 단기 2095, BCE 239)년 4월 8일에 해모수가 웅심산熊心山으로 내려와 군사를 일으켰다.

起兵하시니 其先은 槀離國人也시니라.

癸亥五十八年이라

帝仁柔不斷하사 令多不行하고

諸將恃勇하야 禍亂頻起하니

國用不敷하고 民氣益衰라

檀君朝鮮의 沒落과 北夫餘 時代의 開創

三月祭天之夕에 乃與五加로 議曰

昔에 我列聖이

槀볏집고 柔부드러울유 斷끊을단 恃믿을시 頻자주빈 敷펼부 衰쇠할쇠

해모수의 선조는 고리국槀離國 사람이다.
재위 58년 계해(환기 6960, 신시개천 3660, 단기 2096, BCE 238)년, 임금께서 어질고 인자하시나 우유부단하여 명령이 제대로 이행되지 않을 때가 많았다. 그리하여 여러 장수가 자신의 용맹을 믿고 화란을 자주 일으켰다. 나라 살림은 쏘늘리고 백성의 기운도 더욱 쇠약해졌다.

단군조선의 몰락과 북부여 시대의 개창

3월 제천祭天을 행한 날 저녁에, 임금께서 오가五加와 더불어 의논하여 말씀하셨다. "옛날 우리 성조들께서 처음으로

桓檀古記

肇極垂統하사 種德宏遠하사
永世爲法이러니
今에 王道衰微하야 諸汗爭强이로대
惟朕凉德이 懦不能理하며
無策招撫하야 百姓離散하니
惟爾五加는 擇賢以薦하라 하시고
大開獄門하사
放還死囚以下諸俘虜하시나라.

肇 비롯할조 垂 드리울수 凉 얇을량 懦 나약할나 招 부를초 撫 어루만질무

법도를 만들고 국통國統을 세워 후세에 전하셨노라. 덕을 펴 심이 넓고도 멀리 미쳐 만세의 법이 되어 왔느니라.
그러나 이제 왕도가 쇠미하여 모든 왕汗이 세력을 다투고 있도다. 짐이 덕이 부족하고 나약하여 능히 다스릴 수 없고, 이들을 불러 무마시킬 방도도 없으므로 백성이 서로 헤어져 흩어지고 있느니라. 너희 오가는 현인을 택하여 단군으로 천거하라."
옥문을 크게 열어 사형수 이하 모든 포로를 석방하셨다.

五加의 過渡期 共和政 時代

翌日_{익일}에 遂棄位入山_{수기위입산}하사 修道登仙_{수도등선}하시니

於是_{어시}에 五加_{오가}가 共治國事六年_{공치국사육년}이러라.

先是_{선시}에 宗室大解慕漱_{종실대해모수}가

密與須臾_{밀여수유}로 約_약하사

襲據故都白岳山_{습거고도백악산}하시고

稱爲天王郞_{칭위천왕랑}하시니

四境之內_{사경지내}가 皆爲聽命_{개위청명}이러라.

翌 다음날익 棄 버릴기 宗室: 종친 約 맺을약 據 웅거할거 聽 들을청

오가의 과도기 공화정 시대

이튿날 임금께서 마침내 제위를 버리고 산으로 들어가 수도하여 선인仙人이 되셨다. 이에 **오가**五加가 6년(단기 2096, BCE 238~단기 2102, BCE 232) **동안 국사를 공동으로 집행하였다.**

이에 앞서 **종실**宗室인 대해모수께서 은밀히 **수유**국須臾國과 약속을 하고, 옛 도읍지 백악산을 습격하여 점거한 뒤에 스스로 **천왕랑**天王郞이라 칭하셨다. 사방에서 사람들이 모두 해모수의 명을 따랐다.

北夫餘가 發興한 背景과 高句麗 呼稱의 起原

於是에 封諸將하실새 陞須臾侯箕丕하사

爲番朝鮮王하시고

往守上下雲障하시니

蓋北夫餘之興이 始此오

而高句麗는 乃解慕漱之生鄕也라

故로 亦稱高句麗也니라.

陞 오를 승 侯 제후 후 丕 클 비 守 지킬 수 障 보루 장 蓋 대개 개 鄕 고향 향

북부여가 발흥한 배경과 고구려 호칭의 기원

이때에 해모수께서 모든 장수를 봉하면서 **수유후**須臾侯 **기비**箕丕를 올려 세워 번조선 왕으로 삼아(단기 2102, BCE 232) 상·하 운장을 지키게 하셨다.

대개 북부여가 발흥한 것은 이때부터였다.

그리고 고구려는 해모수께서 태어난 고향이므로 북부여를 또한 고구려라고도 불렀다.

自<ruby>檀君紀<rt>단군기</rt></ruby><ruby>元<rt>원</rt></ruby>元年戊辰으로
至今上踐祚後十二年癸卯히
凡三千六百十六年也라

是歲十月三日에
紅杏村叟는 書于江都之海雲堂하노라.

自~에서부터 자 至이를 지 踐밟을 천 祚천자의 자리 조 叟늙은이 수

단군기원檀君紀元 원년 무진(환기 4865, 신시개천 1565, BCE 2333)년부터 지금의 주상(고려 공민왕)께서 보위에 오르신 이후 12년째 되는 계묘(환기 8560, 신시개천 5260, 단기 3696, 서기 1363)년까지가 무릇 3,696년이라.

이 해 10월 3일에 홍행촌수紅杏村叟가 강화도의 해운당海雲堂에서 이 글을 쓰노라.

**9천년 한민족사의 잃어버린 고리,
부여사의 진실을 온전히 드러낸**

범장范樟 (? ~ ?)

❇ 본관 금성錦城(현 전라남도 나주), 초명 세동世東, 자 여명汝明, 호 복애伏崖, 시호 문충文忠.

❇ 고려의 국운이 다하자 사관仕官의 뜻을 버리고 두문동杜門洞에 은거하여 충절을 지킨 두문동 72인 중 한 분이다.

❇ 범장 선생은 통곡하여 말하되 "백이伯夷는 누구이며 나는 누구인고 하니 그 품절品節이 이러하더라" 하였다. 태조 이성계가 세 번이나 불렀으나 출사하지 않고, 고향 금성錦城으로 돌아가 은거하였다.

❇ 『태백일사』 「고려국본기」에 의하면 이명李茗과 함께 천보산天寶山 태소암太素庵에 머무를 때 소전거사에게서 많은 기고지서奇古之書 ─환·단 이후로 전해 내려오던 역사의 진결桓檀傳授之眞訣─를 얻었다.

❇ 이암은 『단군세기』를, 범장은 『북부여기』 상·하를 저술했고, 이명은 조선 숙종 때 북애北崖가 지은 『규원사화』의 저본底本이 된 『진역유기震域留記』 3권을 썼다고 한다.

❇ 사후 후덕군厚德君에 봉해졌고, 시호는 문충文忠이다. 묘는 고향인 현 광주광역시 광산구 덕림동 복만마을에 있다.

복애거사伏崖居士 범장范樟 찬撰

北夫餘紀 上

始祖檀君 解慕漱 在位四十五年

古朝鮮의 國統 繼承者, 解慕漱檀君 卽位

壬^임戌^술元^원年^년이라.

帝^제는 天^천姿^자英^영勇^용하시고 神^신光^광射^사人^인하시니

望^망之^지若^약天^천王^왕郞^랑이러시라.

年^연二十三^{이십삼}에 從^종天^천而^이降^강하시니

是^시檀^단君^군高^고列^열加^가五十七年^{오십칠년}壬^임戌^술四月八日^{사월팔일}也^야라.

姿 자태 자 **英** 뛰어날 영 **勇** 날랠 용 **望** 바랄 망 **若** 같을 약 **郞** 사내 랑

북부여기 상
시조 단군 해모수 재위 45년

고조선의 국통 계승자, 해모수단군 즉위

해모수단군의 재위 원년은 임술(환기 6959, 신시개천 3659, 단기 2095, BCE 239)년이다. 임금께서는 본래 타고난 기품이 영웅의 기상으로 씩씩하시고, 신령한 자태는 사람을 압도하여 바라보면 마치 **천왕랑**天王郞 같았다. 23세에 천명을 좇아 내려오시니, 이때는 47세 고열가단군 재위 57년(단기 2095)으로 임술년 4월 8일이었다.

依熊心山而起하사 築室蘭濱하시고
戴烏羽冠하시며 佩龍光劍하시며
乘五龍車하사 與從者五百人으로
朝則聽事하시고 暮則登天이러시니
至是卽位하시니라.
癸亥二年이라 是歲三月十六日에 祭天하시고
設烟戶法하사 分置五加之兵하시고
屯田自給하사 以備不虞하시니라.

北夫餘紀

濱 물가 빈 戴 일 대 佩 찰 패 劍 칼 검 暮 저물 모 烟 연기 연 備 갖출 비

임금께서 웅심산熊心山에서 기병하여 난빈蘭濱에 제실帝室을 지으셨다. 머리에 오우관烏羽冠을 쓰고 허리에 용광검龍光劍을 찼으며 오룡거五龍車를 타고 다니시니, 따르는 사람이 5백여 명이었다. 아침이 되면 정사를 돌보시고, 날이 저물면 하늘의 뜻에 따르셨다. 이 해에 이르러 즉위하셨다.
제위 2년 계해(단기 2096, BCE 238)년 3월 16일 대영절大迎節에 임금께서 하늘에 제를 올리시고, 연호법烟戶法을 만들어 백성을 살피셨다. 오가五加의 군대를 나누어 배치하고 둔전屯田으로 자급하게 하여 뜻밖의 사태에 대비하셨다.

五加의 共和政 終結

己巳八年이라 帝率衆하사 往諭故都하신대
_{기사팔년   제솔중   왕유고도}

五加가 遂撤共和之政하니
_{오가   수철공화지정}

於是에 國人이 推爲檀君하니
_{어시   국인   추위단군}

是爲北夫餘始祖也시니라.
_{시위북부여시조야}

冬十月에 立公養胎母之法하시고
_{동시월   입공양태모지법}

敎人에 必自胎訓始하시니라.
_{교인   필자태훈시}

壬申十一年이라
_{임신십일년}

北漠酋長山只喀隆이 襲寧州하야
_{북막추장산지객륭   습영주}

諭 깨우칠 유 撤 거둘 철 胎 아이 밸 태 喀 뱉을 객 隆 성할 륭 穆 성 목

오가의 공화정 종결

재위 8년 기사(단기 2102, BCE 232)년에 임금께서 무리를 거느리고 옛 수도에 가서 오가를 설득하시니, 오가가 드디어 **공화정**共和政을 **철폐**하였다. 이때 나라 사람들이 단군으로 추대하여 받드니, 이분이 바로 북부여의 시조이시다. 겨울 10월에 태아를 가진 임신부를 보호하는 법[公養胎母之法]을 만들고 사람들을 가르칠 때 반드시 **태교**부터 시작하게 하셨다.

재위 11년 임신(단기 2105, BCE 229)년에 북막北漠 추장 산지객륭山只喀隆이 영주寧州를 습격하여 순사巡使 목원등穆遠登

204 환단고기

殺巡使穆遠登하고 大掠而去하니라.

箕準이 番朝鮮의 마지막(七十五世) 王位에 오름

庚辰十九年이라 조薨하니
子準이 襲父封爲番朝鮮王하고
遣官監兵하사 尤致力於備燕하시니라.
先是에 燕이 遣將秦介하야
侵我西鄙하고
至滿番汗하야 爲界하니라.

薨 제후 죽을 훙 準 준할 준 監 살필 감 秦 성씨 진 鄙 마을 비 闕 대궐 궐

을 죽이고 크게 약탈한 뒤 돌아갔다.

기준이 번조선의 마지막 (75세) 왕위에 오름

재위 19년 경진(단기 2113, BCE 221)년에 기비箕丕가 훙서薨逝하자 아들 준準이 아버지의 뒤를 이어 번조선 왕으로 책봉되었다. 임금께서 관리를 파견해 군대를 감독하게 하여 연나라의 침입에 대비하는 데 더욱 힘쓰게 하셨다. 이에 앞서 연나라가 장수 진개秦介를 보내 번조선 서쪽 변방[西鄙]을 침범하여 만번한滿番汗에 이르러 그곳을 국경으로 삼았다.

辛巳二十年이라

命祭天于白岳山阿斯達하시고

七月에 起新闕三百六十六間하고

名爲天安宮하니라.

癸未二十二年이라

滄海力士黎洪星이 與韓人張良으로

狙擊秦王政于博浪沙中이라가 誤中副車하니라.

壬辰三十一年이라

陳勝이 起兵하니 秦人이 大亂일새

滄 푸를창 黎 검을려 狙 노릴저 擊 칠격 博 넓을박 浪 물결랑 誤 그르칠오

재위 20년 신사(단기 2114, BCE 220)년에 임금께서 **백악산 아사달**에서 천제를 지내도록 명하셨다.

7월에 궁궐 366칸을 새로 짓고 이름을 **천안궁**天安宮이라 하였다.

재위 22년 계미(단기 2116, BCE 218)년에 창해역사 여홍성黎洪星이 한韓나라 사람 장량張良(?~BCE 186)과 함께 박랑사博浪沙에서 진왕秦王 정政을 저격하였으나 수행하던 수레[副車]를 잘못 맞혔다.

재위 31년 임진(단기 2125, BCE 209)년에 진승陳勝(?~BCE 208)이 병사를 일으키자 진秦나라 사람들이 큰 혼란에 빠졌다.

燕齊趙民의 亡歸番朝鮮者가 數萬口라

分置於上下雲障하고

遣將監之하니라.

己亥三十八年이라

燕盧綰이 復修遼東故塞하고

東限浿水하니 浿水는 今潮河也라.

丙午四十五年이라

燕盧綰이 叛漢하야 入凶奴하니

其黨衛滿이 求亡於我어늘 帝不許시라

綰 얽을 관 修 손질할 수 塞 새 浿 강이름 패 潮 조수 조 叛 배반할 반

이에 연燕·제齊·조趙나라 백성 가운데 번조선으로 망명해 온 자가 수만 명이었다.

준왕이 곧 상·하 운장雲障에 나누어 수용하고 장수를 파견하여 감독하게 하였다.

재위 38년 기해(단기 2132, BCE 202)년에 연나라 노관盧綰이 다시 요동의 옛 요새를 수리하고 패수浿水를 동쪽 경계로 삼았다. 패수는 지금의 조하潮河이다.

재위 45년 병오(단기 2139, BCE 195)년에 연나라 노관이 한漢나라를 배반하고 흉노로 달아나자 그 일당인 위만이 우리나라에 망명을 구하였다. 임금(해모수단군)께서 이를 허락하

然이나 帝以病으로 不能自斷하시고

番朝鮮王箕準이 多失機하야

遂拜衛滿爲博士하야

劃上下雲障而封之하니라.

是歲冬에 帝崩하시니

葬于熊心山東麓하고

太子慕漱離가 立하시니라.

拜 버슬줄 배 麓 산기슭 록 慕 사모할 모 漱 씻을 수 離 떠날 리

지 않으셨으나, 병이 들어 능히 스스로 결단을 내리지 못하셨다.

번조선 왕 기준이 (물리칠 수 있는) 기회를 여러 번 놓치고 마침내 위만을 박사博士로 삼고 상하 운장을 떼어 주어 지키게 하였다.

이 해(환기 7003, 신시개천 3703, 단기 2139, BCE 195) 겨울에 해모수단군께서 붕어하시니 웅심산 동쪽 기슭에 장사 지냈다. 태자 모수리慕漱離께서 즉위하셨다.

二世檀君 慕漱離 在位二十五年

古朝鮮 三韓 遺民들의 中三韓 建國

丁未元年이라.
^{정미원년}

番朝鮮王箕準이 久居須臾하야 嘗多樹恩하고
^{번조선왕기준   구거수유   상다수은}

民皆富饒라 後에 爲流賊所敗하야
^{민개부요   후   위유적소패}

亡入于海而不還이라 諸加之衆이
^{망입우해이불환   제가지중}

奉上將卓하야 大擧登程하야
^{봉상장탁   대거등정}

直到月支立國하니 月支는 卓之生鄕也오
^{직도월지입국   월지 탁지생향야}

久 오랠구 嘗 일찍이상 饒 넉넉할요 卓 높을탁 程 헤아릴정

2세 단군 모수리 재위 25년

고조선 삼한 유민들의 중삼한 건국

모수리단군의 재위 원년은 정미(환기 7004, 신시개천 3704, 단기 2140, BCE 194)년이다. 번조선 왕 기준이 오랫동안 수유須臾에 있으면서, 일찍이 백성에게 은혜를 많이 베풀어 모두 풍요롭고 생활이 넉넉하였다. 후에 기준箕準이 떠돌이 도적 위만에게 패하여 바다로 들어가 돌아오지 않았다. 이에 오가의 무리가 상장上將 탁卓을 받들고 대규모로 여정에 올라 곧바로 월지月支에 이르러 나라를 세웠다. 월지는 탁이 태

北夫餘紀

시위중마한
是謂中馬韓이라

어시 변진이한 역각이기중
於是에 弁辰二韓이 亦各以其衆으로

수봉백리 입도자호
受封百里하야 立都自號하며

개청용마한정령 세세불반
皆聽用馬韓政令하야 世世不叛하니라.

무신이년 제견상장연타발
戊申二年이라 帝遣上將延佗勃하사

설성책어평양 이비적만
設城柵於平壤하사 以備賊滿하시니

만 역염고 불부침요
滿이 亦厭苦하야 不復侵擾하니라.

기유삼년
己酉三年이라

이해성 속평양도 사황제고진
以海城으로 屬平壤道하사 使皇弟高辰으로

延 이끌 연　佗 다를 타　勃 갑자기 발　厭 싫어할 염　擾 어지러울 요　屬 붙을 속

어난 곳이다. 이를 일러 **중마한**中馬韓이라 한다. 이때 변한과 진한도 각각 그 백성과 함께 백 리 땅에 봉함을 받아 도읍을 정하고 나라를 세웠다. **변한·진한은 모두 마한의 정령**政令을 **따라서** 그대로 행하고 세세토록 배반하지 않았다.

재위 2년 무신(단기 2141, BCE 193)년에 임금께서 상장上將 **연타발**을 보내 평양에 성책城柵을 세워 도적 위만을 대비하게 하셨는데, 위만도 싫증이 나고 괴롭게 여겨서 다시는 침노하여 어지럽히지 않았다.

재위 3년 기유(단기 2142, BCE 192)년에 임금께서 해성海城을 평양도平壤道에 부속시켜 아우 고진高辰(해모수 차남, 고주몽의

守之하시니 中夫餘一域이
悉從糧餉하니라.

京鄕分守法 制定

冬十月에 立京鄕分守之法하시니
京則天王이 親總衛戍하시고
鄕則四出分鎭하시니
恰如柶戱觀戰하고 龍圖知變也라.
辛未二十五年이라

糧 양식량 餉 군량향 鎭 지킬진 恰 마치흡 柶 윷사 戱 놀희 變 변할변

증조부)으로 하여금 지키게 하셨다. 이때 중부여中夫餘 사람들이 모두 식량 조달에 참여하였다.

경향분수법 제정

겨울 10월에 수도와 지방을 나누어 지키는 법[京鄕分守之法]을 제정하여 수도는 천왕이 친히 군사를 거느려 위수를 총괄하고, 지방은 사방 네 개 구역[四出]으로 나누어 (오가가) 진수鎭守하게 하셨다. 그 모습이 마치 윷놀이에서 말판 싸움을 보는 듯했으며, (천지의 창조 설계도인) 용도龍圖로써 변화의 법칙을 알아내는 것과 같았다. 재위 25년 신미(환기

帝崩하시니 太子高奚斯가 立하시니라.

三世檀君 高奚斯 在位四十九年

番朝鮮 遺民 崔崇의 樂浪國 建設

壬申元年이라.

正月에 樂浪王崔崇이 納穀三百石于海城하니라.

先是에 崔崇이 自樂浪山으로

載積珍寶而渡海하야

奚 어찌해 崇 높을숭 納 들일납 穀 곡식곡 載 실을재 渡 건널도

7028, 신시개천 3728, 단기 2164, BCE 170)년에 모수리단군께서 붕어하셨다. 태자 고해사高奚斯께서 즉위하셨다.

3세 단군 고해사 재위 49년

번조선 유민 최숭의 낙랑국 건설

고해사단군의 재위 원년은 임신(환기 7029, 신시개천 3729, 단기 2165, BCE 169)년이다.

정월에 낙랑 왕 최숭崔崇이 해성에 곡식 3백 석을 바쳤다. 이에 앞서 최숭은 **낙랑산樂浪山**에서 진귀한 보물을 싣고 바

至馬韓하야 都王儉城하니

是檀君解慕漱丙午冬也라.

癸丑四十二年이라 帝躬率步騎一萬하사

破衛賊於南閭城하시고 置吏하시니라.

庚申四十九年이라

一羣國이 遣使하야 獻方物하니라.

是歲九月에 帝崩하시니

太子高于婁가 立하시니라.

儉 검소할 검 漱 씻을 수 躬 몸 궁 騎 말탈 기 婁 별이름 루

다를 건너 마한馬韓에 이르러 왕검성王儉城에 도읍하였다. 이때는 해모수단군 재위 45년 병오(BCE 195)년 겨울이었다.

재위 42년 계축(단기 2206, BCE 128)년에 임금께서 친히 보병과 기병 1만 명을 거느리고 남려성南閭城에서 도적 위만을 격퇴하고 관리를 두어 다스리게 하셨다.

재위 49년 경신(환기 7077, 신시개천 3777, 단기 2213, BCE 121)년에 일군국一羣國에서 사절을 보내 방물을 바쳤다.

이 해 9월에 고해사단군께서 붕어하셨다. 태자 고우루高于婁께서 즉위하셨다.

四世檀君 高于婁一云解于婁

在位三十四年

衛滿政權 右渠王의 侵略과 海城 收復

辛_신酉_유元_원年_년이라.
遣_견將_장하사 討_토右_우渠_거不_불利_리어시늘
擢_탁高_고辰_진하사 守_수西_서鴨_압綠_록하신대
增_증强_강兵_병力_력하고 多_다設_설城_성栅_책하야
能_능備_비右_우渠_거하야 有_유功_공하니

遣 보낼견　討 칠토　渠 도랑거　擢 뽑을탁　增 더할증　栅 울짱책

4세 단군 고우루(일명 해우루) 재위 34년

위만정권 우거왕의 침략과 해성 수복

고우루단군의 재위 원년은 신유(환기 7078, 신시개천 3778, 단기 2214, BCE 120)년이다.
임금께서 장수를 보내 우거右渠를 토벌하게 했으나 이기지 못하였다.
이에 고진高辰을 발탁하여 서압록을 지키게 하셨는데, 고진이 점차 병력을 증강시키고 성책을 많이 설치하여 능히 우거의 침입에 대비하여 공을 세웠다.

陞^{승위}爲高句麗侯^{고구려후}하시니라.

癸亥三年^{계해삼년}이라

右渠賊^{우거적}이 大擧入寇^{대거입구}하야 我軍大敗^{아군대패}하니

海城以北五十里之地^{해성이북오십리지지}가 盡爲虜有^{진위노유}하니라.

甲子四年^{갑자사년}이라

帝遣將^{제견장}하사 攻海城三月而不克^{공해성삼월이불극}하시니라.

丙寅六年^{병인육년}이라 帝親率精銳五千^{제친솔정예오천}하사

襲破海城^{습파해성}하시고

追至薩水^{추지살수}하시니 九黎河以東^{구려하이동}이 悉降^{실항}하니라.

陞 오를 승　寇 도적 구　虜 포로 로　銳 날카로울 예　追 따를 추　悉 모두 실

고진의 벼슬을 높여 **고구려후**高句麗侯로 삼으셨다.

재위 3년 계해(단기 2216, BCE 118)년에 우거의 도적떼가 대거 침략해 왔다. 우리 군사가 대패하여 해성 이북 50리 땅이 전부 약탈당하고 점령되었다.

재위 4년 갑자(단기 2217, BCE 117)년에 임금께서 장수를 보내어 해성을 공격했으나 석 달이 지나도록 함락하지 못하였다.

재위 6년 병인(단기 2219, BCE 115)년에 임금께서 친히 정예 군사 5천 명을 거느리고 해성을 격파하고, 계속 추격하여 살수薩水에 이르셨다. 이로써 구려하九黎河(지금의 요하) 동쪽

北夫餘紀

丁卯七年이라 設木柵於坐原하시고
置軍於南閭하사 以備不虞하시니라.

漢武帝의 侵略을 擊退한 高豆莫汗

癸酉十三年이라
漢劉徹이 寇平那하야 滅右渠러니
仍欲易置四郡하야
盛以兵으로 四侵이라.
於是에 高豆莫汗이 倡義起兵하야

徹 통할 철 滅 없앨 멸 欲 바랄 욕 盛 성할 성 倡義: 의병을 일으킴

이 전부 항복하였다.
재위 7년 정묘(단기 2220, BCE 114)년에 임금께서 좌원坐原에 목책을 설치하고 남려南閭에 군대를 배치하여 뜻밖의 사태에 대비하셨다.

한 무제의 침략을 격퇴한 고두막한

재위 13년 계유(단기 2226, BCE 108)년에 한漢나라 유철劉徹(무제, BCE 156~BCE 87)이 평나平那를 침범하여 우거를 멸하더니 그곳에 4군四郡을 설치하려고 군대를 크게 일으켜 사방으로 쳐들어왔다. 이에 고두막한이 구국의 의병을 일으켜

所至에連破漢寇할새

遺民이四應하야 以助戰하니 軍報大振하니라.

甲午三十四年이라

十月에 東明國高豆莫汗이

使人來告하야 曰

我是天帝子라 將欲都之하노니

王其避之하라 한대 帝難之러시니

是月에 帝憂患成疾而崩하시고

皇弟解夫婁가 立하시니라.

應응할응 助도울조 避피할피 憂근심우 患근심환

이르는 곳마다 한나라 도적을 격파하였다.
이때 유민이 사방에서 호응하여 전쟁을 지원하니 군세를 크게 떨쳤다.
재위 34년 갑오(단기 2247, BCE 87)년 10월에 **동명국**東明國 고두막한이 사람을 보내어 고하기를, "나는 천제의 아들[天帝子]이니라. 장차 여기에 도읍하고자 하나니, 임금은 이곳을 떠나도록 하시오" 하니, 임금께서 난감하여 괴로워하셨다. 이 달에 고우루단군께서 근심과 걱정으로 병을 얻어 붕어하셨다. 아우 해부루解夫婁가 즉위하였다.

北夫餘紀

解夫婁의 迦葉原夫餘 建國

東明王이以兵脅之不已어늘
君臣이頗難之라가國相阿蘭弗이奏曰
通河之濱迦葉之原에有地하니
土壤膏腴하야宜五穀하니可都라하야
遂勸王移都하니是謂迦葉原夫餘오
或云東夫餘라.

脅 으를협 濱 물가빈 迦 막을가 葉 땅이름섭 膏 기름고 腴 기름진땅유

해부루의 가섭원 부여 건국

동명왕 고두막한이 군대를 보내어 계속 위협하므로 임금과 신하들이 몹시 난감하였다. 이때 국상國相 아란불阿蘭弗이 주청하기를 "통하通河 물가에 가섭원迦葉原이란 곳이 있는데, 토양이 기름져서 오곡이 자라기에 적합하니 가히 도읍할 만한 곳입니다"라고 하였다. 임금께 권유하여 마침내 도읍을 옮기니, 이 나라를 가섭원 부여迦葉原夫餘, 혹은 동부여東夫餘라 한다.

北夫餘紀 下

五世檀君 高豆莫一云豆莫婁
在位二十二年 在帝位二十七年

東明王 高豆莫汗의 北夫餘 再建과 時代 背景

^{계유원년}
癸酉元年은

^{시위단군고우루십삼년}
是爲檀君高于婁十三年이라.

^{제위인호준   선용병}
帝爲人豪俊하시고 善用兵이러시니

^{상견북부여쇠   한구치성}
嘗見北夫餘衰하고 漢寇熾盛하사

豪 뛰어날 호 俊 준걸 준 善 훌륭할 선 嘗 일찍이 상 衰 쇠할 쇠 熾 성할 치

북부여기 하

5세 단군 고두막(일명 두막루)
동명왕 재위 22년, 북부여 단군 재위 27년

동명왕 고두막한의 북부여 재건과 시대 배경

고두막단군의 재위 원년은 계유(환기 7090, 신시개천 3790, 단기 2226, BCE 108)년이다. 이때는 북부여 고우루단군 13년이다. 임금께서는 사람됨이 호방하고 영준하며 용병用兵을 잘 하셨다. 일찍이 북부여가 쇠하면서 한나라 도적이 불길

慨然有濟世之志러시니
至是하야 卽位於卒本하시고
自號東明하시니
或云高列加之後也라.
乙亥三年이라 帝自將傳檄하사
所至에 無敵하니 不旬月에 衆至五千이라.
每與戰에 漢寇가
望風而潰하니 遂引兵하시고
渡九黎河하사 追至遼東西安平하시니

慨 분개할 개 濟 구제할 제 檄 격서 격 敵 원수 적 旬 찰 순 潰 무너질 궤

처럼 성하게 일어나는 것을 보고 분개하여 개연히 세상을 구제하겠다는 큰 뜻을 세우셨다. 이에 졸본卒本에서 즉위하고 스스로 호를 동명東明이라 하셨다. 어떤 사람은 이분을 고열가高列加(고조선의 마지막 47세 단군)의 후예라 말한다.

재위 3년 을해(단기 2228, BCE 106)년에 임금께서 스스로 장수가 되어 격문을 돌리니 이르는 곳마다 대적할 자가 없었다. 한 달이 채 안 되어[不旬月] 군사가 5천 명에 이르렀다. 싸울 때마다 한나라 도적이 멀리서 바라보기만 하여도[望風] 스스로 무너졌다. 임금께서 마침내 군대를 이끌고 구려하九黎河를 건너 계속 추격하여 요동遼東 서안평西安平에 이

^{내고고리국지지}
乃古槀離國之地라.

^{갑오이십이년}
甲午二十二年은

^{시위단군고우루삼십사년}　　^{제 전 장}
是爲檀君高于婁三十四年이라. 帝遣將하사

^{파 배 천 지 한 구}　　^{여 유 민 병 력}　　^{소 향}
破裵川之漢寇하시고 與遺民幷力하야 所向에

^{연 파 한 구}　　^{금 기 수 장}　　^{거 이 유 비}
連破漢寇하고 擒其守將하야 拒以有備하니라.

高豆莫汗의 北夫餘 國統 繼承

^{을미이십삼년}　　^{북부여}　^{거성읍항}
乙未二十三年이라 北夫餘가 擧城邑降하고

^{누 애 욕 보}　　^{제 청 지}
屢哀欲保한대 帝聽之하사

槀 볏짚고　離 떠날리　幷 어우를병　擒 사로잡을금　拒 막을거　擧 들거

르셨다. 그곳은 바로 옛 **고리국**槀離國 땅이다.

재위 22년 갑오(단기 2247, BCE 87)년, 이 해는 4세 고우루단군 34년이다. 임금께서 장수를 보내 배천裵川의 한나라 도적을 격파하고, 유민과 합세하여 가는 곳마다 한나라 도적을 연달아 쳐부수었으며, 그 수비 장수를 사로잡아 방비를 갖추어 적을 막기에 힘쓰셨다.

고두막한의 북부여 국통 계승

재위 23년 을미(단기 2248, BCE 86)년에 북부여가 성읍을 바쳐서 항복하고 왕실만은 보존시켜 주기를 여러 번 애원하

降封解夫妻爲侯하시고 遷之岔陵하시니라.
帝前導鼓吹하사 率衆數萬而入都城하사
仍稱北夫餘하시니라.
秋八月에 與漢寇로
屢戰于西鴨綠河之上하사 大捷하시니라.

高朱蒙의 誕降

壬寅三十年이라

五月五日에 高朱蒙이 誕降于岔陵하시니라.

降 내릴강 封 봉할봉 遷 옮길천 岔 갈림길차 陵 언덕릉 導 이끌도

였다. 고두막단군께서 들어 주시어, 해부루解夫婁의 봉작을 낮추어 제후로 삼아 차릉岔陵으로 이주해 살게 하셨다. 임금께서 북 치고 나팔 부는 악대[鼓吹]를 앞세우고 무리 수만 명을 이끌고 도성에 입성하셨다. 나라 이름을 여전히 북부여北夫餘라 칭하셨다. 가을 8월에, 한나라 도적과 여러 번 서압록하西鴨綠河 강가에서 싸워 크게 승리를 거두셨다.

고주몽의 탄강

재위 30년 임인(환기 7119, 신시개천 3819, 단기 2255, BCE 79)년 5월 5일에 고주몽高朱蒙이 차릉岔陵에서 태어났다.

辛^{신유}酉四^사十^십九^구年^년이라 帝^제崩^붕하시니
以^이遺^유命^명으로 葬^장于^우卒^졸本^본川^천하고
太^태子^자高^고無^무胥^서가 立^입하시니라.

六世檀君 高無胥 在位二年

德을 갖추고 民心을 얻어 小解慕漱라 불림

壬^임戌^술元^원年^년이라 帝^제卽^즉位^위于^우卒^졸本^본川^천하시고
與^여父^부老^로로 會^회于^우白^백岳^악山^산하사 立^입約^약祭^제天^천하시고

遺命: 임금이나 부모가 임종할 때에 하는 명령 胥 서로 서 約 맺을 약

재위 49년 신유(환기 7138, 신시개천 3838, 단기 2274, BCE 60)년에 고두막단군께서 붕어하셨다. 유명遺命에 따라 졸본천卒本川에 장사를 지냈다. 태자 고무서高無胥께서 즉위하셨다.

6세 단군 고무서 재위 2년

덕을 갖추고 민심을 얻어 작은 해모수라 불림

고무서단군의 재위 원년은 임술(환기 7139, 신시개천 3839, 단기 2275, BCE 59)년이다. 임금께서 졸본천에서 즉위하셨다. 부로父老들과 더불어 백악산에 모여 규약을 정하고 천제를

頒行事例하시니 內外大悅하니라.
帝生而有神德하사
能以呪術로 呼風喚雨하시고
善賑하사 大得民心하사
有小解慕漱之稱이시라.
時에 漢寇騷亂하야 遍于遼左러니
屢戰得捷하시니라.
癸亥二年이라
帝巡到寧古塔하사 得白獐하시니라.

頒 펼반 例 법식례 賑 구휼할진 騷 시끄러울소 遍 두루편 獐 노루장

지내셨다. 여러 가지 사례를 반포하여 널리 행하게 하시니 안팎에서 모두 크게 기뻐하였다. 임금께서는 태어날 때 신령스러운 덕을 갖추시어 능히 주술呪術로써 바람을 부르고 비를 내리게 하시며[呼風喚雨], 자주 곡식을 풀어 백성을 구휼하시니 민심을 크게 얻어 소해모수小解慕漱라는 칭호가 붙게 되었다. 이때에 한나라 도적이 요하遼河 동쪽에서 분란을 일으키므로 여러 번 싸워서 승리를 거두셨다.

재위 2년 계해(환기 7140, 신시개천 3840, 단기 2276, BCE 58)년에 임금께서 순행하시다가 **영고탑**에 이르러 흰 노루를 얻으셨다.

冬十月(동시월)에 帝崩(제붕)하시니
高朱蒙(고주몽)이 以遺命(이유명)으로 入承大統(입승대통)하시니라.
先是(선시)에 帝無子(제무자)러시니 見高朱蒙(견고주몽)하시고
爲非常人(위비상인)이라 하사 以女妻之(이녀처지)시라
至是卽位(지시즉위)하시니 時年(시년)이 二十三(이십삼)이시라

高朱蒙이 北夫餘를 繼承하기 前에 避難한 過程

時(시)에 下夫餘人(하부여인)이 將欲殺之(장욕살지)어늘
奉母命(봉모명)하사 與烏伊摩離陝父等三人(여오이마리협보등삼인)으로

承이을승 統계통통 妻아내처 伊저이 摩연마할마 離떠날리 陝좁을협

겨울 10월에 고무서단군께서 붕어하셨다. 고주몽高朱蒙이 유명遺命을 받들어 대통을 이으셨다. 이에 앞서 고무서단군에게는 대를 이을 아들이 없었는데, 고주몽이 보통사람이 아님을 알아보시고 공주와 맺어 주어 아내로 삼게 하셨다. 이에 이르러 즉위하니 당시 나이 23세였다.

고주몽이 북부여를 계승하기 전에 피난한 과정

당시 동부여 사람들이 주몽을 죽이려 하므로, 주몽이 어머니의 명을 받들어 오이烏伊, 마리摩離, 협보陝父 세 사람과 친구의 의를 맺고 함께 길을 떠났다. 차릉수岔陵水에 이르

爲^위德^덕友^우하시고

行^행至^지岔^차陵^릉水^수하사 欲^욕渡^도無^무梁^량이라

恐^공爲^위追^추兵^병所^소迫^박하야 告^고水^수曰^왈

我^아是^시天^천帝^제子^자오 河^하伯^백外^외孫^손이니

今^금日^일逃^도走^주에 追^추者^자垂^수及^급하니 奈^내何^하오.

於^어是^시에 魚^어鱉^별이

浮^부出^출成^성橋^교하야 始^시得^득渡^도하시고

魚^어鱉^별이 乃^내解^해하니라.

梁 다리량 恐 두려울공 迫 닥칠박 逃 달아날도 鱉 자라별 浮 뜰부 橋 다리교

러 강을 건너려 하였으나 다리가 없었다. 뒤쫓아 오는 군사들에게 붙잡힐까 두려워하여 강에 고하기를, "나는 천제(천상 상제님)의 아들이요, 하백의 외손으로 오늘 달아나는 길인데 쫓는 자가 다가오고 있으니 어찌하리까?" 하니, 물속에서 물고기와 자라가 수없이 떠올라 다리가 되었다. 주몽이 물을 건너자 물고기와 자라가 곧 흩어졌다.

迦葉原夫餘紀

始祖 解夫婁 在位三十九年

東夫餘 首都 迦葉原은 岔陵

乙未元年이라.

王이 爲北夫餘所制하야 徙居迦葉原하니

亦稱岔陵이라

宜五穀하고 尤多麥하며

又多虎豹熊狼하야 便於獵하니라.

徙 옮길사 岔 갈림길차 陵 언덕릉 豹 표범표 狼 이리랑 獵 사냥할렵

가섭원부여기
시조 해부루 재위 39년

동부여 수도 가섭원은 차릉

시조 해부루왕의 재위 원년은 을미(환기 7112, 신시개천 3812, 단기 2248, BCE 86)년이다. 왕이 북부여의 제재를 받아 가섭원迦葉原으로 옮겨 살게 되었다. 가섭원을 차릉岔陵이라고도 부른다. 이곳은 토지가 기름져서 오곡이 자라기에 적합하였는데, 특히 보리가 많이 났다. 또 호랑이, 표범, 곰, 이리가 많아 사냥하기에 좋았다.

丁酉三年이라
命國相阿蘭弗하야 設賑하고
招撫遠近流民하야 使及時飽暖하며
又給田耕作하니 不數年에 國富民殷이라
時에 有時雨滋씀陵하야
民歌王正春之謠하니라.

高朱蒙의 血統과 朱蒙이란 말의 語源

壬寅八年이라 先是에 河伯女柳花가

招 부를초 撫 어루만질무 飽 배부를포 暖 따뜻할난 殷 성할은 滋 적실자

재위 3년 정유(단기 2250, BCE 84)년에 국상 아란불阿蘭弗에게 명하여 구휼을 베풀고 원근의 유민을 불러 위로하며, 굶주리거나 추위에 떨지 않게 하였다. 또 밭을 나누어 주어 농사를 짓게 하니, 몇 해 지나지 않아 나라가 부유해지고 백성이 번성하였다. 때를 맞추어 비가 내려 차릉을 축축이 적시므로 백성이 「왕정춘王正春」이라는 노래를 불러 왕을 찬양하였다.

고주몽의 혈통과 주몽이란 말의 어원

재위 8년 임인(단기 2255, BCE 79)년, 이에 앞서 하백의 딸[河

出遊라가 爲夫餘皇孫高慕漱之所誘하야

强至鴨綠邊室中而私之하고

仍升天不歸오 父母는 責其無媒而從之하야

遂謫居邊室하니라.

高慕漱는 本名弗離支니

或曰高辰之孫이라.

王이 異柳花하야 同乘還宮而幽之러니

是歲五月五日에 柳花夫人이 生一卵하야

有一男子가 破殼而出하시니 是謂高朱蒙이시오

北夫餘紀

誘 꾈유 强 억지로 강 媒 중매 매 謫 귀양갈 적 幽 가둘 유 殼 껍질 각

伯女) 유화柳花가 밖에 나가 놀았다가 부여의 황손 고모수高慕漱의 꾐에 빠졌다. 고모수는 강제로 유화를 압록강 변에 있는 궁실로 데려가 은밀히 정을 통하고 하늘로 올라가서 돌아오지 않았다[升天不歸]. 유화의 부모는 중매도 없이 고모수를 따라간 것을 꾸짖고 먼 곳으로 쫓아 보냈다. 고모수의 본명은 불리지弗離支인데 혹자는 고진高辰(북부여 2세 보수리단군의 아우)의 손자라 한다. 해부루왕이 유화를 이상하게 여겨 수레에 태워 환궁하여 궁에서 나가지 못하게 하였다. 이 해 5월 5일, 유화 부인이 알 하나를 낳았는데 한 사내아이가 껍질을 깨고 나왔다. 이 아이가 바로 고주몽高朱

골 표 영 위   년 보 칠 세   자 작 궁 시
骨表英偉하시고 **年甫七歲**에 **自作弓矢**하사

백 발 백 중
百發百中하시니

부 여 어   선 사 위 주 몽 고   이 명 운
夫餘語에 **善射爲朱蒙故**로 **以名云**이라.

王子 金蛙의 誕生

갑 진 십 년
甲辰十年이라

왕 노 무 자   일 일   제 산 천 구 사
王老無子라 **一日**에 **祭山川求嗣**라가

소 승 마   지 곤 연
所乘馬가 **至鯤淵**하야

견 대 석   상 대 협 루
見大石하고 **相對俠淚**라

偉 클 위 **甫** 겨우 보 **嗣** 후사 사 **乘** 탈 승 **鯤** 곤어 곤 **俠** 의기로울 협 **淚** 눈물 루

蒙이니 골격이 뚜렷하고 늠름하며 위엄이 있었다. 나이 겨우 7세에 스스로 활과 화살을 만들어 백 번을 쏘면 백 번을 다 맞추었다. 부여 말[夫餘語]에 '활 잘 쏘는 사람을 주몽이라' 하므로 이름을 그렇게 불렀다.

왕자 금와의 탄생

재위 10년 갑진(단기 2257, BCE 77)년이었다. 해부루왕이 늙도록 대를 이을 아들이 없어서, 하루는 산천에 후사를 기원하는 제사를 지냈다. 곤연鯤淵이라는 곳에 이르렀는데, 왕이 탄 말이 큰 돌을 보더니 그 앞에 마주서서 눈물을 흘

王이怪之하야 使人轉其石하니
有小兒가 金色蛙形이라 王이 喜曰 此乃天이
賚我令胤乎인저. 乃收而養之하야
名曰金蛙라 하고 及其長하야 立爲太子하니라.

高朱蒙의 高句麗 建國

壬戌二十八年이라 國人이 以高朱蒙으로
爲不利於國이라 하야 欲殺之한대
高朱蒙이 奉母柳花夫人命하사

| 怪 괴이할 괴 | 轉 굴릴 전 | 蛙 개구리 와 | 喜 기쁠 희 | 賚 줄 뢰 | 胤 맏아들 윤 |

렸다. 왕이 괴이하게 여겨 사람을 시켜 그 돌을 굴려 보게
하였더니, 거기에 한 아이가 있었는데 금색의 개구리 모양
이었다. 왕이 기뻐하며 "이것은 하늘이 과인에게 대를 이을
아들을 내려 주신 것이로다" 하고, 아이를 거두어 길렀다.
이름을 금와金蛙라 하였는데 장성하자 태자로 삼았다.

고주몽의 고구려 건국

재위 28년 임술(단기 2275, BCE 59)년에 사람들이 고주몽을
나라에 이롭지 않다고 여겨 죽이려 하였다.
이에 고주몽이 어머니 유화 부인의 명을 받들어 동남쪽으로

東南_{동남}走하사 渡_도淹利大水_{엄리대수}하시고 到_도卒本川_{졸본천}이라가
明年_{명년}에 開新國_{개신국}하시니 是爲高句麗始祖也_{시위고구려시조야}시니라.

癸酉三十九年_{계유삼십구년}이라

王_왕이 薨_홍하니 太子金蛙_{태자금와}가 立_입하니라.

二世金蛙 在位四十一年

高句麗와의 對外關係와 柳花夫人의 죽음

甲戌元年_{갑술원년}이라.

走 달릴주 渡 건널도 淹 담글엄 利 이로울리 到 이를도 新 새신

달아나 엄리대수淹利大水를 건너 졸본천卒本川에 도착했다. 이듬해 새 나라를 여시니, 이분이 곧 고구려의 시조이다. 재위 39년 계유(환기 7150, 신시개천 3850, 단기 2286, BCE 48)년에 해부루왕이 홍서薨逝하였다. 태자 금와金蛙가 즉위하였다.

2세 금와 재위 41년

고구려와의 대외관계와 유화 부인의 죽음

금와왕의 재위 원년은 갑술(환기 7151, 신시개천 3851, 단기 2287, BCE 47)년이다.

王이 遣使高句麗하야 獻方物하니라.

丁酉二十四年이라

柳花夫人이 薨하니

高句麗가 以衛兵數萬으로 返葬于卒本하시고

命以皇太后禮로 遷就山陵하시며

建廟祠于其側하시니라.

甲寅四十一年이라.

王이 薨하니 太子帶素가 立하니라.

北夫餘紀

衛 지킬 위 葬 장사 지낼 장 遷 옮길 천 就 나아갈 취 側 곁 측 素 밝을 소

왕이 고구려에 사신을 보내 방물을 바쳤다.
재위 24년 정유(단기 2310, BCE 24)년에 유화 부인이 세상을 떠났다.
고구려에서는 위병衛兵 수만 명으로 호위하게 하여 영구靈柩를 졸본으로 모셔 와서 장사를 지냈다. 주몽 성제께서 황대후의 예로씨 모후母后의 영구를 모셔 와 능릉을 조성하고 그 곁에 묘사廟祠를 지으라 명하셨다.
재위 41년 갑인(환기 7191, 신시개천 3891, 단기 2327, BCE 7)년에 금와왕이 훙서하였다. 태자 대소帶素가 즉위하였다.

北夫餘紀 233

三世帶素 在位二十八年

乙卯元年이라.

春正月에 王이 遣使高句麗하야 請交質子한대

高句麗烈帝가 以太子都切로 爲質이러시니

都切이 不行하니 王이 恚之하야

冬十月에 以兵五萬으로 往侵卒本城이라가

大雪로 多凍死하야 乃退하니라.

癸酉十九年이라 王이 侵攻高句麗하야

質 볼모 질 烈 빛날 렬 切 끊을 절 恚 성낼 에 凍 얼 동 侵 침노할 침

3세 대소 재위 28년

대소왕의 재위 원년은 을묘(환기 7192, 신시개천 3892, 단기 2328, BCE 6, 고구려 2세 유리명열제 14)년이다. 봄 정월에 왕이 고구려에 사신을 보내 왕자를 볼모로 교환하자고 청하였다. 고구려 열제烈帝(2세 유리명열제)께서 태자 도절切을 볼모로 삼으셨는데 도절이 가지 않으므로 왕이 노하였다. 겨울 10월에, 왕이 군사 5만 명을 거느리고 졸본성을 쳐들어갔으나 큰 눈이 와서 얼어 죽는 군사가 많아 물러났다. 재위 19년 계유(단기 2346, CE 13)년에 왕이 고구려를 침공

至^지鶴^학盤^반嶺^령下^하하야 遇^우伏^복兵^병하야 大^대敗^패하니라.

帶素王의 죽음

壬^임午^오二^이十^십八^팔年^년이라.

二^이月^월에 高^고句^구麗^려가 擧^거國^국來^래侵^침한대

王^왕이 自^자率^솔衆^중出^출戰^전이라가 遇^우泥^이淖^뇨하니

王^왕御^어馬^마陷^함하야 不^부得^득出^출이라

高^고句^구麗^려上^상將^장怪^괴由^유가 直^직前^전殺^살之^지한대

我^아軍^군이 猶^유不^불屈^굴하야 圍^위數^수重^중이러니

北夫餘紀

盤 소반 반 遇 만날 우 泥淖 : 진창 陷 빠질 함 猶 오히려 유 適 마침 적

하였는데, 학반령鶴盤嶺 밑에 이르러 복병을 만나 크게 패하였다.

대소왕의 죽음

재위 28년 임오(단기 2355, CE 22, 고구려 대무신열제 5)년 2월에 고구려가 국력을 다하여 쳐들어왔다. 왕이 몸소 군사를 이끌고 나가 싸우다가 왕이 탄 말이 진구렁에 빠져서 나올 수가 없었다.
이때 고구려 상장 괴유怪由가 곧장 나아가 왕을 죽였다. 부여군은 오히려 굴복하지 않고 고구려군을 여러 겹으로 에

適_적에 大_대霧_무七_칠日_일하야 高_고句_구麗_려烈_열帝_제가
潛_잠師_사夜_야脫_탈하사 從_종間_간道_도而_이遁_둔去_거하시니라.

帶素王 아우의 曷思國 建設

夏_하四_사月_월에 王_왕弟_제가 與_여從_종者_자數_수百_백人_인으로
奔_분至_지鴨_압綠_록谷_곡하야 見_견海_해頭_두王_왕出_출獵_렵하고
遂_수殺_살之_지하야 而_이取_취其_기民_민하며
走_주保_보曷_갈思_사水_수濱_빈하야 立_입國_국稱_칭王_왕하니
是_시爲_위曷_갈思_사라

霧 안개 무　潛 몰래 잠　遁 도망갈 둔　奔 도망갈 분　曷 어찌 갈　濱 물가 빈

워쌌다. 마침 짙은 안개가 7일 동안 계속되자 고구려 열제께서 밤을 틈타 군사를 비밀리에 움직여 포위망을 벗어나 샛길로 달아나셨다.

대소왕 아우의 갈사국 건설

여름 4월, 왕의 아우가 추종자 수백 명과 더불어 길을 떠나 압록곡鴨綠谷에 이르렀다. 마침 사냥 나온 해두국海頭國 왕을 보고, 그를 죽이고 그 백성을 취하여 갈사수曷思水 가로 달아나 나라를 세우고 스스로 왕이라 일컬었다. 이 나라가 바로 갈사국(갈사부여)이다.

至太祖武烈帝隆武十六年八月하야
都頭王이 見高句麗日强하고 遂擧國自降하니
凡三世歷四十七年而國絶이오.
命都頭爲于台하사 賜第宅하시고
以琿春으로 爲食邑하사
仍封爲東夫餘侯하시니라.

帶素王 從弟가 高句麗에 投降하여 椽那部 王에 任命됨

秋七月에 王從弟가 謂國人曰

擧 들거 絶 끊을절 賜 줄사 第宅: 살림집 琿 옥혼 侯 제후후

고구려 6세 태조무열제太祖武烈帝 융무隆武 16(단기 2401, CE 68)년 8월에 이르러 도두都頭왕(갈사국 3세)이 고구려가 날로 강성해지는 것을 보고 마침내 나라를 바치고 항복하니, 시조로부터 3세, 역년 47년 만에 나라가 없어지고 말았다.
이때 고구려 열제께서 도두를 우태于台로 삼아 살 집을 주고, 혼춘琿春을 식읍食邑으로 주어 동부여후東夫餘侯로 봉하셨다.

대소왕 종제가 고구려에 투항하여 연나부 왕에 임명됨

이 해 가을 7월에 대소왕의 종제가 백성에게 일러 말하기

先王이 身弑國亡하야
人民이 無所依하고
曷思는 偏安하야 不能自國하고
吾亦才智魯下하야 無望興復하니
寧降以圖存이라 하고
以故都人民萬餘口로 投高句麗한대
高句麗가 封爲王하사 安置椽那部하시고
以其背에 有絡文하야 賜姓絡氏러시니
後에 稍自立하야 自開原西北으로

弑 죽일 시 偏 치우칠 편 魯 미련할 로 寧 차라리 녕 圖 꾀할 도

를 "우리 선왕先王께서 시해를 당하시고 나라는 망하여 백성이 의지할 곳이 없고, 갈사국은 한쪽에 치우쳐 있어 안락하기는 하나 스스로 나라를 이루기 어렵도다. 나 또한 재주와 지혜가 부족하여 나라를 다시 일으킬 가망이 없으니 차라리 항복하여 살기를 도모하자"라고 하였다.

드디어 옛 도읍의 백성 1만여 명과 함께 고구려에 투항하니, 고구려에서는 그를 왕으로 봉하여 **연나부**에 살게 하였다. 또 그의 등에 띠 같은 무늬가 있어 낙씨絡氏 성을 내려 주었다.

그 후에 차츰 자립하여 개원開原 서북에서 백랑산白狼山 계

徙到白狼谷하고 又近燕之地러니
至文咨烈帝明治甲戌하야
以其國으로 折入于高句麗하니
椽那部絡氏가 遂不祀하니라.

北夫餘紀

椽 서까래 연 絡 두를 락 稍 점점 초 不祀 : 제사가 끊기다, 망하다

곡으로 옮겨갔는데 연燕나라와 가까운 곳이었다. 고구려 21세 문자열제 명치明治 갑술(환기 7691, 신시개천 4391, 단기 2827, CE 494)년에 이르러 나라가 고구려에 굴복하여 들어가니 연나부의 낙씨는 마침내 망했다.

한민족 신교문화의 집대성자

이맥李陌 (1455~1528)

- 본관 고성固城, 자 정부井夫, 호 일십당一十堂, 행촌 이암의 현손玄孫.
- 조선 연산군 때 문과에 급제하고(1498), 연산군이 총애하는 장숙용張淑容(장녹수)이 개인 집을 너무 크게 짓자 직간直諫하다가 연산군의 미움을 사서 괴산으로 귀양갔다(1504). 2년 후인 중종 원년(1506)에 소환되었고, 중종 14년(1519)에 찬수관撰修官이 되어 내각內閣의 비장 서적을 열람하고 귀양살이 시절에 고로古老들에게 들은 내용을 바탕으로 66세 때인 1520년에 『태백일사』를 지었다.
- 9천 년 동방 한민족사의 불멸의 혈맥을 펼친 8권의 보서를 『태백일사』로 구성한 것이다. 처음에는 세상에 내놓을 수 없어 비장서秘藏書로 집 안에 깊숙이 감추었다.
- 74세를 일기로 세상을 떠났다. 묘소는 1990년에 충남 연기군 서면 용암리로 이장되었다.

일십당 주인一十堂主人 이맥李陌 찬撰

태백일사 목록
太白逸史 目錄

- ❖ 三神五帝本紀 第一 (삼신오제본기 제일)
- ❖ 桓國本紀 第二 (환국본기 제이)
- ❖ 神市本紀 第三 (신시본기 제삼)
- ❖ 三韓管境本紀 第四 (삼한관경본기 제사)
- ❖ 蘇塗經典本訓 第五 (소도경전본훈 제오)
- ❖ 高句麗國本紀 第六 (고구려국본기 제육)
- ❖ 大震國本紀 第七 (대진국본기 제칠)
- ❖ 高麗國本紀 第八 (고려국본기 제팔)

三神五帝本紀
삼신오제본기

❊ 「삼신오제본기」는 9천 년 전 환국 이래 한민족의 정신사를 이끌어 온 신교문화의 주제 내용과 그 핵심 기틀을 우주관, 신관, 인성론, 수행론, 인류의 기원 등 다방면에 걸쳐 전해 주는 사서이다.

❊ 삼신일체의 도[三神一體之道]와 천지의 오제五帝와 오령五靈 사상은 음양오행이 중국에서 이뤄진 것이 아니라 한민족 신교 철학의 우주관, 자연관임을 결정적으로 드러낸다.

❊ 특히 삼신이 낳은 천지인天地人 삼재 각각의 가치와 덕성에서 진眞·선善·미美의 출원을 구하는 대목은, 이 편이 주는 놀라움 가운데 하나이다.

❊ 「삼신오제본기」를 「환국본기」 앞에 놓은 것은 단순히 삼신 오제라는 일개 학설을 전하려는 것이 아니라 한국과 배달과 조선의 상고 시원 문명 세계를 설명하려는 의도로 보인다. 이 「삼신오제본기」는 인류사의 삼성조 시대의 우주관과 신관과 역사관을 신교 원형 문화의 통합적 시각에서 정리한 총론 장이다.

1. '宇宙의 主宰者' 三神上帝님의 造化 權能

表訓天詞에 云

「大始에 上下四方이 曾未見暗黑하고

古往今來에 只一光明矣러라.

自上界로 却有三神하시니 卽一上帝시오

主體則爲一神이시니 非各有神也시며

作用則三神也시니라. 三神이 有引出萬物하시며

統治全世界之無量智能하사

不見其形體하시나 而坐於最上上之天하시니

詞 말씀 사 曾 일찍 증 暗 어두울 암 却 도리어 각 体 몸 체(=體, 軆)

1. '우주의 주재자' 삼신상제님의 조화 권능

『표훈천사表訓天詞』에 이렇게 기록되어 있다.

대시大始에 상하와 동서남북 사방에는 아직 암흑이 보이지 않았고, 언제나 오직 한 광명뿐이었다.

천상 세계에 '문득' 삼신이 계셨으니 곧 한 분 상제님[三神卽一上帝]이시다. 주체는 일신(한 분 상제님)이시니, 각기 따로 신이 있는 것이 아니라 작용으로 보면 삼신이시다.

삼신三神은 조화로 만물을 빚어 내고, 헤아릴 수 없는 지혜와 능력으로 온 세상을 다스리지만 그 형체를 드러내지 않으신다. 가장 높고 높은 하늘에 앉아계시니, 그곳은 천

<small>소거 천만억토</small>
所居는 千萬億土라

<small>항시 대방광명 대발신묘</small>
恒時에 大放光明하시며 大發神妙하시며

<small>대강길상 가기이포만유</small>
大降吉祥하시고 呵氣以包萬有하시며

<small>사열이자물종</small>
射熱以滋物種하시며

<small>행신이리세무</small>
行神以理世務시니라.

2. 五靈과 方位의 主宰者

<small>미유기이시생수</small>
未有氣而始生水하사

<small>사태수 거북방사명 상흑</small>
使太水로 居北方司命하야 尚黑하시고

放 내칠 방 妙 묘할 묘(=妙, 玅) 呵 불 가 滋 자랄 자 尚 주관할 상

만억토이다. 삼신은 항상 광명을 크게 방출하고 신묘한 기운을 크게 발하며 상서로운 기운을 크게 내리신다. 기를 불어넣어 만유를 감싸고, 열을 내뿜어 만물의 종자를 자라게 하며, 신명神明들로 하여금 **삼신상제님의 천명**天命을 집행하게 하여 세상 일을 다스리신다.

2. 오령과 방위의 주재자

태초에 기氣가 있기 전에 처음으로 수기水氣를 생생하여 이 **태수**太水로 하여금 **북방**에 자리잡고 천명을 맡아 **흑**黑색을 주관하게 하셨다.

^{미 유 기 이 시 생 화}
未有機而始生火하사

^{사 태 화   거 남 방 사 명}
使太火로居南方司命하야

^{상 적}
尚赤하시고

^{미 유 질 이 시 생 목}
未有質而始生木하사

^{사 태 목   거 동 방 사 명}
使太木으로居東方司命하야

^{상 청}
尚青하시고

^{미 유 형 이 시 생 금}
未有形而始生金하사

^{사 태 금   거 서 방 사 명}
使太金으로居西方司命하야

^{상 백}
尚白하시고

機틀기 赤붉을적 質바탕질 青푸를청 白흰백

생명의 기틀[機]이 있기 전에 처음으로 화기火氣를 생하여 이 **태화**太火로 하여금 **남방**에 자리잡고 천명을 맡아 **적**赤색을 주관하게 하셨다.

생명의 바탕[質]이 있기 전에 처음으로 목기木氣를 생하여 이 **태목**太木으로 하여금 **동방**에 자리잡고 천명을 맡아 **청**青색을 주관하게 하셨다.

생명의 형상[形]이 있기 전에 처음으로 금기金氣를 생하여 이 **태금**太金으로 하여금 **서방**에 자리잡고 천명을 맡아 **백**白색을 주관하게 하셨다.

이 네 기운을 조화시킬 주체[體]가 있기 전에 처음으로 (중

未有體而始生土하사

使太土로居中方司命하야

尙黃하시니

於是에遍在天下者는主五帝司命하시니

是爲天下大將軍也시며遍在地下者는

主五靈成効하시니是爲地下女將軍也시니라.

3. 三神과 五帝와 五靈

稽夫三神하니

> 體몸체 遍두루편 靈신령령 効공적효(=效) 稽깊이 생각할 계

성의 조화 기운인) 토기土氣를 생하여 이 **태토**太土로 하여금 **중앙**의 방위에 자리잡고 천명을 맡아 **황**黃색을 주관하게 하셨다.

이때에 천하에 두루 계시며 **다섯 임금**[五帝]이 맡은 사명을 주관하는 분은 **천하대장군**天下大將軍이시며, 지하에 두루 계시며 **다섯 성령**[五靈]이 이루는 공덕을 주관하는 분은 **지하여장군**地下女將軍이시다.

3. 삼신과 오제와 오령

곰곰이 생각해 보건대,

^{왈 천 일} ^{왈 지 일} ^{왈 태 일}
日天一과 日地一과 日太一이시니

^{천 일} ^{주 조 화}
天一은 主造化하시고

^{지 일} ^{주 교 화}
地一은 主敎化하시고

^{태 일} ^{주 치 화}
太一은 主治化하시니라.

^{계 부 오 제}
稽夫五帝호니

^{왈 흑 제} ^{왈 적 제} ^{왈 청 제} ^{왈 백 제}
日黑帝와 日赤帝와 日靑帝와 日白帝와

^{왈 황 제}
日黃帝시니

^{흑 제} ^{주 숙 살} ^{적 제} ^{주 광 열}
黑帝는 主肅殺하시고 赤帝는 主光熱하시고

^{청 제} ^{주 생 양} ^{백 제} ^{주 성 숙}
靑帝는 主生養하시고 白帝는 主成熟하시고

主 주장할 주 造 지을 조 肅 찰숙 殺 죽일 살 熱 더울 열 熟 익힐 숙

삼신三神은 천일天一과 지일地一과 태일太一이시다.
천일天一은 (만물을 낳는) **조화**造化를 주관하시고,
지일地一은 (만물을 기르는) **교화**敎化를 주관하시고,
태일太一은 (세계를 다스리는) **치화**治化를 주관하신다.
곰곰이 생각해 보건대, **오제**五帝는 흑제黑帝와 적제赤帝와
청제靑帝와 백제白帝와 황제黃帝이시다.
흑제黑帝는 (겨울의) **숙살**肅殺을 주관하시고,
적제赤帝는 (여름의) **광열**光熱을 주관하시고,
청제靑帝는 (봄의) **생양**生養을 주관하시고,
백제白帝는 (가을의) **성숙**成熟을 주관하시고,

黃帝^{황제}는 主和調^{주화조}하시니라.

稽夫五靈^{계부오령}하니

曰太水^{왈태수}와 曰太火^{왈태화}와 曰太木^{왈태목}과 曰太金^{왈태금}과

曰太土^{왈태토}시니

太水^{태수}는 主榮潤^{주영윤}하시고 太火^{태화}는 主鎔煎^{주용전}하시고

太木^{태목}은 主營築^{주영축}하시고 太金^{태금}은 主裁斷^{주재단}하시고

太土^{태토}는 主稼種^{주가종}하시니라.

於是^{어시}에 三神^{삼신}이 乃督五帝^{내독오제}하사

命各顯厥弘通^{명각현궐홍통}하시며

三神五帝本紀

潤 젖을 윤　鎔 녹일 용　煎 달일 전　裁 마를 재　稼 심을 가　厥 다할 궐

황제黃帝는 (하·추 교역기에) **조화**調和를 주관하신다.
곰곰이 생각해 보건대, **다섯 성령**[五靈]은 태수太水와 태화太火와 태목太木과 태금太金과 태토太土이시다.
태수太水는 **영윤**榮潤을 주관하시고,
태화太火는 **용전**鎔煎을 주관하시고,
태목太木은 **영축**營築을 주관하시고,
태금太金은 **재단**裁斷을 주관하시고,
태토太土는 **가종**稼種을 주관하신다.
이에 **삼신**께서 다섯 방위의 주재자인 **오제**五帝를 통솔하여 저마다 그 맡은 바 사명을 두루 펴도록 **명령**하시고,

三神五帝本紀 249

五靈으로 啓成厥化育하시니 日行爲晝하고
月行爲夜하며 候測星曆하고 寒暑紀年하니라.
(漁區出船하야 以守海하고
農區出乘하야 以守陸하니라.)

4. 萬物의 創造 原理 : 三神一體의 道

大矣哉라 三神一體之爲庶物原理하고

而庶物原理之爲德爲慧爲力也여

巍湯乎充塞于世여

啓 열 계 候 살필 후 測 헤아릴 측 漁 고기 잡을 어 庶物 : 만물 巍 높을 외

오령五靈에게 만물 화육의 조화 작용을 열어서 공덕을 이루게 하셨다. 이에 태양이 운행하여 낮이 되고, 달이 운행하여 밤을 이루고, 별의 역수를 측정하고 한서寒暑를 기준으로 하여 1년을 삼았다.(어장에서는 배를 띄워 바다를 지키고, 농장에서는 수레를 타고 나가 땅을 지켰다.)

4. 만물의 창조 원리 : 삼신일체의 도

위대하도다! 삼신일체三神一體가 만물의 창조 원리가 되고, 만물의 원리가 덕[德]과 지혜[慧]와 창조력[力]이 됨이여! 높고 크도다, (삼신일체의 원리가) 세상에 충만함이여!

玄妙乎不可思議之爲運行也여
然이나 庶物이 各有數로대 而數가
未必盡厥庶物也며
庶物이 各有理로대
而理가 未必盡厥庶物也며
庶物이 各有力이로대
而力이 未必盡厥庶物也며
庶物이 各有無窮이로대 而無窮이
未必盡厥庶物也니라.

充 찰충 塞 막힐색 運 움직일운 盡 다할진 厥 그궐 窮 다할궁

현묘하도다, (삼신일체 원리의) 불가사의한 운행이여!
만물이 각기 수數를 머금고 있으나 반드시 그 수만으로
만물의 무궁한 신비를 완전히 밝힐 수 없고, 만물이 각기
변화의 원리理를 머금고 있으나 그 원리만으로 만물의 신
비를 다 밝혀 낼 수 없으며, 만물이 제각기 창조력을 머금
고 있으나 그 조화의 창조력만으로 그 속에 깃는 오묘함
을 다 나타낼 수 없도다.
만물은 제각기 끊임없이 생성되고 있으나 무궁한 생성만
으로 만물의 조화를 다 헤아릴 수 없도다.

5. 萬物의 存在 原理 - 開闢·進化·循環

住世爲生이오 歸天爲死니
<small>주세위생   귀천위사</small>

死也者는 永久生命之根本也라
<small>사야자   영구생명지근본야</small>

故로 有死必有生하고 有生必有名하고
<small>고   유사필유생   유생필유명</small>

有名必有言하고 有言必有行也라.
<small>유명필유언   유언필유행야</small>

譬諸生木컨대 有根必有苗하고
<small>비저생목   유근필유묘</small>

有苗必有花하고 有花必有實하고
<small>유묘필유화   유화필유실</small>

有實必有用也오.
<small>유실필유용야</small>

譬諸日行컨대 有暗必有明하고
<small>비저일행   유암필유명</small>

歸 돌아올 귀 譬 비유할 비 諸 어조사 저 苗 싹 묘 實 열매 실 暗 어두울 암

5. 만물의 존재 원리 - 개벽·진화·순환

세상에 머무름이 생명이요, 하늘로 돌아감이 죽음이다[歸天爲死]. 죽음이란 영원한 생명의 근본이다. 그러므로 죽음이 있으면 반드시 생명이 있고, 생명이 있으면 반드시 이름이 있고, 이름이 있으면 반드시 말이 있고, 말에는 반드시 행동이 뒤따른다.

살아 있는 나무에 비유한다면, 뿌리가 있으면 반드시 싹이 트고, 싹이 트면 반드시 꽃이 피고, 꽃이 피면 반드시 열매를 맺고, 열매를 맺으면 반드시 쓰임이 있는 것과 같다. 태양의 운행에 비유해 보면, 밤의 어둠이 있으면 반드시 낮

有明必有觀하고 有觀必有作하고
有作必有功也니라.
則凡天下一切物이 有若開闢而存하며
有若進化而在하며 有若循環而有하나라.
惟元之氣와 至玅之神이
自有執一含三之充實光輝者하야
處之則存하고 感之則應하야
其來也에 未有始焉者也며
其往也에 未有終焉者也니

切 모두 체 若 따를 약 闢 열 벽 循 돌 순 舍 머금을 함 釋 빛날 휘 應 응할 응

의 밝음이 뒤따르고, 대낮의 광명이 비치면 반드시 만물을 볼 수 있고, 만물을 볼 수 있으면 반드시 어떤 일을 하게 되고, 일을 하게 되면 반드시 공功을 이루게 되는 것과 같다. 즉 무릇 천하의 만물이 개벽을 따라서 생존하고, 진화를 따라서 존재하며, 순환을 따라서 있게 되는 것과 같은 것이다. 오직 생명의 으뜸 되는 '기氣'와 '지극히 오묘한 신神'은 스스로 하나[一氣]를 잡아 셋[三神]을 품고 있는[執一舍三] 충만한 대광명을 가지신 분이라서, 이 광명의 삼신이 머무르면 만물이 존재하고, 그분을 느끼면 응하신다. 삼신이 오실 때는 홀연하여 비롯함이 없고, 가실 때는 아무

三神五帝本紀 253

^{통어일이미형}
通於一而未形하며

^{성어만이미유}
成於萬而未有하니라.」

6. 眞我 成就의 三關, 三房, 三門 作用

^{대변경   왈}
大辯經에 曰

^{유천일신   명명재상}
「惟天一神이 冥冥在上하사

^{내이삼대삼원삼일지위영부자}
乃以三大三圓三一之爲靈符者로

^{대강강우만만세지만만민}
大降降于萬萬世之萬萬民하시니

^{일체   유삼신소조}
一切가 惟三神所造오

通 통할 통 辯 말 잘할 변 惟 오직 유 冥 깊숙할 명 圓 둥글 원 符 부신 부

런 자취가 없으니, 하나[一氣]로 관통하였으나 형체가 없고, 만물을 이루되 소유하지 않으신다.

6. 진아 성취의 3관, 3방, 3문 작용

『대변경大辯經』에 이렇게 기록되어 있다.

오직 하늘에 계신 한 분 하느님[天一神=三神上帝]이 깊고 깊은 천상에 계시어 하늘·땅·인간의 웅대함[三大]과 원만함[三圓]과 하나됨[三一]을 삼신의 신령한 근본 법도[靈符]로 삼으시고, 이를 영원무궁토록 온 세계의 모든 백성에게 크게 내리시니, 만유는 오직 삼신께서 지으신 것이다.

心氣身이必須相信이나

未必永劫相守하며

靈智意三識이

卽爲靈覺生三魂이나

亦因其素以能衍하며

形年魂이嘗與境으로

有所感息觸者오

而眞妄相引하야三途乃歧하니

故로曰有眞而生하고有妄而滅이라

劫 겁접 素 바탕소 衍 넓힐연 嘗 일찍이상 觸 닿을촉 歧 갈라질 기(=岐)

'마음과 기운과 몸[心·氣·身]은 반드시 서로 의지해 있으나 영원토록 서로 지켜주는 것은 아니다. **'영식**靈識과 **지식과 의식**[靈·智·意]의 세 가지 앎의 작용[三識]은 **영혼**과 **각혼**과 **생혼의 삼혼**三魂을 생성하지만, 이 또한 삼식三識의 바탕에 뿌리를 두고 뻗어 나간다. 생명의 집인 육신과 목숨과 혼이 주위 환경과 부딪히면 사물과 접촉하는 경계를 따라 '느낌과 호흡과 촉감[感·息·觸]' 작용이 일어나고, **삼진**三眞[性·命·精]과 **삼망**三妄[心·氣·身]이 서로 이끌어 **삼도**三途 **작용**[感·息·觸]으로 갈라진다. 그러므로 **삼진**三眞**의 작용으로 영원한 생명이 열리고, 삼망**三妄**으로 소멸이**

於是_{어시}에 人物之生_{인물지생}이
均是一其眞源_{균시일기진원}하니라.

道通의 關門

性命精_{성명정}이 爲三關_{위삼관}이오
關_관은 爲守神之要會_{위수신지요회}니
性不離命_{성불리명}하며 命不離性_{명불리성}하니
精在其中_{정재기중}이니라.
心氣身_{심기신}이 爲三房_{위삼방}이오

均 고를 균 |性 성품 성 | 命 목숨 명 | 精 정기 정 | 關 빗장 관 | 離 떠날 리

이루어진다. 그래서 인간과 만물의 생명은 모두 **진리의 한 본원** 자리에 뿌리를 내리고 있는 것이다.

도통의 관문

'**성품**[性]과 **목숨**[命]과 **정기**[精]'는 신(삼신)과 합일되기 위해 반드시 굳게 지켜야 할 '**세 관문**[三關]'이니, 관문이란 신神을 지키는 가장 중요한 길목(요체)을 말한다. 성품은 타고난 목숨과 분리될 수 없고, 목숨은 타고난 성품과 분리될 수 없으니, 성과 명의 중심에 정기가 있다.

'**마음**[心]과 **기운**[氣]과 **몸**[身]'은 신이 머무는 '**현묘한 세 방**

房은 爲化成之根源이니
氣不離心하며 心不離氣하니
身在其中이니라.
感息觸이 爲三門이오
門은 爲行途之常法이니
感不離息하며 息不離感하니
觸在其中이니라.
性은 爲眞理之元關이오
心은 爲眞神之玄房이오

房집방 源근원원 感느낄감 息숨쉴식 觸닿을촉 途길도 關관문관

[三房]이니, 방房이란 변화를 지어내는 근원을 말한다. 기는 마음을 떠나 존재할 수 없고, 마음은 기를 떠나 있을 수 없으니, 마음과 기의 중심에 우리의 몸이 있다.

'느낌[感]'과 **호흡**[息]과 **촉감**[觸]은 신의 조화 세계에 들어갈 수 있는 '세 문호[三門]'이니, 문門이란 삼신의 도를 실행하는 영원불변의 법도이다. 감각은 호흡 작용과 분리되지 않으며, 호흡 작용은 감각과 분리되지 않나니, 촉감이 그 가운데에 있는 것이다.

성품[性]은 **진리를 체험하는 으뜸 관문**[元關]이요,
마음[心]은 **참신**[眞神]이 머무시는 **현묘한 안식처**[玄房]요,

_{감   위진응지묘문}
感은 **爲眞應之妙門**이니

_{구리자성   진기대발}
究理自性이면 **眞機大發**하고

_{존신구심   진신대현}
存神求心이면 **眞身大現**하고

_{화응상감   진업대성}
化應相感이면 **眞業大成**이니라.

_{소험유시   소경유공}
所驗有時하고 **所境有空**하니

_{인재기간}
人在其間이니라.

_{서물지유허조동체자}
庶物之有虛粗同體者는

_{유일기이이   유삼신이이}
惟一氣而已오 **惟三神而已**라.

_{유불가궁지수}
有不可窮之數하며

妙 묘할묘　究 탐구할구　機 틀기　驗 응험할험　境 지경경　粗 클조

느낌[感]은 삼신상제님의 성령이 감응하는 오묘한 문[妙門]이다. 그러므로 이치를 탐구할 때 너의 성품[性]에서 구하면 삼신의 참 기틀이 크게 발현되고, 삼신의 보존을 마음[心]에서 구하면 참(진리의) 몸[法身]인 너의 참모습이 크게 드러나고, 삼신 성령에 응하여 서로 느끼게[化應相感] 되면 천지 대업을 크게 이루리라. (삼신의 깨달음을) 체험하는 데는 깨달음의 특정한 그 때가 있고, (삼신에 대한 깨달음의) 경지가 펼쳐지는 데는 특정한 신교 문화의 공간이 있으니, 인간은 그 가운데 있다. 만물 속에 정신(무형)과 물질(유형)이 일체로 깃들어 있는 것은 **오직 일기**一氣일 따름이요, **오직 삼신**일 따름이다. 여기

^{유불가피지리}
有不可避之理하며

^{유불가항지력}
有不可抗之力하야

^{유혹선불선 보저영겁}
有或善不善이 報諸永劫하며

^{유혹선불선 보저자연}
有或善不善이 報諸自然하며

^{유혹선불선 보저자손}
有或善不善이 報諸子孫이니라.」

君師父의 道

^{경 운 인물 동수삼진 유중 미지}
經에 云「人物이 同受三眞이나 惟衆은 迷地하야

^{삼망 착근 진망 대}
三妄이 着根하고 眞妄이 對하야

避 벗어날 피 抗 막을 항 或 혹 혹 諸 어조사 저(=之於) 迷 미혹할 미

에는 다함이 없는 수數의 법칙과 피할 수 없는 변화 이치[理]와 감히 막을 수 없는 창조력[力]이 깃들어 있다. 그리하여 선악을 막론하고 그 응보가 영원토록 작용하게 되고, 그 보답을 저절로 받게 되며, 그 응보가 자손에게까지 미치느니라.

군사부의 도

『경經』에 이렇게 기록되어 있다.

사람과 만물이 다 같이 삼진三眞[性命精]을 부여받았으나, 오직 사람만이 지상에 살면서 미혹되어 삼망三妄[心氣身]이 뿌리를 내리고, 이 삼망이 삼진과 서로 작용하여 삼도三途

作三途하나라.

父道는 法天하야 眞一无僞하고
師道는 法地하야 勤一无怠하고
君道는 法人하야 協一无違니라.」

7. 眞·善·美는 三神의 創造 德性

高麗八觀記의

三神說에 云

「上界主神은 其號曰天一이시니

途 길 도 无 없을 무 僞 거짓 위 怠 게으를 태 協 따를 협 違 어긋날 위

[感息觸]의 변화 작용을 짓게 된다.
아버지의 도[父道]는 하늘의 도道를 본받아 참됨으로 하나가 되니 거짓이 없으며, 스승의 도[師道]는 땅의 덕德을 본받아 부지런함으로 하나가 되니 태만함이 없으며, 임금의 도[君道]는 사람의 도덕을 근본에 두고 화합하여 하나가 되니 어긋남이 없다.

7. 진·선·미는 삼신의 창조 덕성

『고려팔관기高麗八觀記』의 「삼신설三神說」에 이렇게 기록되어 있다.

主^주造^조化^화하사 有^유絶^절對^대至^지高^고之^지權^권能^능하시며

無^무形^형而^이形^형하사

使^사萬^만物^물로 各^각通^통其^기性^성하시니

是^시爲^위淸^청眞^진大^대之^지體^체也^야시오

下^하界^계主^주神^신은 其^기號^호曰^왈地^지一^일이시니

主^주敎^교化^화하사 有^유至^지善^선惟^유一^일之^지法^법力^력하시며

無^무爲^위而^이作^작하사

使^사萬^만物^물로 各^각知^지其^기命^명하시니

是^시爲^위善^선聖^성大^대之^지體^체也^야시오

絶 끊을 절　對 마주할 대　權 권세 권　能 능할 능　使 하여금 사　淸 맑을 청

상계 주신上界主神은 **천일**天一로 불리시니, **조화**造化를 주관하시고 절대지고의 권능을 갖고 계신다. 일정한 형체는 없으나 뜻대로 형상을 나타내시고 만물로 하여금 제각기 그 **성품**[性]을 통하게 하시니, 이분은 **청정함**[淸]과 **참됨**[眞]의 **대본체**[淸眞大之體]이시다.

하계 주신下界主神은 **지일**地一로 불리시니, **교화**敎化를 주관하시고 지선유일至善惟一의 법력이 있으시다. 함이 없으시되 만물을 짓고 만물로 하여금 각각 그 **목숨**[命]을 알게 하시니, 이분은 **선함**[善]과 **거룩함**[聖]의 **대본체**[善聖大之體]이시다.

中界主신_{중계주신}은 其號曰太一_{기호왈태일}이시니
主治化_{주치화}하사 有最高無上之德量_{유최고무상지덕량}하시며
無言而化_{무언이화}하사 使萬物_{사만물}로 各保其精_{각보기정}하시니
是爲美能大之體也_{시위미능대지체야}시니라.
然_연이나 主體則爲一上帝_{주체즉위일상제}시니
非各有神也_{비각유신야}시며 作用則三神也_{작용즉삼신야}시니라.

8. 三神의 創造 精神을 各其 繼承한 桓仁·桓雄·檀君

故_고로 桓仁氏_{환인씨}는 承一變爲七_{승일변위칠}과

最 가장 최 量 헤아릴 량 保 지킬 보 精 정기 정 帝 하느님 제 桓 밝을 환

중계 주신中界主神은 태일太一로 불리시니, 치화治化를 주관하시고 최고 무상의 덕德을 간직하고 말없이 만물을 교화하신다. 만물로 하여금 각기 그 정기[精]를 잘 보존케 하시니, 이분은 아름다움[美]과 능함[能] 지혜[大]의 대본체[美能大之體]이시다.

그러나 주체는 '한 분 상제님[一上帝]'이시니, 신이 각기 따로 있는 것이 아니라 작용으로 보면 삼신이시다.

8. 삼신의 창조 정신을 각기 계승한 환인·환웅·단군

그러므로 환인께서는 1수水가 7화火로 변하고,

二變爲六之運하사

專用父道而注天下하신대 天下化之하며

神市氏는 承天一生水와

地二生火之位하사

專用師道而率天下하신대 天下效之하며

王儉氏는 承徑一周三과

徑一匝四之機하사

專用王道而治天下하신대 天下從之하니라.」

專 오로지 전 注 모을 주 效 본받을 효 徑 지름 경 周 둘레 주 匝 둘레 잡

2화火가 6수水로 변하는 물과 불의 순환의 운運을 계승하여, 오직 **아버지의 도**[父道]를 집행하여 천하 사람들의 뜻을 하나로 모으시니 온 천하가 그 덕에 감화되었다.

신시 환웅[神市氏]께서는 하늘이 물을 창조[天一生水]하고, 땅이 불을 화생[地二生火]하는 천지의 물과 불의 근원적 생성 원리를 계승하여, 오직 **스승의 도**[師道]를 집행하여 천하를 거느리시니 온 천하가 그를 본받았다.

단군왕검께서는 둥근 하늘과 방정한 땅의 창조 덕성[天圓地方]을 계승하여, 오로지 **왕도**王道를 집행하여 천하를 다스리시니 온 천하가 순종하였다.

9. 人類 文明의 뿌리 時代를 開闢한
桓仁天帝·桓雄天皇·伏羲氏

桓仁·桓雄·伏羲·蚩尤·檀君王儉의 天上 世界

五帝說에 云

「北方司命曰太水오 其帝曰黑이시오

其號曰玄玅眞元이시오 其佐曰桓仁은

在蘇留天하시니 是爲大吉祥也시니라.

東方司命曰太木이오 其帝曰靑이시오

其號曰同仁好生이시오 其佐曰大雄은

玅 묘할 묘   元 근원 원   佐 도울 좌   蘇 소생할 소   留 머무를 류   祥 상서로울 상

9. 인류 문명의 뿌리 시대를 개벽한 환인천제·환웅천황·복희씨
환인·환웅·복희·치우·단군왕검의 천상 세계

『고려팔관기』의 「오제설五帝說」에 이렇게 기록되어 있다.

북방사명은 **태수**太水요, 이를 다스리는 임금은 **흑제**黑帝시요, 그 호號는 현묘진원玄玅眞元이시다.

그 보좌는 **환인**으로 **소류천**蘇留天에 계시니, 이분은 **대길상**大吉祥이시다.

동방사명은 **태목**太木이요, 이를 다스리는 임금은 **청제**靑帝시요, 그 호는 동인호생同仁好生이시다.

그 보좌는 **환웅**으로 **태평천**太平天에 계시니, 이분은 **대광**

在太平天하시니 是爲大光明也시니라.

南方司命曰太火오 其帝曰赤이시오

其號曰盛光普明이시오 其佐曰庖犧는

在元精天하시니 是爲大安定也시니라.

西方司命曰太金이오 其帝曰白이시오

其號曰淸淨堅虛시오 其佐曰治尤는

在鈞和天하시니 是爲大嘉利也시니라.

中方司命曰太土오 其帝曰黃이시오

其號曰中常悠久시오 其佐曰王儉은

普 넓을 보 庖 부엌 포 犧 희생 희 鈞 고르게 할 균 嘉 아름다울 가 悠 멀 유

명大光明이시다.
남방사명은 **태화**太火요, 이를 다스리는 임금은 **적제**赤帝시요, 그 호는 성광보명盛光普明이시다.
그 보좌는 **포희**庖犧(태호복희)로 **원정천**元精天에 계시니, 이분은 **대안정**大安定이시다.
서방사명은 **태금**太金이요, 이를 다스리는 임금은 **백제**白帝시요, 그 호는 청정견허淸淨堅虛이시다.
그 보좌는 **치우**治尤로 **균화천**鈞和天에 계시니, 이분은 **대가리**大嘉利이시다.
중방사명은 **태토**太土요, 이를 다스리는 임금은 **황제**黃帝시

재안덕천　　　시위대예락야
在安德天하시니 是爲大豫樂也시니라.」

10. 天地 五方位 造化氣運을 表象하는 靈物

오제주　왈
五帝注에 曰

오방　　각유사명　　　재천왈제
「五方이 各有司命하니 在天曰帝시오

재지왈대장군
在地曰大將軍이시니

독찰오방자　　위천하대장군
督察五方者는 爲天下大將軍이시오

독찰지하자　　위지하여장군야
督察地下者는 爲地下女將軍也시니

용왕　현귀　　주선악
龍王은 玄龜시니 主善惡하시며

豫 미리예　注 주석주　督 살필독　察 살필찰　玄 검을현　龜 거북귀

요, 그 호는 중상유구中常悠久이시다.
그 보좌는 **왕검**으로 **안덕천**安德天에 계시니 이분은 **대예락**
大豫樂이시다.

10. 천지 5방위 조화기운을 표상하는 영물

『**오제주**五帝注』에 이렇게 기록되어 있다.

오방五方에 저마다 사명이 있으니,
하늘에서는 제帝이시요, 땅에서는 대장군大將軍이시다.
오방을 감찰하는 이는 천하대장군天下大將軍이시고,
지하를 감찰하는 이는 지하여장군地下女將軍이시다.

朱_{주작}鵲은 赤_{적표}熛시니 主_{주명}命하시며

靑_{청룡}龍은 靈_{영산}山이시니 主_{주곡}穀하시며

白_{백호}虎는 兵_{병신}神이시니 主_{주형}刑하시며

黃_{황웅}熊은 女_{여신}神이시니 主_{주병}病하시니라.」

11. 三神山과 그 이름의 由來

萬物을 生成하는 大宇宙의 循環 構造

三_{삼신산}神山이 爲_{위천하지근산}天下之根山이니

以_{이삼신명자}三神名者는 蓋_{개자상세이래}自上世以來로

朱 붉을 주 鵲 까치 작 赤 붉을 적 熛 빛날 표 穀 곡식 곡 蓋 대개 개(=盖)

용왕龍王 현귀玄龜는 선악을 주관하시고,
주작朱鵲 적표赤熛는 왕명을 주관하시며,
청룡靑龍 영산靈山은 곡식을 주관하시고,
백호白虎 병신兵神은 형벌을 주관하시며,
황웅黃熊 여신女神은 질병을 주관하신다.

11. 삼신산과 그 이름의 유래

만물을 생성하는 대우주의 순환 구조

삼신산三神山은 온 천하의 근원이 되는 산이다. 산에 삼신을 붙여 이름 지은 까닭은, 삼신께서 이 산에 내려와 노니

咸^함信^신三^삼神^신이 降^강遊^유於^어此^차하사
化^화宣^선三^삼界^계三^삼百^백六^육十^십萬^만之^지大^대周^주天^천하시니
其^기体^체는 不^불生^생不^불滅^멸이시오
其^기用^용은 無^무窮^궁無^무限^한이시오
其^기檢^검理^리는 有^유時^시有^유境^경하사
神^신之^지至^지微^미至^지顯^현과
神^신之^지如^여意^의自^자在^재를 終^종不^불可^가得^득以^이知^지也^야니라.
其^기迎^영也^야에 優^애然^연而^이如^여有^유見^견하며
其^기獻^헌也^야에 愾^개然^연而^이如^여有^유聞^문하며

宣 베풀 선　限 끝 한　檢 법식 검　微 작을 미　優 어렴풋할 애　愾 한숨 쉴 개

시며 조화의 권능과 성덕으로 천지인 삼계의 360만 대우주에 조화를 널리 베푸신다고 태고 이래 모든 사람이 믿어 왔기 때문이다.
삼신의 본체는 생겨나지도 소멸하지도 않으시며,
그 작용은 무궁하고 무한하시다.
만물을 살펴 다스리시는 창조원리는 시공의 흐름 속에 오묘히 잠겨 있어, 삼신의 지극한 미묘함과 지극한 나타나심과 뜻대로 자재自在하심을 필경 쉽게 체험하여 알 수는 없다. 삼신을 영접하면 어렴풋이 그 모습이 보이는 듯하며, 삼신께 정성을 들이면 삼신의 숨결이 아련히 들리는 듯하

<ruby>其讚也<rt>기찬야</rt></ruby>에 <ruby>欣然而如有賜<rt>흔연이여유사</rt></ruby>하며
<ruby>其誓也<rt>기서야</rt></ruby>에 <ruby>肅然而如有得<rt>숙연이여유득</rt></ruby>하며
<ruby>其送也<rt>기송야</rt></ruby>에 <ruby>怳然而如有慊<rt>황연이여유겸</rt></ruby>하나니
<ruby>是爲萬世人民之所以認識追仰於<rt>시위만세인민지소이인식추앙어</rt></ruby>
<ruby>順和信悅之域者也<rt>순화신열지역자야</rt></ruby>니라.

白頭山의 語源

<ruby>三神<rt>삼신</rt></ruby>은 <ruby>或說<rt>혹설</rt></ruby>에 <ruby>有以三爲新<rt>유이삼위신</rt></ruby>하고
<ruby>新爲白<rt>신위백</rt></ruby>하며 <ruby>神爲高<rt>신위고</rt></ruby>하고 <ruby>高爲頭故<rt>고위두고</rt></ruby>로

讚 기릴 찬 欣 기쁠 흔 誓 맹세할 서 肅 엄숙할 숙 怳 황홀할 황 慊 찐덥지않을 겸

며, 삼신을 찬미하면 기뻐하시어 은총을 내리시는 듯하고, 삼신께 맹세하면 숙연하여 삼신께서 그 뜻을 받아들이시는 듯하며, 삼신이 떠나실 땐 아쉬움으로 허전한 듯하니, 이것이 그 오랜 세월 동안 백성들이 삼신산을 '순종과 화합과 믿음과 기쁨의 성지'로 인식하고 추앙해 온 까닭이다.

백두산의 어원

삼신三神에 대해 어떤 사람은, "삼三은 새롭다[新]는 뜻이고, 새롭다[新]는 말은 희다[白]는 뜻이며(三 → 新 → 白), 신神은 높다[高]는 뜻이요, 높다는 말은 머리[頭]라는 뜻이다(神 → 高

亦^역稱^칭白^백頭^두山^산이라.
又^우云^운蓋^개馬^마는 奚^해摩^마離^리之^지轉^전音^음이니
古^고語^어에 謂^위白^백爲^위奚^해하고 謂^위頭^두爲^위摩^마離^리也^야니
白^백頭^두山^산之^지名^명이 亦^역起^기於^어是^시矣^의니라.

12. 人類 始原 祖上의 婚禮

韓民族 婚禮의 原形

人^인類^류之^지祖^조를 曰^왈那^나般^반이시니 初^초與^여阿^아曼^만으로
相^상偶^우之^지處^처를 曰^왈阿^아耳^이斯^사庀^비오

奚 어찌해 摩 갈마 轉 구를전 那 어찌나 曼 길게끌만 偶 짝우 庀 덮을비

→ 頭). 그러므로 삼신산을 또한 백두산白頭山이라 칭한 것이다"라고 하였다.
또 말하기를, "개마蓋馬는 '해마리'의 전음轉音이다. 고어古語에 흰[白] 것은 해奚요, 머리[頭]는 마리摩離라 하였으니, 백두산의 이름이 또한 여기에서 비롯되었다"라고 하였다.

12. 인류 시원 조상의 혼례

한민족 혼례의 원형

인류의 조상은 나반那般이시다. 나반께서 아만阿曼과 처음 만나신 곳을 아이사비阿耳斯庀라 부르고 또 사비려아斯庀麗

亦_역稱_칭斯_사尼_비麗_려阿_아也_야라

日_일에夢_몽得_득神_신啓_계하사 而_이自_자成_성昏_혼禮_례하시고

明_명水_수告_고天_천而_이環_환飮_음하실새

山_산南_남에 朱_주鵲_작이 來_내喜_희하고 水_수北_북에 神_신龜_귀가 呈_정瑞_서하고

谷_곡西_서에 白_백虎_호가 守_수嵎_우하고 溪_계東_동에 蒼_창龍_룡이 升_승空_공하고

中_중有_유黃_황熊_웅이 居_거之_지러라.

13. 桓國의 三大 聖山과 初代 桓仁 安巴堅

天_천海_해와 金_금岳_악과 三_삼危_위太_태白_백은 本_본屬_속九_구桓_환하니

啓 가르칠계 環 돌환 鵲 까치작 로 나타낼정 瑞 상서로울서 嵎 산모퉁이우

阿라 하기도 한다.

하루는 꿈에 천신의 계시를 받아 스스로 혼례를 올리시고, 청수淸水를 떠놓고 하늘에 고하신 다음 돌려가며 드셨다. 이때, 산의 남쪽에 주작朱鵲이 날아와 기뻐하고, 강의 북쪽에는 신귀神龜가 와서 서기瑞氣를 나타내었다. 골짜기의 서쪽에는 백호白虎가 신모퉁이를 지키고, 시내의 동쪽에서 창룡蒼龍이 하늘에 올랐다. 중앙에는 황웅黃熊이 거하였다.

13. 환국의 3대 성산과 초대 환인 안파견

천해天海와 금악산과 삼위산, 태백산은 본래 구환九桓에 속

而蓋九皇六十四民이 皆其後也라
然이나 一山一水에 各爲一國하고
羣女羣男이 亦相分境하야
從境而殊하고
國別積久에 創世條序를 後無得究也라
久而後에 有帝桓仁者出하사
爲國人所愛戴하시니 曰安巴堅이시오
亦稱居發桓也시라.
蓋所謂安巴堅은 乃繼天立父之名也오

羣 무리 군 殊 다를 수 積 쌓을 적 條 조목 조 戴 받들 대 堅 굳을 견

하니, **구황**九皇 **육십사민**六十四民은 모두 나반과 아만의 후손이다.

그러나 산과 강을 끼고 제각기 한 나라를 형성하여 남녀 무리가 땅의 경계를 나누고, 그 경계를 따라 서로 다른 나라가 형성되어 오랜 세월이 흐르면서, 창세가 이루어진 과정의 구체적인 역사는 훗날 알 수 없게 되었다.

오랜 세월이 지난 후에 환인이 나타나 백성의 사랑을 받아 추대되셨다. 이분을 일러 **안파견**安巴堅이라 하고, 또 **거발환**居發桓이라고도 불렀다.

안파견이란 곧 '하늘을 받들어 아버지의 도를 확립시킨다'는

所謂居發桓은 天地人定一之號也라.
自是로 桓仁의 兄弟九人이 分國而治하니
是爲九皇六十四民也라.

14. 桓國의 九桓族에서 시작된 人類 創世期

宇宙 生成의 創造主 三神과 創世 國家의 첫 統治者

竊想컨대 三神이 生天造物하시고
桓仁이 敎人立義하시니
自是로 子孫相傳하야

> 繼 이을 계 竊 몰래 절(竊의 속자) 想 생각할 상 孫 손자 손 傳 전할 전

뜻의 이름이고, 거발환이란 '천·지·인을 일체로 정한다'는 뜻의 호칭이다.
이로부터 환인의 형제 아홉 분이 나라를 나누어 다스리셨다. 이로써 구황九皇 육십사민六十四民이 되었다.

14. 환국의 구환족에서 시작된 인류 창세기
우주 생성의 창조주 삼신과 창세 국가의 첫 통치자

곰곰이 생각해 보건대, 삼신이 하늘을 생겨나게 하고 만물을 지으셨으며, 환인이 정의의 푯대를 세우도록 사람들을 가르치셨다. 이로부터 자손이 그 정신을 서로 전하여 삼신

三神五帝本紀

玄妙得道하야 光明理世하고

旣有天地人三極大圓一之爲庶物原義하니

則天下九桓之禮樂이

豈不在於三神古祭之俗乎아

傳에 曰『三神之後를 稱爲桓國이오

桓國은 天帝所居之邦이라』하고 又曰

『三神은 在桓國之先하사

那般이 死爲三神이시라』하니

夫三神者는 永久生命之根本也라.

妙 묘할 묘(=妙) 旣 이미 기 極 정점 극 圓 둥글 원 豈 어찌 기 邦 나라 방

(상제님)의 현묘한 도를 깨달아 광명 사상으로 세상을 다스렸다[光明理世].

이미 하늘과 땅과 사람의 삼극三極과 대원일大圓一이라는 만물의 원뜻을 갖추고 있으니, 천하 구환족의 예악이 어찌 삼신께 천제를 드리는 옛 풍속에 있지 않았겠는가?

『전傳』에, "삼신의 후예를 환국이라 부르고, 환국은 천제께서 거주하시는 나라다"라고 하였고, 또 말하길

"삼신은 환국보다 먼저 계셨으며, 나반이 죽어서 삼신이 되셨다"라고 하였으니, 무릇 삼신이란 영원한 생명의 근본이다.

韓民族史 國統의 三皇과 『黃帝中經』이 만들어진 由來

故로 曰 人物이 同出於三神하야 以三神으로
爲一源之祖也라.
桓仁이 亦代三神하사 爲桓國天帝하시니
後에 稱那般하야 爲大先天하고 桓仁으로
爲大中天하니라.
桓仁이 與桓雄治尤로 爲三皇하시니 桓雄은
稱大雄天이시오 治尤는 爲智偉天이시니
乃黃帝中經之所由作也라.

源 근원 원 那 어찌 나 治 다스릴 치 尤 더욱 우 偉 위대할 위 經 경서 경

한민족사 국통의 삼황과 『황제중경』이 만들어진 유래

그러므로 "사람과 만물이 함께 삼신에서 생겨나니, 삼신이 바로 모든 생명의 근원이 되는 조상[一源之祖]이다"라고 하였다.

환인은 삼신을 대행하여 환국의 천제가 되셨다.

후세에 나반을 대선천大先天이라 부르고, 환인을 대중천大中天이라 불렀다.

환인은 환웅·치우와 더불어 삼황三皇이 되고, 환웅을 대웅천大雄天이라 부르고 치우를 지위천智偉天이라 불렀으니 이것이 『황제중경黃帝中經』이 만들어진 유래이다.

<ruby>三光五氣</ruby>가 <ruby>皆在視聽感覺而世級日進</ruby>하야
<ruby>攢火焉</ruby>하며 <ruby>發語焉</ruby>하며 <ruby>造字焉</ruby>하야
<ruby>優勝劣敗之相競</ruby>이 <ruby>始乎起耳</ruby>라.

15. 檀君王儉의 東方 文明圈 大統一과 檀君 崇報의 傳統

<ruby>熊族之中</ruby>에 <ruby>有檀國</ruby>이 <ruby>最盛</ruby>하고 <ruby>王儉</ruby>이
<ruby>亦自天而降</ruby>하사 <ruby>來御于不咸之山</ruby>이어시늘
<ruby>國人</ruby>이 <ruby>共立</ruby>하야 <ruby>爲檀君</ruby>하니

> 聽 들을 청 級 순서 급 攢 만들 찬 優 뛰어날 우 競 겨룰 경(=競) 御 거둥할 어

삼광오기三光五氣가 모두 보고 듣고 느끼고 깨치는 데 작용하면서 세상이 날로 진보하여, 불을 만들고, 말을 하고, 문자를 만들어 내니 우승열패優勝劣敗의 상호 경쟁이 일어나기 시작하였다.

15. 단군왕검의 동방 문명권 대통일과 단군 숭보의 전통

웅족熊族 가운데 단국檀國이 가장 번성하였다. 왕검께서 하늘에서 내려와 불함산에 오시니, 나라 사람이 모두 추대하여 단군으로 모셨다.
이분이 단군왕검이시다.

是謂檀君王儉也시니라.

生而至神하시고 兼聖圓滿하사 統合九桓하시고

三韓으로 管境하시며 復神市舊規하사

天下大治하니 擧世가 視同天神하야

自是로 崇報之禮가 永世不替者也라.

16. 九桓族 五大 種族의 特徵

蓋九桓之族이 分爲五種하니

以皮膚色貌로 爲別也라

兼 겸할겸 舊 예구 規 법규 崇 높을숭 替 쇠할체 膚 살갗부 貌 얼굴모

왕검께서는 날 때부터 지극히 신령하고 성덕을 겸비하여 원만하셨다. 구환족을 통합하여 삼한三韓으로 나누어 다스리고, 배달 신시의 옛 법도를 회복하시니 천하가 태평하였다. 온 세상이 단군왕검을 천신처럼 받드니, 이로부터 단군성조의 은혜에 보답하여 숭배하는 예법[崇報之禮]이 영세토록 변하지 않았다.

16. 구환족 5대 종족의 특징

구환족을 분류하면 다섯 종족인데 이는 피부색과 용모로 구별된다.

皆其俗이 就實究理하야

策事而求其是則同也니

夫餘爲俗이 水旱兵疾에 國王이 有責하고

忠邪存亡에 匹夫同歸하니 是其一證也니라.

色으로 族하니

如黃部之人은 皮膚稍黃하고 鼻不隆하며

頰高髮黎하고 眼平睛黑이오

白部之人은 皮膚晳하고

頰高鼻隆하며 髮如灰오

證 증명증 稍 적을초 頰 뺨협 髮 터럭발 睛 눈동자정 晳 밝을절 灰 잿빛회

이들의 풍속은 현실의 실상을 좇아 이치를 궁구[就實究理]하고 일을 헤아려서 그 옳은 방도를 찾고자 하는 것이 같았다. 부여의 풍속에 홍수·가뭄·전쟁·질병이 생기면 국왕이 그 책임을 지고, 나라에 충성하면 살고 거역하면 죽는 책임이 필부에게까지 돌아갔으니 이것이 그 하나의 증거가 될 것이다.

피부색으로 종족을 나눈다. 황색黃色인은 피부가 조금 누렇고 코가 높지 않으며 광대뼈가 나오고 머리털이 검다. 눈 언저리는 평평하고 눈동자의 색은 흑색이다. 백색白色인은 피부가 밝은 백색이고 광대뼈가 나오고 코가 높다. 머

^{적부지인} ^{피부수동색}
赤部之人은 皮膚銹銅色하고
^{비저이단광} ^상 ^{후경} ^발 ^{권축}
鼻低而端廣하며 顙은 後傾하고 髮은 捲縮하며
^모 ^{유황부지인}
貌는 類黃部之人이오
^{남부지인} ^{일운풍족} ^{우종색종}
藍部之人은 一云風族이오 又棕色種이니
^{기 피부} ^{암갈색} ^모 ^{유황부지인야}
其皮膚는 暗褐色이오 貌는 猶黃部之人也니라.

17. 三韓의 固有한 風俗(國風) - 蘇塗祭天

^{삼한고속} ^{개시월상일} ^{국중대회}
三韓古俗이 皆十月上日에 國中大會하야
^{축원단이제천} ^{제지즉방구}
築圓壇而祭天하고 祭地則方丘오

銹 녹슬 수 | 顙 이마 상 | 捲 말 권 | 縮 오그라들 축 | 棕 종려나무 종 | 褐 갈색 갈

리털은 잿빛과 같다. 적색赤色인은 피부가 녹슨 구릿빛(검붉은 색)이고 코가 낮고 코끝이 넓다. 이마는 뒤로 기울고 머리털은 곱슬이며 용모가 황색인과 비슷하다. 남색藍色인은 일명 풍족風族 또는 종색棕色(갈색) 종이라고도 한다. 피부는 암갈색이고 용모는 황색인과 같다.

17. 삼한의 고유한 풍속(국풍) - 소도제천

삼한의 옛 풍속에, 10월 상일上日에는 모두가 나라의 큰 축제에 참여하였다. 이때 둥근 단을 쌓아 하늘에 제사 지내고, 땅에 대한 제사는 네모진 언덕에서 지내며, 조상에 대

祭先則角木이니 山像과 雄常이 皆其遺法也라.

祭天에 韓이 必自祭하시니

其禮甚盛을 可知也라.

是日에 遠近男女가 皆以所産으로

薦供하고 鼓吹百戲가 是俱라

衆小諸國이 皆來獻하야

方物珍寶를 環積邱山하니

蓋爲民祈禳이 乃所以繁殖管境이오

而蘇塗祭天은 乃九黎敎化之源也라.

薦 올릴 천 戲 놀 희 祈 빌 기 禳 물리칠 양 繁 많을 번 殖 자랄 식 蘇 소생할 소

한 제사는 각목角木에서 지냈다. 산상山像과 웅상雄常은 모두 이러한 풍속으로 전해 오는 전통이다.

제천할 때는 임금[韓]께서 반드시 몸소 제사 지내시니, 그 예가 매우 성대하였음을 가히 짐작할 수 있다. 이 날에는 먼 곳과 가까운 곳에 사는 남녀가 모두 생산물을 올리고, 북치고 악기를 불며 온갖 놀이를 즐겼다.

주변의 많은 소국이 일제히 와서 지방의 특산물과 진귀한 보물을 바치니 언덕과 산처럼 둥글게 쌓였다. 백성을 위해 빌어서 재앙을 물리치는 일이 곧 관경管境을 번영케 하는 것이다. 그리하여 소도에서 올리는 제천 행사는 바로 구려

自是로 責禍善隣하며 有無相資하며
文明成治하며 開化平等하니
四海之內에 莫不崇飾祀典者也니라.

18. 神敎의 民間信仰 : 土主大監과 成造大君

祝兒之生을 曰三神이오

祝禾之熟을 曰業이라.

山은 爲羣生通力之所오

業은 爲生産作業之神이니

責 꾸짖을 책 禍 죄화 隣 이웃 린 資 도울 자 飾 꾸밀 식 祀 제사 사 祝 빌 축

九黎를 교화하는 근원이 되었다.
이로부터 책화責禍 제도로 이웃나라와 선린善隣하고, 있고 없는 것을 서로 바꾸어 도와 주었으며, 밝게 다스리고 평등하게 교화하였다. 이에 온 나라에서 이 소도제천 예식을 숭상하지 않는 곳이 없었다.

18. 신교의 민간신앙 : 터줏대감과 성조대군

아이를 낳게 해 달라고 빌 때는 삼신을 찾고, 벼가 잘 익기를 기원 할 때는 업신業神을 찾았다. 산은 뭇 생명이 삶을 영위하는 곳이요, 업은 생계와 노동을 주관하는 신으로 업

故로 亦稱業主嘉利라
發願垈土를 曰土主大監이오
發願家宅을 曰成造大君이니
亦歲成嘉福之神也시니라.
墓園漁獵과 戰陣出行에 皆有祭하니
祭必擇齊以利成也니라.

19. 古朝鮮 三韓 時代의 自治制度 組織 原理

蘇塗之立에 皆有戒하니 忠孝信勇仁

嘉 아름다울 가 垈 터 대 監 살필 감 獵 사냥 렵 陣 진칠 진 齊 재계할 재

주가리業主嘉利라 일컫기도 한다. 집터에 대해 소원을 빌 때 터줏대감[土主大監]을 찾고, 집에 대해 소원을 빌 때는 성조대군成造大君을 찾았으니, 이분들 또한 해마다 좋은 복을 이루게 하는 신[嘉福之神]이시다. 묘소에 가거나 고기잡이·사냥·전쟁에 나갈 때, 진을 칠 때, 길을 떠날 때 모두 제사를 지냈다. 제사 지낼 때는 반드시 택일을 하고, 목욕재계를 하여야 원하는 바를 이룰 수 있었다.

19. 고조선 삼한 시대의 자치제도 조직 원리

소도가 건립된 곳에는 모두 계율을 두었는데, 충·효·신·

五常之道也라.

蘇塗之側에 必立扃堂하야 使未婚子弟로

講習事物하니

蓋讀書習射馳馬禮節歌樂拳搏(並劒術)

六藝之類也라.

諸邑落이 皆自設三老하니 三老는 亦曰三師라

有賢德者와 有財施者와 有識事者를

皆師事之가 是也오 又有六正하니

乃賢佐忠臣과 良將勇卒과 明師德友가 是也라.

常 법상 側 곁측 扃 빗장경 講 익힐강 馳 말달릴치 搏 (맨손으로)칠 박

용·인忠孝信仁이라는 오상의 도[五常之道]가 그것이다.
소도 곁에는 반드시 **경당**扃堂을 세워 미혼 자제로 하여금
사물事物을 익히게 하였는데, 대개 독서·활쏘기·말달리기·
예절·가악·권박(검술을 겸함)으로 육예六藝의 종류였다.
모든 읍락이 자체적으로 삼로三老를 두었는데, 삼로를 삼
사三師라고도 하였다. 어진 덕이 있는 사[賢德者]와 재물을
베푸는 자[財施者], 사리를 잘 아는 자[識事者]를 모든 사람이
스승처럼 섬기는 것이 그것이다. 또 육정六正이 있었는데,
어진 보필자[賢佐]와 충신[忠臣]과 뛰어난 장수[良將]와 용감
한 병사[勇卒]와 훌륭한 스승[明師]과 덕 있는 친구[德友]가 그

又殺生有法하니

上自國王으로 下至庶民히

須自擇時與物而行之하야

一不濫殺하니

自古로 夫餘에 有馬不乘하며

禁殺放生者가 亦其義也라

故로 不殺宿하며 不殺卵은 是擇時也오

不殺幼하며 不殺益은 是擇物也니

重物之義가 可謂至矣로다

擇 가릴 택 濫 함부로 할 람 宿 잘 숙 (여기서는 잠자는 새나 짐승) 重 중할 중

것이다. 또 살생에 법도가 있어, 위로 국왕에서 아래로 서민에 이르기까지 반드시 때와 사물을 택해서 이를 실행하여, 살아있는 것은 하나도 함부로 죽이지 않았다. 예로부터 부여에서는 말이 있어도 타지 않았고, 살생을 금하여 방생하였으니 이 또한 그러한 뜻이다.

그러므로 잠자는 짐승을 죽이지 않고 알을 깨뜨리지 않음은 때를 선택한 것[擇時]이요, 어린 것을 죽이지 않고 사람에게 유익한 것을 죽이지 않음은 사물을 선택한 것[擇物]이니, 만물의 생명을 귀하게 여기는 뜻이 지극하였다고 말할 수 있다.

20. 花郎의 原形, 倍達 時代의 天王郎

源花는 稱女郎이오 男은 曰花郎이니
又云天王郎이라.
自上으로 命賜烏羽冠하야 加冠에 有儀注라.
時에 封大樹하야 爲桓雄神像而拜之라
神樹를 俗謂之雄常이니 常은 謂常在也라.

21. 太初 人間이 誕生한 곳

河伯은 是天河人이니 那般之後也라

源 근원 원 郎 사내 랑 賜 하사할 사 烏 까마귀 오 冠 갓 관 注 기록할 주

20. 화랑의 원형, 배달 시대의 천왕랑

원화源花는 여랑女郎을 말하고, 남자는 화랑花郎이라 하는데 **천왕랑**天王郎이라고도 하였다. 임금으로부터 오우관烏羽冠을 하사 받아 썼는데 관을 쓸 때 예식을 거행하였다.
이때 큰 나무를 봉하여 환웅신상桓雄神像으로 삼아 여기에 배례를 올렸다. 이러한 신수神樹를 세속에서 웅상雄常이라 불렀는데, 상常이란 '항상 임하여 계시다[常在]'는 뜻이다.

21. 태초 인간이 탄생한 곳

하백은 천하天河사람으로, 나반의 후손이다.

七月七日은 卽那般渡河之日也니
是日에 天神이 命龍王하사
召河伯入龍宮하시고 使之主四海諸神하시니라.
天河는 一云天海니 今日北海가 是也라.
天河注에 曰
「天道는 起於北極故로 天一生水오
是謂北水니 盖北極水는 精子所居也니라.」

伯맏백 那어찌나 渡건널도 召부를소 宮집궁 極끝극 精정수정

7월 7일은 곧 나반께서 천하를 건너신 날이다. 이날 천신께서 용왕에게 명하여 하백을 용궁으로 불러 사해四海의 모든 신을 주재하게 하셨다.

천하를 일설에 천해天海라고도 하는데, 지금의 북해北海이다.

『천하주天河注』에 이런 설명이 있다.

천도天道는 북극에서 변화 운동을 시작하는 까닭으로, 하늘의 통일 운동이 물을 화생하는데[天一生水] 이를 북수北水라 부른다. 이 북극수北極水는 (선천 개벽기에 인간을 처음 화생化生하는) 생명[精]의 씨[子]가 머무는 성소聖所이다.

桓國本紀
환국본기

- 『환국본기』는 인류 문화의 모태이며 한민족의 뿌리 나라인 환국의 역사를 담고 있다. 환국의 위치를 파내류산으로 소개한 이 책은 환국의 역년이 초대 안파견환인에서 지위리환인까지 7세에 걸쳐 3,301년에 이른다고 밝힌다.
- 이 책은 환국의 통치자를 지칭하는 '환인'의 의미와 선출 방법 그리고 환국을 구성하는 열두 나라의 이름과 그 위치를 밝혀 준다.
- 말미에 다른 사서를 인용하여 환桓의 뜻을 '온전한 하나 됨이며 광명'이라 밝히면서 신교의 우주 일월광명 사상을 전한다.

1. 人類 創世 文明의 아버지, 桓仁天帝

朝代記에 曰

「昔에 有桓仁하시니 降居天山하사

主祭天神하시며

定命人民하시며 攝治羣務하시니

野處而無蟲獸之害하며

群行而無怨逆之患하야

親疎無別하며 上下無等하며

男女平權하며 老少分役하니라.

昔 옛석 攝 겸할섭 羣 무리군 獸 짐승수 怨 원망할원 疎 멀소 役 부릴역

1. 인류 창세 문명의 아버지, 환인천제

『조대기朝代記』에 이렇게 기록되어 있다.

옛날에 환인이 계셨다. 천산天山에 내려와 거처하시며, 천신께 지내는 제사를 주관하셨다. 백성의 목숨을 안정되게 보살피고, 세상의 뭇 일을 겸하여 다스리셨다. 사람들이 비록 들에 거처하나 벌레와 짐승의 해가 없었고, 무리지어 행동해도 원망하거나 반역할 근심이 없었다. 사람들이 사귐에 친하고 멀리하는 구별이 없고, 높고 낮음의 차별이 없으며, 남자와 여자의 권리가 평등하고, 노인과 젊은이가 소임을 나누었다.

桓仁의 普遍化와 桓仁 選出

當此之世하야 雖無法規號令이나
自成和樂循理하야 去其病而解其寃하며
扶其傾而濟其弱하야
一無憾且怫異者라.
時에 人皆自號爲桓하고 以監羣爲仁하니
仁之爲言은 任也니
弘益濟人하고 光明理世하야
使之任其必仁也라.

規 법 규 循 쫓을 순 寃 원통할 원 傾 다칠 경 憾 한할 감 怫 어그러질 불

환인의 보편화와 환인 선출

당시에는 비록 법규와 명령이 없었으나 백성들 스스로가 화평하고 즐거워하며 도리에 순종하였고, 병을 제거하고 원한을 풀어 주며, 다친 자를 돕고 약한 자를 구제하니, 원한을 품거나 도리에 어긋나는 일을 저지르는 자가 한 사람도 없었다.

당시 사람들은 **모두 스스로 환**桓**이라** 부르고, 무리를 다스리는 사람을 **인**仁이라 하였다. 인仁이란 '임무를 맡는다'는 뜻이다.

故로 五加와 衆이

交相選於大衆할새

以必求業故하야 愛憎有別하고

各以其所心으로

主辦之而自擇이라

其所求鵠은 惟在九桓爲公하야

大同歸一焉者니

則亦當自較得失하야

無一人異然後에 從之하고

選 뽑을 선 憎 미워할 증 辦 판별할 판 擇 가릴 택 鵠 과녁 곡 較 견줄 교

환인桓仁이라 부른 이유는 널리 이로움을 베풀어 사람을 구제하고, 큰 광명으로 세상을 다스려서 맡은 바 임무를 수행함에 반드시 어진 마음으로 하였기 때문이다.
그리하여 오가五加와 무리가 서로 번갈아 백성에게서 환인을 선출할 때, 반드시 그 사람의 업적을 살펴서 좋아함과 싫어함을 구별하고, 각자 마음으로 판별하여 스스로 선택하였다. 이렇게 환인을 선출하는 궁극 목적[其所求鵠]은 오직 공公을 위해 구환족[九桓]이 대동단결하여 한마음이 되는 데 있었다. 또한 마땅히 대상자의 잘잘못[得失]을 비교하여 반대하는 자가 한 사람도 없은 연후에야 선출하

諸衆도 亦不敢遽下獨術以處之라.

桓仁의 다스리는 法

蓋處衆之法이

無備有患이오 有備無患이니

必備豫自給하고 善羣能治하면

萬里同聲에 不言化行이라

於是에 萬方之民이

不期而來會者가 數萬이라

敢 감히 감 遽 갑자기 거 處 처리할 처 備 갖출 비 豫 미리에 給 넉넉할 급

였고, 다른 모든 무리도 감히 성급하게 독단적인 방법으로 처리하지 않았다.

환인의 다스리는 법

대개 백성을 다스리는 법은 준비가 없으면 우환이 뒤따르고[無備有患] 준비를 잘 하면 우환이 없으리니[有備無患] 반드시 미리 준비하여 넉넉하게 하며, 무리를 잘 다스려 만 리나 떨어져 있는 사람도 한뜻 한뜻이 되어 말하지 않아도 교화가 행해지게 하였다. 이때에 만방의 백성이 기약하지 않았는데도 와서 모인 자가 수만 명이 되었고, 서로 둥

衆이 自相環舞하고 仍以推桓仁하야
坐於桓花之下積石之上케하고 羅拜之하니
山呼聲溢하고 歸者如市라
是爲人間最初之頭祖也시니라.」

2. 十二桓國과 그 位置

三聖密記에 云「波奈留山之下에
有桓仁氏之國하니
天海以東之地를 亦稱波奈留國也라

仍 이에잉   推 받들추   羅 늘어설라   溢 넘칠일   密 숨길밀   留 머무를류

글게 모여 춤을 추며 환인을 추대하였다. 환인께서 환화桓花(무궁화) 아래에 돌을 쌓고 그 위에 앉으시니, 모두 늘어서서 절을 하였다. 기뻐하는 소리가 온 산에 가득하고, 귀화해 오는 자들이 저자를 이루었다. 이분이 바로 **인류 최초의 우두머리** 조상이시다.

2. 12환국과 그 위치

『삼성밀기三聖密記』에 이렇게 기록되어 있다.
 파내류산波奈留山 아래에 '환인씨의 나라'가 있다.
 천해天海 동쪽 땅을 또한 파내류국波奈留國이라 부르는데,

<small>기 지 광　　남 북 오 만 리　　동 서 이 만 여 리</small>
其地廣이 南北五萬里오 東西二萬餘里니

<small>총 언 환 국　　분 언 즉 비 리 국　　양 운 국</small>
摠言桓國이오 分言則卑離國과 養雲國과

<small>구 막 한 국　　구 다 천 국　　일 군 국</small>
寇莫汗國과 勾茶川國과 一群國과

<small>우 루 국 일 운 비 나 국　　객 현 한 국　　구 모 액 국</small>
虞婁國一云卑那國과 客賢汗國과 勾牟額國과

<small>매 구 여 국 일 운 직 구 다 국　　사 납 아 국</small>
賣勾餘國一云稷臼多國과 斯納阿國과

<small>선 비 이 국 일 운 시 위 국 일 운 통 고 사 국</small>
鮮卑爾國一云豕韋國一云通古斯國과

<small>수 밀 이 국　　합 십 이 국　　시 야</small>
須密爾國이니 合十二國이 是也라.

<small>천 해　　금 왈 북 해</small>
天海는 今日北海라.」

<small>밀 기 주　　왈　개 마 국　　일 운 웅 심 국</small>
密記注에 曰「盖馬國은 一云熊心國이니

摠 모두 총　勾 굽을 구　虞 헤아릴 우　額 이마 액　稷 기장 직　韋 가죽 위

그 땅의 넓이가 남북으로 5만 리요 동서로 2만여 리이다.
이 땅을 모두 합하여 말하면 환국桓國이요,
나누어 말하면, 비리국, 양운국, 구막한국, 구다천국, 일군국, 우루국(일명 비나국), 객현한국, 구모액국, 매구여국(일명 직구다국), 사납아국, 선비이국(일명 시위국 또는 통고사국), 수밀이국이니 합하면 열두 나라이다.
천해는 오늘날 말하는 북해北海이다.

『삼성밀기三聖密記』의 주注에 이렇게 기록되어 있다.
　개마국蓋馬國은 일명 웅심국熊心國으로 북개마대령北蓋馬大

在北盖馬大嶺之北하야 距勾茶國이 二百里오

勾茶國은 舊稱瀆盧國이니

在北盖馬大嶺之西하고

月漬國은 在其北五百里하고

稷臼多國은 或稱賣勾餘國이니

舊在五難河라가

後에 爲瀆盧國所破하야 遂移于金山居之라

勾茶國은 本艾蒜所産也니

艾는 煎服以治冷하고 蒜은 燒食以治魔也라」

距 떨어질거 瀆 도랑독 漬 담글지 艾 쑥애 蒜 마늘산 煎 달일전 燒 태울소

嶺의 북쪽에 있으며, 구다국勾茶國과 2백 리 떨어져 있다.
구다국의 옛 명칭은 독로국瀆盧國으로 북개마대령의 서쪽에 있다.
월지국月漬國은 구다국 북쪽 5백 리에 있다.
직구다국稷臼多國은 매구여국賣勾餘國이라고도 부르는데 옛날에는 오난하五難河에 있었으나, 후에 독로국에게 패하여 마침내 금산金山(알타이 산)으로 옮겼다.
구다국은 본래 쑥과 마늘이 나는 곳이다. 쑥은 달여 먹어 냉冷을 치료하고, 마늘은 구워 먹어 마魔를 다스린다.

3. 桓國의 統治者 七世 桓仁

朝代記에 曰

「昔에 有桓國하니 衆이 富且庶焉이라

初에 桓仁이 居于天山하사 得道長生하사

治身無病하시며

代天興化하사 使人無兵하시니

人皆力作以勤하야 自無飢寒也라

傳赫胥桓仁·古是利桓仁·朱于襄桓仁·

釋提壬桓仁·邱乙利桓仁하야

且또차 飢굶주릴기 赫붉을혁 胥서로서 襄도울양 釋풀석 提끌제

3. 환국의 통치자 7세 환인

『조대기朝代記』에 이렇게 기록되어 있다.

옛적에 환국이 있었다[昔有桓國]. 백성들은 풍요로웠고 인구도 많았다. 처음에 환인께서 천산에 머무시며 도를 깨쳐 장생하시니, 몸을 잘 다스려 병이 없으셨다. 하늘(삼신상제님)을 대행하여 널리 교화를 일으켜 사람들로 하여금 싸움이 없게 하셨다. 모두 부지런히 힘써 생산하여 굶주리고 추위에 떠는 일이 저절로 사라졌다.

(초대 안파견환인에서) 혁서赫胥환인, 고시리古是利환인, 주우양朱于襄환인, 석제임釋提壬환인, 구을리邱乙利환인을 이어

至智爲利桓仁하니 或曰檀因이라
傳七世하야 歷三千三百一年이오
或曰六萬三千一百八十二年이라.

桓國의 五訓과 倍達의 五事

桓國에 有五訓하고 神市에 有五事하니
所謂五訓者는
一曰誠信不僞오 二曰敬勤不怠오
三曰孝順不違오 四曰廉義不淫이오

謂 이를 위 僞 거짓 위 怠 게으를 태 違 어길 위 廉 청렴할 렴 淫 음란할 음

지위리智爲利환인 혹은 단인檀因에 이르렀다. 7세를 전하니, 역년이 3,301년 혹은 63,182년이다.

환국의 오훈과 배달의 오사

환국에 **오훈**五訓이 있고 **배달**에 **오사**五事가 있었다.
이른바 오훈이란,
첫째, 매사에 정성과 믿음으로 행하여 거짓이 없게 하고,
둘째, 공경하고 근면하여 게으름이 없게 하고,
셋째, 효도하고 순종하여 거역하지 말고,
넷째, 청렴하고 의를 지켜 음란하지 말고,

오왈겸화불투
五曰謙和不鬪라

소위오사자
所謂五事者는

우가주곡   마가주명
牛加主穀하며 馬加主命하며

구가주형   저가주병
狗加主刑하며 猪加主病하며

양가일작계가주선악
羊加一作鷄加主善惡이라.」

4. 桓의 뜻과 光明 信仰

환국주 왈
桓國注에 曰

환자 전일야   광명야
「桓者는 全一也며 光明也니

謙 공손할겸 鬪 싸움투 穀 곡식곡 狗 개구 猪 돼지저 鷄 닭계 注 주석주

다섯째, 겸양하고 화평하게 지내어 싸움을 하지 말라는 것이다.
이른바 **배달**의 **오사**란, 우가牛加는 곡식을 주관하고[主穀], 마가馬加는 왕명을 주관하고[主命], 구가狗加는 형벌을 주관하고[主刑], 저가猪加는 질병을 주관하고[主病], 양가羊加(혹은 계사鷄加)는 선악을 주관하는[主善惡] 것을 말한다.

4. 환의 뜻과 광명 신앙

『환국주桓國注』에 이렇게 기록되어 있다.
환桓은 온전한 하나됨[全一]이며 **광명**이다.

全一은 爲三神之智能이요
光明은 爲三神之實德이니
乃宇宙萬物之所先也니라.」

光明을 崇尙하고 日月을 敬拜한 神敎 信仰

朝代記에 曰
「古俗이 崇尙光明하야 以日爲神하고
以天爲祖하야 萬方之民이 信之不相疑하고
朝夕敬拜하야 以爲恒式하니라.

實 가득찰실 宙 집주 崇 높을숭 尙 높일상 疑 의심할의 恒 늘항

온전한 하나 됨이란 삼신의 지혜와 권능이고,
광명은 삼신이 지닌 참된 덕성이니, 곧 우주 만물보다 앞선다.

광명을 숭상하고 일월을 경배한 신교 신앙

『조대기朝代記』에 이렇게 기록되어 있다.

옛 풍속에 광명을 숭상하여 태양을 신으로 삼고, 하늘을 조상으로 삼았다. 만방의 백성이 이를 믿어 서로 의심하지 않았으며, 아침저녁으로 경배함을 일정한 의식으로 삼았다.

太陽者는 光明之所會요 三神之攸居니
人得光以作하면 而無爲自化라 하야
朝則齊登東山하야
拜日始生하고 夕則齊趨西川하야 拜月始生하니라.

三神의 大光明을 연 桓國

先是에 桓仁이 生而自知하사
化育五物하시며 敷演五訓하시며 主治五事하시니
五加와 衆이 皆勤苦어늘

攸 바 유 齊 모두 제 登 오를 등 趨 달려갈 추 敷 펼 부 演 부연할 연

태양은 광명이 모인 곳으로 삼신께서 머무시는 곳이다. 그 광명을 얻어 세상 일을 하면 함이 없이 저절로 이루어진다 하여, 사람들은 아침이 되면 모두 함께 동산東山에 올라 갓 떠오르는 해를 향해 절하고, 저녁에는 모두 함께 서천西川으로 달려가 갓 떠오르는 달을 향해 절하였다.

삼신의 대광명을 연 환국

이에 앞서 환인께서는 태어나면서 스스로 깨달은 분이시다. **오물**五物을 기르고, **오훈**五訓을 널리 펴고, **오사**를 주관하여 다스리셨다. **오가**와 무리가 모두 부지런히 애쓰거늘,

使至善修行하사 開心光明하시며
作事吉祥하시며 住世快樂하시니라.

天子 意識의 起原

桓仁이 高御上上天하사 惟意懇切百途가
咸自和平이어시늘
時에 稱天帝化身而無敢叛者오
九桓之民이 咸率歸于一하니라.」

祥 상서로울 상 御 거둥할 어 懇 간절할 간 切 끊을 절 途 길 도 叛 배반 반

수행을 통해 지극한 선에 이르게 하시고, 광명으로 지혜를 열게 하시고, 하는 일마다 상서롭게 하시며, 세상에서 유쾌하고 즐거이 살게 하셨다.

천자 의식의 기원

환인께서는 높고 높은 하늘[上上天] 나라에 임어해 계시며 오직 온 천하가 모두 저절로 화평해지기를 간절히 생각하시니, 이때에 백성이 환인을 천제(천상 상제님)의 화신이라 부르며 감히 거역하는 자가 없었고, 구환의 백성이 모두 하나가 되었다.

神市本紀
신시본기

- ❖ 「신시본기」는 환웅이 다스린 배달의 역사이다. 배달은, 환웅이 환국으로부터 종통의 상징인 천부天符, 인印을 받고 동방을 개척하여 백두산에 도읍하였다. 우리 민족을 '배달민족'이라 하듯, 배달은 한민족의 정체성을 말하는 대명사이다.
- ❖ 초대 거발환환웅의 동방 문명 개척과 14세 치우천황의 서토 정벌의 역사가 신화의 윤색을 벗고 사실적으로 기술되어 있다.
- ❖ 「환국본기桓國本紀」가 인류 창세 역사와 조화문명의 황금 시절에 대한 기록이라면 「신시본기」는 인간의 정신과 문명을 열어 나간 교화문명 시대에 대한 기록이다.

桓雄天皇의 東方 文明 開創

1. 倍達 開創期의 取火法

震域留記의 神市紀에 云

「桓雄天皇이 見人居己完과

萬物各得其所하시고

乃使高矢禮로 專掌饎養之務하시니

是爲主穀이나 而時에 稼穡之道가 不備하고

又無火種爲憂라.

震 동방 진 專 오로지 전 掌 관장할 장 饎 보낼 궤 稼 심을 가 穡 거둘 색

환웅천황의 동방 문명 개창

1. 배달 개창기의 취화법

『진역유기震域留記』「신시기神市紀」에 이렇게 기록되어 있다.

환웅천황께서 사람의 거처가 이미 완비되고 만물이 각기 제자리를 얻은 것을 보시고, **고시례**高矢禮로 하여금 음식과 양육[饎養]의 일을 전담하게 하셨다.

이분이 **주곡**主穀 벼슬을 맡았으나, 당시 씨 뿌리고 거두는 법이 갖추어지지 못하였고 또 불씨[火種]가 없어 걱정하였다.

一日에 偶入深山하야 只看喬木荒落하야

但遺骨骸오 老幹枯枝가 交織亂叉라.

立住多時에 沈吟無語러니

忽然大風吹林하야 萬竅怒號하고

老幹相遍하야 擦起火光하니

閃閃爍爍하야 乍起旋消라

乃猛然惺悟曰 是哉是哉라

是乃取火之法也라 하고

歸取老槐枝하야 擦而爲火나

喬 높을교 竅 구멍규 遍 핍박할핍 擦 비빌찰 閃 번쩍할섬 爍 빛날삭

어느 날 우연히 깊은 산에 들어갔다가 높고 큰 나무가 말라 황량하게 줄기를 드러내고 오래된 나무 줄기와 말라버린 가지가 서로 얽혀 어지러이 흩어져 있는 것을 보았다. 오랫동안 말없이 우두커니 서서 깊이 생각하는데 홀연 거센 바람이 숲 속에 불어닥치니, 땅 위의 온갖 구멍이 성내어 부르짖고[萬竅怒號] 오래된 나무줄기가 서도 마찰하여 불꽃을 일으켰다. 불꽃은 번쩍번쩍 빛나며 잠깐 일더니 곧 꺼졌다. 이에 문득 깨닫고 말하기를, "이것이다! 이것이다! 이것이 바로 불을 얻는 방법이로다" 하고, 오래된 홰나무 가지를 가지고 집에 돌아와 나뭇가지를 마찰하여 불을 만

神市本紀 303

功猶不完일새

明日에復至喬林處하야徘徊尋思라가

忽然一個條紋虎가咆哮躍來어늘

高矢氏가大叱一聲하고飛石猛打하니

誤中岩角하야炳然生火라

乃大喜而歸하야復擊石取火하니

從此하야民得火食하고

鑄冶之術이始興이오

而制作之功이亦漸進矣라.

徘 배회할 배 尋 생각할 심 躍 뛸 약 叱 꾸짖을 질 炳 밝을 병 鑄 쇠 불릴 주

들었다. 그러나 여전히 불을 일으키는 방법이 불편하였다. 다음날 다시 높고 큰 나무가 우거진 곳에 이르러 이리저리 배회하며 깊이 생각하는데, 홀연 줄무늬 호랑이 한 마리가 울부짖으며 달려들었다. 고시씨高矢氏가 크게 한 번 소리를 지르고 돌을 집어 힘껏 던졌으나 빗나가 바위 귀퉁이에 맞고 불이 번쩍 일어났다. 이에 몹시 기뻐하며 돌아와 다시금 돌을 부딪쳐서 불을 얻었다.

이로부터 백성이 음식을 불에 익혀 먹게 되었다. 쇠를 녹이고 단련하는 기술이 비로소 일어나기 시작하여 물건을 만드는 기술도 점차 나아지게 되었다.

2. 太古 文字의 創始

桓雄天皇이 又復命神誌赫德하사
<small>환웅천황   우부명신지혁덕</small>

作書契하시니 蓋神誌氏가 世掌主命之職하야
<small>작서계   개신지씨   세장주명지직</small>

專掌出納獻替之務나
<small>전장출납헌체지무</small>

而只憑喉舌이오 曾無文字記存之法이라.
<small>이지빙후설   증무문자기존지법</small>

一日에 出衆狩獵할새
<small>일일   출중수렵</small>

忽見驚起一隻牝鹿하고
<small>홀견경기일척빈록</small>

彎弓欲射라가 旋失其蹤이라.
<small>만궁욕사   선실기종</small>

乃四處搜探하야 遍過山野라가 至平沙處하야
<small>내사처수탐   편과산야   지평사처</small>

憑 의지할 빙 隻 외짝 척 牝 암컷 빈 彎 당길 만 旋 빠를 선 蹤 자취 종

2. 태고 문자의 창시

환웅천황께서 또 다시 **신지**神誌 **혁덕**赫德에게 명하여 문자[書契]를 만들게 하셨다. 신지씨神誌氏는 대대로 **주명**主命 직책을 관장하여 왕명을 출납하고 천황을 보좌하는 일을 전담하였으나, 다만 말에만 의지할 뿐 문자로 기록하여 보존하는 방법이 없었다.

어느 날 무리를 떠나 홀로 사냥할 때, 별안간 놀라서 달아나는 암사슴 한 마리를 보고 활을 당겨 맞추려다가 그만 그 자취를 잃어버렸다. 곧 사방을 수색하며 여기저기 산야를 다니다가 모래가 평평하게 펼쳐져 있는 곳에 이르러 발

神市本紀 305

始見足印亂鎖하니 向方自明이라.
乃俯首沈吟이라가 旋復猛惺曰 記存之法이
惟如斯而已夫인저 惟如斯而已夫인저.
是日에 罷獵而歸하야
反復審思하고 廣察萬象하야
不多日에 悟得創成文字하니
是爲太古文字之始矣라.
但後世에 年代邈遠하야 而太古文字가
沒泯不存하니

鎖 쇠사슬 쇄 俯 구부릴 부 惺 깨달을 성 罷 그만둘 파 審 살필 심 邈 멀 막

자국이 흩어져 있는 것을 보고 간 곳을 분명히 알 수 있었다. 이에 고개를 숙이고 골똘히 생각하다가 문득 깨닫고 말하기를, "기록하여 보존하는 방법은 오직 이와 같을 뿐이로다. 이와 같을 뿐이로다"라고 하였다.

이 날 사냥을 마치고 돌아와 골똘히 생각하며 온갖 사물의 형상을 널리 관찰하였다.

며칠이 지나지 않아 깨달음을 얻어 문자를 창제하니, 이것이 태고 문자의 시작이다.

다만 그 후로 너무 오랜 세월이 흘러 지금은 태고 문자가 사라져 남아 있지 않다.

抑^억亦^역其^기組^조成^성也^야가 猶^유有^유不^불便^편而^이然^연歟^여아.

亦^역嘗^상聞^문南^남海^해島^도郎^낭河^하里^리之^지溪^계谷^곡과

及^급鏡^경珀^박湖^호先^선春^춘嶺^령과

與^여夫^부烏^오蘇^소里^리以^이外^외岩^암石^석之^지間^간에

時^시或^혹有^유發^발見^견彫^조刻^각이나

非^비梵^범非^비篆^전이오 人^인莫^막能^능曉^효하니

此^차非^비神^신誌^지氏^씨之^지所^소作^작古^고字^자歟^여아.

於^어是^시에 而^이更^갱恨^한吾^오國^국之^지未^미振^진과

吾^오族^족之^지不^불强^강也^야로다.

抑 문득억 嘗 일찍이상 梵 범어범 篆 전서전 曉 새벽효 振 떨칠진

아마도 그 구조가 쓰기에 불편한 점이 있어서 그렇게 된 듯하다.

일찍이 남해도 낭하리郎河里의 계곡과 경박호鏡珀湖·선춘령先春嶺과 저 오소리烏蘇里 등과 그 외 지역의 암석에 문자가 조각된 것이 간혹 발견되었다는 말을 들은 적이 있다.

그 문자는 범어梵語(산스크리트어)도 아니고, 전서篆書도 아니어서 사람들이 쉽게 알아보지 못하였다. 아마 이것이 신지씨가 만든 옛 문자가 아니겠는가.

그럼에도 불구하고 우리나라가 국세를 떨치지 못하고 우리 민족이 강성하지 못한 것이 더욱 한스럽다.

神市本紀

3. 倍達族의 文明化 過程과 東夷 名稱의 由來

初代 風伯, 雨師, 雲師의 使命과 功力

환웅천황　　　사풍백석제라
桓雄天皇이 使風伯釋提羅로

수제조수충어지해
雖除鳥獸蟲魚之害시나

이인민　　유재동굴토혈지중
而人民이 猶在洞窟土穴之中하야

하습외풍지기　핍인성질
下濕外風之氣가 逼人成疾하고

차금수충어지속　　일경군축
且禽獸蟲魚之屬이 一經窘逐하야

점자퇴피장닉　　　불편어도살공궤
漸自退避藏匿하야 不便於屠殺供饋라.

어시　　사우사왕금　　영조인거
於是에 使雨師王錦으로 營造人居하야

濕 축축할 습　逼 닥칠 핍　窘 막힐 군　逐 쫓을 축　匿 숨을 닉　饋 먹일 궤

3. 배달족의 문명화 과정과 동이 명칭의 유래

초대 풍백, 우사, 운사의 사명과 공력

환웅천황께서 **풍백**風伯 석제라釋提羅를 시켜 비록 새, 짐승, 벌레, 물고기의 해는 없애게 하셨으나, 그래도 사람들은 아직 동굴과 움집 속에서 거처하였다.

땅의 습기와 바깥바람의 기운이 사람에게 침범하여 질병을 일으키고, 또 금수와 벌레와 물고기 무리가 한 번 쫓겨난 뒤로 점차 인간을 피해 숨어버려 잡아먹기가 용이하지 않았다.

그리하여 **우사**雨師 **왕금**王錦을 시켜 사람이 살 집을 짓고,

主致牛馬狗豚鵰虎之獸하야

而牧畜利用하시며

使雲師陸若飛로 定男女婚娶之法焉하시고

而治尤는 則世掌兵馬盜賊之職焉하시니라.

蚩尤天皇의 威武와 東夷 名稱의 由來

自此로 治尤·高矢·神誌之苗裔가

繁衍最盛하고 及至治尤天王이 登極하사

造九治以採銅鐵하시고

豚 돼지돈 鵰 독수리조 苗 후손묘 裔 후손예 繁 번성할번 衍 펼연

소와 말, 개, 돼지, 독수리, 호랑이 같은 짐승을 잡아 길러서 이용하게 하셨다.

운사雲師 육약비陸若飛를 시켜 '남녀가 혼인하는 법'을 정하게 하시고, 치우治尤로 하여금 대대로 '병마와 도적을 잡는 직책'을 관장하게 하셨다.

치우천황의 위무와 동이 명칭의 유래

이때부터 치우, 고시, 신지의 후손이 가장 번성하였다.
치우(14세 환웅)천황이 등극하여 구치九治(채광 기계)를 만들어서 구리와 철을 캐시고, 철을 단련하여 칼과 창과 큰 **쇠**

鍊鐵以作刀戟大弩하사 而狩獵征戰에
賴以爲神하시니 遠外諸族이 甚畏大弓之威하야
聞風膽寒者가 久矣라.
故로 彼謂我族爲夸하니
說文所謂夸는 从大从弓하야
爲東方人者가 是也라.
乃至孔丘氏가 春秋之作하야
而夸之名이 遂與戎狄으로
並爲腥臊之稱하니 惜哉로다.」

鍊 단련할 련　賴 힘입을 뢰　从 쫓을 종(=從)　腥 비린내 성　臊 누린내 조

뇌[大弩]를 만들게 하셨다. 사냥을 가거나 전쟁을 할 때 이것에 신처럼 의지하니, 주위 모든 부족이 대궁大弓의 위력을 몹시 두려워하여 소문만 듣고도 간담이 서늘해진 지 오래다.

그리하여 저들이 우리 민족을 '이夸'라 불렀다. 『**설문해자** 說文解字』에 이른바 "이夸는 '큰 대大'자와 '활 궁弓'자를 합한 자(夸=大+弓)로 **동방 사람**[東方人]을 뜻한다"라는 것이 이것이다. 그러나 공자가 『춘추春秋』를 지을 때 이夸라는 명칭을 융적戎狄과 함께 오랑캐의 칭호로 썼으니 참으로 애석한 일이다.

4. 移住族인 熊族의 定着과 桓族으로의 歸化

三聖密記에 曰「桓國之末에
有難治之强族하야 患之러니
桓雄이 爲邦에 乃以三神設敎하시고
而聚衆作誓하사 密有剪除之志하시니라.

桓族과 熊族의 聯合

時에 族號不一하야 俗尙漸歧하니
原住者는 爲虎오 新移者는 爲熊이라.

邦 나라 방 剪 자를 전 除 없앨 제 尙 더욱 이 漸 점점 점 歧 갈라질 기

4. 이주족인 웅족의 정착과 환족으로의 귀화

『삼성밀기三聖密記』에 이렇게 기록되어 있다.

환국 말기에 다스리기 어려운 강한 족속[强族]이 있어 이를 근심하던 차에 환웅께서 나라를 다스림에 삼신의 도로써 가르침을 베푸시고[以三神設敎], 백성을 모아 맹세하게 하시니, 이때부터 은밀히 그 강속을 제거하려는 뜻을 두셨다.

환족과 웅족의 연합

당시 부족 호칭이 통일되지 않고 풍속은 점점 갈라졌다. 원주민은 호족虎族이고, 새로 이주해 온 백성은 웅족熊族

然이나 虎性은 嗜貪殘忍하야
專事掠奪하고 熊性은 愚愎自恃하야
不肯和調하니 雖居同穴이나
久益疎遠하야 未嘗假貸하며
不通婚嫁하며 事每多不服하야
咸未有一其途也러라.
至是하야 熊女君이 聞桓雄有神德하고
乃率衆往見曰
願賜一穴廛하사 一爲神戒之氓하노이다 하거늘

嗜 즐길 기 愎 괴팍할 퍅 恃 믿을 시 肯 원할 긍 廛 집터 전 氓 백성 맹

이었다. 호족은 성품이 탐욕스럽고 잔인하여 오직 약탈을 일삼았고, 웅족은 성품이 고집스럽고 우둔하여 서로 잘 어울리지 못하였다. 두 부족이 비록 한 고을에 살았으나 시간이 지날수록 더욱 소원해져서 서로 물건을 빌리거나 빌려 주지 않았고 혼인도 하지 않았으며, 매사에 서로 승복하지 않아, 한 길을 같이 간 적이 없었다.
이러한 지경에 이르자 웅족 여왕[熊女君]이, 환웅천황께서 신령한 덕이 있으시다는 소문을 듣고 무리를 거느리고 찾아와 천황을 뵙고 "원컨대 살 터전을 내려 주시어 저희도 한결같이 삼신의 계율을 지키는 **신시의 백성**이 되게 해 주

雄이 乃許之하시고

使之奠接하사 生子有産하시고

虎는 終不能悛하야 放之四海하시니

桓族之興이 始此하니라.」

5. 初代 居發桓(倍達) 桓雄의 東方 文明 開拓

朝代記에 曰「時에 人多産之하야

憂其生道之無方也러니

庶子之部에 有大人桓雄者가 探聽輿情하시고

奠 정할 전 接 이을 접 悛 고칠 전 乏 모자랄 핍 探 찾을 탐 輿 많을 여

옵소서"라고 간청하였다. 환웅천황께서 이를 허락하시고 살 곳을 정해주시어 자식을 낳고 살게 하셨다. 그러나 호족은 끝내 성질을 고치지 못하므로 사해四海 밖으로 추방하시니, **환족의 흥성이 이때부터 시작되었다.**

6. 초대 거발한(배달) 환웅의 동방 문명 개척

『조대기朝代記』에 이렇게 기록되어 있다.

당시 사람은 많고 물자는 적어 살아갈 방법이 없음을 걱정하였더니, 서자부[庶子之部]의 대인 환웅이 민정을 두루 살펴 듣고 천계에서 내려와 지상에 광명 세상을 열고자

期欲天降하사 開一光明世界于地上하실새

時에 安巴堅이 遍視金岳·三危·太白하시고

而太白은 可以弘益人間이라 하야 乃命雄曰

如今에 人物이 業已造完矣니

君은 勿惜勞苦하고 率衆人하야

躬自降徙下界하야 開天施教하고

主祭天神하야 以立父權하며

扶携平和歸一하야 以立師道하며

在世理化하야 爲子孫萬世之洪範也어다.

| 遍 두루 편 | 視 볼 시 | 惜 아낄 석 | 躬 몸소 궁 | 施 베풀 시 | 携 끌 휴 | 範 법 범 |

하셨다.

이때 안파견 환인께서 **금악산**金岳山과 **삼위산**三危山과 **태백산**太白山을 두루 살펴보시고, "태백산은 가히 널리 인간을 이롭게 할 수 있는 곳이로다"라고 하셨다. 이에 환웅에게 명하여 말씀하시기를,

"이제 인간과 만물이 제자리를 잡았으니, 그대는 노고를 아끼지 말고 무리를 거느리고 몸소 하계에 내려가 새 시대를 열어[開天] 가르침을 베풀고, **천신에게 제사를 지내 부권**父權**을 세우라**. 노인은 부축하고 어린이는 이끌어 평화롭게 하나 되게 하여 **사도**師道**를 세우고** 세상을 신교의 진리

乃授天符印三個하사 遣往理之하신대

雄이 率徒三千하사

初降于太白山神壇樹下하시니 謂之神市라

將風伯·雨師·雲師하시고 而主穀하시며

主命하시며 主刑하시며 主病하시며 主善惡하시며

凡主人間三百六十餘事하사

在世理化하사 弘益人間하시니

是謂桓雄天王也시니라.

授줄수 符부신부 遣보낼견 率거느릴솔 徒무리도 壇제단단

로 다스려 깨우쳐서[在世理化] **자손만대의 홍범으로 삼을지어다.**" 하셨다.

그리고 환웅에게 **천부**天符와 **인**印 세 개를 주시고 세상에 보내어 다스리게 하셨다. 환웅께서 **무리 3,000명을 거느리고 처음으로 태백산 신단수 아래에 내려오시니, 이곳을 신시**神市라 한다. 또한 **풍백·우사·운사**를 거느리시고, (오가五加에게) 농사·왕명·형벌·질병·선악을 주장하게 하시고, 인간의 360여 가지 일을 주관하여 신교神敎의 진리로써 정치와 교화를 베풀어 인간을 널리 이롭게 하시니, 이분이 바로 환웅천황이시다.

熊族이 神敎 文化의 光明 精神으로 敎化됨

時에 有一熊一虎가 同隣而居러니
常祈于神壇樹하고 而又請於桓雄하야
願化爲天戒之氓이어늘 雄이 乃以神呪로
換骨移神하시고 又以神遺로 得驗靈活하시니
乃其艾一炷와 蒜二十枚也라.
仍戒之曰 爾輩食之하라 不見日光百日이라야
自由成眞하고 平等濟物하야
便得化人踐形之大人者也니라.

祈 빌 기 換 바꿀 환 驗 효력 험 炷 자루 주 濟 건질 제 便 곧 변 踐 밟을 천

웅족이 신교 문화의 광명 정신으로 교화됨

이때 **웅족과 호족**[─熊─虎]이 이웃하여 살았다. 항상 신단수에 와서 기도하며 환웅께 "하늘의 계율을 지키는 신시의 백성이 되기를 원하옵니다" 하고 간청하였다. 환웅께서 **신령한 주문**[神呪]으로 체질을 개선시켜 신명을 통하게 하셨다. 또 삼신이 내려 주신 물건으로 신령한 삶을 얻게 하시니, 바로 쑥 한 묶음과 마늘 스무 매였다.

그리고 경계하여 말씀하시기를 "너희들은 이것을 먹을지어다. **100일 동안 햇빛을 보지 말고 기도하라**. 그리하여야 **스스로 참을 이루고** 만물을 고르게 구제하며, 진정한 사

熊與虎兩家가 皆得而食之하고
忌三七日하야 務自修鍊이러니
而熊은 耐飢寒痛苦하야
遵天戒하고 守雄約하야 而得健者之女容하고
虎則誣慢不能忌하야
違天戒而終不得與之贊天業하니
是는 二姓之不相若也라.
熊氏諸女가 自執愚强而無與之爲歸故로
每於壇樹下에 群聚而呪願하야 有孕有帳이어늘

耐 견딜 내 遵 좇을 준 誣 속일 무 慢 오만할 만 贊 도울 찬 孕 아이 밸 잉

람다운 인격을 갖춘 대인이 되리라" 하셨다.
웅족과 호족 양가는 이것을 먹고 **삼칠일**(21일) 동안 삼가며 스스로 수련에 힘썼다. 웅족은 굶주림과 추위와 고통을 참으며 **하늘의 계율**을 준수하고, 환웅과 한 언약을 지켜서 건강한 '여자의 모습'을 얻었으나, 호족은 거짓과 태만으로 하늘의 계율을 어겨 끝내 천업天業을 함께 이루지 못하였다. 이것은 **두 부족의 천성**이 서로 다르기 때문이었다.
웅씨족 여성들은 고집이 세고 어리석음이 지나쳐서 이들과 혼인하려는 사람이 없었다. 그래서 매양 신단수 아래에 함께 모여 주문을 읽으며 아기를 가져 환웅의 백성이 되기

神市本紀 317

雄이 乃假化爲桓하사 得管境而使與之婚하사
孕生子女하시니
自是로 群女群男이 漸得就倫하나라.

古朝鮮 時代의 統治 領域

其後에 有號曰檀君王儉이 立都阿斯達하시니
今松花江也라 始稱國하야 爲朝鮮하니
三韓·高離·尸羅·高禮·南北沃沮·
東北夫餘·濊與貊이 皆其管境也니라.」

假 임시가 沃 물댈 옥 沮 막을 저 濊 종족 이름 예 貊 맥수 이름 맥

를 기원하였다. 환웅께서 임시로 이들을 환족 백성으로 귀화시켜 살 곳을 주시고[得管境] 환족 남자와 혼인하게 하여 자녀를 낳게 하시니, 이로부터 모든 남녀가 점차 인륜의 도를 얻게 되었다.

고조선 시대의 통치 영역

그 후 단군왕검이라 불리는 분이 아사달에 도읍을 세우시니 지금의 송화강이다. 이때 비로소 나라 이름을 조선이라 칭하시니 삼한三韓, 고리高離, 시라尸羅, 고례高禮, 남·북옥저, 동·북부여, 예濊와 맥貊이 모두 그 관할 영토였다.

6. 神敎의 祭祀 文化와 册曆의 起源 : 七回祭神曆

神市之世에 有七回祭神之曆하니
一回日에 祭天神하고 二回日에 祭月神하고
三回日에 祭水神하고 四回日에 祭火神하고
五回日에 祭木神하고 六回日에 祭金神하고
七回日에 祭土神하니 蓋造曆이 始於此라.
然이나 舊用癸亥라가 而檀君邱乙이
始用甲子하시고 以十月로 爲上月하시니
是謂歲首오 六癸는 自神市氏로 命神誌所製오

曆 책력 력 蓋 대개 개(=盍) 舊 예 구 邱 언덕 구 誌 기록할 지 製 만들 제

6. 신교의 제사 문화와 책력의 기원 : 칠회제신력

신시 시대에 칠회제신력七回祭神曆이 있었다. 첫째 날에 천신(삼신 상제님)께, 둘째 날에 월신月神께, 셋째 날에 수신水神께, 넷째 날에 화신火神께, 다섯째 날에 목신木神께, 여섯째 날에 금신金神께, 일곱째 날에 토신土神께 제사 지냈다. 책력을 짓는 방법이 여기에서 비롯하였다.

그러나 예전에는 계해를 쓰다가, (5세) 구을단군께서 처음으로 갑자를 쓰시고 10월을 상달[上月]로 삼으시니 이것이 한 해의 처음[歲首]이 되었다.

6계六癸는 신시(배달) 환웅[神市氏]께서 신지神誌에게 명하여

而以癸爲首하니 癸는 啓也오 亥는 核也니
日出之根이라.

十天干과 十二地支의 本來 뜻

故로 癸爲蘇羅오 甲爲淸且伊오 乙爲赤剛이오
丙爲仲林이오 丁爲海弋이오 戊爲中黃이오
己爲烈好遂오 庚爲林樹오 辛爲强振이오
壬爲流不地며
亥爲支于離오 子爲曉陽이오 丑爲加多오

啓 열 계 核 씨 핵 蘇 깨어날 소 仲 버금 중 弋 주살 익 振 떨칠 진 曉 새벽 효

지은 것으로 그때부터 계癸로써 첫머리를 삼았다. 계癸는 계啓의 뜻이며, 해亥는 핵核(씨, 종자)의 뜻이니 '해가 뜨는 뿌리[日出之根]'라는 말이다.

10천간과 12지지의 본래 뜻

그러므로 계癸는 소라蘇羅요, 갑甲은 청차이淸且伊, 을乙은 적강赤剛, 병丙은 중림仲林, 정丁은 해익海弋, 무戊는 중황中黃, 기己는 열호수烈好遂, 경庚은 임수林樹, 신辛은 강진强振, 임壬은 유불지流不地이다.
또 해亥는 지우리支于離요, 자子는 효양曉陽, 축丑은 가다加

^{인위만량} ^{묘위신특백} ^{진위밀다}
寅爲萬良이오 卯爲新特白이오 辰爲密多오

^{사위비돈} ^{오위융비} ^{미위순방}
巳爲飛頓이오 午爲隆飛오 未爲順方이오

^{신위명조} ^{유위운두} ^{술위개복}
申爲鳴條오 酉爲雲頭오 戌爲皆福이라.

7. 人類 戰爭의 始初

^{신시조강지세} ^{산무혜경} ^{택무주량}
神市肇降之世에 山無蹊逕하고 澤無舟梁하며

^{금수성군} ^{초목수장} ^{처여금수군}
禽獸成羣하고 草木遂長하야 處與禽獸羣하며

^{족여만물병} ^{금수지대}
族與萬物幷하야 禽獸之隊를

^{가의기이유} ^{오작지소} ^{가반원이규}
可依羈而遊하며 烏鵲之巢를 可攀援而闚라

肇 비롯할 조 蹊 좁은 길 혜 羈 굴레 기 攀 붙잡고 오를 반 闚 엿볼 규(=窺)

多, 인寅은 만량萬良, 묘卯는 신특백新特白, 진辰은 밀다密多, 사巳는 비돈飛頓, 오午는 융비隆飛, 미未는 순방順方, 신申은 명조鳴條, 유酉는 운두雲頭, 술戌은 개복皆福이다.

7. 인류 전쟁의 시초

신시 환웅께서 처음 세상에 내려오셨을 때, 산에는 길이 없고 못에는 배와 다리가 없었으며, 금수는 무리를 이루고 초목이 무성하였다. 사람이 금수와 더불어 함께 살았고, 만물과 어우러져 같이 살았다. 짐승 떼에 굴레를 씌워 놀고 까마귀와 까치의 둥지에 기어 올라가서 살펴보았다. 배

神市本紀 321

_{기식갈음} _{시용기혈육}
飢食渴飮에 **時用其血肉**하며

_{직의경식} _{수편자재}
織衣耕食에 **隨便自在**하니

_{시위지덕지세}
是謂至德之世라.

_{민거부지소위} _{행부지소지}
民居不知所爲하며 **行不知所之**하야

_{기행진진} _{기시전전}
其行鎭鎭하며 **其視顚顚**하야

_{함포이희} _{고복이유}
含哺而熙하며 **鼓腹而遊**하며

_{일출이기} _{일입이식}
日出而起하며 **日入而息**하나니

_{개천택흡화이부지군핍자야}
盖天澤洽化而不知窘乏者也라.

_{강급후세} _{민물익번}
降及後世하야 **民物益繁**하며

渴목마를갈 隨따를수 顚꼭대기전 哺먹을포 洽윤택할흡 窘군색할군

고프면 먹고 목마르면 마시며, 때로 짐승의 피와 고기를 이용하였다. 옷을 짓고 농사지어 먹으며 편한 대로 자유롭게 사니, 이때를 '지극한 덕이 베풀어지는 세상[至德之世]'이라 일렀다.

백성이 살면서도 할 일을 모르고, 다니면서도 갈 곳을 모르며, 행동은 느리고 만족하며, 보는 것은 소박하고 무심하였다. 오직 배불리 먹고 기뻐하며, 배를 두드리고 놀았다. 해 뜨면 일어나 일하고 해 지면 쉬니, 하늘의 은택이 넘쳐흘러 궁핍을 알지 못하는 시대였다.

후세로 내려오면서 만물과 백성이 더욱 번성하자 소박한 기

素樸漸離하야 蹩躠踶跂하며
勞勞孜孜하야도 始以生計爲慮라
於是에 耕者爭畝하며 漁者爭區하야
非爭而得之則將不免窘之矣라.

人類의 戰爭은 하늘의 뜻인가?

如是以後에 弓弩作而鳥獸遁하며
網罟設而魚鰕藏하고
乃至刀戟甲兵으로 爾我相攻하야

> 蹩 절름발이 별 躠 앉은뱅이 벽 踶 힘쓸 지 跂 부지런할 자 畝 이랑 무 罟 그물 고

풍은 점점 사라지고, 열심히 노력하며 수고로이 일하지 않으면 살기가 어렵게 되어 비로소 생계를 걱정하게 되었다.
그리하여 농사짓는 자는 이랑을 두고 다투고 고기잡는 자는 구역을 두고 다투어, 싸워서 얻지 않으면 궁핍을 면할 수 없었다.

인류의 전쟁은 하늘의 뜻인가?

그 후에 활과 쇠뇌가 만들어지자 새와 짐승이 숨고, 그물이 펼쳐지자 물고기가 숨어 버렸다.
심지어 창칼과 갑옷으로 무장하고 서로 공격하여 이를 갈

磨牙流血하며 肝腦塗地하니

此亦天意固然이오

於是乎知戰爭之不可免也라.

桓族의 西方 領土 開拓

今夫究其源則盖一源之祖也라.

然이나 地旣分東西하야

各據一方하야 土境逈殊하고

人煙不通하야 民知有我而不識有他故로

腦 머리뇌 塗 진흙도 據 웅거할거 逈 멀형 殊 뛰어날수 烟 연기연

며 피를 뿌리고, 간과 뇌가 땅에 쏟아지니, 이 또한 하늘의 뜻이 (선천의 상극질서로) 본래 그러했기 때문[天意固然]이다. 이러한 상황에 이르자 전쟁을 면할 수 없음을 알게 되었다.

환족의 서방 영토 개척

지금 인류의 근원을 상고해 보면 모두 **한 뿌리의 조상**[一源之祖]이다. 그러나 땅덩어리가 동서로 나뉘면서 각기 한 곳에 웅거하고 지역의 경계가 아주 단절되어 사람이 서로 왕래하지 않았다. 그리하여 사람들은 자신이 있는 것만 알고 다른 사람이 있는 것을 알지 못하였다. 그러므로 수렵하고

狩獵採伐之外에 曾無險陂라.

降至數千載之後하야 而世局已變하니

仲國者는 西土之寶庫也라.

沃野千里에 風氣恢暢하고

我桓族之分遷該域者가

垂涎而轉進하며 土着之民이

亦湊集而萃會於是焉이라

黨同讐異하야 干戈胥動하니

此實萬古爭戰之始也니라.

陂 비탈 피　恢 넓을 회　暢 펼 창　垂 드리울 수　涎 침 연　湊 모일 주　萃 모일 췌

나무를 채벌하는 외에 다른 험난한 일이 없었다.
수천 년이 지나고, 세상 판도가 이미 변하자 중국[仲國]은 당시 서쪽 땅[西土]의 보고寶庫였다.
기름진 땅이 천 리요, 기후가 좋아 우리 환족이 그 땅에 이주할 때 앞을 다투어 나아갔고, 토착민도 몰려들어 그곳에 모여 살았다.
자기 편이면 돕고, 뜻을 달리하면 원수처럼 여겨 싸움이 일어났으니, 이것이 바로 만고 전쟁의 시초이다.

神市本紀

8. 五世 太虞儀桓雄의 막내아들, 太昊伏羲

自_자桓_환雄_웅天_천皇_황으로

五_오傳_전而_이有_유太_태虞_우儀_의桓_환雄_웅하시니

敎_교人_인에 必_필使_사黙_묵念_념淸_청心_심하사 調_조息_식保_보精_정하시니

是_시乃_내長_장生_생久_구視_시之_지術_술也_야라.

三神의 聖靈을 받고 宇宙 三界를 通한 太昊伏羲

有_유子_자十_십二_이人_인하니 長_장曰_왈多_다儀_의發_발桓_환雄_웅이시오

季_계曰_왈太_태皞_호시니 復_부號_호伏_복羲_희시라

虞 헤아릴 우 儀 예의 의 黙 고요할 묵 調 고를 조 皞 밝을 호 羲 복희 희

8. 5세 태우의환웅의 막내아들, 태호복희

환웅천황으로부터 5세를 전하여 태우의_{太虞儀}환웅이 계셨다. 사람들을 가르치실 때, 반드시 생각을 고요히 가라앉혀 마음을 깨끗하게 하고, 호흡을 고르게 하여 정기를 잘 기르게 하셨으니, 이것이 바로 장생의 법방이다.

삼신의 성령을 받고 우주 삼계를 통한 태호복희

태우의환웅의 아들은 열둘이었는데 맏이는 다의발_{多儀發}환웅이시요, 막내는 태호_{太皞}이시니 복희_{伏羲}라고도 불렸다.

日_에夢三神_이降靈于身_{하사}

萬理洞徹_{하시고} 仍徃三神山_{하사}

祭天_{이라가} 得卦圖於天河_{하시니}

其劃_이 三絶三連_{이오}

換位推理_에 妙合三極_{하야} 變化無窮_{하니라.}

密記_에曰

「伏羲_는 出自神市_{하사} 世襲雨師之職_{하시고}

後_에 經青邱樂浪_{하사} 遂徙于陳_{하시니}

並與燧人有巢_로

洞 꿰뚫을 통　徹 통할 철　推 헤아릴 추　襲 이을 습　經 지날 경　燧 부싯돌 수

태호복희씨가 어느 날 삼신께서 성령을 내려 주시는 꿈을 꾸고 천지만물의 근본 이치를 환히 꿰뚫어 보시게 되었다. 이에 삼신산三神山에 가시어 하늘에 제사 지내고 천하天河에서 괘도卦圖를 얻으셨다. 그 획은 세 개는 끊어지고[三絶] 세 개는 이어지는[三連] 음양 원리로 이루어졌다. 그 위치를 바꾸어 추리함은 오묘하게 삼극三極과 부합하여 변화가 무궁하였다.

『밀기密記』에 이렇게 기록되어 있다.

　복희는 신시에서 출생하여 우사雨師 직책을 대물림하셨다.
　후에 청구, 낙랑을 지나 진陳 땅에 이주하여 수인燧人, 유

立號^{입호}於西土也^{어서토야}시라 後裔^{후예}가 分居于風山^{분거우풍산}하야
亦姓風^{역성풍}이러니 後^후에 遂分爲佩^{수분위패}·觀^관·任^임·己^기·庖^포·
理^리·姒^사·彭八氏也^{팽팔씨야}오
今山西濟水^{금산서제수}에 義族舊居^{희족구거}가 尙在^{상재}하니
任^임·宿^숙·須句^{수구}·須臾等國^{수유등국}이 皆環焉^{개환언}이니라.」

大辯經^{대변경}에 曰^왈

「伏羲^{복희}는 出於神市而作雨師^{출어신시이작우사}하사
觀神龍之變而造卦圖^{관신룡지변이조괘도}하시고
改神市癸亥而爲首甲子^{개신시계해이위수갑자}하시며

裔 후손 예 佩 찰 패 庖 부엌 포 姒 성 사 彭 성 팽 濟 건널 제 臾 잠깐 유

소유소와 함께 서쪽 땅(西土)에서 나라를 세우셨다.
그 후예가 풍산에 나뉘어 살면서 역시 풍風으로 성을 삼았다. 후에 패佩·관觀·임任·기己·포庖·리理·사姒·팽彭 여덟 씨족으로 나뉘어졌다. 지금의 산서 제수濟水에 희족義族의 옛 거주지가 아직 남아 있는데, 임任·숙宿·수구須句·수유須臾 등의 나라가 모두 에워싸고 있다.

『대변경大辯經』에 이렇게 기록되어 있다.
복희는 신시에서 출생하여 우사 관직을 맡으셨다. 신룡神龍의 변화를 관찰하여 괘도卦圖를 만들고, 신시 시대의 계

$$\underset{\text{여 와}}{女媧}\text{는}\underset{\text{승 복 희 제 도}}{承伏羲制度}\text{하고}\underset{\text{주 양}}{朱襄}\text{은}$$

$$\underset{\text{잉 구 문 자 이 시 전 육 서}}{仍舊文字而始傳六書}\text{하나라.}$$

$$\underset{\text{복 희 릉}}{伏羲陵}\text{은}\underset{\text{금 재 산 동 어 대 현 부 산 지 남}}{今在山東魚臺縣鳧山之南}\text{하나라.}$$

東洋 醫學과 農事의 始祖인 神農氏의 血統

$$\underset{\text{신 농}}{神農}\text{이}\underset{\text{기 어 열 산}}{起於列山}\text{하시니}$$

$$\underset{\text{열 산}}{列山}\text{은}\underset{\text{열 수 소 출 야}}{列水所出也}\text{라.}$$

$$\underset{\text{신 농}}{神農}\text{은}\underset{\text{소 전 지 자}}{少典之子}\text{이시오}$$

$$\underset{\text{소 전}}{少典}\text{은}\underset{\text{여 소 호}}{與少皥}\text{로}\underset{\text{개 고 시 씨 지 방 지 야}}{皆高矢氏之傍支也}\text{시니라}$$

媧 여와씨 와 **襄** 도울 양 **臺** 돈대 대 **鳧** 오리 부 **皥** 밝을 호 **傍** 곁 방

해를 고쳐 갑자로 첫머리를 삼으셨다. 여와女媧(복희의 여동생)는 복희의 제도를 계승하고, 주양朱襄은 옛 문자를 기본으로 하여 처음으로 육서六書를 세상에 전하였다. **복희씨**의 능은 지금의 산동성山東省 어대현魚臺縣 부산鳧山 남쪽에 있다.

동양 의학과 농사의 시조인 신농씨의 혈통

신농神農은 열산列山에서 창업을 하셨는데, 열산은 열수列水가 흘러나오는 곳이다. 신농은 소전少典의 아들이시고, 소전은 소호少皥와 함께 모두 고시씨高矢氏의 방계 자손이시다.

盖當世之民이 定着爲業하야 漸至成阜하고
穀麻藥石之術이 亦已稍備하니 日中爲市하야
交易以退也라.

9. 十四世 蚩尤天皇의 西土 大征伐

及至楡罔하야 爲政束急하니
諸邑携二하야 民多離散하고 世道多艱이라
我蚩尤天王이 承神市之餘烈하사
與民更張하사

阜 많을 부 稍 점점 초 楡 느릅나무 유 罔 그물 망 携 끌 휴 艱 어려울 간

당시 백성이 정착하여 각기 생업에 종사하여 점차 인구가 증가하였다. 곡식과 삼을 많이 생산하고, 각종 의약과 치료법(藥石)도 점점 갖추어지자, 한낮에 저자(시장)를 열어 교역을 하고 돌아갔다.

9. 14세 치우천황의 서쪽 영토 대정벌

유망楡罔에 이르러 정치의 속박이 가혹해지자 여러 읍락이 사이가 나빠져 백성이 많이 흩어지고, 세상살이가 심히 어렵게 되었다. 우리 치우천황께서 배달 신시의 웅렬한 기상을 계승하여 백성과 함께 이를 새롭게 펼치실 때,

能得開天知生하시며
開土理生하시며
開人崇生하시니
衆物原理가 盡自檢察하야
德無不至하며 慧無不宜하며 力無不備라
乃與民分治하시고
虎据河朔하사 內養兵勇하시며
外觀時變하시나라.

盡 다할 진 察 살필 찰 宜 마땅할 의 備 갖출 비 据 웅거할 거 朔 초하루 삭

하늘의 뜻을 밝혀 생명의 의미를 알게 하시고[開天知生],
땅을 개간하여 뭇 생명을 다스리게 하시고[開土理生],
사람의 마음을 열어 생명을 존중하게 하시니[開人崇生],
백성이 만물의 원리를 스스로 살필 수 있게 되었다. 이렇
듯 그분의 덕이 미치지 않은 곳이 없고, 지혜가 적합하지
않음이 없으며, 역량이 온전히 갖추어지지 않음이 없었다.
이에 백성과 더불어 나라를 나누어 다스리시고, 호랑이처
럼 늠름하게 황하 북쪽[河朔]에 웅거하여 안으로 군사를 용
맹하게 훈련시키고 밖으로 시국의 변화를 관망하셨다.

涿鹿 大征伐과 十二諸侯國 併合

及楡罔衰政하야 乃興兵出征하실새

選兄弟宗黨中可將者八十一人하사

部領諸軍하시고 發葛盧山之金하사

大制劍鎧矛戟大弓楛矢시라.

一幷齊整하시고 拔涿鹿而登九渾하사

連戰而捷하시니

勢若疾風하사 慴伏萬軍하시고

威振天下시라.

鎧 갑옷 개　楛 나무이름 호　拔 뺄 발　渾 흐릴 혼　捷 이길 첩　慴 두려워할 습

탁록 대정벌과 12제후국 병합

유망의 정치력이 쇠약해지자 치우천황께서 군사를 일으켜 출정하셨다. 형제와 부계 일족[宗黨] 중에서 장수가 될 만한 인물 81명을 뽑아 모든 군사를 거느리게 하시고, 갈로산葛盧山의 쇠를 캐어 칼과 갑옷과 창과 큰 활과 호시楛矢(싸리나무로 만든 화살)를 많이 제작하셨다.

그리고 전군을 모아 대오를 정비하여 탁록涿鹿을 함락시키고, 구혼九渾에 올라 싸울 때마다 승리를 거두셨다. 그 형세가 자못 질풍과 같아 만군을 복종시키고 천하에 위엄을 떨치셨다.

一歲之中에九拔九諸侯之地하시고

更就雍狐之山하사 以九冶로 發水金石金하사

而制芮戈雍狐之戟하시고 更整師躬率하사

而出陣洋水하사 殺至空桑하시니

空桑者는 今之陳留오 楡罔所都也라.

楡罔과 少昊 征伐

是歲之中에 兼併十二諸侯之國하실새

殺得伏尸滿野하니 西土之民이

雍 화할 옹 狐 여우 호 芮 풀 뾰족뾰족 날 예 殺 빼를 쇄 併 아우를 병

1년 사이에 아홉 제후의 땅을 함락시키고, 다시 **옹호산**雍狐山에 나아가 구치九冶로써 수금水金과 석금石金을 캐어 예과芮戈와 옹호극雍狐戟을 만드셨다. 다시 군사를 정비하여 몸소 거느리고 양수洋水로 출진하여 빠르게 공상空桑까지 진격하셨다. 당시 공상은 지금의 진류陳留로 유망의 도읍지였나.

유망과 소호 정벌

이 해에 치우천황이 12제후의 나라를 모두 병합하실 때 죽은 시체가 들판에 가득하니, 서토西土(지금의 중국땅)의 백성

莫不喪膽奔竄이라.

時에 楡罔이 使少昊로 拒戰한대 天王이

揮芮戈雍狐之戟하사 與少昊로 大戰하실새

又作大霧하사 使敵將兵으로 昏迷自亂하니

少昊가 大敗하야 落荒而走入空桑하야

偕楡罔出奔이라.

蚩尤天王이 乃卽祭天而誓告天下泰平하시고

更復進兵하사 圍迫涿鹿하사 一擧而滅之하시니

管子所謂 天下之君이 頓戰하고

竄 숨을 찬 揮 휘두를 휘 雍 화할 옹 霧 안개 무 偕 함께 해 迫 핍박할 박

들이 간담이 서늘하여 도망하지 않는 자가 없었다. 이때 유망楡罔이 소호少昊로 하여금 막아 싸우게 하였다. 이에 천황께서 예과와 옹호극을 휘두르며 소호와 크게 싸울 때, 큰 안개를 일으켜 적의 장수와 병졸로 하여금 혼미하여 자중지란을 일으키게 하니 소호가 대패하여 황급히 공상空桑으로 들어가 유망과 함께 달아났다.

치우천황이 즉시 하늘에 제사 지내어 천하를 태평하게 할 것을 맹세하여 고하시고, 다시 진군하여 탁록을 포위 압박하여 일거에 멸망시키셨다.

『관자管子』에 "천하의 임금 곧 치우천황이 급작스럽게 싸

一怒^{일노}에伏尸滿野者^{복시만야자}가是也^{시야}라.

10. 軒轅을 討伐하여 臣下로 삼다
: 中華文明의 發祥地 涿鹿

時^시에有公孫軒轅者^{유공손헌원자}가土着之魁^{토착지괴}라
始聞蚩尤天王^{시문치우천왕}이入城空桑^{입성공상}하사大布新政^{대포신정}하고
而敢有自代爲天子之志^{이감유자대위천자지지}하야
乃大興兵馬^{내대흥병마}하야來與欲戰^{내여욕전}이라
天王^{천왕}이先遣降將少昊^{선견항장소호}하사

軒 수레헌 轅 끌채원 着 붙을착 魁 우두머리괴 布 베풀포 敢 감히감

우며 한 번 노하심에 죽어 넘어진 시체가 들판에 가득하였다"라고 한 것은 바로 이것을 말한다.

10. 헌원을 토벌하여 신하로 삼다 : 중화문명의 발상지 탁록

이때 공손公孫 헌원軒轅이라는 자가 있었는데 토착민의 우두머리이다. '치우천황께서 공상에 입성하여 새로운 정치를 크게 펴신다'는 소식을 듣고도 감히 스스로 천자가 되려는 뜻을 품고 병마를 크게 일으켜 치우천황과 승부를 겨루려 하였다.

천황께서 항복한 장수 소호少昊를 먼저 보내 탁록을 포위

神市本紀 335

위박탁록이멸지
圍迫涿鹿而滅之로시대

헌원　유부자굴　　감출백전
軒轅이猶不自屈하야敢出百戰이어늘

천왕　동령구군　　분출사도
天王이勳令九軍하사分出四道하시고

자장보기삼천　　직여헌원
自將步騎三千하사直與軒轅으로

연전우탁록유웅지야　　　　종병사축
連戰于涿鹿有熊之野하실새縱兵四蹙하사

참살무산　　　우작대무
斬殺無算이시오又作大霧하사

지척난변이독전　　적군　내심황수란
咫尺難辨而督戰하시니賊軍이乃心慌手亂하야

분찬도명　　백리　병마　불상견
奔竄逃命하니百里에兵馬가不相見이라.

어시　기연회대지지　진위소거
於是에冀兗淮岱之地가盡爲所據오

騎 말탈기 縱 놓을종 蹙 오그라질축 咫 여덟치지 慌 다급할황거

하여 멸하려 하실 때, 헌원이 오히려 항복하지 않고 감히 수많은 전쟁에 나섰다.

천황께서 9군九軍에 명하여 네 길로 나누어 진군하게 하시고, 몸소 보병과 기병 3천을 거느리고 곧장 탁록의 유웅有熊 들판에서 여러 번 헌원과 맞붙어 싸울 때, 군사를 풀어 사방에서 협공하여 참살하시니 그 수를 헤아릴 수 없었다. 또 큰 안개를 일으켜 지척을 분간하지 못하게 하고 전투를 독려하시니, 적군은 두렵고 손이 떨려 바쁘게 도망쳐 백 리 안에 병마가 보이지 않았다.

이에 기주冀州·연주兗州·회수淮水·태산泰山 땅을 모두 차지

乃城^{내성}於^어涿鹿^{탁록}하시고 宅^택於^어淮岱^{회대}하시니
軒轅之屬^{헌원지속}이 皆稱臣入貢^{개칭신입공}이라.
盖當時西土之人^{개당시서토지인}이 徒憑矢石之力^{도빙시석지력}하고
不解鎧甲之用^{불해개갑지용}이라가
又値蚩尤天王之法力高强^{우치치우천왕지법력고강}하고
心驚膽寒^{심경담한}하야 每戰輒敗^{매전첩패}라.

涿鹿의 10年 大戰爭

雲笈軒轅記之所謂 蚩尤始作鎧甲兜鍪^{운급헌원기지소위 치우시작개갑두무}로대

憑^빙 기댈 빙 値^치 만날 치 輒^첩 번번이 첩 笈^급 책상자 급 兜^두 투구 두 鍪^무 투구 무

하고, 탁록에 성을 쌓으시고 회대淮岱(회수와 태산)에 집을 지으시니 헌원의 무리가 모두 신하를 칭하며 조공을 바쳤다. 대체로 당시 서쪽 땅의 사람들은 한갓 화살과 돌팔매[矢石]만 믿고 갑옷의 사용을 알지 못하였다. 또한 치우천황의 뛰어나고 강력한 법력에 부딪혀서, 두려운 마음이 들고 간 덤이 서늘하여 싸울 때마다 번번이 패하였다.

탁록의 10년 대전쟁

『운급雲笈』「헌원기軒轅記」에 "치우가 처음으로 갑옷과 투구를 만들었는데, 당시 사람들이 이를 알지 못해 동두철액

神市本紀

時人이 不知하야 以爲銅頭鐵額者라 하니

亦可想見其狼狽之甚矣로다.

蚩尤天王이 益整軍容하사 四面進擊하시니

十年之間에 與軒轅으로 戰七十三回로시대

將無疲色하고 軍不退後라

軒轅이 旣屢戰敗나 尤益大興士馬하고

効我神市하야 而廣造兵甲이오

又制指南之車하야 敢出百戰이어늘

天王이 赫然震怒하사 使兄弟宗黨으로

額이마 액 狼이리 랑 狽이리 패 疲지칠 피 屢여러 루 赫성낼 혁 震벼락 진

銅頭鐵額(구리 머리에 무쇠 이마)이라 여겼다"라고 하였으니, 적의 낭패가 얼마나 심하였겠는지 가히 상상할 수 있다.
치우천황이 더욱 군용을 정비하여 사방으로 진격하셨다.
10년 동안 헌원과 73회를 싸웠으나 장수는 피로한 기색이 없었고, 군사는 물러날 줄 몰랐다.
헌원은 여러 번 싸워 천황에게 패하고도 군사를 더욱 크게 일으켰다.
우리 배달을 본받아 무기와 갑옷을 많이 만들고, 또 지남거指南車를 만들어 감히 싸움마다 출전하였다.
이에 천황께서 불같이 진노하여 형제 종족으로 하여금 대

務要大戰而立威하사

使軒轅之軍으로 不敢生意於追襲하시고

與之大戰하사 混殺一陣然後에

方熄하시나라.

司馬遷『史記』의 鄙劣한 歷史 歪曲

是役也에 我將蚩尤飛者가

不幸有急功하야 陣沒하니

史記所謂擒殺蚩尤者는 盖謂此也라

追 뒤쫓을 추 襲 엄습할 습 混 섞일 혼 陣 한바탕 진 熄 쉴 식 擒 사로잡을 금

격전에 힘써 싸우게 하여 위엄을 확고히 세우셨다. 그리하여 헌원의 군사로 하여금 감히 추격하거나 습격할 엄두를 내지 못하게 하시고, 더불어 대전을 치뤄 한바탕 몰아쳐서 휩쓸어 버리신 뒤에야 비로소 싸움을 그치셨다.

사마친『사기』의 비열한 역사 왜곡

이 싸움에서 우리 장수 치우비蚩尤飛라는 자가 급히 공을 세우려다가 불행히도 전쟁터에서 죽었다.『사기史記』에 이른바 "치우를 사로잡아 죽였다(금살치우擒殺蚩尤)"라고 한 구절은 바로 이것을 두고 한 말이다.

神市本紀 339

<ruby>天王<rt>천왕</rt></ruby>이 <ruby>赫怒動師<rt>혁노동사</rt></ruby>하사

<ruby>新造飛石迫擊之機<rt>신조비석박격지기</rt></ruby>하사

<ruby>成陣聯進<rt>성진연진</rt></ruby>하시니 <ruby>賊陣<rt>적진</rt></ruby>이 <ruby>終不能抗也<rt>종불능항야</rt></ruby>라.

<ruby>於是<rt>어시</rt></ruby>에 <ruby>分遣精銳<rt>분견정예</rt></ruby>하사

<ruby>西守芮涿之地<rt>서수예탁지지</rt></ruby>하시고 <ruby>東取淮岱<rt>동취회대</rt></ruby>하사

<ruby>爲城邑<rt>위성읍</rt></ruby>하사 <ruby>而當軒轅東侵之路<rt>이당헌원동침지로</rt></ruby>하시니

<ruby>及至崩逝數千載<rt>급지붕서수천재</rt></ruby>로대

<ruby>而猶有萬丈光烈<rt>이유유만장광열</rt></ruby>이 <ruby>能起感於後人者也<rt>능기감어후인자야</rt></ruby>라.

擊 칠격 抗 막을항 銳 날카로울예 涿 들을탁 逝 죽을서 載 실을재

천황께서 진노하여 군사를 일으키고, 새로 비석박격기飛石迫擊機를 만들어 진을 치고 나란히 진격하시니, 적진이 마침내 대항하지 못하였다.

이에 정예병을 나누어 파견하여 서쪽으로 예芮와 탁涿을 지키게 하시고, 동쪽으로 회대淮岱(회수와 태산)를 취하여 성읍을 만들어 헌원이 동쪽으로 침투할 길을 막으셨다.

천황께서 붕어하신 지 수천 년이 지났지만, 진실로 길이 남을 찬란한 그 위엄이 후세인의 가슴 속에 감동을 불러일으킨다.

11. 蚩尤天皇陵의 位置와 天皇에 對한 西方 漢族의 傳說的 推仰

蚩尤旗의 傳說과 由來

今據漢書地理志컨대

其陵이 在山東 東平郡 壽張縣 闕鄕城中하니

高七丈이오 秦漢之際에 住民이

猶常以十月祭之면 必有赤氣가 出如疋絳하니

謂之蚩尤旗라 其英魂雄魄이 自與凡人으로

逈異하사 歷數千歲而猶不泯者歟아.

闕 대궐 궐　際 사이 제　疋 비단 필　絳 붉을 강　逈 멀 형　泯 망할 민　歟 어조사 여

11. 치우천황릉의 위치와 천황에 대한 서방 한족의 전설적 추앙
치우기의 전설과 유래

지금 『한서漢書』「지리지地理志」에 따르면 치우천황의 능은 산동성 동평군東平郡 수장현壽張縣 궐향성闕鄕城에 있으며, 높이는 7장丈이라 한다.

진한秦漢 시대에 주민들이 항상 10월에 제사를 지냈는데, 반드시 붉은 기운이 진홍색 비단처럼 뻗치므로 이를 치우기蚩尤旗라 불렀다.

아마도 그분의 영웅적인 기백은 보통 사람과 아주 달라 수천 년이 지나도 없어지지 않으리라.

神市本紀 341

軒轅이以是索然이오

榆罔이亦從以永墜矣니라.

蚩尤天王之餘烈이世襲能振하야

盡有幽靑하야 聲威不墜하니 軒轅以來로

世不自安하야 終其世而未嘗安枕而臥하니라.

史記所謂披山通路에 未嘗寧居오

邑于涿鹿之河하야 遷徙往來에 無常定處오

以師兵으로 爲營衛者라하니 蓋其戰兢之意를

歷歷可觀이오

索 다할 삭 墜 떨어질 추 臥 엎드릴 와 披 헤칠 피 遷 옮길 천 兢 삼갈 궁

헌원은 이 뒤로 쇠미해졌고, 유망도 따라서 영구히 몰락하였다. 치우천황의 웅렬하심은 대대로 온 천하를 진동시켰다. 특히 유주幽州, 청주靑州 지방에서 그 명성과 위엄이 지속되니, 헌원 이래 대대로 스스로 불안하여 그 치세가 끝날 때까지 베개 베고 편안히 잠을 잔 적이 없었다.

『사기史記』에 이른바, "산을 헤쳐 길을 내어도 편안히 안주하지 못하고, 탁록의 강가에 도읍하고 이리저리 옮겨다니며 일정한 곳에 살지 못하며, 항상 군사로 보호하여야 했다" 하였으니, 헌원이 얼마나 전전긍긍하였는지 역력히 엿볼 수 있다.

而尙書呂刑에 亦云「若有古訓하야
惟蚩尤作亂이라」하니
彼之畏威奪氣而世傳其訓하야
以爲後人戒者가 亦甚矣로다.
其後三百年은 無事하고 只與顓頊으로
一戰破之라. 蓋自神市開天으로 傳十八世하야
歷一千五百六十五年이오
而始有檀君王儉이 以熊氏裨王으로
遂代神市하사 統一九域하시고

若 같을 약 畏 두려워할 외 奪 빼앗을 탈 顓 성씨 전 頊 삼갈 욱 裨 도울 비

『상서尚書』「여형呂刑」에 또한 이르기를, "옛 가르침에 다만 치우가 난을 일으켰다"라고 했으니, 저들이 치우천황의 위엄을 두려워하여 기운을 잃고, 대대로 이 교훈을 전하여 후인을 크게 경계하였음을 엿볼 수 있다.
그 후 300년 동안은 전쟁이 없었고, 다만 전욱顓頊과 한 번 싸워 이들 쳐파하였을 뿐이다.
초대 환웅천황께서 신시를 개척하여 새 시대를 여시고 18세를 전하니, 역년이 1,565년이다.
바야흐로 단군왕검께서 웅씨 비왕裨王으로 신시 배달을 대신하여 구환족이 사는 모든 지역을 통일하시고 강역을 삼

分三韓以管境하시니 是謂檀君朝鮮也니라.

三韓秘記에 曰

「伏羲가 旣受封於西鄙하사

位職盡誠하시니

不用干戈시나 一域化服이오

遂代燧人하사 號令域外하시니라.

後에 有葛古桓雄이 與神農之國으로

劃定疆界하시니 空桑以東이 屬我니라.

秘 숨길비 鄙 마을비 干戈:전쟁 燧 부싯돌수 劃 그을획 疆 지경강

한으로 나누어 다스리시니[三韓管境] 이를 일러 단군조선이라 한다.

『삼한비기三韓秘記』에 다음과 같이 기록되어 있다.

  복희께서 서쪽 변방에 봉함을 받아 직책에 정성을 다하시
  니, 무기를 쓰지 않고도 그 지역 백성이 감화되어 따랐다.
  수인씨燧人氏를 대신하여 영토 밖까지 호령하셨다.
  후에 갈고葛古환웅(10세)께서 신농의 나라와 국경을 정하
  시니 **공상**空桑**의 동쪽**이 우리 땅으로 귀속되었다.

世俗에 傳해 오는 '蚩尤'의 뜻

又數傳而至慈烏支桓雄이神勇冠絶하사

其頭額銅鐵이시오

能作大霧하시며造九冶以採礦하사

鑄鐵作兵하시고造飛石迫擊之機하시니

天下大畏之하야共尊爲天帝子蚩尤하니

夫蚩尤者는俗言雷雨大作하야

山河改換之義也라.

蚩尤天王이見神農之衰하시고

慈 사랑할 자 採 캘 채 礦 쇳돌 광 鑄 쇠불릴 주 畏 두려워할 외 雷 우레 뢰

세속에 전해 오는 '치우'의 뜻

또 몇 세를 지나 자오지慈烏支환웅(14세)에 이르렀다. 이분은 신령한 용맹이 더없이 뛰어나시고, 머리와 이마를 구리와 철로 투구를 만들어 보호하셨다. 능히 짙은 안개를 일으키고, **구치**九冶(채광 기계)를 만들어 채광하시고, 철을 녹여 무기를 만드시고 또 비석박격기를 만드셨다. 천하가 크게 두려워하여 모두 이분을 받들어 천제의 아들 치우(天帝子蚩尤)라 하였다. 대저 치우라는 말은 속언으로 '뇌우가 크게 일어 산하가 뒤바뀐다' 는 뜻이다.

치우천황께서 신농神農의 나라가 쇠약해짐을 보시고 드디

遂抱雄圖하사 屢起天兵於西하사
_{수포웅도} _{누기천병어서}

進據淮岱之間하시고 及軒轅之立也에
_{진거회대지간} _{급헌원지립야}

直赴涿鹿之野하사 擒軒轅而臣之하시고
_{직부탁록지야} _{금헌원이신지}

後에 遣吳將軍하사 西擊高辛하사 有功하니라.
_후 _{견오장군} _{서격고신} _{유공}

12. 倍達과 檀君朝鮮의 統治 精神

神敎의 三道 精神과 性·命·精과 眞·善·美의 實現 問題

大辯經에 曰
_{대변경 왈}

「神市氏는 以佺修戒하사
_{신시씨} _{이전수계}

抱 품을 포 圖 꾀할 도 屢 자주 루 據 웅거할 거 赴 나아갈 부 佺 신선 이름 전

어 웅도雄圖를 품고, 서방에서 자주 천병天兵을 일으켜 진격하여 회수와 태산 사이를 점령하셨다. 헌원이 등극하자 곧바로 탁록의 광야에 나아가 헌원을 사로잡아 신하로 삼으셨다. 후에 오吳장군을 보내어 서쪽으로 **고신**高辛 땅을 쳐서 전공을 세우게 하셨다.

12. 배달과 단군조선의 통치 정신

신교의 3도 정신과 성·명·정과 진·선·미의 실현 문제

『대변경大辯經』에 다음과 같이 기록되어 있다.

신시씨神市氏(배달 초대 환웅)는 **전**佺**의 도**로써 계율을 닦아

^{교인제천}
教人祭天하시니

^{소위전 종인지소자전}
所謂佺은 從人之所自全하야

^{능통성이성진야}
能通性以成眞也오.

^{청구씨 이선설법}
靑邱氏는 **以仙設法**하사

^{교인관경}
教人管境하시니

^{소위선 종인지소자산 산 산야}
所謂仙은 從人之所自山하야(山은 産也라)

^{능지명이광선야}
能知命以廣善也오.

^{조선씨 이종건왕}
朝鮮氏는 **以倧建王**하사

^{교인책화}
教人責禍하시니

性 성품 성 **邱** 언덕 구 **管** 주관할 관 **境** 지경 경 **倧** 신인神人 이름 종

사람들에게 **제천**祭天을 가르치셨다. 이른바 전佺이란 사람의 본래 온전한 바탕을 따라 능히 **본성**에 통해[通性] 참됨[眞]을 이루는 것이다.

청구씨靑邱氏(14세 치우천황)는 **선仙의 도**로써 법을 세워 사람들에게 **천하를 나누어 다스리는 법도**[管境]를 가르치셨다. 선仙이란 사람이 본래 서나나 타고난 바들 따라서 자신의 참된 **영원한 생명력**을 깨달아[知命] 널리 **선**善을 베푸는 것이다.

조선씨朝鮮氏(단군왕검)는 **종倧의 도**로써 왕을 세워 사람들에게 **책화**[責禍]를 가르치셨다. 종倧이란 사람이 (우주 안에

神市本紀 347

所謂佺은 從人之所自宗하야
能保精以濟美也라.

三神과 三才[天·地·人]와 宇宙 本體인 三極의 關係

故로 佺者는 虛焉而本乎天하고
仙者는 明焉而本乎地하고
倧者는 健焉而本乎人也니라.」

宗 마루 종　精 정기 정　濟 이룰 제　虛 빌 허(=虛)　焉 어조사 언　健 굳셀 건

서) 스스로 으뜸 되는 바에 따라 **정기를 잘 보존**[保精]하여 (대인이 되어) **아름다움**[美]을 실현하는 것이다.

삼신과 삼재[天·地·人]와 우주 본체인 삼극의 관계

그러므로 (이러한 전佺과 선仙과 종倧의 도道 가운데)
전佺은 텅 빈 자리로 **천도**天道에 근본을 두고,
선仙은 광명 자리로 **지도**地道에 근본을 두며,
종倧은 천지 도덕의 삶을 실현하는 강건한 자리로 **인도**人道에 근본을 둔다.

348 환단고기

13. 桓仁·桓雄·檀君·王儉의 意味

注에曰

「桓仁은 亦曰天神이시니 天은 即大也며 一也오

桓雄은 亦曰天王이시니 王은 即皇也며 帝也오

檀君은 亦曰天君이시니 主祭之長也오

王儉은 亦即監群이시니 管境之長也니라.

桓, 檀, 韓의 意味

故로 自天光明을 謂之桓也오

注 주석 주 監 살필 감 群 무리 군 管境: 국경이나 구역을 관할한다는 뜻

13. 환인·환웅·단군·왕검의 의미

『대변경』의 「주注」에 이렇게 기록되어 있다.

환인桓仁은 천신天神이라고도 하니 천天은 곧 큼[大]이며, 하나[一]이다. 환웅桓雄은 천왕天王이라고도 하니 왕王은 곧 황皇이며, 제帝이다. 단군檀君은 천군天君이라고도 하니 제사를 주관하는 제사장이시다. 왕검王儉은 감군監群이라고도 하는데, 나라를 다스리는 군주이시다.

환, 단, 한의 의미

그러므로 하늘에서 내려오는 광명을 환桓이라 하고,

自地光明을 謂之檀也니 所謂桓은
卽九皇之謂也라
韓은 亦卽大也니 三韓曰 風伯雨師雲師오
加는 卽家也니 五加曰
牛加主穀하며 馬加主命하며
狗加主刑하며 豬加主病하며
鷄加主善惡也니
民有六十四하고 徒有三千이라.

伯 맏 백 師 벼슬 사 加 우두머리 가 狗 개 구 猪 돼지 저 鷄 닭 계 徒 무리 도

땅의 광명을 단檀이라 한다. 이른바 환桓은 곧 구황九皇을 말하는 것이다.

한韓은 또 크다(大)는 뜻이다. 삼한三韓은 풍백·우사·운사를 말하기도 한다. 가加는 가家라는 뜻이다.

오가五加는 곧 곡식을 주관(主穀)하는 우가牛加, 어명을 주관(主命)하는 마가馬加, 형벌을 주관(主刑)하는 구가狗加, 질병을 주관(主病)하는 저가豬加, 선악을 주관(主善惡)하는 계가鷄加를 말한다.

백성은 64겨레요, 무리는 3천이었다.

14. 開天·開人·開地의 뜻

遣^견往^왕理^이世^세之^지謂^위開^개天^천이니

開^개天^천故^고로 能^능創^창造^조庶^서物^물이니

是^시虛^허之^지同^동體^체也^야오

貪^탐求^구人^인世^세之^지謂^위開^개人^인이니

開^개人^인故^고로 能^능循^순環^환人^인事^사니

是^시魂^혼之^지俱^구衍^연也^야오

治^치山^산通^통路^로之^지謂^위開^개地^지니

開^개地^지故^고로 能^능開^개化^화時^시務^무니

往 갈 왕 體 몸 체(=體) 貪 탐할 탐 循 돌 순 環 돌 환 俱 함께 구 衍 펼 연

14. 개천·개인·개지의 뜻

성인을 보내어 세상을 다스리는 것을 일러 **개천**開天이라 하니, 하늘을 열었기 때문에 만물을 창조할 수 있다. 이것이 곧 이 세상이 하늘의 이법(천리)과 부합되어 하나로 조화[虛粗同體]되는 것이다. 인간의 본래 성(인간 속에 있는 삼신의 마음)을 여는 것을 **개인**開人이라 하니, 사람들의 마음자리를 열어 주기 때문에 세상일이 잘 순환하게 된다. 이로써 형체와 함께 영혼이 성숙해[形魂俱衍] 가는 것이다. 산을 다스려 길을 내는 것을 일러 **개지**開地라 하니, 땅을 개척하기 때문에 능히 때에 알맞은 일을 지어서 세상일이 변화할

是智之雙修也니라.」

15. 韓民族 歷史 속의 白頭山의 意味

三韓秘記에 曰

「盖白頭巨岳이 盤居大荒之中하야

橫亘千里하고 高出二百里하야

雄偉嶝峻하며 蜿蜒磅礴하야

爲倍達天國之鎭山이오」

神人陟降이 實始於此어늘 豈以區區妙香山이

亘 뻗칠 궁 嶝 고개 등 蜿 꿈틀거릴 완 礴 널리 덮을 박 陟 오를 척

수 있게 한다. 이러한 개척의 삶을 통해 지혜를 함께 닦게 [智生雙修] 된다.

15. 한민족 역사 속의 백두산의 의미

『삼한비기三韓秘記』에 이렇게 기록되어 있다.

 백두산이라는 거대한 산악이 광활한 대지 가운데 장중하게 자리잡아 가로로 천 리를 뻗고, 높이는 2백 리를 우뚝 솟았다. 웅장한 고산준령이 꿈틀거리며 널리 덮어 배달 천국의 진산鎭山이 되었다.

 신인神人이 오르내린 곳이 실로 여기에서 비롯하거늘, 어찌

只係狼林西走之脉으로
而能得叅於如許聖事耶아
世俗이旣以妙香山으로爲太白則其見이
只局於東鴨綠水以南一隅之地오
便唱山之祖宗崑崙하야
欣欣然以小中華自甘하고
宜其貢使北行이歷累百年이로대
而不爲之恥하니是乃廢書而長嘆者也라.
然이나今東方諸山이以太白으로

隅 구석 우 崙 산이름 곤 欣 기뻐할 흔 宜 마땅할 의 廢 없앨 폐 嘆 탄식할 탄

구구하게 묘향산이 단지 낭림산맥이 서쪽으로 뻗은 맥에 매여 있다는 사실 하나로 환웅천황께서 강림하신 일과 관련이 있다고 할 수 있겠는가?

세속에서 묘향산을 태백산이라 한다면, 그 소견은 동압록강 이남의 한 모퉁이 땅에 국한시키는 것이 된다. 또한 산의 조종은 곤륜산崑崙山이라 하여, (우리가) 소중화를 기꺼이 감수하고 중국에 조공을 바친 것이 수백 년이 지났으되 오히려 부끄러워할 줄 모르니, 이는 글을 폐하고 크게 통탄할 일이로다.

그러나 지금 동방의 여러 산 가운데 태백산으로 불리는 곳

爲名者가 頗多오 世俗이 率以寧邊妙香山으로
當之는 實由於一然氏三國遺事之說이나
而彼等眼孔이 如豆如太하니
安足以與之論哉아
今白頭山은 上有大澤하야 周可八十里오
鴨綠松花豆滿諸江이 皆發源於此하니
曰天池오 卽桓雄氏乘雲天降處也라.
妙香山은 曾無一小洴하고
且不爲桓雄天皇肇降之太白山이니

頗 자못 파　邊 가장자리 변　孔 구멍 공　曾 일찍 증　洴 웅덩이 오　肇 비롯할 조

이 자못 많다. 세속에서는 대개 영변의 묘향산으로 말하기도 하나, 이것은 실로 일연이 쓴 『삼국유사』에서 비롯된 것이다. 저들의 눈구멍이 마치 콩알 같고 팥알 같으니 어찌 더불어 의논할 수 있겠는가.

지금 백두산 꼭대기에는 큰 못이 있어 둘레가 80리요, 압록강·송화강·두만강이 모두 여기에서 발원한다. 그 못을 천지天池라 부르는데, 바로 환웅 신시씨께서 구름을 타고 하늘에서 내려온 곳이다. 묘향산은 조그마한 웅덩이 하나 없고, 또 환웅천황이 내려오신 태백산도 아니니 거론할 것도 없다.

不足論也라.

魏書勿吉傳에曰「國南에 有徒太山하니

魏言太皇이라 有虎豹熊狼호대 不害人하며

人이 不得上山溲溺하고

行逕者는 皆以物盛去라」하니

盖桓雄天皇之肇降이 旣在此山이오

而又此山이 爲神州興王之靈地니

則蘇塗祭天之古俗이 必始於此山이오

而自古桓族之崇敬이 亦此山始하야

魏 위나라 위 豹 표범 표 狼 이리 랑 溲 오줌 수 溺 오줌 뇨 逕 좁은길 경

『위서魏書』「물길전勿吉傳」에 이렇게 기록되어 있다.

나라 남쪽에 도태산徒太山이 있는데, 위魏나라에서는 태황산太皇山이라 부른다. 호랑이, 표범, 곰, 이리가 있지만 사람을 해치지 아니하고, 산길을 가는 사람은 모두 가져간 물건을 담아 갔다.

환웅천황이 처음 내려오신 곳이 이 산이다. 또 이곳은 신주神州(배달)의 왕업이 흥한 신령한 땅이니, 소도蘇塗에서 제천하는 옛 풍속은 필시 이 산에서 시작된 것이리라.

그리고 예로부터 환족이 삼신상제님을 숭배하고 공경함이 또한 이 산에서 비롯하였으니 평범한 산이 아닐 뿐만 아니

不曾尋常也라 且其禽獸도 悉沾神化하야

安棲於此山而未曾傷人하며

人도 亦不敢上山溲溺而瀆神하야

恒爲萬世敬護之表矣라.

16. 三神山과 東北方의 光明 精神

蓋我桓族이

皆出於神市所率三千徒團之帳이오

後世以降으로 雖有諸氏之別이나

嘗 뿐 시 尋 보통 심 悉 모두 실 沾 젖을 점 瀆 더럽힐 독 帳 장막 장

라, 금수조차 모두 신령한 감화에 젖어 이 산에서 편안히 살며 일찍이 사람을 해치지 아니하였다.
사람도 이 산에 올라 감히 오줌을 누어 신을 모독하지 않았으니, 만세에 걸쳐 항상 공경하고 수호하는 표상이 되었다.

16. 삼신산과 동북방의 광명 정신

우리 환족은 모두 신시 배달 환웅께서 거느린 무리 3천 명의 후손이다.
후세에 비록 여러 부족으로 나뉘었으나 실로 **환단일원**桓檀

實不外於桓檀一源之裔孫也라

神市肇降之功悳을當必傳誦而不忘이니

則先王先民이指其三神古祭之聖地하야

曰三神山者가亦必矣니라.

盖神市以降으로神理聖化之漸이

逐歲而尤復益深하고

立國經世之大本이自與人國으로過異하야

其神風聖俗이遠播於天下하니

天下萬邦之人이有慕於神理聖化者는

裔 후손 예 悳 덕 덕(=德) 誦 외울 송 逐 쫓을 축 復 거듭 부 播 퍼뜨릴 파

一源의 후손에서 벗어나지 않는다.
신시 환웅께서 처음 강세하신 공덕을 반드시 후세에 전하고 입으로 외고 잊지 말아야 하니 선왕선민先王先民이 옛날 삼신께 제사 지내던 이 성지를 가리켜 삼신산이라 한 것은 실로 당연한 일이다.
신시 환웅께서 강림하심으로써 신령한 다스림과 거룩한 교화의 은택이 세월의 흐름에 따라 더욱 깊어 갔다. 나라를 세워 세상을 다스리는 큰 근본이 다른 나라와 판이하게 달라 우리의 신이한 기풍과 거룩한 풍속이 멀리 온 천하에 전파되었다. 이에 천하만방의 백성 중에 신령한 다스

必推崇三神하야 至有東北은
神明舍之稱焉이라.

三神山이 蓬萊, 方丈, 瀛洲山으로 불린 理由

及其末流之弊則漸陷於荒誕不經하야
愈出愈奇하고 恠誕無稽之說이
迭出於所謂燕齊海上之怪異之方士하니
盖其地가 與九桓神市로 相接하고
民物之交가 特盛하야 自能風聞驚奇라

弊 폐단 폐 誕 속일 탄 經 도리 경 愈 더욱 유 恠 괴이할 괴 迭 번갈아들 질

림과 거룩한 교화를 흠모하는 자는 반드시 삼신을 숭배하였고, 동북방을 신명이 머무는 곳이라 일컬었다.

삼신산이 봉래, 방장, 영주산으로 불린 이유

그러나 세월이 흐르면서 (이러한 사실이 잊혀지고) 폐단이 생겨나 점점 근거 없고 허황된 길로 빠져 들어갔다. 시간이 지날수록 더욱 괴이하고 허무맹랑한 이야기가 연燕·제齊 두 나라의 바닷가에 사는 괴짜 방사들에게서 번갈아 나왔다. 그 땅이 구환, 신시와 서로 인접하고, 사람과 물자의 교류가 특히 성한 곳이었기 때문이다.

^{우부추연부회} ^{왈삼신산}
又復推演附會하야 曰三神山은

^{시봉래방장영주} ^{재발해중운운}
是蓬萊方丈瀛洲니 在渤海中云云하야

^{이혹세주야} ^연 ^{당시지인}
以惑世主也라. 然이나 當時之人이

^{동지해상}
東至海上하야

^{일망무소제애이발해지중}
一望無所際涯而渤海之中에

^{갱부지유타해고}
更不知有他海故로

^{첩왈삼신산} ^{역재발해중운운}
輒曰三神山은 亦在渤海中云云이나

^{실즉비삼신산} ^{각재삼도산야}
實則非三神山이 各在三島山也라.

^{봉래} ^{봉발래경지처} ^{즉천왕소강}
蓬萊는 蓬勃萊徑之處니 卽天王所降이오

附붙을 부 蓬쑥 봉 瀛섬이름 영 際사이 제 涯물가 애 勃갑자기 발

그들은 풍문으로만 듣고도 기이함에 깜짝 놀랐는데 여기에 다시 미루어 부연하고 억지로 끌어다 붙여서 "삼신산은 봉래산, 방장산, 영주산으로 발해 가운데 있다" 운운하여 당시의 임금을 미혹하게 하였다. 그러나 당시 사람들이 동쪽 바닷가에 이르러 바라보니 끝없이 아득하기만 하여 발해 기운데 다른 바다가 있음을 일지 못했다. 그러므로 둑하면 "삼신산 역시 발해 가운데에 있다" 운운하나, 사실 삼신산은 각각 세 섬[三島]에 있는 산을 일컫는 것이 아니다.
봉래蓬萊는 쑥대가 우뚝우뚝 자라고 묵은 풀이 길에 황량하게 우거진 곳이라는 뜻으로 곧 천황이 내려오신 장소요,

方丈은四方一丈之閣이니卽蘇塗所在오

瀛洲는瀛環洲島之貌니卽天池所出이니

摠言爲三神山이오而三神은卽一上帝也시니라.

然이나尤其荒恠者는不知三神之源委하고

而乃金剛曰蓬萊오智異曰方丈이오

漢拏曰瀛洲가是也라.

史記封禪書에曰「其傳에在渤海中하니

盖嘗有至者오

諸仙人과及不死之藥이皆在焉이오

洲섬주 環두를환 摠모두총 委버릴위 拏붙잡을나 禪봉선선

방장方丈은 사방이 일 장一丈씩 되는 누각이라는 뜻으로 곧 소도가 있는 곳이요, 영주瀛洲는 바다에 섬에 둘러싸인 모습이니 곧 천지天池가 나오는 곳이다. 이를 총괄하여 삼신산이라 한다. 삼신은 곧 한 분 상제님[三神卽一上帝]이시다.
그렇건만 더욱 황당하고 괴이한 것은 삼신의 본래 의미조차 알지 못하고 도리어 금강산을 봉래산이라 하고, 지리산을 방장산, 한라산을 영주산이라 부른다는 사실이다.
사마천의 『사기』「봉선서封禪書」에 이렇게 기록되어 있다.
  전해 오는 말에 삼신산은 발해 가운데 있는데 일찍이 그 곳에 가 본 자가 있고, 뭇 신선과 불사약이 그곳에 있으며,

其物禽獸는 盡白이오

而黃金白銀으로 爲宮闕云云」하고

又仙家書에 曰

「三神山에 有還魂不老等草하니 一名眞丹이라」

今白頭山에 自古로

有白鹿白雉 或白鷹之屬하니

括地志所云에 有鳥獸草木皆白이 是也라.

又白頭山一帶에 多產山蔘하니

世人이 擬之不老草라

還 돌아올 환　雉 꿩 치　鷹 매 응　屬 무리 속　括 묶을 괄　擬 헤아릴 의

그곳의 사물과 금수는 모두 희고, 황금과 백은으로 궁궐을 지었다 한다.

또 『선가서仙家書』에 이렇게 기록되어 있다.
　삼신산에 환혼초還魂草와 불로초不老草 등이 자라므로 일명 진단眞丹이라고노 한다.
지금의 백두산에는 예부터 흰 사슴, 흰 꿩, 흰 매 등이 있었다. 『괄지지括地志』에 "새와 짐승과 초목이 다 희다"라고 한 것은 이를 말함이다.
또 백두산 일대에 산삼이 많이 나서 세상 사람들은 그것

^{산 맹　욕 채 취 즉 필 선 목 욕 결 재}
山氓이 欲採取則必先沐浴潔齊하고
^{이 제 산 연 후　감 발　기 환 혼 불 로 지 명}
而祭山然後에 敢發하니 其還魂不老之名이
^{역 상 원 어 차 야}
亦想源於此也라.
^{세 기　운　단 군 오 사 구 원 년}
世紀에 云「檀君烏斯丘元年에
^{북 순 이 득 영 초 운}
北巡而得靈草云이라」하니
^{즉 차 우 험 야}
則此又驗也니라.

三神山은 太白山, 곧 白頭山이다

^{시 월 제 천　　수 위 천 하 만 세 지 유 속}
十月祭天은 遂爲天下萬世之遺俗이니

氓 백성 맹　沐 머리감을 목　浴 목욕할 욕　潔 깨끗할 결　齊 재계할 재　巡 돌 순

을 불로초라 여겼다. 산사람이 산삼을 캐고자 할 때에는 반드시 먼저 목욕재계하고 산에 제사를 지낸 뒤에 산행을 떠나니, 환혼·불로라는 이름이 붙은 것은 생각컨대 여기서 비롯한 것이다.

『단군세기』에 이르되, "오사구단군(4세) 원년에 임금께서 북쪽을 순수하시다가 영초靈草를 얻었다"라고 했으니 이것이 또한 그 증거이다.

삼신산은 태백산, 곧 백두산이다

10월에 천제를 지내는 풍속은 마침내 천하만세에 전해 내

此乃神州特有之盛典이오

而非外邦之可比也니

太白山이獨壓崐崙之名이라도 亦有餘矣라.

古之三神山者는 卽太白山也니

亦今白頭山也라 蓋上世神市之人文敎化가

至于近世하야 雖不得健行이나

而天經神誥가 猶有傳於後世하고 擧國男女가

亦皆崇信於潛嘿之中하니 卽人間生死를

必曰三神所主오 小兒十歲以內의 身命安危와

典 의식전　壓 누를압　崐 산이름곤　崙 산이름륜　潛 잠길잠　嘿 고요할묵

려오는 고유한 풍속이 되었다. 이것은 우리 신주神州에만 있는 독특하고도 성대한 의식으로 다른 나라와 가히 비교할 바가 아니다.

태백산은 홀로 곤륜산의 이름을 누르고도 남음이 있도다. 옛날의 삼신산은 곧 태백산이고, 지금의 백두산이다.

그 옛닐 배달 내이 인문 교화가 근세에 와서 비록 널리 행해지지 못하고 있으나, 『천부경』과 『삼일신고』가 후세까지 전해져 온 나라의 남녀가 모두 은연 중에 믿고 받들며, "인간의 생사는 반드시 삼신께서 주관하신다" 하고, 열 살 안 된 어린아이의 신명의 안위와 슬기로움과 어리석음, 뛰어

지우준용 실탁어삼신
智愚俊庸을 悉托於三神하니

부삼신자
夫三神者는

즉창우주조만물지천일신야
卽創宇宙造萬物之天一神也시니라.

17. 中國 漢族에게 傳播된 三神上帝님 信仰

석 사마상여 위한주유철왈
昔에 司馬相如가 謂漢主劉徹曰

폐하겸양이불발야 계삼신지환
陛下謙讓而弗發也하야 挈三神之驩이라 하고

위소주 삼신 상제
韋昭注에「三神은 上帝시니라」하니

삼신지설 조이전파어피경야 명의
三神之說이 早已傳播於彼境也가 明矣로다.

| 庸어리석을용 徹뚫을철 陛섬돌폐 挈끊을계 驩기뻐할환 播퍼뜨릴파 |

남과 용렬함을 모두 삼신께 맡겼다. 대저 삼신은 우주 만물을 창조하신 일신 하느님이시다.

17. 중국 한족에게 전파된 삼신상제님 신앙

옛적에 사마상여司馬相如(BCE 179~BCE 117)가 한漢나라 왕 유철劉徹[武帝]에게 말하기를, "폐하께서는 겸양하시어 (봉선을 하기 위해) 출발하지 않으시니 이는 삼신의 환심을 끊으시는 것입니다"라고 하였다. 또 위소韋昭의 주注에, "삼신은 상제님이시다"라고 하였으니, 삼신설三神說이 일찍이 중국에 전파된 것이 분명하다.

東方 文明의 神敎와 齊나라의 八神祭

震域留記에 曰

「齊俗에 有八神之祭하니 八神者는 天主·

地主·兵主·陽主·陰主·月主·日主·

四時主也라

天好陰故로 祭之必於高山之下와

小山之上하니 乃祭天太白山之麓之遺法也오

地貴陽故로 祭之必於澤中方丘하니

亦卽祭天塹城之壇之餘俗也니라

震 동방 진 留 장구할 류 齊 제나라 제 麓 산기슭 록 塹 구덩이 참 壇 제터 단

동방 문명의 신교와 제나라의 팔신제

『진역유기震域留記』에 이렇게 기록되어 있다.

제齊나라 풍속에 **팔신제**八神祭가 있으니, 팔신은 **천주**天主·**지주**地主·**병주**兵主·**양주**陽主·**음주**陰主·**월주**月主·**일주**日主·**사시주**四時主이다.

하늘은 음陰을 좋아하므로 반드시 높은 산 아래와 작은 산 위에서 제사 지내는데, 곧 태백산 기슭에서 천제를 지내던 유법遺法이다.

땅은 양陽을 귀하게 여기므로 반드시 못[澤] 가운데 모난 언덕에서 제사 지내는데, 또한 참성단에서 제천하던 풍속

> 天주는 祠三神하고 兵主는 祠蚩尤하니
> 三神은 爲天地萬物之祖也시오 蚩尤는
> 爲萬古武神勇强之祖시니라. 作大霧하시고
> 驅水火하시며 又爲萬世道術之宗하사
> 喚風雨하시고 招萬神하시니 是以로 大始之世에
> 恒爲天下戎事之主시니라 海岱之地에
> 旣爲奄藍陽介嵎萊徐淮八族之所宅하니
> 則八神之說이 萌於八族하야
> 而盛行於當時也라.

驅몰구 喚부를환 招부를초 戎병기융 奄가릴엄 藍쪽람 萌싹맹

이 전해진 것이다.

천주는 **삼신**께 제사를 지내고, **병주**는 **치우천황**께 제사를 지내니, 삼신은 천지만물의 조상이시고, 치우는 만고의 무신용강武神勇强의 비조鼻祖이시다. 큰 안개를 일으키고, 물과 불을 마음대로 부리시고 또 만세 도술의 종장이 되어 풍우風雨를 부르고, 만신萬神을 부르셨다. 이 때문에 상고 시대에 항상 **천하 군무軍務의 주장**[天下戎事之主]이 되셨다. 해대海岱 지방에 엄奄·남藍·양陽·개介·우嵎·내萊·서徐·회淮 팔족이 살았는데, 팔신설八神說이 이 팔족에서 생겨 당시에 성행하였다.

漢 高祖 劉邦이 崇敬한 蚩尤天皇

劉邦이 雖非夷系나 而起兵於豊沛하니
_{유방   수비이계   이기병어풍패}

則豊沛之俗이 祠蚩尤也라
_{즉풍패지속   사치우야}

故로 邦이 亦因俗以祠蚩尤하고 而釁鼓旗하야
_{고 방 역인속이사치우   이흔고기}

遂以十月至灞上하야 與諸侯로 平咸陽하고
_{수이시월지패상   여제후 평함양}

而立爲漢王則因以十月로 爲歲首하니
_{이립위한왕즉인이시월   위세수}

此雖襲秦正朔이나
_{차수습진정삭}

而亦因崇敬東皇太一하며
_{이역인숭경동황태일}

敬祠蚩尤也라
_{경사치우야}

豊 풍성할 풍 沛 늪 패 釁 피칠할 흔 鼓 북 고 灞 강 이름 패 襲 엄습할 습

한 고조 유방이 숭경한 치우천황

유방劉邦(BCE 247?~BCE 195)은 동이 계통은 아니지만 풍패豊沛(풍현과 패현)에서 병사를 일으켰다. 풍패에는 치우천황께 제사를 지내는 풍속이 있기 때문에, 유방은 이 풍속에 따라 치우천황께 제사 지내고 북과 깃발에 희생犧牲의 피를 발랐다. 드디어 10월에 패상灞上에 이르러 제후와 더불어 함양(秦의 수도)을 평정하고 한왕漢王이 되어 10월을 한 해의 첫머리로 삼았다. 이것은 비록 진秦나라의 역법을 답습한 것이지만, 동황태일東皇太一을 숭상하고 경배하며 치우천황께 지극한 공경심으로 제사 지낸 것과 연관이 있다.

神市本紀 367

후 사 세　　진 역　　　이 정　　　즉 령 축 관
後四歲에 秦域이 已定에 則令祝官으로

입 치 우 지 사 어 장 안　　기 경 치 우 지 독
立蚩尤之祠於長安하니 其敬蚩尤之篤이

여 차
如此하니라.

慧星의 主宰者는 蚩尤天皇

진 천 문 지　　　치 우 기　　유 혜　　이 후 곡
晉天文志에 「蚩尤旗는 類慧나 而後曲하야

상 기　　소 현 지 방　　하 유 병 운
象旗하고 所見之方에 下有兵云이라」 하니

즉 내 치 우 천 왕　　상 위 열 수 야
則乃蚩尤天王이 上爲列宿也시라.

통 지 씨 족 략　　　치 씨　　치 우 지 후
通志氏族畧에 「蚩氏는 蚩尤之後라」 하고

祝官: 제사 일을 맡은 제관　篤 도타울 독　晉 진나라 진　旗 깃발 기　畧 대략 략

4년 후에 진나라 땅을 평정하고 축관祝官(제사를 담당한 관원)에게 치우 사당을 장안長安에 짓게 하였으니, 치우천황을 돈독히 공경함이 이와 같았다.

혜성의 주재자는 치우천황

『진서晉書』「천문지天文志」에, "치우기蚩尤旗는 혜성慧星(살별)과 비슷하나 뒤가 굽어 그 모습이 깃발과 같고, 이 별이 나타나는 지방에서는 전쟁이 일어난다"라고 하였으니, 치우천황이 천상에서 별의 주재자가 된 것이다.

『통지通志』「씨족략氏族略」에, "치씨蚩氏는 치우의 후손이다"

或曰「蒼頡이 與高辛으로 亦皆蚩尤氏之苗裔로
生大棘城하야 而轉徙於山東淮北者也라」하니
盖蚩尤天王之英風雄烈이
播傳遠域之深을 推此可知也니라.
燕齊之士가 沉惑於神異誣謾之說이
亦尙矣라 自齊威燕昭之時로
遣使求三神山하고
秦漢之際에 宋無忌·正伯僑·克尙·
羨門子高·最後之徒는 則燕人也오

頡 창힐 힐 沉 가라앉을 침 誣 꾸밀 무 謾 속일 만 僑 높을 교 羨 부러워할 선

라고 하였고, 어떤 사람은 "창힐蒼頡과 고신高辛이 다 치우의 후손으로 대극성大棘城에서 태어나 산동, 회수 북쪽에 옮겨 살았다"라고 하였다. 이로 미루어 치우천황의 영웅적인 풍채와 굳세고 맹렬한 기상이 아주 멀리까지 전파되었음을 알 수 있다.

연燕나라, 제齊나라의 방사들이 신비하고 이상하게 꾸며낸 이야기에 현혹된 이후로 오랜 세월이 흘렀다. 제齊 위왕威王과 연燕 소왕昭王 때부터 사신을 보내 삼신산을 찾았는데, 진한秦漢 때에 송무기宋無忌, 정백교正伯僑, 극상克尙, 선문자고羨門子高와 최후最後 같은 무리는 연나라 사람이고,

文성 오리 공손경 신공지속 개제인야
文成·伍利·公孫卿·申公之屬은 皆齊人也라.

18. 東方 韓民族의 神敎 文化를 傳播한 姜太公

中國 周에 영향을 끼친 神敎 文化

석 여상   역 치우씨지후 고 역성강
昔에 呂尚이 亦蚩尤氏之後라 故로 亦姓姜이니

개 치우 거강수이유자자 개위강씨야
盖蚩尤가 居姜水而有子者는 皆爲姜氏也라.

강태공 치제 선수도술
姜太公이 治齊에 先修道術하야

제천어천제지   이역수봉어제
祭天於天齊池하고 而亦受封於齊하니

팔신지속 우성어차지   후세기지
八神之俗이 尤盛於此地오 後世其地에

伍 대오오 卿 벼슬경 屬 무리속 昔 옛석 呂 음률려 齊 제나라 제

문성文成, 오리伍利, 공손경公孫卿, 신공申公 같은 무리는 다 제나라 사람이다.

18. 동방 한민족의 신교 문화를 전파한 강태공

중국 주나라에 영향을 끼친 신교 문화

옛날 여상呂尙(강태공) 역시 치우의 후손이다. 그래서 성이 강姜인데, 치우가 강수姜水에 살면서 낳은 아들이 모두 강씨姜氏가 되었다. 강태공이 제나라를 다스릴 때 먼저 도술을 닦고 천제지天齊池에서 천제를 올렸다. 또한 제齊에 봉토封土를 받으니 팔신八神의 풍속이 제나라에서 더욱 성행하였다. 후

多好道術者가 出하야 與神仙黃老로
混會敷演하야 尤爲之潤飾하니
則此又姜太公이 爲之助俗也니라.

中國 漢族 文化에 傳授된 神敎의 道統

嘗作陰符經注하야 祖述紫府三皇之義하니
則燕齊之士가 安得以不好惟異浮誕之說哉아.
且其五行治水之法과 黃帝中經之書가
又出於太子扶婁오 而又傳之於虞司空하고

混 섞일 혼 敷 펼 부 潤 젖을 윤 飾 꾸밀 식 紫 자줏빛 자 誕 거짓 탄

에 그 땅에 도술을 좋아하는 자가 많이 나와 신선 황로黃老 (황제와 노자)와 뒤섞이고 부연하여 더욱 풍속을 윤색시켜 놓았으니 이것은 강태공이 그 풍속을 장려했기 때문이다.

중국 한족 문화에 전수된 신교의 도통

일찍이 강태공이 『음부경주陰符經注』를 지어 자부紫府 선생의 『삼황내문三皇內文』의 뜻을 조술祖述하였으니 연나라·제나라 선비가 어찌 괴이하고 허황한 이야기를 좋아하지 않았겠는가? 또 오행치수법과 『황제중경黃帝中經』이 부루태자(2세 단군)에게서 나와 우虞 사공司空에게 전해졌는데,

神市本紀 371

後에 復爲箕子之陳洪範於紂王者가
亦卽黃帝中經과 五行治水之說이니
則蓋其學이 本神市邱井均田之遺法也니라.

19. 三神을 守護하는 벼슬 三郞

江華島 穴口 三郞城의 뜻

密記에 云

「古者에 徙死無出鄕하고 合葬一處하야

表爲支石이러니 後變爲壇하야

復 다시부 箕 키기 陳 펼진 範 법범 均 고를균 徙 옮길사 葬 장사지낼장

후에 기자箕子가 은나라 주왕紂王(BCE 1154~BCE 1123)에게 진술한 홍범구주洪範九疇 또한 『황제중경』과 오행치수설이다. 대저 그 학문은 본래 배달 신시 시대의 구정법邱井法과 균전법均田法에서 전해 내려온 법이다.

19. 삼신을 수호하는 벼슬 삼랑

강화도 혈구 삼랑성의 뜻

『밀기密記』에 이렇게 기록되어 있다.

옛날에 장사를 지낼 때는 마을을 떠나지 않고 한 곳에 합장하여 지석(고인돌)으로 표시를 하였다. 이것이 후에 변하

稱支石壇이오 亦祭夕壇이라.」

在山頂而塹山爲城壇者를 曰天壇이오

在山谷而植木爲土壇者를 曰神壇이니

今僧徒가 混以帝釋稱壇하니 則非古也라.

護守三神하야 以理人命者를

爲三侍郎이니 本三神侍從之郎이오

三郎은 本倍達臣이니

亦世襲三神護守之官也니라.

高麗八觀雜記에 亦曰

支石:받침돌 稱일컬을칭 塹땅팔참 植세울식 混섞일혼 護보호할호

여 단壇이 되었는데, 지석단支石壇 또는 제석단祭夕壇이라 불렀다.

산꼭대기에 땅을 파서 성단城壇을 만든 것을 천단天壇이라 하고, 산골짜기에 나무를 세워 토단土壇을 쌓은 것을 신단神壇이라 한다. 지금의 승려들은 이를 혼동하여 제석帝釋을 단壇이라 칭하는데, 옛날 우리의 고유한 법이 아니다.

삼신을 수호하여 인명을 다스리는 자를 삼시랑三侍郎이라 하는데, 본래 삼신을 시종侍從하는 벼슬이다.

삼랑三郎은 본래 배달倍達의 신하이며, 삼신을 수호하는 관직을 세습하였다. 『고려팔관잡기高麗八觀雜記』에도 역시

「三郎은 倍達臣也라」하니

主稼種財利者는 爲業이오

主敎化威福者는 爲郞이오

主聚衆願功者는 爲伯이니

卽古發神道也라

皆能降靈豫言하야 多神理屢中也라

今穴口에 有三郞城하니 城者는

卽三郞宿衛之所也오

郞者는 卽三神護守之官也라

| 稼 심을 가 | 威 위엄 위 | 聚 모일 취 | 豫 미리 예 | 屢 자주 루 | 衛 지킬 위 |

"삼랑은 배달국의 신하이다"라고 기록되어 있다.
곡식 종자를 심어 가꾸고 재물을 다스리는 일을 주관하는 자를 업業이라 하고, 백성을 교화하고 형벌과 복을 주는 일을 맡은 자를 낭郞이라 하고, 백성을 모아 삼신께 공덕을 기원하는 일을 주관하는 자를 백伯이라 하니, 곧 옛날의 광명[發] 신도神道이다. 모두 영靈을 받아 예언을 하였는데 신이한 이치가 자주 적중하였다.

지금 강화도 혈구에 삼랑성三郞城이 있는데, 성城은 삼랑三郞이 머물면서 호위하는 곳이요, 낭郞은 삼신을 수호하는 관직이다.

佛像이 始入也에 建寺稱大雄하니
此僧徒之襲古仍稱이오
而本非僧家言也라
又云「僧徒儒生이 皆隷於郎家라」하니
以此可知也라.

20. 高句麗 때의 陵墓 法制는 天下의 으뜸

或云「古者에 人民이 散處溪谷하야
葬無定地하야 上自國王으로 皆遷置於隧穴하고

襲 인습할 습 儒 선비 유 隷 붙을 예 散 흩을 산 遷 옮길 천 置 둘 치 隧 굴 수

불상이 처음 들어왔을 때 절을 지어 대웅大雄이라 불렀다. 이것은 승려들이 옛 풍속을 따라 그대로 부른 것이요, 본래 승가僧家의 말이 아니다. 또 "승도僧徒와 유생儒生이 모두 낭가郎家에 예속되었다"라고 하였으니 이로써도 잘 알 수 있다.

20. 고구려 때의 능묘 법제는 천하의 으뜸

어떤 사람이 이렇게 말하였다.

옛날에는 백성이 계곡에 흩어져 살아 일정한 곳에 장사 지내지 않았다. 위로 국왕부터 모두 수혈隧穴에 옮겨 천신과 짝하여 제사를 지내다가 후에는 더러 평지에 장사 지내고,

並配天神以祭라가 後或有平地而葬之하고
環植檀柳松栢以識之라
是以로 神市之世에 無陵墓之制라.
後至中古하야 國富族强하니 養生得贍하고
送死亦侈하야 祭之有禮하며 治墓頗隆하야
或圓或方에 克厥侈飾하며
高大廣狹이 方正有規하며 內壁外墳이
均整兼巧러니 至于高句麗하야 陵墓規制가
冠於天下러라.」

贍 넉넉할 섬　侈 사치할 치　厥 그궐　飾 꾸밀 식　狹 좁을 협　壁 울타리 벽

박달나무·버드나무·소나무·잣나무를 빙 둘러 심어 표시를 해 두기도 하였다. 이 때문에 신시 시대에는 능묘陵墓 제도가 없었다.

그 후 중고中古 시대에 이르러 국가와 부족이 강성하여 사는 것이 풍족해지자 장사 지내는 것도 사치스럽게 되었다. 예를 갖추어 제사를 지내고, 묘지도 성대하게 단장하여 둥글거나 혹은 모나게 하고 사치스럽게 장식을 덧붙였다. 높고 크고 넓고 좁은 것이 방정하여 일정한 법이 있었고, 내벽과 외분이 모두 잘 정비되고 꾸며졌다. 이후 고구려 시대에 이르러 능묘의 법제가 천하에 으뜸이 되었다.

三韓管境本紀
삼한관경본기

- 고조선은 삼신의 우주관인 천지인 삼계의 '천일天一·지일地一·태일太一' 정신에 따라 전 영역을 삼한三韓(진한眞韓·번한番韓·마한馬韓)으로 나누어 다스렸다. 이를 삼한관경제三韓管境制라 한다.
- 「삼한관경본기」는 삼한관경인 진한·번한·마한의 삼한 중 번한과 마한에 대한 기록으로 『단군세기』의 보충 자료가 된다.
- 마한과 번한의 역대 왕의 치세를 기록하면서, 단군조선의 도읍 과정과 국제國制의 변화, 나라의 몰락 과정을 상세히 소개한다.
- 특히 하·은·주 등 중국과의 대외교섭사에 대해서도 새로운 사실을 밝히고 있으므로 한국 고대사 및 고대 한중 관계에 대한 중요한 역사적 자료가 된다.

倍達을 繼承한 檀君王儉,
松花江 阿斯達에서 建國

1. 桓雄天皇의 祭天 行事

太^{태백산}白山이 北^{북주}走하야

屹^{흘흘연립}屹然立^{어비서갑지경}於斐西岬之境하야

有^{유부수포산이우회언지처}負水抱山而又回焉之處하니

乃^{내대일왕제천지소야}大日王祭天之所也라 世^{세전환웅천왕}傳桓雄天王이

巡^{순주어차}駐於此하사 佃^{전렵이제}獵以祭하실새 風^{풍백}伯은

屹산우뚝솟을흘 斐문채날비 岬산허리갑 負질부 抱안을포 佃사냥할전

배달을 계승한 단군왕검, 송화강 아사달에서 건국

1. 환웅천황의 제천 행사

태백산(백두산)이 북쪽으로 달려가 우뚝 솟은 장엄한 모습이 비서갑斐西岬 경계에까지 이어졌고, 그곳에 물을 등지고 산을 안고서 다시 꺾어져 감돈 곳이 있는데, 바로 대일왕大日王(환웅천황)께서 천제를 올리시던 곳이다.

세상에 이런 말이 전해 온다.

환웅천황이 이곳에 순행하여 머무시면서 사냥하여 제사 지내실 때, 풍백은 『천부경天符經』을 거울에 새겨 진상하고,

天符刻鏡而進하고 雨師는 迎鼓環舞하며
雲師는 佰劒陛衛하니라.
盖天帝就山之儀仗이 若是之盛嚴也라
山名曰不咸이오 今亦曰完達이니 音近也니라

2. 斐西岬의 初代 王儉이 된 熊女君

後에 熊女君이 爲天王所信하야
世襲爲斐西岬之王儉하니
王儉은 俗言大監也라

鏡 거울경 佰 일백백 陛 섬돌폐 衛 호위할위 就 나아갈취 仗 무기장

우사는 북에 맞추어 둥글게 춤을 추고, 운사는 백 명을 칼로 무장시켜 제단 밑에 늘어서서 지켰다.
상제님께 천제天祭를 올리러 산에 가실 때 의장이 이처럼 성대하고 엄숙하였다. 이 산의 이름이 불함不咸이다. 지금은 완달完達이라 하는데, 그 음이 비슷하다.

2. 비서갑의 초대 왕검이 된 웅족 여왕

후에 웅족 여왕[熊女君]이 천황께 신임을 받아 비서갑의 왕검을 세습하였다. 왕검王儉을 세속 말로 대감大監이라 한다.

管守土境하고 除暴扶民하야

以天王이 諭國人之意로 戒之曰

父母는 可敬也며 妻子는 可保也며

兄弟는 可愛也며 老長은 可隆也며

少弱은 可惠也며 庶衆은 可信也라 하고

又制醫藥工匠養獸作農測候禮節文字之法하니

一境化之하야 遠近之民이

皆不相疑也러라.

除 없앨 제 **暴** 사나울 포 **扶** 도울 부 **諭** 깨우칠 유 **隆** 높일 륭 **匠** 기술자 장

왕검은 영토를 관장하고 지키며, 포악한 것을 물리치고 백성을 보살폈다.

일찍이 천황께서 백성에게 유시諭示한 뜻을 받들어 자기 백성에게 이렇게 가르쳤다.

"부모를 공경하고, 처자를 잘 보호하여라. 형제를 사랑하고 아끼며, 노인과 어른을 잘 받들어라. 어린아이와 약한 자에게 은혜를 베풀고, 뭇 백성은 서로 믿어야 하느니라."

또 의약과 물건 만드는 법, 짐승을 기르고 농사짓는 법, 기후 관측과 예절과 문자의 법을 만드니, 맡아 다스리는 땅이 교화되어 원근 백성이 모두 서로 의심치 않게 되었다.

3. 漢族 始祖 軒轅은 熊氏族 少典의 後孫

熊氏之所分을 曰少典이니

安夫連桓雄之末에

少典이 以命으로 監兵于姜水하고

其子神農이 嘗百草 制藥하고

後에 徙列山하야 日中交易하니 人多便之라

少典之別派를 曰公孫이니 以不善養獸로

流于軒丘하니 軒轅之屬이 皆其後也라.

連 잇닿을 련 徙 옮길 사 列 벌일 렬 便 편할 편 派 갈래 파 軒 수레 헌

3. 한족 시조 헌원은 웅씨족 소전의 후손

웅씨족에서 갈려 나간 후손 중에 소전少典이 있었다. 안부련환웅(8세) 말기에 소전이 명을 받고 강수姜水에서 군병을 감독했다. 소전의 아들 신농神農은 온갖 풀을 맛보아 약을 만들었다. 후에 열산列山으로 이주하여 한낮에 시장을 열어 물건을 교역하게 하였는데, 백성이 이를 매우 편리하게 여겼다.

소전에서 갈라진 파로 공손公孫이란 인물이 있었다. 짐승을 잘 기르지 못해 헌구軒丘에 귀양가서 살았는데, 헌원軒轅의 족속이 모두 그 후손이다.

4. 九桓을 統一하신 神人 王儉: 國祖 檀君

斯瓦羅桓雄之初에熊女君之後를曰黎니

始得封於檀墟하야爲王儉하야

樹德愛民하니土境이漸大하고諸土境王儉이

來獻方物하야以歸化者가千餘數라

後四百六十年에有神人王儉者가

大得民望하사陞爲裨王이라居摄二十四年에

熊氏王이崩於戰하고王儉이遂代其位하사

統九桓爲一하시니是爲檀君王儉也시니라.

黎 종족이름 려 墟 옛터 허 漸 점점점 陞 오를 승 裨 도울 비 摄 섭정할 섭

4. 구환을 통일하신 신인 왕검 : 국조 단군

사와라환웅(13세) 초기에 웅족 여왕의 후예를 여黎라 하였는데, 처음으로 단허檀墟에 봉함을 받아 왕검이 되었다. 왕검이 덕을 베풀고 백성을 사랑하므로 영토가 점점 넓어졌다. 여러 지역 왕검이 와서 방물을 바쳤고, 귀화하는 자가 천여 명이었다.
그 뒤 460년이 지나 신인神人 왕검이 출현하여 백성에게 신망을 크게 얻어 비왕裨王(부왕)에 올라 24년간 섭정하였다. 웅씨 왕이 전쟁에서 죽자 왕검이 드디어 그 자리를 계승하여 구환九桓을 통일하였다. 이분이 단군왕검이시다.

乃召國人하사 立約曰
 내소국인   입약왈

自今以後로 聽民爲公法하노니 是謂天符也라
 자금이후   청민위공법   시위천부야

夫天符者는 萬世之綱典이오 至尊所在니
 부천부자   만세지강전   지존소재

不可犯也라 하시고 遂與三韓으로
 불가범야   수여삼한

分土而治하실새 辰韓은 天王自爲也시라
 분토이치   진한   천왕자위야

立都阿斯達하시고 開國하사 號朝鮮하시니
 입도아사달   개국   호조선

是爲一世檀君이시오 阿斯達은
 시위일세단군   아사달

三神所祭之地로 後人이 稱王儉城하니
 삼신소제지지   후인   칭왕검성

以王儉舊宅이 尙存故也니라.
 이왕검구택   상존고야

召 부를 소 **綱** 벼리 강 **犯** 범할 범 **與** 더불어 여 **阿** 언덕 아 **斯** 이 사 **達** 통할 달

이때에 나라 사람들을 불러 이렇게 공약하셨다. "오늘 이후로는 백성의 뜻을 들어 공법을 삼노니, 이를 천부天符(하늘의 법)라 이르노라. 무릇 천부는 만세불변의 기본 경전이요, 지극한 존엄성이 담겨 있으니 범해서는 아니 되느니라."

마침내 삼한으로 영토를 나누어 다스릴 때 진한辰韓은 천왕께서 친히 맡아서 통치하셨다. 노읍을 아사달에 세우고 나라를 열어 조선이라 하니, 이분이 바로 1세 단군이시다. 아사달은 '삼신께 제사 지내는 곳'으로 후세 사람들이 왕검성王儉城이라 불렀는데, 그 까닭은 왕검의 옛 집이 그대로 남아 있었기 때문이다.

馬韓世家 上

熊虎交爭之世에
桓雄天王이尙未君臨하시니
苗桓이乃九皇之一也라
在昔에已爲我桓族의
遊牧農耕之所오
而及神市開天하야
以土爲治하니一積而陰立하고

尙 아직 상 苗 싹 묘 昔 옛 석 牧 기를 목 耕 밭갈 경 治 다스릴 치 積 쌓을 적

마한세가 상

웅족과 호족이 서로 다투던 때는 환웅천황께서 아직 나라를 다스리기 이전이다.
묘환苗桓은 환국 시절 구황九皇족의 하나로 그 땅은 옛적에 이미 우리 환족이 유목과 농경을 하던 곳이다. 배달 신시가 개천되자 처음으로 토土의 중정中正의 덕으로 다스렸다[以土爲治].
1(태극[水])이 만물을 낳아서 기르는(先天 生長) 운동이 쌓여 그 궁극에 천지의 결실하는 음 기운(무극) 10이 성립하고[陰立],

십 거 이 양 작
十鉅而陽作하야

무 궤 이 충 생 언
无匱而衷生焉하니라.

1. 黃帝軒轅이 神市 倍達에 와서 道를 닦다

桓易을 풀어 내는 윷놀이와 念標文

봉 조　　취 서 어 백 아 강
鳳鳥가 聚捿於白牙岡하고

선 인　　내 왕 어 법 수 교　　　　법 수　　선 인 명 야
仙人이 來往於法首橋하니 **法首는 仙人名也**라

인 문　　조 이 발 달　　　오 곡　　풍 숙
人文이 早已發達하고 **五穀이 豊熟**하니

적 이 시 시　　자 부 선 생　　　조 칠 회 제 신 지 력
適以是時에 紫府先生이 造七回祭神之曆하고

鉅 클거　无 없을무　匱 다할궤　衷 참마음충　捿 깃들일서　岡 언덕강

이 10(무극)이 크게 열려서 만물이 다시 양 기운 1(태극)로 통일된다(후천 결실 수렴 운동). 이러한 1과 10의 순환 운동 속(중도의 덕을 지닌 5토±)에서 천지의 참마음[衷]이 생겨난다.

1. 황제헌원이 신시 배달에 와서 도를 닦다
한역을 풀어 내는 윷놀이와 염표문

봉황새가 백아강白牙岡에 모여 깃들고, 선인이 법수교法首橋를 왕래하였다. 법수는 신선 이름이다. 일찍이 인문이 발달하였고 오곡이 잘 익었다.
마침 이때 자부 선생이 칠회제신력七回祭神曆을 만들고 『삼

進三皇內文於天陛하니

天王이 嘉之하사 使建三淸宮而居之하시니

共工軒轅倉頡大撓之徒가 皆來學焉하니라.

於是에 作枊戲하야 以演桓易하니

盖神誌赫德所記 天符之遺意也라.

昔者에 桓雄天王이 思天下之大는 非一人이

所能理化라 하시고 將風伯·雨師·雲師하사

而主穀·主命·主刑·主病·主善惡하시고

九主人間三百六十餘事하시며

陛 섬돌폐 嘉 기뻐할 가 皆 모두 개 枊戲 : 윷놀이 演 부연할 연 天符 : 천부경

황내문三皇內文』을 천황께 바쳤다. 천황께서 기뻐하시고 삼청궁三淸宮을 지어 기거하게 하셨다.

공공·헌원·창힐·대요의 무리가 찾아와서 모두 자부 선생에게 배웠다. 그때 윷놀이를 만들어 「환역桓易」을 자세히 설명[演繹]하였는데, 대체로 (초대 환웅 때) 신지神誌 혁덕赫德이 기록한 『천부경』이 전하는 취지이다.

옛적에 환웅천황께서 천하가 광대하여 한 사람이 능히 다 스릴 수 없다고 생각하셨다. 이에 풍백과 우사와 운사를 거느리시고, (오가五加에게) 농사·왕명·형벌·질병·선악을 주관하게 하시고, 인간 세상의 360여 가지 일을 주관하시며,

作_작曆_력하사

以_이三_삼百_백六_육十_십五_오日_일五_오時_시四_사十_십八_팔分_분四_사十_십六_육秒_초로

爲_위一_일年_년也_야하시니

此_차乃_내三_삼神_신一_일體_체上_상尊_존之_지遺_유法_법也_야니라.

故_고로 以_이三_삼神_신立_입敎_교하사

乃_내作_작布_포念_념之_지標_표하시니

其_기文_문에 曰_왈

「一_일神_신降_강衷_충하사 性_성通_통光_광明_명하니

在_재世_세理_이化_화하야 弘_홍益_익人_인間_간하라」하니라.

曆 책력력 秒 시간초 遺 전할유 標 나타낼표 降 내릴강 衷 참마음충

책력을 지어 365일 5시간 48분 46초를 1년으로 삼으셨다. 이것이 바로 삼신과 하나 되어 천상에 계시는 상제님[三神一體上尊]께서 남겨 주신 법도이다.

그러므로 천황께서 삼신(상제님)의 도로써 가르침을 세우고[三神立敎], 그 품고 계신 뜻을 전하는 글[念標文]을 지으시니 그 「염표문」에 이렇게 기록되어 있다.

삼신[一神]께서 참마음을 내려 주셔서[一神降衷]
사람의 본성은 본래 신의 광명에 통해 있으니[性通光明]
삼신의 가르침으로 세상을 다스려 깨우쳐서[在世理化]
천지광명(환단)의 뜻과 대이상을 성취하는 홍익인간의 길을 갈

自是_로 蘇塗之立_이 到處可見_{이오}

山像_과 雄常_이 山頂皆有_{하며}

四來之民_이 環聚墟落_{하야}

四家同井_{하며} 二十稅一_{하니}

時和年豊_{하고} 露積邱山_{이라}

萬姓_이 歡康之_{하야}

作太白環舞之歌_{하야} 以傳_{하니라.}

蘇 소생할소 塗 진흙도 雄常:환웅천황을 상징하는 신수神樹 歡 기뻐할환

지어다(弘益人間).

이때부터 소도가 건립되어 도처에서 볼 수 있었고, 산상山像과 웅상雄常이 산꼭대기마다 세워졌다.

사방에서 모여든 백성이 둥글게 마을을 이루고 네 집이 정전井田의 단위를 이루어 농사를 짓고, 조세는 20분의 1을 바쳤다.

사시가 고르고 풍년이 들어 집 밖에 곡식을 산더미처럼 쌓아 놓으니 온 백성이 기뻐하여 「태백환무太白環舞」라는 노래를 지어 후세에 전하였다.

2. 蚩尤天皇의 軒轅 討伐 - 涿鹿 大戰爭

繼有蚩尤氏가作造九冶以採礦하시며

鑄鐵作兵하시며

又制飛石迫擊之機하시니 天下莫敢響之라

時에 軒丘不服이어늘 蚩尤躬率往征之하사

大戰於涿鹿하시니 涿鹿은 今山西大同府也라

將戰하실새 作涿鹿檄하시고

乃召八十一宗黨大人하사

先以頒示蚩尤形像하시고 具命誓而告之하시니

迫 다그칠박 響 대적할수 躬 몸궁 涿 땅이름탁 檄 격문격 頒 반포할반

2. 치우천황의 헌원 토벌 - 탁록 대전쟁

이어서 치우천황이 계셨는데 구치九冶를 만들어 광석을 캐고 철을 주조하여 병기를 만드셨다. 또 비석박격기를 만드시니 천하에서 감히 대항하는 자가 없었다. 이때 헌구(황제 헌원, 중화 한족의 시조)가 불복하므로 치우천황께서 친히 군사를 거느리고 탁록에서 대전쟁을 벌이셨다. 탁록은 지금의 산서성 대동부大同府이다.

전투를 시작하려 할 때「탁록격문涿鹿檄文」을 짓고, 종당대인宗黨大人 81명을 소집하여 먼저 치우천황의 형상을 그려 반포하고, 아울러 신하들에게 경계의 글을 내려 알리셨다.

蚩尤天王이 曰

爾軒丘아 明聽朕誥하라 日之有子에 惟朕一人이
爲萬世爲公之義하야 作人間洗心之誓하노니

爾軒丘는 侮我三神一體之原理하고

怠棄三倫九誓之行하니

三神이 久厭其穢하사

命朕一人하사 行三神之討하시니

爾早已洗心改行하야

自性求子면 降在爾腦오

侮 업신여길 모 怠 게으를 태 棄 버릴 기 厭 싫을 염 穢 더러울 예 腦 골 뇌

치우천황께서 말씀하셨다.

"너, 헌구는 짐의 말을 똑똑히 들으렷다! 태양(하늘)의 아들은 오직 짐 한 사람이니라. 짐이 천자로서 이 세상을 만세토록 공의公義롭게 하기 위하여 인간의 마음을 닦는 경계의 글(훈계문)을 짓노라.

너, 헌구는 우리의 삼신일체 원리를 우습게 알고 태만하여 삼륜구서三倫九誓를 실행하지 않았느니라. 이에 삼신상제님께서 오랫동안 너의 더러운 행위를 싫어하여 짐 한 사람에게 명하시어 '삼신의 토벌'을 행하게 하셨노라. 네가 하루 속히 불의한 마음을 씻고 행동거지를 뜯어고쳐 타고난 삼

若不順命이면 天人咸怒하리니
其命之不常을 爾無可懼乎哉아
於是에 軒丘乃平服하고 天下宗我焉하나라.

3. 仙人 有爲子가 傳한 天地 大道의 道言

道의 根源은 三神上帝님

時에 有爲子가 隱於妙香山하니 其學이
出於紫府先生也라

若 만약약 怒 노할노 懼 두려워할구 隱 숨음은 紫 자줏빛자 府 마을부

신의 본성에서 진리의 열매(씨)를 구하여라. 그러면 상제님의 성령이 너의 머리에 내려 오시리라. 만일 네가 천명天命을 따르지 아니하면 하늘과 사람이 함께 노하여 네 목숨이 온전치 못하리니 너는 두렵지도 않으냐?"
이때에 헌구가 평정되어 복종함으로 천하가 우리 배달을 숭수로 받들게 되었다.

3. 선인 유위자가 전한 천지 대도의 말씀

도의 근원은 삼신상제님

이때 유위자가 묘향산에 은거하고 있었는데, 그의 학문은

過見熊氏君한대 君이 請爲我陳道乎아

對曰 道之大原이 出乎三神也로다.

道旣無對無稱하니 有對非道오

有稱亦非道也로다.

道無常道나 而隨時가 乃道之所貴也오

稱無常稱이나 而安民이

乃稱之所實也로다.

其無外之大와 無內之小에

道乃無所不含也로다.

見 뵐현 陳 베풀진 旣 이미기 稱 일컬을칭 隨 따를수 含 머금을함

자부 선생에게서 나온 것이다. 지나는 길에 웅씨 임금을 알현하니, 임금이 "나를 위해 도道를 설명해 주겠소?"라고 청하였다.

이에 이렇게 대답하였다. "도의 큰 근원은 삼신에서 나옵니다道之大原 出乎三神. 도에는 이미 대립도 없고 이름도 없으니, 대립이 있으면 도가 아니요, 이름이 있어도 도가 아닙니다. 도에는 고정불변의 도가 없으나 천지의 때를 따르는 것이 도가 귀하게 여기는 바입니다. 도에는 일정한 이름이 없으나 백성을 평안하게 함이 도의 이름이 담고 있는 바입니다. 밖이 없는 극대 세계와 안이 없는 극미 세계에 이르

^{천 지 유 기} ^{현 어 오 심 지 기}
天之有機는 **見於吾心之機**하고

^{지 지 유 상} ^{현 어 오 신 지 상}
地之有象은 **見於吾身之象**하고

^{물 지 유 재} ^{현 어 오 기 지 재 야}
物之有宰는 **見於吾氣之宰也**니

^{내 집 일 이 함 삼} ^{회 삼 이 귀 일 야}
乃執一而含三하고 **會三而歸一也**니이다.

^{일 신 소 강 자} ^{시 물 리 야}
一神所降者는 **是物理也**니

^{내 천 일 생 수 지 도 야}
乃天一生水之道也오

^{성 통 광 명 자} ^{시 생 리 야}
性通光明者는 **是生理也**니

^{내 지 이 생 화 지 도 야}
乃地二生火之道也오

^{재 세 이 화 자} ^{시 심 리 야}
在世理化者는 **是心理也**니

見 나타날 현 機 틀 기 象 모양 상 宰 주재할 재 執 잡을 집 歸 돌아올 귀

기까지 도가 품지 않는 바가 없습니다.
하늘에 있는 기틀이 내 마음의 기틀에 나타나고, 땅에 있는 상象(변화의 움직임)이 내 몸의 상에 나타나며, 만물의 주재는 내 몸의 기氣의 주재에서 나타나니, 이것이 바로 하나[一氣]에는 셋(삼신)이 깃들어 있고[執一舎三], 세 손길로 작용하는 삼신이 히나의 근원으로 돌아가는 원리[會三歸一]입니다.
일신이 내려 주신 바가 만물의 이치[物理]니 바로 천일天一이 (또는 하늘이 1로서) 물[水]을 생生하는 도입니다. 인간의 본래 성품이 광명에 통해 있는 것이 **생명의 이치**[生理]니 바로 지이地二가 (또는 땅이 2로서) 불[火]을 생生하는 도입니다.

乃人三生木之道也니이다.

蓋大始에 三神이 造三界하실새

水以象天하시고 火以象地하시고

木以象人하시니

夫木者는 柢地而出乎天하야

亦如人이 立地而出하야

能代天也로이다 하야늘 君曰

善哉라 言乎여.

蓋 대개 개 始 처음 시 造 지을 조 柢 뿌리 저 能 능할 능 善哉 : 좋다

세상을 삼신상제님의 가르침으로 다스려 깨우치는 것이 마음의 이치[心理]이니, 바로 인삼人三(또는 사람이 3으로서)이 나무[木]를 생生하는 도입니다.
대개 대시에 삼신상제님께서 천지인 삼계를 만드실 때, 물[水]로써 하늘[天]을 상징하고, 불[火]로써 땅[地]을 상징하고, 나무[木]로써 사람[人]을 상징하였습니다. 무릇 나무란 땅에 뿌리를 내리고 하늘로 솟아나온 것인데, 사람이 땅에 우뚝 서서 하늘을 대신하는 것과 같습니다."
웅씨 임금이 말하였다. "참으로 좋은 말씀이오."

4. 古朝鮮 馬韓 首都의 位置와 歷代 王의 治績

馬韓의 初代 王(副檀君) : 熊伯多

檀君王儉이 旣定天下하시고
分三韓而管境하실새
乃封熊伯多하사 爲馬韓하시고
都於達支國하시니 亦名曰
白牙岡也라 登馬韓山하사 祭天하실새
天王이 下詔曰 人이 視鏡則姸醜自形하고
民이 視君則治亂見政하나니

管 다스릴관 境 지경경 封 봉할봉 伯 맏백 都 도읍도 姸 고울연 醜 마울추

4. 고조선 마한 수도의 위치와 역대 왕의 치적

마한의 초대 왕(부단군) : 웅백다

단군왕검께서 천하를 평정하고 삼한으로 나누어 다스릴 때, 웅백다熊伯多를 마한 왕(부단군)으로 임명하셨다. 도읍을 달지국達支國에 정하였는데, **백아강**白牙岡이라고도 불렀다. 마한산에 올라 천제를 지내실 때 천왕(단군왕검)께서 조칙을 내려 이렇게 말씀하셨다.

"사람이 거울을 보면 잘나고 못난 모습이 저절로 드러나고, 백성이 임금을 보면 세상이 잘 다스려지고 어지러운 것이 정사에 나타나나니,

視鏡에 須先視形하고
視君에 須先視政이니라.
馬韓이 上箚曰 聖哉라 言乎시여
聖主는 能從衆議故로 道大하고
暗君은 好用獨善故로 道小하나니
可無內省而不怠乎니이다.

(1) 三郞城과 祭天壇을 쌓다

檀君王儉五十一年에 天王이
命雲師倍達臣하사

鏡 거울경 須 모름지기수 箚 차자차 暗 어두울암 獨 홀로독 省 살필성

거울을 볼 때는 반드시 먼저 자신의 모습을 보고, 임금을
볼 때는 반드시 먼저 정사를 보아야 하느니라."
마한 왕(웅백다)이 차자箚子를 올려 이렇게 아뢰었다.
"거룩하신 말씀입니다. 성군은 뭇 사람의 의견을 잘 좇으
므로 도가 높아지고, 어리석은 임금은 독선을 좋아하므로
도가 작아지나니, 참으로 자신을 돌이켜 살펴서 게으르지
않도록 해야 할 것입니다."

(1) 삼랑성과 제천단을 쌓다

단군왕검 51년(단기 51, BCE 2283)에 천왕께서 운사 배달신

築三郎城于穴口하시고
設祭天壇于摩璃山하실새
發江南民丁八千人하사 以助役하시니라
辛酉三月에 天王이 親幸摩璃山하사
祭天하시니라.
熊伯多가 薨하니 在位五十五年이라
子盧德利가 立하니라
盧德利가 薨하니 子弗如來가 立하니라
是檀君扶婁十二年壬子라.

助 도울 조 役 부릴 역 幸 거둥 행 薨 제후 죽을 홍 立 : 즉위함(立極)

에게 명하여 혈구穴口에 삼랑성을 축조하고 마리산에 제천단을 설치할 때 강남의 장정 8,000명을 동원하여 조역助役하게 하셨다.

(91세 되시던) 신유(단기 54, BCE 2280)년 3월에 천왕께서 친히 마리산에 행차하여 천제를 올리셨다.

웅백다가 세상을 떠나니 단군왕검 새위 55년(단기 55, BCE 2279)이었다.

아들 노덕리盧德利(2세 왕)가 계승하였다. 노덕리가 세상을 뜨자 아들 불여래弗如來(3세 왕)가 즉위하니 부루단군(2세) 12년 임자(단기 105, BCE 2229)년이었다.

三韓管境本紀

秋^추十^시月^월에 以^이命^명으로
頒^반七^칠回^회曆^력于^우民^민하고
明^명年^년春^춘三^삼月^월에
始^시敎^교民^민種^종柳^류于^우白^백牙^아岡^강하고 作^작都^도亭^정하니라.
丙^병辰^진에 刻^각立^립三^삼一^일神^신誥^고碑^비於^어南^남山^산하고
庚^경申^신에 作^작稻^도田^전하고
己^기亥^해에 立^입蘇^소塗^도하야
施^시三^삼倫^륜九^구誓^서之^지訓^훈하니 治^치化^화大^대行^행하니라.

| 頒 반포할 반 | 回 돌아올 회 | 種 심을 종 | 柳 버들 류 | 刻 새길 각 | 稻 벼 도 |

桓檀古記

가을 10월에 (단군의) 명을 받들어 **칠회력**七回曆을 백성에게 널리 반포하였다.

다음해 봄 3월에, 처음으로 백성으로 하여금 백아강에 버드나무를 심게 하고 도정都亭을 지었다.

병진(단기 109, BCE 2225)년에 삼일신고비三一神誥碑를 새겨서 남산에 세우고, 경신(단기 113, BCE 2221)년에 논[稻田]을 개간하였다. 기해(단기 152, BCE 2182)년에 소도를 세워 **삼륜구서** 三倫九誓의 가르침을 베푸니 나라를 다스리는 덕화가 널리 미쳤다.

(2) 三世 嘉勒檀君의 中道一心 精神에 對한 聖訓

檀君嘉勒三年에 弗如來가 薨하니

子杜羅門이 立하니라.

乙巳九月에 天王이 敕曰

天下大本이 在於吾心之中一也니

人失中一則事無成就하고

物失中一則體乃傾覆하나니라.

君心은 惟危하고 衆心은 惟微하니

全人統均하야 立中勿失然後라야

嘉아름다울가 勒굴레륵 敕조서칙 就이룰취 傾기울경 覆뒤집힐복

(2) 3세 가륵단군의 중도 일심 정신에 대한 성훈

가륵단군(3세) 3년(단기 154, BCE 2180)에 불여래가 세상을 떠나고 아들 두라문杜羅門(4세 왕)이 즉위하였다. 을사(단기 158, BCE 2176)년 9월에 천왕께서 조칙을 내려 말씀하셨다. "천하의 대본大本은 내 마음의 '중도 일심[中一] 자리'에 있느니라. 사람이 중도 일심을 잃으면 어떤 일도 성취할 수 없고, 만물이 중도 일심을 잃으면 그 몸이 넘어지고 엎어지느니라.

임금의 마음은 위태롭고 백성의 마음은 은미하니, 모든 사람이 균일하게 갖고 나온 천부의 성품을 잘 닦고 간직하여

乃定于一也니라

惟中惟一之道는

爲父當慈하고 爲子當孝하며

爲君當義하고 爲臣當忠하며

爲夫婦當相敬하고

爲兄弟當相愛하며

老少當有序하고 朋友當有信이니라.

飭身恭儉하며 修學鍊業하며

啓智發能하며 弘益相勉하야

當 마땅할 당 慈 사랑할 자 飭 삼갈 칙 恭 공손할 공 啓 열 계 勉 힘쓸 면

그 조화의 중심 자리를 확립해서 잃지 않은 연후에야 일심 자리에 확고히 안주할 수 있느니라.

중정과 일심[中一]의 도는 아비된 자 마땅히 자애롭고, 자식된 자 마땅히 효도하며, 임금된 자 마땅히 의롭고, 신하된 자 마땅히 충성하며, 부부된 자 마땅히 서로 공경하고, 형제된 자 마땅히 서로 우애하고, 노인과 젊은이가 마땅히 차례를 잘 지키고, 친구끼리 마땅히 서로 믿음을 가지는 것이니라.

몸을 삼가 공손하고 검소하며, 학문을 잘 닦고 맡은 소임을 연마하여 지혜와 능력을 계발하고, 널리 이롭도록 서로

成己自由하며 開物平等하야
以天下自任하며 當尊國統하며
嚴守憲法하야 各盡其職하고
獎勤保産이라가
於其國家有事之時에 捨身全義하며
冒險勇進하야 以扶萬世无疆之運祚也어다.
是는 朕이 與爾國人으로
切切佩服而勿替者也니라.
庶幾一體完實之至意焉이니 其欽哉어다.

獎 권면할 장 **憲** 법 헌 **勤** 근면할 근 **捨** 버릴 사 **冒** 무릅쓸 모 **疆** 끝 강

권면하고, 자신을 완성하여 자유자재하며[成己自由], 만물의 뜻을 열어 고르고 한결같이 하라[開物平等]. 그리하여 천하의 일을 자임하고, **국통國統**을 존중하고, 국법을 확실히 지켜 각자 자기 직분을 다하고, 부지런함을 권면하여 생산을 보존하라. 국가에 일이 있을 때 몸을 던져 의義를 실천하고, 위험을 무릅쓰고 용맹이 전진하여 만세토록 무궁한 복을 마련할지니라. 이는 짐이 너희 백성과 함께 간절하게 마음에 새겨 소홀히 하지 않는 것이니라. 너희가 한 몸이 되어 완전하게 실천하기를 지극한 뜻으로 바라노니, 이를 잘 공경하여 받들지어다."

三韓管境本紀

(3) 薩水에서 배를 建造함

杜羅門이 薨하니
子乙弗利가 立하나라.

乙弗利가 薨하니 子近于支가 立하니
乃檀君烏斯丘乙酉也라.

庚寅에 遣民丁三十人하야
造船舶于薩水하니 乃辰韓南海岸也라.

壬子에 韓이 以命으로 入常春하야
助祭三神于九月山하고

杜 막을 두 遣 보낼 견 船 배 선 舶 큰 배 박 薩 보살 살 助 도울 조

---

(3) 살수에서 배를 건조함

두라문(4세 왕)이 세상을 뜨자 아들 을불리乙弗利(5세 왕)가 즉위하였다. 을불리가 세상을 떠나 아들 근우지近于支(6세 왕)가 즉위하니, 오사구단군(4세) 을유(단기 198, BCE 2136)년이었다.

경인(단기 203, BCE 2131)년에 장정 30명을 보내 살수薩水에서 배를 건조하게 하였는데, 그곳은 진한辰韓의 남해안이다.

임자(단기 225, BCE 2109)년에 마한 왕이 (4세 단군의) 명을 받고 상춘常春에 들어가 구월산에서 삼신께 제사드리는 일을 도왔다.

^{시월} ^{기이궁어 모란봉중록}
十月에 起離宮於 菝莽峰中麓하야
^{위천왕순주지소}
爲天王巡駐之所하니라.

皂衣 下賜와 加冠 儀式

^{매당삼월} ^{명마한} ^{열무전렵}
每當三月이면 命馬韓하사 閱武佃獵하시고
^{십육일} ^{제천기린굴}
十六日에 祭天麒麟窟하실새
^{사조의가관지례}
賜皂衣加冠之禮하시고
^{잉가무백희이파}
仍歌舞百戲而罷하시니라.
^{갑인} ^{근우지} ^훙 ^{자을우지} ^입
甲寅에 近于支가 薨하니 子乙于支가 立하니라.
^{을우지} ^훙
乙于支가 薨하니

菝 풀이름단 駐 머무를주 閱 검열할열 佃 사냥할전 獵 사냥할렵 戱 놀이희

10월에 모란봉 산기슭에 별궁[離宮]을 지어 천왕(오사구단군)께서 순수巡狩하실 때 머무실 장소로 삼았다.

조의 하사와 가관 의식

(단군께서) 매년 3월에 마한에 명하여 친히 군대를 사열하시고 사냥을 히셨다. 16일에 **기린굴**麒麟窟에서 천세를 올릴 때 조의皂衣를 하사하고 관을 씌우는 예식(관례)을 행하셨다. 이어서 가무와 온갖 놀이를 행하고 파하셨다.
갑인(단기 227, BCE 2107)년에 근우지가 세상을 떠나고 아들 을우지乙于支(7세 왕)가 즉위하였다. 을우지가 세상을 떠나

제궁호 입
弟弓戶가 立하니라

궁호 훙 무사
弓戶가 薨하니 無嗣라

두라문지제두라시 증손막연
杜羅門之弟杜羅時의 曾孫莫延이

이명 입승마한
以命으로 入承馬韓하니라.

무신 단군우서한 순주백아강
戊申에 檀君于西翰이 巡駐白牙岡하사

명획전수토
命劃田授土하사

사가작구 구출일승
四家作區하시니 區出一乘하사

분수향위
分守鄕衛하시니라.

| 嗣뒤사 莫넓을막 延끌연 承이을승 巡돌순 授줄수 衛지킬위 |

니 아우 궁호弓戶(8세 왕)가 즉위하였다. 궁호가 세상을 떠나니 자손이 없어 두라문(4세 왕)의 아우 두라시杜羅時의 증손 막연莫延(9세 왕)이 명을 받들어 마한의 왕위를 계승하였다.

무신(단기 341, BCE 1993)년에 우서한단군(8세)께서 백아강에 순행하여 머무시며, 밭의 경계를 정해 땅을 나누어 주고 네 집을 한 구역으로 정하도록 명하셨다.

그리고 각 구역에서 일승一乘씩 내어 마을을 나누어 지키게 하셨다.

(4) 十一世 檀君 때 桓道 文明이 繁盛함

神敎의 制度化로 桓道 文明이 繁盛

檀君魯乙壬寅에 莫延이 薨하니
<small>단군노을임인 막연 훙</small>

弟阿火가 立하니라. 時에 檀君道奚가
<small>제아화 입 시 단군도해</small>

方銳意開化하사 平等爲治하시니라.
<small>방예의개화 평등위치</small>

以命으로 建大始殿于大聖山하고
<small>이명 건대시전우대성산</small>

作大橋于大同江하며 三忽爲佺하야 設扃堂하며
<small>작대교우대동강 삼홀위전 설경당</small>

定七回祭神之儀하며 講三倫九誓之訓하니
<small>정칠회제신지의 강삼륜구서지훈</small>

桓道文明之盛이 聞于域外라
<small>환도문명지성 문우역외</small>

魯 노둔할로 薨 어찌해 銳 날카로울 예 橋 다리교 扃 빗장경 講 강론할강

(4) 11세 단군 때 환도桓道 문명이 번성함

신교의 제도화로 환도 문명이 번성

노을단군(10세) 임인(단기 395, BCE 1939)년에 막연이 세상을 떠나고 아우 아화阿火(10세 왕)가 즉위하였다.

이때 도해단군(11세)께서 강력한 의지로 개화에 힘써 평등하게 다스리실 때, (단군의) 명을 받들어 대성산大聖山 기슭에 대시전大始殿을 짓고 대동강에 큰 다리를 건설하였다.

세 고을마다 전佺을 두어 경당扃堂을 설립하고 칠회 제신 의례[七回祭神之儀]를 정하여 삼륜구서三倫九誓의 가르침을 강론하니, 환도 문명桓道文明이 번성하여 국경 밖까지 소문이

夏主廑이 遣使獻方物하니라.

丁巳에 阿火가 薨하니

子沙里가 立하니라.

檀君阿漢乙卯에 沙里가 薨하니

弟阿里가 立하니라.

檀君古弗乙酉에 阿里가 薨하니

子曷智가 立하니라.

曷智가 薨하니 檀君代音戊申에

子乙阿가 立하니라.

夏 하나라 하　廑 겨우 근　使 사신 사　獻 바칠 헌　沙 모래 사　曷 어찌 갈

나게 되었다. 하夏나라 왕 근廑(13세, BCE 1900~BCE 1880)이 사신을 보내 방물을 바쳤다.

정사(단기 470, BCE 1864)년에 아화가 세상을 떠나고 아들 사리沙里(11세 왕)가 즉위하였다. 아한단군(12세) 을묘(단기 528, BCE 1806)년에 사리가 세상을 떠나고, 아우 아리阿里(12세 왕)가 즉위하였다. 고불단군(14세) 을유(단기 618, BCE 1716)년에 아리가 세상을 떠나고 아들 갈지曷智(13세 왕)가 즉위하였다. 갈지가 세상을 뜨니 대음단군(15세) 무신(단기 701, BCE 1633)년에 아들 을아乙阿(14세 왕)가 즉위하였다.

塹城壇의 祭天 行事에 參與한 殷나라 使臣

己酉에耽牟羅人이獻馬三十匹하니라.

乙阿가薨하니檀君余乙辛未에

子豆莫奚가立하니라

壬申三月十六日에親幸摩璃山하사

祭三神于塹城壇하시니

殷主外壬이遣使助祭하니라.

豆莫奚가薨하니戊寅에

子慈烏漱가立하고薨하니

耽즐길탐 牟소우는소리모 匹마리필 摩갈무리할마 璃유리리 漱씻을수

참성단의 제천 행사에 참여한 은나라 사신

기유(단기 702, BCE 1632)년에 탐모라耽牟羅사람이 말 30필을 바쳤다.

을아가 세상을 뜨니, 여을단군(17세) 신미(단기 784, BCE 1550)년에 아들 두막해豆莫奚(15세 왕)가 즉위하였다.

임신(단기 785, BCE 1549)년 3월 16일에 여을단군께서 친히 마리산에 행차하여 참성단에서 삼신께 천제를 지내실 때, 은나라 왕 외임外壬(BCE 1549~BCE 1535)이 사신을 보내 제사를 도왔다. 두막해가 세상을 뜨자 무인(단기 851, BCE 1483)년에 아들 자오수慈烏漱(16세 왕)가 즉위하였다. 자오수

己丑에 子瀆盧가 立하니라

瀆盧가 薨하니 檀君固忽庚午에

子阿娄가 立하니라.

阿娄가 薨하니 戊午에 弟阿羅斯가 立하니라.

古朝鮮 前三韓 時代의 大轉機點

高登의 叛逆 事件

是歲에 高登이 叛據開城하야

抗命天王이어늘

瀆 도랑 독 盧 갈대 로 娄 별이름 루 叛 배반할 반 據 웅거할 거 抗 막을 항

가 세상을 뜨니 기축(단기 922, BCE 1412)년에 아들 독로瀆盧 (17세 왕)가 즉위하였다. 독로가 세상을 뜨니 고홀단군(20세) 경오(단기 963, BCE 1371)년에 아들 아루阿娄(18세 왕)가 즉위하였다. 아루가 세상을 뜨니 무오(단기 1011, BCE 1323)년에 아우 아라사阿羅斯(19세 왕)가 즉위하였다.

고조선 전삼한 시대의 대 전기점

고등의 반역 사건

이 해(단기 1011, BCE 1323)에 고등高登이 개성開城에서 반역하여 천왕(21세 소태단군)에게 항명하였다.

馬韓이 方擧兵討之할새 到紅石嶺界하야
聞天王이 許高登爲右賢王하고 乃止하니라.
乙未에 天王이
欲讓禪于海城 褥薩徐于餘이어시늘
馬韓이 諫不可로대 而不允하시고
及索弗婁之立하야
而馬韓이 整師躬率하고
往戰于海城이라가 戰敗不還하니라.

讓양보할양 禪선양할선 諫간할간 允허락할윤 索찾을색 整가지런히할정

마한 왕이 바야흐로 군사를 일으켜 고등을 치려 하는데, 홍석령紅石嶺에 이르러 천왕께서 고등을 우현왕右賢王으로 삼을 것을 윤허하셨다는 소식을 듣고 중지하였다.
을미(단기 1048, BCE 1286)년에 천왕(21세 소태단군)께서 해성 욕살 서우여徐于餘에게 선양하려 하시자 마한 왕이 불가하다고 간했으나 허락하지 않으셨다. 색불루가 (22세 단군으로) 즉위하자 마한 왕이 군사를 정비하여 몸소 이끌고 가서 해성에서 일전을 겨뤘으나 싸움에서 패하여 돌아오지 못하였다.

馬韓世家 下
三韓에서 三朝鮮 時代로 轉換

右賢王 索弗婁의 大權 掌握

檀君索弗婁가 承祖父功하사 手握重兵하시니
辰韓이 自潰하고 二韓도 亦未一勝而敗滅하니라
前帝가 使人傳玉册國寶하사 以讓하신대
新帝가 相都於白岳山이어시늘
諸褥薩이 執不可라

| 握 쥘 악　潰 무너질 궤　勝 이길 승　滅 멸할 멸　册 문서 책　國寶:국새 |

마한세가 하
삼한에서 삼조선 시대로 전환

우현왕 색불루의 대권 장악

색불루단군께서 조부(우현왕 고등)의 공덕을 계승하여 병권을 장악하니, 진한이 스스로 무너지고 마한·번한 역시 한 번도 이기지 못하고 패멸하였다. 이에 전제前帝(21세 소태단군)께서 사람을 보내어 옥책玉册과 국보國寶를 전하고 선양하셨다. 새로 등극한 임금(색불루)께서 도읍터를 백악산으로 정하시자 모든 욕살이 불가하다고 하였다.

^{여원흥 갑천령등 봉조유지}
黎元興·蓋天齡等이 奉詔諭之하니

^{어 시 제욕살 필복}
於是에 諸褥薩이 畢服하니라.

1. 二十二世 索弗婁檀君, 白岳山 阿斯達로 遷都

^{병신원년정월}
丙申元年正月에

^{수즉위우녹산}
遂卽位于鹿山하시니

^{시위백악산아사달야}
是爲白岳山阿斯達也라.

^{삼월 하조왈 이자 아사달}
三月에 下詔曰 邇者에 阿斯達이

^{사인전옥책국보   이양 전제}
使人傳玉册國寶하야 以讓하고 前帝가

齡 나이령 諭 타이를유 畢 모두필 服 복종할복 邇 가까울이 讓 넘겨줄양

여원흥黎元興과 갑천령蓋天齡 등이 조칙을 받들어 설득하니 마침내 모든 욕살이 복종했다.

1. 22세 색불루 단군, 백악산 아사달로 천도

재위 원년 병신년(단기 1049, BCE 1285) 정월에, 색불루단군께서 마침내 녹산鹿山에서 즉위하시니 이곳이 백악산 아사달이다.
3월에 조칙을 내려 이렇게 말씀하셨다.
"근자에 아사달(수도)에서 사람을 보내 옥책과 국보를 짐에게 전하여 제위를 선양하였느니라. 전제前帝(21세 소태단군)

今^금雖^수襲^습號^호以^이尊^존이시나

而^이其^기海^해內^내山^산川^천이 旣^기歸^귀名^명帳^장하니

祭^제天^천之^지禮^례는 當^당在^재國^국典^전하야 不^불可^가濫^람也^야니

必^필須^수徵^징古^고實^실하야 以^이達^달誠^성敬^경者^자라

今^금當^당祭^제迎^영하야 前^전往^왕擇^택齊^재하야

審^심掃^소神^신域^역하고 潔^결備^비牲^생幣^폐하야 用^용答^답三^삼神^신이어다.

於^어是^시에 帝^제擇^택齊^재七^칠日^일하시고

授^수香^향祝^축于^우黎^여元^원興^흥하사

至^지十^십六^육日^일하야 早^조朝^조에

| 帳 장부책장 濫 함부로할람 徵 밝힐징 掃 쓸소 潔 깨끗할결 牲 희생생 |

께서 아직 존호를 사용하고 계시지만 해내海內의 산천과 백성의 명부[名帳]가 이미 짐에게 돌아왔으니, 하늘에 제사 지내는 예법은 나라의 전례典禮에 합당하게 하여 너무 지나치게 하지 말지어다. 반드시 옛 전통을 잘 헤아려서 정성과 공경을 지극히 하라. 이제 천제일(대영절大迎節, 3월 16일)을 맞이하여 먼저 가서 몸과 마음을 재계하며, 천제 지낼 장소[神域]를 살펴 잘 청소하고, 희생과 폐백을 깨끗하게 준비하여 삼신께 보답토록 하라."

이때에 임금(색불루 단군)께서 7일을 택해 재계하시고, 향과 축문을 여원흥에게 내려 주시며 16일 이른 아침에 삼한의

敬行祀事于三韓大白頭山天壇하시고
帝는 親祭于白岳山阿斯達하시니라.
其白頭山誓告之文에 曰
「朕小子檀君索弗婁는 拜手稽首하나이다.
自天帝子之修我以及民은 必自祭天以敬이니
皇上이 受三神明命하사 普恩大德이
旣與三韓五萬里之土境으로
共享弘益人間故로 遣馬韓黎元興하야
致祭于三神一體上帝之壇하나이다.

稽 조아릴 계　普 넓을 보　境 지경 경　享 누릴 향　致 정성스럽게할 치

대백두산 천단天壇에서 제사를 봉행하게 하고, 임금께서는 몸소 백악산 아사달에서 제사를 지내셨다.
그 백두산 「서고문誓告文」에 이렇게 기록되어 있다.

　소자 단군 색불루는 두 손 모아 머리를 조아려 절하나이다. 천자天子의 수신修身이 백성에게 미침은 반드시 공경스럽게 하늘에 세사 시냄에서 비롯하나, 황상皇上(시조 단군)께서 삼신의 밝으신 천명을 받아 보은대덕으로 이미 삼한의 5만 리 강토와 더불어 다 함께 '홍익인간'의 큰 뜻을 누려왔습니다. 그리하여 마한 여원흥을 보내 삼신일체 상제님의 제단에 제사를 올립니다.

三韓管境本紀

神其昭昭하사 體物無遺하실새
潔齊誠供하오니
降歆默佑하사
必能賁飾新帝之建極하시고
世保三韓千萬年無疆之祚業하시며
年穀豐熟하고
國富民殷하야
庶昭我聖帝空我存物之至念하소서.」

昭 밝을소 齊 재계할재 供 바칠공 歆 흠향할흠 賁 꾸밀비 飾 꾸밀식

상제님의 성신은 밝고 밝으시어 만유에 그 은혜를 베푸심이 빠뜨림이 없으십니다. 이에 심신을 깨끗이 재계하고 정성스럽게 제물을 바치오니 강림하여 흠향하시고 말없이 도우시어 반드시 새로 보위에 오른 임금의 건극建極을 보살펴 주옵소서!

세세토록 삼한의 왕업을 천만 년 무궁토록 보존케 하옵시고, 매년 풍년이 들어 나라는 부강해지고 백성은 번영하게 하여 우리 성제聖帝(시조 단군)께서 품으셨던, 나를 비우고 만물을 살리는[空我存物] 지극한 생각을 밝혀 주옵소서.

2. 國制를 三韓에서 三朝鮮으로 改編

五月에 改制三韓하사 爲三朝鮮하시니

朝鮮은 謂管境也라 眞朝鮮은 天王이 自爲하시니

而地則仍舊辰韓也며

政由天王하야 三韓이 皆一統就令也라.

命黎元興하사 爲馬韓하사 治莫朝鮮하시고

徐于餘로 爲番韓하사 治番朝鮮하시니

總之하야 名曰檀君管境이니

是則辰國이오 史稱檀君朝鮮이 是也라.

無疆:무궁.한이없음 制 법도제 仍 그대로따를잉 舊 옛구 總 모두총

2. 나라의 제도를 삼한에서 삼조선으로 개편

5월에 제도를 고쳐 삼한을 삼조선이라 하셨는데, 조선은 관경管境(영토 관할)을 말한다. 진조선은 천왕(22세 단군)께서 친히 다스리고, 통치 영역은 옛날 진한의 땅 그대로이다. 정치는 천왕에게서 나오니 삼한이 모두 하나로 통일되어 명령을 받았다. 여원흥을 마한 왕(20세)으로 삼아 막조선莫朝鮮을 다스리게 하고, 서우여를 번한 왕으로 삼아 번조선番朝鮮을 다스리게 하셨다. 이를 총칭하여 단군 관경檀君管境이라 하니 이것이 곧 진국辰國이다. 역사에서 일컫는 단군조선은 바로 이것을 말한다.

大洞江의 王儉城을 莫朝鮮의 黎元興이 主宰함

元興이 旣受大命하야 鎭守大同江하니

亦稱王儉城이라.

天王이 亦以每年仲春에 必巡駐馬韓하사

勤民以政하시니

於是에 藉供厚斂之弊가 遂絶하니라.

先是에 有詔曰惟朕一人之養으로

煩民以斂이면 是乃無政也니

無政이면 而君이 何用哉아 하시고

> 鎭누를진 仲春:봄이한창인때 巡돌순 駐머무를주 藉구실자 供올릴공

대동강의 왕검성을 막조선의 여원흥이 주재함

원흥이 임금의 명을 받고 대동강을 굳게 지키니, 이곳을 왕검성이라고도 불렀다. 천왕께서 매년 중춘仲春에 반드시 마한을 순행하여 머물며 백성을 위해 부지런히 정사에 힘쓰셨다. 이에 지나치게 많이 올리고, 많이 거둬들이는 폐단이 마침내 없어지게 되었다.

이에 앞서 먼저 조칙을 내려 이렇게 말씀하셨다.

"오직 짐 한 사람을 봉양하기 위해 거두는 일로 백성을 번거롭게 한다면, 이는 바른 정사가 아니니라. 바른 정사가 이루어지지 않는다면 임금이 무슨 소용이 있으리오."

嚴命罷之하시니라.

戊子에馬韓이承命入京師하야

諫以寧古塔遷都로爲不可라한대從之하시니라

元興이薨하니己丑에子阿實이立하니라

阿實이薨하니弟阿闍가立하니라

箕子의 隱遁 生活

己卯에殷이滅하니後三年辛巳에子胥餘가

避居太行山西北地이어늘

罷 그칠 파 京師: 천자가 계신 수도 諫 간할 간 寧 편안할 녕 闍 망루 도

그러고는 엄명을 내려 이를 그만두게 하셨다.
무자(단기 1101, BCE 1233)년에, 마한 왕이 명을 받들어 천자가 계신 수도[京師]에 들어가 영고탑으로 천도하는 것은 불가하다고 간하니 이를 따르셨다. 원흥이 세상을 떠나고 기축(단기 1102, BCE 1232)년에 아들 아실阿實(21세 왕)이 즉위하였다. 아실이 세상을 뜨자 아우 아도阿闍(22세 왕)가 즉위하였다.

기자의 은둔 생활

기묘(단기 1212, BCE 1122)년에 은나라가 멸망하였다. 3년이 지난 신사(단기 1214, BCE 1120)년에, 자서여子胥餘(기자)가 태

莫^막朝^조鮮^선이 聞^문之^지하고

巡^순審^심諸^제州^주郡^군하야 閱^열兵^병而^이還^환하니라

阿^아闍^도가 薨^홍하니 庚^경戌^술에 子^자阿^아火^화只^지가 立^입하니라

阿^아火^화只^지가 薨^홍하니 丙^병戌^술에 弟^제阿^아斯^사智^지가 立^입하니라

阿^아斯^사智^지가 薨^홍하니 檀^단君^군摩^마休^휴丁^정亥^해에

兄^형之^지子^자阿^아里^리遜^손이 立^입하니라

阿^아里^리遜^손이 薨^홍하니 子^자所^소伊^이가 立^입하니라

所^소伊^이가 薨^홍하니 丁^정亥^해에 子^자斯^사虞^우가 立^입하니라

審 살필 심　還 돌아올 환　智 지혜 지　遜 겸손할 손　伊 저 이　虞 근심할 우

桓檀古記

항산太行山 서북 땅에 피하여 사는데, 막조선莫朝鮮 왕이 전해 듣고 모든 주군州郡을 순행하여 살피고 군대를 사열하고 돌아왔다. 아도가 세상을 뜨자 경술(단기 1243, BCE 1091)년에 아들 아화지阿火只(23세 왕)가 즉위하였다. 아화지가 세상을 뜨고 병술(단기 1279, BCE 1055)년에 아우 아사지阿斯智(24세 왕)가 즉위하였다. 아사지가 세상을 뜨니 마휴단군(29세) 정해(단기 1400, BCE 934)년에 형의 아들 아리손阿里遜(25세 왕)이 즉위하였다. 아리손이 세상을 뜨자 아들 소이所伊(26세 왕)가 즉위하였다. 소이가 세상을 뜨고 정해(단기 1580, BCE 754)년에 아들 사우斯虞(27세 왕)가 왕위에 올랐다.

3. 陜野侯가 倭人의 叛亂을 平定함

戊子에 周主宜臼가 遣使賀正하니라

斯虞가 薨하니

甲辰에 子弓忽이 立하니라

甲寅에 命陜野侯하사

率戰船五百艘하야 徃討海島하야

定倭人之叛하시니라

弓忽이 薨하니 子東杞가 立하니라

東杞가 薨하니 檀君多勿癸酉에

宜 마땅할 의 臼 절구 구 陜 좁을 협 艘 척 소 叛 배반할 반 杞 차조 기

3. 협야후가 왜인의 반란을 평정함

무자(단기 1581, BCE 753)년에, 주周나라 임금 의구宜臼(BCE 770~BCE 720)가 사신을 보내 새해 축하 인사를 올렸다. 사우가 세상을 뜨자 갑진(단기 1657, BCE 677)년에 아들 궁홀弓忽(28세 왕)이 즉위하였다.

갑인(단기 1667, BCE 667)년에 협야후陜野侯에게 명하여 전선 500척을 거느리고 가서 해도海島를 쳐서 왜인의 반란을 평정하게 하셨다.

궁홀이 세상을 뜨고, 아들 동기東杞(29세 왕)가 즉위하였다. 동기가 세상을 뜨자 다물단군(38세) 계유(단기 1746, BCE

子^자多^다都^도가 立^입하니라

多^다都^도가 薨^홍하니 壬辰^{임진}에 子^자斯羅^{사라}가 立^입하니라

斯羅^{사라}가 薨^홍하니 子^자迦葉羅^{가섭라}가 立^입하니라

迦葉羅^{가섭라}가 薨^홍하니 甲寅^{갑인}에 子^자加利^{가리}가 立^입하니라

乙卯^{을묘}에 隆安^{융안}獵户數萬^{엽호수만}이 叛^반하야 官兵^{관병}이

每戰不利^{매전불리}라

賊^적이 遂迫都城甚急^{수박도성심급}일세

加利^{가리}가 亦出戰^{역출전}이라가 中流矢而薨^{중유시이홍}하나라

| 迦 막을 가 | 葉 땅이름 섭 | 隆 높을 륭 | 獵 사냥할 렵 | 遂 드디어 수 | 迫 닥칠 박 |

---

588)년에 아들 다도多都(30세 왕)가 즉위하였다. 다도가 세상을 뜨니 임진(단기 1825, BCE 509)년에 아들 사라斯羅(31세 왕)가 즉위하였다. 사라가 세상을 뜨고 아들 가섭라迦葉羅(32세 왕)가 즉위하였다. 가섭라가 세상을 뜨자 갑인(단기 1907, BCE 427)년에 아들 가리加利(33세 왕)가 즉위하였다.

을묘(단기 1908, BCE 426)년에 융안隆安 사냥꾼 수만 명이 반란을 일으켰는데, 관병이 이들과 싸울 때마다 이기지 못하였다. 드디어 반란군이 도성을 공격하여 상황이 매우 위급해지자, 가리가 출전하였다가 날아오는 화살을 맞고 세상을 떠났다.

4. 古朝鮮의沒落 - 于和冲의大逆謀와箕詡의叛亂

丙_{병진}辰에上_{상장}將丘_{구물}勿이

遂_수斬_참獵_엽戶_호頭_두目_목宇_우和_화冲_충하고

移_이都_도藏_장唐_당京_경할새 先_선以_이加_가利_리之_지孫_손典_전奈_내로

入_입承_승莫_막朝_조鮮_선하니

自_자是_시로國_국政_정이益_익衰_쇠하니라

典_전奈_내가薨_훙하니子_자進_진乙_을禮_례가立_입하니라

進_진乙_을禮_례가薨_훙하니乙_을卯_묘에子_자孟_맹男_남이立_입하니라

戊_무戌_술에須_수臾_유人_인箕_기詡_후가

斬벨참 冲빌충 移옮길이 衰약해질쇠 孟맏맹 臾잠간유 詡자랑할후

4. 고조선의 몰락 - 우화충의 대역모와 기후의 반란

병진(단기 1909, BCE 425)년에 상장_{上將} 구물_{丘勿}(후에 44세 단군으로 즉위)이 마침내 사냥꾼 두목 우화충_{宇和冲}을 죽이고 도읍을 장당경으로 옮겼다. 먼저 가리의 손자 전내_{典奈}로 하여금 막조선을 계승(막조선 34세 왕)하게 하였는데, 이때부터 국정이 더욱 쇠퇴하였다.

전내가 세상을 떠나고, 아들 진을례_{進乙禮}(35세 왕)가 즉위하였다. 진을례가 세상을 뜨자, 을묘(BCE 366)년에 아들 맹남_{孟男}(36세 왕)이 즉위하였다.

무술(단기 2011, BCE 323)년에 수유_{須臾} 사람 기후_{箕詡}가 군

兵入番韓하야 以據하고

自稱番朝鮮王이러니 燕이 遣使하야

與我로 共伐之라 한대

莫朝鮮이 不從하니라.

癸亥에 檀君高烈加가

遂棄位하시고 入阿斯達이어시늘

眞朝鮮이 與五加로 從政이러니

終未復而終焉하니라.

據 웅거할 거 燕 연나라 연 伐 칠 벌 棄 버릴 기 復 회복할 복 終焉:없어짐

사를 이끌고 번한에 들어가 웅거하고 스스로 번조선 왕이라 하였다. 연燕나라에서 사신을 보내 아군과 함께 이를 정벌하자고 하였으나 막조선이 응하지 않았다.

계해(단기 2096, BCE 238)년에 고열가단군(47세)께서 마침내 제위를 버리고 아사달에 은둔하셨다. 진조선은 오가五加가 공동으로 집행하는 공화정共和政 체제(단기 2096, BEC 238~단기 2102, BEC 232)를 (6년 동안) 유지하다가 끝내 국력을 회복하지 못하고 종말을 고했다.

番韓世家 上

1. 堯·舜은 檀君朝鮮의 諸侯

堯임금이 讓位한 背景

蚩尤天王이 西征涿芮하시고 南平淮岱하사
披山通道하시니 地廣萬里라 至檀君王儉하야
與唐堯로 並世하니 堯德이 益衰하야
來與爭地不休라.
天王이 乃命虞舜하사

征 칠정 芮 땅이름 예 淮岱 : 회수와 태산 지역 披 헤칠 피 堯 요임금 요

번한세가 상

1. 요·순은 단군조선의 제후

요임금이 양위한 배경

치우천황께서 서쪽으로 탁예涿芮(하북성 탁록과 산서성 예성현)를 정벌하고, 남쪽으로 회대淮岱(회수와 태산)를 평정하여 산을 헤치고 길을 내시니 그 영토가 만 리였다. 단군왕검 때는 당요唐堯(당나라 요임금, BCE 2357~BCE 2258)와 같은 때인데, 요의 덕이 갈수록 쇠하여 영토 분쟁이 끊이지 않았다. 이에 천왕(단군왕검)께서 우순虞舜(우나라 순임금, BCE 2255~

^{분토} ^{이치}   ^{견병} ^{이둔}
分土而治하시고 遣兵而屯하사

^{약 이 공 벌 당 요}
約以共伐唐堯하시니

^{요 내 역 굴}   ^{의 순 이 보 명}
堯乃力屈하야 依舜而保命하야

^{이 국 양}
以國讓하니라.

^{어 시} ^{순 지 부 자 형 제} ^{부 귀 동 가}
於是에 舜之父子兄弟가 復歸同家하니

^{개 위 국 지 도}   ^{효 제 위 선}
蓋爲國之道는 孝悌爲先이라.

2. 九年 洪水를 다스리기 위한 塗山 會議

^{급 구 년 홍 수}   ^{해 급 만 민 고}
及九年洪水하야 害及萬民故로

屯진칠둔 伐칠벌 屈굽힐굴 依의지할의 讓양위할양 悌공경할제

BCE 2208)에게 명령하여 영토를 나누어 다스리게 하고, 군사를 보내 주둔시키셨다. 우순과 함께 당요를 정벌할 것을 언약하시니, 요임금이 힘에 굴복하고 순에게 의탁하여 목숨을 보존하고자 나라를 넘겨 주었다[國讓]. 이때 순 부자와 형제가 다시 돌아가 한집안을 이루니, 대저 나라를 다스리는 도는 부모에게 효도하고 형제간에 우애있게 함을 우선으로 하기 때문이다.

2. 9년 홍수를 다스리기 위한 도산 회의

9년 동안 홍수가 일어나 그 재앙이 만민에게 미치므로 단

檀君王儉이 遣太子扶婁하사
約與虞舜으로 招會于塗山하실새
舜이 遣司空禹하야
受我五行治水之法하고 而功乃成也라.

天子 檀君王儉을 謁見한 諸侯 舜

於是에 置監虞於琅耶城하야
以決九黎分政之議하니
卽書所云 東巡望秩肆覲東后者가 此也라.

司空:토목공사를 관장하던 고대의 관직 琅 옥이름랑 肆 드디어사 覲 뵈올근

군왕검께서 태자 부루를 보내어 우나라 순임금[虞舜]과 약속하게 하시고, 도산塗山 회의를 소집하셨다. 순임금이 사공司空 우禹(재위 BCE 2203~BCE 2198)를 보내어 우리의 오행치수법五行治水法을 받아 치수에 성공하게 되었다.

천자 단군왕검을 알현한 제후 순

이때 감우소監虞所를 낭야성琅耶城에 설치하여 구려九黎 분정에서 논의된 일을 결정하였다. 『서경』에 이른바 "순임금이 동쪽으로 순행하여 멀리 산천을 바라보며 제사 지내고, 동방천자를 알현하였다[東巡望秩 肆覲東后]"라는 구절은 바로 이

辰國은 天帝子所治故로 五歲에
巡到琅耶者一也오
舜은 諸侯故로 朝覲辰韓者四也라.

3. 初代 番韓 王은 蚩尤天皇의 後孫 蚩頭男

於是에 檀君王儉이 擇蚩尤後孫中에
有智謀勇力者하사
爲番韓하사 立府險瀆하시니
今亦稱王儉城也라.

朝 뵐조 擇 가릴택 智 지혜지 謀 꾀모 勇 용감할용 瀆 도랑독

내용을 말한 것이다.
진국辰國(단군조선)은 천제(상제님)의 아들[天帝子=天子]이 다스리므로 5년에 한 번 낭야를 순행하였으나, 순舜은 (조선의) 제후이므로 진한에 조근朝覲한 것이 네 번이었다.

3. 초대 번한 왕은 치우천황의 후손 치두남

이때 단군왕검께서 치우천황의 후손 중에서 지모와 용력이 뛰어난 자를 택하여 번한 왕으로 임명하고 험독險瀆(하북성 당산시)에 수도를 세우시니, 지금은 왕검성이라 칭한다.

遼水 一帶에 쌓은 十二城

蚩頭男은 蚩尤天王之後也라
以勇智로 著聞於世러니
檀君이 乃召見而奇之하사 卽拜爲番韓하시고
兼帶監虞之政하시니라
庚子에 築遼中十二城하니 險瀆·令支·湯池·
桶道·渠鄘·汗城·蓋平·帶方·百濟·長嶺·
碣山·黎城이 是也라.
頭男이 薨하니 子琅邪가 立하니라

著 드러날 저   김 부를 소   兼 겸할 겸   桶 되 용   鄘 나라이름 용   渠 도랑 거

요수 일대에 쌓은 12성

치두남蚩頭男은 치우천황의 후손이다. 용맹과 지혜로 세상에 소문이 자자하였다. 단군께서 불러 만나 보시고 기특하게 여겨 곧 번한 왕으로 임명하고 아울러 우순의 정치를 감독하게 하셨다.

경자(단기 33, BCE 2301)년에, 요수遼水 주위에 12성을 쌓으니 험독險瀆, 영지令支, 탕지湯池, 용도桶道, 거용渠鄘, 한성汗城, 개평蓋平, 대방帶方, 백제百濟, 장령長嶺, 갈산碣山, 여성黎城이 그것이다.

치두남이 세상을 뜨자 아들 낭야琅邪(2세 왕)가 즉위하였다.

시세경인삼월   개축가한성
是歲庚寅三月에 改築可汗城하야

이비불우
以備不虞하니라

가한성   일명낭야성   이번한낭야
可汗城은 一名琅邪城이니 以番韓琅邪의

소축고   득명야
所築故로 得名也라.

泰山과 淮水·泗水 地域 三神 信仰의 由來

갑술   태자부루   이명   왕사도산
甲戌에 太子扶婁가 以命으로 往使塗山할새

노차낭야   유거반월   청문민정
路次琅邪하야 留居半月하야 聽聞民情하니

우순 역솔사악   보치수제사
虞舜이 亦率四岳하야 報治水諸事하니라

備 대비할 비 虞 염려할 우 得 얻을 득 路 길로 留 머무를 류 報 갚을 보

이 해 경인(단기 83, BCE 2251)년 3월에 가한성可汗城을 개축하여 뜻밖의 사태에 대비하였다. 가한성은 일명 **낭야성**琅邪城이라 하는데, 번한 왕 낭야가 쌓아서 낭야성이라는 이름을 얻었다.

태산과 회수·사수 지역 삼신 신앙의 유래

갑술(단기 67, BCE 2267)년에, 부루태자가 명을 받고 특사로 도산에 갈 때 도중에 낭야에 들러 반 달 동안 머무르며 백성의 사정을 묻고 들었다. 이때 우순이 사악四岳(요순시대의 관직 이름)을 거느리고 치수에 대한 모든 일을 보고하였다.

番韓이 ^{번한} 以太子命^{이태자명}으로 令境內^{영경내}하야

大興扃堂^{대흥경당}하고 并祭三神于泰山^{병제삼신우태산}하니 自是^{자시}로

三神古俗^{삼신고속}이 大行于淮泗之間^{대행우회사지간}也라.

4. 五行治水의 妙法 傳授

太子^{태자}가 至塗山^{지도산}하사 主理乃會^{주리내회}하실새

因番韓^{인번한}하사 告虞司空曰^{고우사공왈}

予^여는 北極水精子也^{북극수정자야}라 汝后請予^{여후청여}하야

以欲導治水土^{이욕도치수토}하야 拯救百姓^{증구백성}일새

扃 빗장경 淮泗:회수와 사수 精 정기정 汝 너여 導 이끌도 拯 건질증

번한 왕이 태자의 명으로 경내境內에 경당扃堂을 크게 일으키고, 아울러 태산에서 삼신(상제님)께 천제를 올렸다. 이로부터 삼신을 받드는 옛 풍속이 회수淮水와 사수泗水 지역 일대에서 크게 행하여졌다.

1. 오행치수의 묘법 전수

태자가 도산에 도착하여 주장[主理]의 자격으로 회의를 주관하실 때 번한 왕을 통해 우사공虞司空에게 말씀하셨다.
"나는 북극수의 정기를 타고난 아들이니라. 너희 임금(순임금)이 나에게 수토水土를 다스려 백성을 구해 주기를 청원

三神上帝가 悅予往助故로 來也라 하고
遂以王土篆文과 天符王印으로 示之曰
佩之則能歷險不危하며 逢凶無害오
又有神針一枚하니
能測水深淺하야 用變無窮이오
又有皇矩倧寶하니
凡險要之水를 鎭之永寧이라
以此三寶로 授汝하노니
無違天帝子之大訓이라야

篆전서전 佩찰패 逢맞이할봉 針바늘침 枚낱매 矩굽은자구 倧신인종

하니, 삼신상제님께서 내가 가서 도와 주는 것을 기뻐하시므로 왔노라."

천자국의 문자[王土篆文(고조선 신지 전자)]로 된 천부天符와 왕인王印을 보여 주시며 이렇게 말씀하셨다. "이것을 차면 험한 곳을 다녀도 위험하지 않고, 흉한 것을 만나도 피해가 없으리라. 또 신침神針 하나가 있으니 능히 물이 깊고 얕음을 측정할 수 있으며 그 쓰임이 무궁하니라. 또 황구종皇矩倧이란 보물은 모든 험한 물을 진압하여 오래도록 잔잔하게 할 것이니라. 이 세 가지 보물[三寶]을 너에게 주노니, 천제자天帝子(단군왕검)의 거룩하신 말씀[大訓]을 어기지 말아야

可成大功也리라.

於是에 虞司空이 三六九拜而進曰

勤行天帝子之命이오

佐我虞舜開泰之政하야

以報三神允悅之至焉호리이다.

自太子扶婁로 受金簡玉牒하니

蓋五行治水之要訣也라

太子가 會九黎於塗山하시고 命虞舜하사

卽報虞貢事例하시니 今所謂禹貢이 是也라.

勤 부지런할 근 佐 도울 좌 允 진실로 윤 簡 대쪽 간 牒 문서첩 訣 비결 결

가히 큰 공덕을 이룰 수 있으리라."
우사공이 삼육구배三六九拜를 하고 나아가 아뢰었다.
"삼가 천제자(단군왕검)의 어명을 잘 받들어 행할 것이요, 또 저희 우순(순임금)께서 태평스런 정사를 펴시도록 잘 보필하여 삼신상제님께서 진실로 기뻐하시도록 지극한 뜻에 보답하겠사옵니다."
부루태자로부터 『금간옥첩金簡玉牒』을 받으니, 곧 오행치수의 요결이었다. 태자께서 구려九黎를 도산에 모아 놓고, 우순에게 명하여 조공 바친[虞貢] 사례를 보고하게 하시니, 오늘날 이른바 「우공禹貢」이란 이러한 역사적 사실을 말한다.

三韓管境本紀 431

琅邪가 薨하니 癸卯에 子勿吉이 立하니라

勿吉이 薨하니 甲午에 子愛親이 立하니라

愛親이 薨하니 子道茂가 立하니라

道茂가 薨하니 癸亥에 子虎甲이 立하니라

丁丑에 天王이

巡到松壤이라가 得疾而崩하시니

番韓이 遣人治喪하고

分兵戒嚴하니라

虎甲이 薨하니 檀君達門己丑에

茂 우거질 무 巡 돌 순 到 이를 도 壤 흙 양 得 얻을 득 疾 병 질 戒 경계할 계

낭야가 세상을 떠나니, 계묘(단기 96, BCE 2238)년에 아들 물길勿吉(3세 왕)이 즉위하였다. 물길이 세상을 떠나자 갑오(단기 147, BCE 2187)년에 아들 애친愛親(4세 왕)이 계승하였다. 애친이 세상을 떠나고 아들 도무道茂(5세 왕)가 즉위하였다. 도무가 세상을 떠나자 계해(단기 236, BCE 2098)년에 아들 호갑虎甲(6세 왕)이 즉위하였다.

정축(단기 250, BCE 2084)년에 천왕(5세 구을단군)께서 순행하시다가 송양松壤에서 병을 얻어 붕어하시자, 번한 왕이 사람을 보내 초상을 치르고 군사를 나누어 엄히 경계하였다.

호갑이 세상을 뜨자 달문단군(6세) 기축(단기 262, BCE 2072)

子烏羅가 立하니라

甲午에 夏王少康이 遣使賀正하니라

烏羅가 薨하니 丙戌에 子伊朝가 立하니라

伊朝가 薨하니

檀君阿述丙寅에 弟居世가 立하니라

居世가 薨하니

辛巳에 子慈烏斯가 立하니라

慈烏斯가 薨하니 乙未에 子散新이 立하니라

散新이 薨하니 戊子에

康 편안할 강 賀正: 새해를 축하함 阿 언덕 아 述 지을 술 慈 사랑 자 散 흩을 산

년에 아들 오라烏羅(7세 왕)가 즉위하였다.

갑오(단기 267, BCE 2067)년에 하나라 왕 소강少康이 사신을 보내어 신년 하례를 올렸다. 오라가 세상을 뜨자, 병술(단기 319, BCE 2015)년에 아들 이조伊朝(8세 왕)가 계승하였다.

이조가 세상을 떠나고 아술단군(9세) 병인(단기 359, BCE 1975)년에 이우 거세居世(9세 왕)가 즉위하였다.

거세가 세상을 뜨자 신사(단기 374, BCE 1960)년에 아들 자오사慈烏斯(10세 왕)가 즉위하였다. 자오사가 세상을 떠나고 을미(단기 388, BCE 1946)년에 아들 산신散新(11세 왕)이 즉위하였다. 산신이 세상을 떠나니 무자(단기 441, BCE 1893)년에

子季佺이 立하니라

庚寅에 以命으로 設三神壇于湯池山하고

徙官家하니 湯池는 古安德鄕也니라.

5. 番韓 十五世 王 少佺, 成湯을 도와 夏나라 暴君 桀을 征伐함

薨하니 丁巳에 子伯佺이 立하니라

伯佺이 薨하니 乙未에 仲弟仲佺이 立하니라

薨하니 辛卯에 子少佺이 立하니라

> 季 끝 계 佺 신선 이름 전 湯 끓을 탕 徙 옮길 사 伯 맏 백 仲 버금 중

아들 계전季佺(12세 왕)이 계승하였다. 경인(단기 443, BCE 1891)년에 명을 받아 **탕지산**湯池山에 삼신단을 세우고 관가를 옮겼다. 탕지는 옛날의 **안덕향**安德鄕이다.

5. 번한 15세 왕 소전, 성탕을 도와 하나라 폭군 걸을 정벌함

계전이 세상을 떠나고 정사(단기 470, BCE 1864)년에 아들 백전伯佺(13세 왕)이 왕위에 올랐다. 백전이 세상을 떠나자, 을미(단기 508, BCE 1826)년에 둘째 아우 중전仲佺(14세 왕)이 계승하였다. 중전이 세상을 떠나니 신묘(단기 564, BCE 1770)년에 아들 소전少佺(15세 왕)이 계승하였다.

甲午에遣將蚩雲出하야
助湯伐桀하고乙未에遣墨胎하야
賀湯卽位하니라
少佺이薨하니
甲戌에子沙奄이立하니라
薨하니弟棲韓이立하니라
薨하니丁丑에子勿駕가立하니라
薨하니辛巳에子莫眞이立하니라
薨하니丁卯에子震丹이立하니라

助 도울 조　墨 먹 묵　胎 아이 밸 태　奄 가릴 엄　棲 깃들일 서　駕 수레 가

갑오(단기 567, BCE 1767)년에 장수 치운출蚩雲出을 보내 탕湯을 도와 걸桀을 정벌하였다. 을미(단기 568, BCE 1766)년에 묵태墨胎를 보내 (은나라 시조) 탕임금의 즉위를 축하하였다. 소전이 세상을 떠나고 갑술(단기 607, BCE 1727)년에 아들 사엄沙奄(16세 왕)이 즉위하였다. 사엄이 세상을 떠나자 아우 서한棲韓(17세 왕)이 즉위하였다. 서한이 세상을 떠나고 정축(단기 670, BCE 1664)년에 아들 물가勿駕(18세 왕)가 즉위하였다. 물가가 세상을 떠나니 신사(단기 734, BCE 1600)년에 아들 막진莫眞(19세 왕)이 왕위에 올랐다. 막진이 세상을 뜨자 정묘(단기 780, BCE 1554)년에 아들 진단震丹(20세 왕)이 즉위하였다.

檀君朝鮮과 殷의 關係

是_시歲_세에 殷_은主_주太_태戊_무가

來_내獻_헌方_방物_물하니라.

薨_훙하니 癸_계酉_유에 子_자甘_감丁_정이 立_입하니라

薨_훙하니 子_자蘇_소密_밀이 立_입하니라

癸_계巳_사三_삼年_년에

以_이殷_은不_불貢_공으로 往_왕討_토北_북亳_박하니

其_기主_주河_하亶_단甲_갑이 乃_내謝_사하니라.

蘇_소密_밀이 薨_훙하니 子_자沙_사豆_두莫_막이 立_입하니라

獻 바칠헌 方物 : 국가 또는 지역의 특산물 亳 은나라 서울 박 亶 믿음 단

단군조선과 은나라의 관계

이 해에 은나라 왕 태무太戊(9세, BCE 1637~BCE 1563)가 와서 방물을 바쳤다. 진단이 세상을 뜨자 계유(단기 786, BCE 1548)년에 아들 감정甘丁(21세 왕)이 즉위하였다. 감정이 세상을 떠나고 아들 소밀蘇密(22세 왕)이 즉위하였다.

계사 3년(단기 866, BCE 1468)에, 은나라가 조공을 바치지 않으므로 은의 수도 북박北亳을 치니, 은나라 왕 하단갑河亶甲(12세, BCE 1534~BCE 1526)이 사죄하였다.

소밀이 세상을 떠나니 아들 사두막沙豆莫(23세 왕)이 즉위하였다.

薨^훙하니 季父甲飛^{계부갑비}가 立^입하나라

薨^훙하니 庚申^{경신}에 子烏立婁^{자오립루}가 立^입하나라

薨^훙하니 子徐市^{자서시}가 立^입하나라

薨^훙하니 戊申^{무신}에

子安市^{자안시}가 立^입하나라

薨^훙하니 己丑^{기축}에

子奚牟羅^{자해모라}가 立^입하고 薨^훙하나라

飛 날비 徐 천천히서 奚 어찌해 牟 소우는소리모 羅 펼칠라

사두막이 세상을 떠나고 계부 갑비甲飛(24세 왕)가 즉위하였다. 갑비가 세상을 뜨자 경신(단기 893, BCE 1441)년에 아들 오립루烏立婁(25세 왕)가 즉위하였다.
오립루가 세상을 떠나고 아들 서시徐市(26세 왕)가 즉위하였다. 서시가 세상을 뜨니 무신(단기 941, BCE 1393)년에 아들 안시安市(27세 왕)가 즉위하였다.
안시가 세상을 떠나자 기축(단기 982, BCE 1352)년에 아들 해모라奚牟羅(28세 왕)가 왕위에 오르고 그 해에 세상을 떠났다.

殷 二十二代 王 武丁을 침

檀君蘇台五年에 以雨師小丁으로
出補番韓하시니 蓋高登이 每彈其智謀出衆하야
而勸帝出補라.
時에 殷主武丁이 方欲興兵이어늘
高登이 聞之하고 遂與上將西余로 共破之하고
追至索度하야 縱兵焚掠而還하니라.
西余는 襲破北亳하고 仍屯兵于湯池山이라가
遣刺客하야 殺小丁하고 幷載兵甲而去하니라.

| 台별태 補도울보 彈꺼릴탄 勸권할권 掠노략질할략 縱놓아둘종 |

은나라 (22대 임금) 무정을 침

소태단군(21세) 5년(단기 1001, BCE 1333)에, 우사 소정小丁을 출보시켜 (29세) 번한 왕으로 임명하셨다. 고등高登이 늘 소정의 지모가 출중함을 꺼려서 임금께 권하여 출보시킨 것이다. 이때 은나라 왕 무정武丁(BCE 1324~BCE 1266)이 전쟁을 일으키려 하였다. 고등이 이를 전해 듣고 상장上將 서여西余와 함께 격파하고, 삭도까지 추격하여 군사를 풀어 불지르고 약탈한 뒤에 돌아왔다. 서여가 북박을 습격해 격파하고, 군사를 탕지산(번한 수도 안덕향)에 주둔시켰다. 자객을 보내 소정을 죽이고, 아울러 무기와 갑옷을 싣고 돌아갔다.

番韓世家 下

1. 索弗婁檀君이 國家 制度를 改編하고 革命家 徐于餘를 番韓 王에 任命함

檀君索弗婁가 初幷三韓하시고 大改國制하실새
殷主武丁이 遣使來하야 約貢하니라.
先是에 廢徐于餘하사 爲庶人이러시니
徐于餘가 潛歸坐原하야 與獵戶數千으로
謀起兵하니 蓋天齡이 聞하고 卽往伐이라가

索 찾을 색 幷 아우를 병 制 법도 제 廢 폐할 폐 潛 몰래 잠 獵 사냥할 렵

번한세가 하

1. 색불루단군이 국가 제도를 개편하고
혁명가 서우여를 번한 왕에 임명함

색불루단군(22세)께서 일찍이 삼한을 아우르고 나라의 제도[國制]를 크게 고치실 때, 은나라 왕 무성이 사신을 보내와서 조공을 바칠 것을 약속하였다. 이에 앞서 서우여徐于餘를 폐하여 서인으로 만드셨다. 서우여가 몰래 좌원坐原으로 돌아가 사냥꾼 수천 명과 함께 군대를 일으키려고 모의하였다. 갑천령이 그 소식을 전해 듣고 즉각 가서 쳤으나,

^{패몰우진}
敗沒于陣하니라.

^{제친솔삼군   왕토지}
帝親率三軍하사 **往討之**하실새

^{내선견권항   약봉위비왕}
乃先遣勸降하시고 **約封爲裨王**하신대

^{재유이청}
再諭以聽이러니

^{지시   명서우여   위번한}
至是하야 **命徐于餘**하사 **爲番韓**하시니라.

(1) 古朝鮮의 八條 禁法

^{사년기해   진조선}
四年己亥에 **眞朝鮮**이

^{이천왕칙문   전왈}
以天王敕文으로 **傳曰**

^{이삼한   상봉천신   접화군생}
爾三韓은 **上奉天神**하고 **接化羣生**하라 하신대

沒 죽을 몰 陣 진칠 진 勸 권할 권 諭 깨우칠 유 敕 조서 칙 接 접할 접

패하여 진중에서 죽었다. 색불루단군께서 친히 3군을 거느리고 가서 치려 하실 때, 먼저 사람을 보내 항복할 것을 권하고 비왕裨王으로 봉할 것을 약속하셨다. 다시 설득하시자 말씀을 따랐다. 이때 서우여를 (30세) 번한 왕으로 임명하셨다.

(1) 고조선의 8조 금법

색불루단군 4년 기해(단기 1052, BCE 1282)년에, 진조선眞朝鮮이 천왕(색불루단군)의 칙문을 전하였다.

그 칙문에서 말하기를, "너희 삼한은 위로 천신을 받들고, 아래로 뭇 백성을 맞아 잘 교화하라"라고 하였다. 이로부

자시 교민
自是로 敎民호대

이 예 의 전 잠 직 작 궁 시 자 서
以禮義田蠶織作弓矢字書오

위 민 설 금 팔 조
爲民設禁八條하니

상 살 이 당 시 상 살
相殺에以當時償殺하고

상 상 이 곡 상
相傷에以穀償하고

상 도 자 남 몰 위 기 가 노 여 위 비
相盜者는男沒爲其家奴오女爲婢하며

훼 소 도 자 금 고
毁蘇塗者는禁錮하고

실 예 의 자 복 군
失禮義者는服軍하고

불 근 로 자 징 공
不勤勞者는徵公하고

織 짤 직 償 갚을 상 傷 다칠 상 沒 빼앗을 몰 毁 훼손 훼 錮 가둘 고

터 백성에게 예절과 의리, 농사, 누에치기, 길쌈, 활쏘기, 글자를 가르쳤다. 또 백성을 위하여 금팔조禁八條를 정하였는데, 그 내용은 다음과 같다.

◇제1조: 살인한 자는 즉시 사형에 처한다.

◇제2조: 상해를 입힌 자는 곡식으로 보상한다.

◇제3조: 도둑질 한 사 중에서 남자는 거두어들여 그 집의 노奴(남자 종)로 삼고 여자는 비婢(여자 종)로 삼는다.

◇제4조: 소도를 훼손한 자는 금고禁錮 형에 처한다.

◇제5조: 예의를 잃은 자는 군에 복역시킨다.

◇제6조: 게으른 자는 부역에 동원시킨다.

作사음자邪淫者는 笞刑하고
行사기자詐欺者는 訓放이러니
欲自贖者는 雖免爲公民이나
俗猶羞之하야 嫁娶에 無所售라
是以로 其民이 終不相盜하야 無門戶之閉오
婦人은 貞信不淫하며 闢其田野都邑하며
飮食以籩豆하니 有仁讓之化러라.
辛丑에 殷主武丁이 因番韓하야
上書天王하고 獻方物하니라.

淫 음란할음　笞 볼기칠태　詐 속일사　欺 속일기　贖 대속할속　猶 오히려유

◇제7조: 음란한 자는 태형笞刑으로 다스린다.
◇제8조: 남을 속인 자는 잘 타일러 방면한다.
자신의 잘못을 속죄한 자는 비록 죄를 면해 공민이 될 수 있었지만, 당시 풍속이 이것을 수치스럽게 여겨 시집가고 장가들 수 없었다. 이리하여 백성이 마침내 도둑질하지 않았고, 문을 닫고 사는 일이 없었으며, 부인은 정숙하여 음란하지 않았다. 전야田野와 도읍을 개간하고, 음식을 그릇에 담아 먹었으며, 어질고 겸양하는 교화가 이루어졌다.
신축(단기 1054, BCE 1280)년에 은나라 왕 무정이 번한 왕을 통해 천왕에게 글을 올리고 방물을 바쳤다.

丙申에 徐于餘가 薨하니
丁酉에 阿洛이 立하니라
薨하니 丁丑에 率歸가 立하니라
薨하니 甲子에 任那가 立하니라
辛未에 以天王詔로 築天壇于東郊하고
祭三神할새
衆이 環舞擊鼓以唱하니 曰
精誠으奴 天壇築爲古
三神主其祝壽爲世

薨 제기이름 변　郊 성밖 교　環 둥글 환　舞 춤출 무　鼓 북 고　唱 노래할 창

병신(단기 1109, BCE 1225)년에 서우여가 세상을 떠났다. 정유(단기 1110, BCE 1224)년에 아락阿洛(31세 왕)이 즉위하였다. 아락이 세상을 뜨니 정축(단기 1150, BCE 1184)년에 솔귀率歸(32세 왕)가 계승하였다. 솔귀가 세상을 뜨자 갑자(단기 1197, BCE 1137)년에 임나任那(33세 왕)가 즉위하였다.
신미(단기 1204, BCE 1130)년에 천왕(25세 솔나단군)의 조칙으로 동쪽 교외에 천단天壇을 쌓고 삼신께 제사 지낼 때, 많은 사람이 둥글게 모여 춤을 추고 북을 치며 노래를 불렀다.
정성으로 천단을 쌓고
삼신님께 장수를 축원하세.

황운을 축수하미어 만만세로다
皇運乙 祝壽爲未於 萬萬歲魯多

만민을 도라보미어 풍년을 질거월하도다
萬民乙 睹羅保美御 豊年乙 叱居越爲度多

임나 훙   병신   제노단 입
任那가 薨하니 丙申에 弟魯丹이 立하니라

북막   입구
北漢이 入寇어늘

견노일소   토평지
遣路日邵하야 討平之하니라.

훙   기유   자마밀 입
薨하니 己酉에 子馬密이 立하니라

훙   정묘   자모불 입
薨하니 丁卯에 子牟弗이 立하고

을 해   치감성
乙亥에 置監星하니라.

모불 훙   정해
牟弗이 薨하니 丁亥에

睹볼도 叱소리칠질 漢사막막 邵고을이름소 牟소우는소리모 監살필감

황운皇運을 축수함이여! 만만세로다.
만민을 돌아봄이여! 풍년을 즐거워하도다.
임나任那가 세상을 떠나고 병신(단기 1229, BCE 1105)년에 아우 노단魯丹(34세 왕)이 즉위하였다. 북막이 침범하므로 노일소路日邵를 보내어 쳐서 평정하였다. 노단이 세상을 뜨니 기유(단기 1242, BCE 1092)년에 아들 마밀馬密(35세 왕)이 즉위하였다. 마밀이 세상을 뜨자 정묘(단기 1260, BCE 1074)년에 아들 모불牟弗(36세 왕)이 즉위하였다. 을해(단기 1268, BCE 1066)년에 천문을 관측하는 감성監星을 설치하였다. 모불이 세상을 떠나고 정해(단기 1280, BCE 1054)년에 아들 을나乙那(37세

子^자乙^을那^나가 立^입하고

甲午^{갑오}에 周主瑕^{주주하}가 遣使朝貢^{견사조공}하니라.

(2) 少連과 大連 兄弟를 君子로 섬긴 番韓

三年喪 風俗의 起源

乙^을那^나가 薨^훙하니

丁卯^{정묘}에 子麻維麻^{자마유휴}가 立^입하니라

薨^훙하니 己巳^{기사}에 弟登那^{제등나}가 立^입하니라

李克會^{이극회}가 啓請建少連大連之廟^{계청건소련대련지묘}하고

定行三年喪^{정행삼년상}한대 從之^{종지}하니라.

瑕 옥의 티 하 維 벼리 유 麻 그늘 휴 啓 여쭐 계 廟 사당 묘 從 좇을 종

왕)가 즉위하였다. 갑오(단기 1287, BCE 1047)년에 주나라 임금 하瑕(4세, BCE 1052~BCE 1002)가 사신을 보내 조공을 바쳤다.

(2) 소련과 대련 형제를 군자로 섬긴 번한
3년상 풍속의 기원

을나가 세상을 떠나고 정묘(단기 1320, BCE 1014)년에 아들 마유휴麻維麻(38세 왕)가 즉위하였다. 마유휴가 세상을 떠나자 기사(단기 1322, BCE 1012)년에 아우 등나登那(39세 왕)가 즉위하였다. 이극회李克會가 소련少連과 대련大連의 사당을 세우고, 3년상을 정하여 시행하기를 청하니 왕께서 이를 따랐다.

滿洲 九月山 三聖廟에 祭祀 지냄

薨하니 戊戌에 子奚壽가 立하니라

壬寅에 遣子勿韓하야

往九月山하야 助祭三聖廟하니

廟在常春朱家城子也라

奚壽가 薨하니

己未에 子勿韓이 立하니라

薨하니 己卯에 子奧門婁가 立하니라

薨하니 丁卯에 子婁沙가 立하니라

奚 어찌해 遣 보낼견 往 갈왕 助 도울조 奧 속오 婁 별이름루

만주 구월산 삼성묘에 제사 지냄

등나가 세상을 떠나고 무술(단기 1351, BCE 983)년에 아들 해수奚壽(40세 왕)가 즉위하였다. 임인(단기 1355, BCE 979)년에 아들 물한勿韓을 구월산에 보내어 삼성묘三聖廟에 제사 지내는 것을 돕게 하였다. 삼성묘는 상춘常春의 주가성자朱家城子에 있다. 해수가 세상을 뜨자 기미(단기 1372, BCE 962)년에 아들 물한勿韓(41세 왕)이 즉위하였다. 물한이 세상을 떠나자 기묘(단기 1392, BCE 942)년에 아들 오문루奧門婁(42세 왕)가 즉위하였다. 오문루가 세상을 떠나자 정묘(단기 1440, BCE 894)년에 아들 누사婁沙(43세 왕)가 즉위하였다.

戊寅^{무인}에 入覲天朝^{입근천조}하야
與太子登屼^{여태자등올}과 少子登里^{소자등리}로
閑居別宮^{한거별궁}이라가 乃獻歌太子兄弟^{내헌가태자형제}하니 曰^왈
兄隱伴多是弟乙愛爲古^{형은반다시 제을 애하고}
弟隱味當希兄乙恭敬爲乙支尼羅^{제는맛당희 형을 공경하을지니라}
恒常毫毛之事魯西骨肉之情乙傷厓勿爲午^{항상호모지사로서 골육지정을 상치 물하소}
馬度五希閭同槽奚西食爲古^{마도오희려 동조해서 식하고}
鴈度亦一行乙作爲那尼^{안도 역일행을 작하나니}
内室穢西非綠歡樂爲那^{내실예서비록 환락하나}

屼 민둥산올 閑 한가할한 毫 터럭호 厓 술잔치 槽 구유조 鴈 기러기안

무인(단기 1451, BCE 883)년에, 누사가 천조_{天朝}(진조선 조정)에 들어가 천왕(30세 내휴단군)을 뵙고, 태자 등올_{登屼}과 소자_{少子} 등리_{登里}와 함께 별궁에서 한가롭게 지내다가 태자 형제에게 이렇게 노래를 지어 올렸다.

형은 반드시 아우를 사랑하고
아우는 마땅히 형을 공경할지니라.
항상 작은 일로써 골육의 정을 상하게 하지 마소.
말도 오히려 같은 구유에서 먹고
기러기도 역시 한 줄을 지어 가니
방 안에서는 비록 즐거우나

^세언을량 ^신청물^{하소서}
細言乙良 愼聽勿爲午笑

2. 三韓 全域에서 施行된 王文의 吏讀法

吏讀法의 創始者 王文

^{누사} ^훙 ^{을미} ^{자이벌} ^입
婁沙가 薨하니 乙未에 子伊伐이 立하니라
^{병신} ^{한수인왕문} ^{작이두법}
丙申에 漢水人 王文이 作吏讀法하야
^{이헌} ^{천왕} ^{가지} ^{명삼한}
以獻한대 天王이 嘉之하사 命三韓하사
^{여칙시행}
如敕施行케 하시니라.

細가늘세 愼삼갈신 讀이두두 獻바칠헌 嘉아름다울가 敕조서칙

이간하는 말일랑 삼가 듣지 마소.

2. 삼한 전역에서 시행된 왕문의 이두법
이두법의 창시자 왕문

누사가 세상을 떠나자 을미(단기 1468, BCE 866)년에 아들 이벌伊伐(44세 왕)이 즉위하였다.

병신(단기 1469, BCE 865)년에 한수漢水 사람 왕문王文이 이두법을 만들어 올리니 천왕(31세 등올단군)께서 기뻐하시고 삼한에 명하여 시행하게 하셨다.

周 擊退와 匈奴의 朝貢

己未에遣上將高力合하사

與淮軍으로敗周하니라.

伊伐이薨하니辛酉에子阿勒이立하니라

丙寅에周二公이遣使하야獻方物하니라.

阿勒이薨하니

己丑에子麻休一云麻沐이立하니라

薨하니丙辰에子多斗가立하니라

薨하니己丑에子奈伊가立하니라

淮 회수 회   勒 굴레 륵   使 사신 사   麻 삼 마   沐 머리감을 목   奈 어찌 내

주나라 격퇴와 흉노의 조공

기미(단기 1492, BCE 842)년에 상장上將 고력합高力合을 보내어 회군淮軍과 합세하여 주周나라를 격퇴하였다. 이벌이 세상을 뜨니 신유(단기 1494, BCE 840)년에 아들 아륵阿勒(45세 왕)이 즉위하였다. 병인(단기 1499, BCE 835)년에 주나라의 이공二公(주공周公과 소공召公)이 사절을 보내어 방물을 바쳤다. 아륵이 세상을 떠나고 기축(단기 1522, BCE 812)년에 아들 마휴麻休(일명 마목, 46세 왕)가 즉위하였다. 마휴가 세상을 떠나자 병진(단기 1549, BCE 785)년에 아들 다두多斗(47세 왕)가 즉위하였다. 다두가 세상을 뜨니 기축(단기 1582, BCE 752)년에 아들 내이

薨하니 己未에 子次音이 立하나라

薨하니 己巳에 子不理가 立하나라

薨하니 乙巳에 子餘乙이 立하나라

薨하니 甲戌에 奄婁가 立하나라

戊寅에 匈奴가 遣使番韓하야

求見天王하고 稱臣貢物而去하나라.

奄婁가 薨하니 子甘尉가 立하나라

薨하니 戊申에 子述理가 立하나라

奄 가릴엄 匈 오랑캐흉 奴 종노 番 차례번 求 구할구 尉 벼슬위

奈伊(48세 왕)가 즉위하였다. 내이가 세상을 떠나자 기미(단기 1612, BCE 722)년에 아들 차음次音(49세 왕)이 즉위하였다. 차음이 세상을 떠나자 기사(단기 1622, BCE 712)년에 아들 불리 不理(50세 왕)가 즉위하였다. 불리가 세상을 떠나니 을사(단기 1658, BCE 676)년에 아들 여을餘乙(51세 왕)이 즉위하였다. 여을이 세상을 떠나고 갑술(단기 1687, BCE 647)년에 엄루奄婁(52세 왕)가 즉위하였다. 무인(단기 1691, BCE 643)년에 흉노가 번한에 사신을 보내어 천왕을 뵙기를 구하고, 스스로 신하라 칭하고 공물을 바치고 돌아갔다. 엄루가 세상을 떠나고 아들 감위甘尉(53세 왕)가 즉위하였다. 감위가 세상을 뜨자 무신(단

薨하니 戊午에 子阿甲이 立하니라

庚午에 天王이 遣使高維先하사

頒桓雄蚩尤檀君王儉三祖之像하사

以奉官家하시니라.

3. 老子는 風夷族 血統

阿甲이 薨하니

癸酉에 固台가 立하니라

薨하니 丁亥에

阿 언덕아 維 벼리유 頒 널리 퍼뜨릴 반 像 형상 상 固 굳을 고 台 별 태

기 1721, BCE 613)년에 아들 술리述理(54세 왕)가 즉위하였다. 술리가 세상을 떠나자 무오(단기 1731, BCE 603)년에 아들 아갑阿甲(55세 왕)이 즉위하였다. 경오(단기 1743, BCE 591)년에 천왕(37세 마물단군)께서 사신 고유선高維先을 보내어 환웅천황·치우천황·단군왕검 세 분 성조의 상像을 반포하여 관가에서 받들게 하셨다.

3. 노자는 풍이족 혈통

아갑이 세상을 뜨고 계유(단기 1746, BCE 588)년에 고태固台 (56세 왕)가 즉위하였다. 고태가 세상을 떠나자 정해(단기

子_자蘇_소台_태爾_이가 立_입하니라

薨_훙하니 乙巳_{을사}에 子_자馬乾_{마건}이 立_입하니라

薨_훙하니 丙辰_{병진}에 天韓_{천한}이 立_입하니라

薨_훙하니 丙寅_{병인}에 子_자老勿_{노물}이 立_입하니라

薨_훙하니 辛巳_{신사}에 子_자道乙_{도을}이 立_입하니라

老子는 純粹한 東夷族 血統

- 南方 文化圈에 傳授된 韓 思想

癸未_{계미}에 魯人孔丘_{노인공구}가 適周_{적주}하야

蘇 소생할 소   爾 너이   乾 하늘 건   魯 노나라 로   丘 언덕 구   適 갈 적

1760, BCE 574년에 아들 소태이_{蘇台爾}(57세 왕)가 즉위하였다. 소태이가 세상을 떠나고 을사(단기 1778, BCE 556년)에 아들 마건(58세 왕)이 즉위하였다. 마건이 세상을 떠나자 병진(단기 1789, BCE 545)년에 천한_{天韓}(59세 왕)이 계승하였다. 천한이 세상을 떠나고 병인(단기 1799, BCE 535)년에 아들 노물_{老勿}(60세 왕)이 즉위하였다. 노물이 세상을 떠나자 신사(단기 1814, BCE 520)년에 아들 도을_{道乙}(61세 왕)이 즉위하였다.

노자는 순수한 동이족 혈통 - 남방 문화권에 전수된 한 사상

계미(단기 1816, BCE 518)년에 노나라 사람 공자가 주나라에

問禮於老子李耳하니 耳父의 姓은 韓이오
名은 乾이니 其先은 風人이라
後에 西出關하야 由內蒙古而轉至阿踰佗하야
以化其民하니라.

天地人과 五行과 韓으로 지은 番韓 王들의 이름

道乙이 薨하니
丙申에 子 述休가 立하니라
薨하니 庚午에 子 沙良이 立하니라

風: 풍이風夷 關 관문 관 蒙 입을 몽 轉 구를 전 踰 넘을 유 佗 다를 타

가서 노자 이이李耳에게 예를 물었다. 이耳의 아버지는 성이 한韓이고 이름이 건乾인데, 선조는 풍이족 사람[風人]이다. 노자는 후에 서쪽으로 관문을 지나 내몽고를 경유하여 여기저기 전전하다가 아유타阿踰佗에 이르러 그곳 백성을 교화하였다.

천지인과 오행과 한으로 지은 번한 왕들의 이름

도을이 세상을 떠나고 병신(단기 1829, BCE 505)년에 아들 술휴述休(62세 왕)가 즉위하였다. 술휴가 세상을 떠나자 경오(단기 1863, BCE 471)년에 아들 사량沙良(63세 왕)이 즉위하

薨하니 戊子에 子地韓이 立하니라

薨하니 癸卯에 子人韓이 立하니라

薨하니 辛巳에 子西蔚이 立하니라

薨하니 丙午에 子哥索이 立하니라

薨하니 庚辰에

子解仁이 立하니 一名山韓이라

是歲에 爲刺客所害하니라.

蔚 고을이름 울 索 찾을 색 解 풀 해 刺 찌를 자 客 손객 害 해칠 해

였다. 사랑이 세상을 떠나자 무자(단기 1881, BCE 453)년에 아들 지한地韓(64세 왕)이 즉위하였다. 지한이 세상을 떠나자 계묘(단기 1896, BCE 438)년에 아들 인한人韓(65세 왕)이 즉위하였다. 인한이 세상을 떠나자 신사(단기 1934, BCE 400)년에 아들 서울西蔚(66세 왕)이 즉위하였다. 서울이 세상을 떠나고 병오(단기 1959, BCE 375)년에 아들 가색哥索(67세 왕)이 즉위하였다. 가색이 세상을 떠나자 경진(단기 1993, BCE 341)년에 아들 해인解仁(68세 왕)이 즉위하였는데, 일명 산한山韓이라 한다. 이 해에 해인이 자객에게 살해되었다.

4. 七十世 番朝鮮 王이 된 須臾 사람 箕詡

辛巳에 子水韓이 立하니라

壬午에 燕이 倍道入寇하야 攻安寸忽하고

又入險瀆이어늘

須臾人箕詡가 以子弟五千人으로 來助戰事하니

於是에 軍勢稍振이라 乃與眞番二韓之兵으로

夾擊大破之하고 又分遣偏師하야

將戰於薊城之南이어늘

燕이 懼하야 遣使乃謝하고 以公子로 爲質하니라.

瀆도랑독 箕키기 詡자랑할후 稍점점초 薊땅이름계 懼두려워할구

4. 70세 번조선 왕이 된 수유 사람 기후

신사(단기 1994, BCE 340)년에 아들 수한水韓(69세 왕)이 즉위하였다. 임오(단기 1995, BCE 339)년에 연나라가 이틀 길을 하루에 달려 쳐들어와 안촌홀安寸忽을 공격하고 험독險瀆까지 쳐들어왔다. 이때 수유 사람[須臾人] 기후가 젊은 청년[子弟] 5천 명을 거느리고 와서 전쟁을 도우니 군세가 조금 진작되었다. 이에 진한·번한의 군사와 함께 협공하여 크게 격파하였다. 또 한 무리의 군사를 나누어 보내 계성薊城 남쪽에서 싸우려 하니, 연나라가 두려워하여 사신을 보내어 사죄하고 공자公子를 인질로 보냈다.

番朝鮮의 王統 斷絶과 燕의 强盛

戊_{무술}戌에 水_{수한}韓이 薨_훙하니 無_{무사}嗣라

於_{어시}是에 箕_{기후}詡가 以_{이명}命으로 代_{대행군령}行軍令하니

燕_연이 遣_{견사}使賀_{하지}之하니라.

是_{시세}歲에 燕_연이 稱_{칭왕}王하고 將_{장래침}來侵이라가 未_{미과}果하고

箕_{기후}詡도 亦_{역승명정호}承命正號하야

爲_{위번조선왕}番朝鮮王하고

始_{시거번한성}居番汗城하야 以_{이비불우}備不虞하니라.

嗣 후사 사 賀 하례할 하 將 장차 장 侵 침노할 침 果 이룰 과 備 갖출 비

번조선의 왕통 단절과 연나라의 강성

무술(단기 2011, BCE 323)년에 수한이 세상을 떠나니 후사가 없었다.
그리하여 기후가 명을 받들어 군령을 대행하였다. 연나라가 사신을 보내 하례하였다.
이 해에 연이 왕이라 칭하고 장차 침범하려다가 그만두었다. 기후도 명을 받들어 왕호를 써서 (70세) 번조선 왕이 되고, 비로소 번한성番汗城에 머물면서 뜻밖의 사태에 대비하였다.

5. 箕丕의 도움으로 解慕漱(北夫餘 始祖)가 大權을 잡아 古朝鮮을 繼承함

箕詡가 薨하니 丙午에 子箕煜이 立하니라

薨하니 辛未에 子箕釋이 立하니라

是歲에 命州郡하야 擧賢良하니

一時被選者가 二百七十人이라

己卯에 番韓이 親耕于郊하고 乙酉에 燕이

遣使納貢하니라.

箕釋이 薨하니 庚戌에 子箕潤이 立하니라

煜 빛날 욱 釋 풀 석 擧 들 거 被選 : 선출됨 耕 밭갈 경 納 바칠 납

5. 기비의 도움으로 해모수(북부여 시조)가 대권을 잡아 고조선을 계승함

기후가 세상을 뜨자 병오(단기 2019, BCE 315)년에 아들 기욱 箕煜(71세 왕)이 즉위하였다. 기욱이 세상을 떠나고 신미(단기 2044, BCE 290)년에 아들 기석 箕釋(72세 왕)이 즉위하였다. 이 해에 각 주와 군에 명하여 어질고 현명한 인재를 추천하게 하였는데, 일시에 선발된 자가 270명이었다. 기묘(단기 2052, BCE 282)년에 번한 왕이 친히 교외에서 밭을 갈았다. 을유(단기 2058, BCE 276)년에 연나라가 사신을 보내 공물을 바쳤다. 기석이 세상을 떠나고 경술(단기 2083, BCE 251)년에 아들 기윤 箕潤(73세 왕)이 즉위하였다. 기윤이 세상을 뜨자 기사(단

薨하니 己巳에 子箕丕가 立하니라

番朝鮮의 마지막 七十五世 王, 箕準

初에 箕丕가 與宗室解慕漱로
密有易璽之約하고 勤贊佐命하니 使解慕漱로
能握大權者는 惟箕丕其人也라.
箕丕가 薨하니 庚辰에 子箕準이 立하니라
丁未에 爲流賊衛滿所誘敗하야
遂入海而不還하니라.

> 丕클비 宗室:임금의종친 璽옥새새 贊도울찬 握쥘악 誘꾈유

기 2102, BCE 232)년에 아들 기비箕丕(74세 왕)가 즉위하였다.

번조선의 마지막 75세 왕, 기준

일찍이 기비가 종실宗室 사람 해모수와 함께 몰래 옥새를 바꿔치려는 (새 나라를 열자는) 약속을 하고, 힘을 다해 천왕天王이 되는 것을 도와 주었다. 해모수로 하여금 능히 대권을 잡을 수 있게 한 사람은 오직 기비 그 사람이었다. 기비가 세상을 떠나고 경진(단기 2113, BCE 221)년에 아들 기준(75세 왕) 이 즉위하였다. 정미(단기 2140, BCE 194)년에 떠돌이 도적[流賊] 위만에게 속아 패하여 마침내 배를 타고 바다로 가서 돌아오지 않았다.

蘇塗經典本訓
소도경전본훈

- ❖ '소도蘇塗'는 삼신상제님께 제사 지내는 거룩한 장소이고 '소도경전본훈'이란 소도에서 사용되던 경전의 근본 가르침이라는 뜻이다.
- ❖ 「소도경전본훈」에서는 홍익인간 이념의 유래를 밝혔다. 즉 홍익인간의 통치 정신은 환인천제께서 환웅천황에게 전수하신 심법이다.
- ❖ 한민족의 소의경전所依經典인 『천부경天符經』, 『삼황내문경三皇內文經』, 『삼일신고三一神誥』, 『신지비사神誌秘詞』, 『참전계경參佺戒經』 등의 기원과 그 내용을 자세히 전하고 있다.
- ❖ 특히 9천년 전 환국 때부터 구전되어 내려온 『천부경』은 우주 만물의 근원과 조화와 만물 창조의 법칙을 1에서 10까지 수로써 드러내주었다. 『천부경』은 삼신상제님께서 천지의 주권자로서 내려 주신 통치 섭리를 선포한 경전이다.

1. 三神上帝 祭天行事를 參觀한 仙人 發貴理의 頌歌

神市之世에

有仙人發貴理가 與大皥로 同門受學하고

而道旣通에 遊觀乎方渚風山之間하야

頗得聲華라.

及觀阿斯達祭天하고 禮畢而仍作頌하니

其文에 曰

「大一其極이 是名良氣라

無有而混하고 虛粗而妙라

皥밝을호 渚물가저 頗자못파 畢마칠필 頌기릴송 混쉬일혼 粗거칠조

1. 삼신상제 제천행사를 참관한 선인 발귀리의 송가

신시 시대에 선인 발귀리發貴理가 있었다. 대호大皥(태호太皥, 태호복희太昊伏羲)와 동문수학하였는데, 도를 통한 후에 방저方渚와 풍산風山 지역을 유람하며 자못 명성을 얻었다. 아사달에 와서 제천 행사를 보고 예식이 끝난 후에 찬송하는 글을 지었다. 그 글은 이러하다.

만물의 큰 시원[大一]이 되는 지극한 생명이여!

이를 양기良氣라 부르나니

무와 유가 혼연일체로 있으며

텅 빔[虛]과 꽉 참[粗]이 오묘하구나.

^{삼일기체} ^{일삼기용}
三一其體오 一三其用이니

^{혼묘일환} ^{체용무기}
混妙一環이오 體用無歧라

^{대허유광} ^{시신지상}
大虛有光하니 是神之像이오

^{대기장존} ^{시신지화}
大氣長存하니 是神之化라

^{진명소원} ^{만법시생}
眞命所源이오 萬法是生이니

^{일월지자} ^{천신지충}
日月之子오 天神之衷이라

^{이조이선} ^{원각이능}
以照以線하야 圓覺而能하며

環 고리 환 歧 갈라질 기 源 근원 원 衷 참마음 충 照 비출 조 線 줄 선

삼(三神)은 일(一神)로 본체[體]를 삼고
일(一神)은 삼(三神)으로 작용[用]을 삼으니
무와 유, 텅 빔과 꽉 참(정신과 물질)이 오묘하게 하나로 순환하고
삼신의 본체와 작용은 둘이 아니로다.
우주의 큰 빔 속에 밝음이 있으니, 이것이 신의 모습이로다
천지의 거대한 기[大氣]는 영원하니 이것이 신의 조화로다.
참 생명이 흘러나오는 시원처요, 만법이 이곳에서 생겨나니
일월의 씨앗이며, 천신(상제님)의 참 마음이로다!
만물에 빛을 비추고, 생명선을 던져 주니
이 천지조화(의 광명과 대기(大氣)) 대각하면 큰 능력을 얻을 것이요

大^대降^강于^우世^세하야 有^유萬^만其^기衆^중이니라

故^고로 圓^원者^자는 一^일也^야니 無極^{무극}이오

方^방者^자는 二^이也^야니 反極^{반극}이오

角^각者^자는 三^삼也^야니 太極^{태극}이니라.」

弘益人間 理念의 由來와 易의 創始者 伏羲 聖人

夫^부 弘^홍益^익人^인間^간者^자는 天^천帝^제之^지所^소以^이授^수桓^환雄^웅也^야오

一^일神^신降^강衷^충하사 性^성通^통光^광明^명하니

圓둥글원 方방정할방 角모각 弘넓을홍 益더할익 授줄수 通통할통

성신이 세상에 크게 내려 만백성 번영하도다.
그러므로
원圓(○)은 하나(一)이니 하늘의 '무극無極 정신'을 뜻하고,
방方(□)은 둘(二)이니 하늘과 대비가 되는 땅의 정신[反極]을 말하고, 각角(△)은 셋(三)이니 천지의 주인인 인간의 '태극太極 정신'이로다.

홍익인간 이념의 유래와 역의 창시자 복희 성인

대저 홍익인간 이념은 환인천제께서 환웅에게 내려주신 가르침이다. 삼신(一神)께서 참마음을 내려 주시어 사람의 성품

재세이화 홍익인간자
在世理化하야**弘益人間者**는

신시지소이전단군조선야
神市之所以傳檀君朝鮮也라.

환역 출어우사지관야
桓易은 **出於雨師之官也**니

시 복희위우사
時에 **伏羲爲雨師**하야

이양육축야
以養六畜也라.

어시 견신룡지축일
於是에 **見神龍之逐日**하야

일십이변색 내작환역
日十二變色하고 **乃作桓易**하니

환 즉여희 동의야
桓은 **卽與羲**로 **同義也**오

역 즉고룡본자야
易은 **卽古龍本字也**라.

傳 전할 전 羲 복희씨 희 畜 가축 축 逐 쫓을 축 變 변할 변 義 뜻 의

이 신의 대광명에 통해 있으니, 삼신상제님의 진리(신교)로 세상을 다스리고 깨우쳐 천지광명(환단)의 꿈과 대이상을 실현하는 홍익인간이 되라는 가르침은 신시 배달이 단군조선에 전수한 심법이다.

환역桓易은 관원인 우사에게서 나왔다. 당시에 복희伏羲께서 우사가 되어 육축六畜을 기르셨다. 이때에 신룡神龍이 태양을 따라 하루에 열두 번 색이 변하는 것을 보고 환역을 지으셨다. 환桓은 희羲와 같은 뜻이요, 역易은 옛적에 쓰인 용龍 자의 원 글자이다.

2. 九年 洪水를 다스린 五行治水法의 起原과 傳授

古朝鮮 神敎 文化와 冊曆의 始原

紫^{자부선생}府先生은 發^{발귀리}貴理之後^{지후}也니

生^{생이신명}而神明하고 得^{득도비승}道飛昇이라.

嘗^{상측정일월지전차}測定日月之纏次하고 推^{추고오행지수리}考五行之數理하야

著^{저위칠정운천도}爲七政運天圖하니 是^{시위칠성력지시야}爲七星曆之始也라.

後^후에 蒼^{창기소}其蘇가 又^{우부연기법}復演其法하야

以^{이명오행치수지법}明五行治水之法하니

是^{시역신시황부지중경래야}亦神市黃部之中經來也라.

紫 자줏빛 자　府 고을 부　測 잴 측　纏 궤적 전　推 헤아릴 추　演 부연할 연

2. 9년 홍수를 다스린 오행치수법의 기원과 전수

고조선 신교 문화와 책력의 시원

자부 선생은 발귀리의 후손이다. 태어나면서 신명神明하여 도를 통해 신선이 되어 승천하였다.

일찍이 일월의 운행 경로와 그 운행 도수[纏次]를 측정하고, 오행의 수리數理를 추정하여 「칠정운천도七政運天圖」를 지으니 이것이 칠성력의 기원이다.

뒤에 창기소蒼其蘇가 다시 그 법을 부연하여 오행치수법을 밝혔는데, 이것 역시 배달 신시 시대의 『황부중경黃部中經』에서 유래하였다.

虞人사우 도회계산
虞人似禹가 到會稽山하야

수교우조선
受教于朝鮮하고

인자허선인 구견창수사자부루
因紫虛仙人하야 求見蒼水使者扶婁하야

수황제중경 내신시황부지중경야
受黃帝中經하니 乃神市黃部之中經也라

우취이용지 유공어치수
禹取而用之하야 有功於治水하니라.

易道의 發展 過程

宇宙 時空間 構成의 三要素, 圓·方·角

환역 체원이용방
桓易은 體圓而用方하야

虞 우나라 우 似 성사 禹 하우씨 우 稽 머무를 계 蒼 푸를 창 部 구역 부

우虞나라 순임금이 보낸 우禹가 회계산에 가서 조선의 가르침을 받을 때, 자허紫虛 선인을 통해 창수蒼水사자인 부루태자를 찾아 뵙고 『황제중경黃帝中經』을 전수 받으니, 바로 배달의 『황부중경』이다. 우가 이것을 가지고 가서 치수하는 데 활용하여 공덕을 세웠다.

역도의 발전 과정
우주 시공간 구성의 세 요소, 원·방·각

환역桓易은 체원용방體圓用方, 즉 둥근 하늘을 창조의 본체로 하고, 땅을 변화의 작용으로 하여 모습이 없는 것[無象]

^{유무상이지실}
由無象以知實하니

^{시천지리야}
是天之理也오

^{희역}　　^{체방이용원}
義易은 **體方而用圓**하야

^{유유상이지변}
由有象以知變하니

^{시천지체야}
是天之體也오

^{금역}　^{호체이호용}
今易은 **互體而互用**하야

^{자원이원}　　^{자방이방}　　^{자각이각}
自圓而圓하며 **自方而方**하며 **自角而角**하니

^{시천지명야}
是天之命也라.

由 말미암을 유　象 모양 상　實 실상 실　義 복희 희　體 몸 체　互 서로 호

에서 우주 만물의 실상을 아는 것이니, 이것이 하늘의 이치[天理]이다. 희역義易은 체방용원體方用圓, 즉 땅을 변화의 본체로 하고, 하늘을 변화 작용으로 하여 모습이 있는 것[有象]에서 천지의 변화를 아는 것이니, 이것이 하늘의 실체[天體]이다. 지금의 역[周易]은 호체호용互體互用, 즉 체體와 용用을 겸비하여 (체도 되고 용도 되어) 있다. 사람의 도는 천도天道의 원만(○)함을 본받아 원만해지며 지도地道의 방정(□)함을 본받아 방정해지고, 천지와 합덕하여 하나(천지인 삼위일체, △)됨으로써 영원한 대광명의 존재[太一]가 되나니, 이것이 하늘의 **명령**[天命]이다.

天體의 運動과 變化를 이끄는 中心 별자리

然이나 天之源은 自是一大虛無空而已니

豈有體乎아.

天은 自是本無體오

而二十八宿가 乃假爲體也니라.

蓋天下之物이 有號名則皆有數焉이오

有數則皆有力焉이라

旣言有數者則有有限無限之殊하고

又言有力者則有有形無形之別하나니

豈 어찌기 宿 별자리수 假 거짓가 蓋 대개개 數 수수 殊 다를수 別 다를별

천체의 운동과 변화를 이끄는 중심 별자리

그러나 하늘의 근원은 한결같이 크고[一大] 허虛하고 무無하며 공空하니, 어찌 본체가 따로 있으리오! 하늘은 본래 근원적인 실체를 갖고 있지 않으나 천지 변화의 운동에는 이십팔수 별자리가 가상의 실체 노릇을 하고 있다.

대개 천하의 만물 중에 이름이 있는 것에는 모두 수數가 붙어 있고, 이 수가 붙어 있는 것에는 모두 힘[力: 생명력]이 깃들어 있다. 이미 수가 있다고 말한 것은 곧 유한과 무한의 구분이 있고, 생명력이 있다고 말한 것은 곧 유형과 무형의 구별이 있나니 그 있음[有]으로 말하면

蘇塗經典本訓 467

故로 天下之物이

以其有로 言之則皆有之하고

以其無로 言之則皆無之니라.

3. 『天符經』의 由來

天符經은

天帝桓國口傳之書也라

桓雄大聖尊이 天降後에

命神誌赫德하사 以鹿圖文으로

| 符 부신 부 經 경서 경 傳 전할 전 誌 기록할 지 赫 밝을 혁 鹿 사슴 록 |

천하 만물은 모두 있는 것이요, 그 없음[無]으로 말하면 만물은 그 형체가 모두 없어지게 되는 것이다(유로 보면 만물은 끊임없이 생성순환이 지속되어 유형의 세계가 영원히 살아 있고, 무로 보면 결국은 형체가 다 무너져서 만물은 무로 돌아가는 것이다. 그러므로 인간은 삼신의 도를 닦아 영원한 생명을 성취해야 한다는 뜻이다).

3. 『천부경』의 유래

『천부경』은 천제 환인의 환국 때부터 구전되어 온 글이다. 환웅 대성존께서 하늘의 뜻을 받들어 (태백산으로) 내려오신 뒤에 신지神誌 혁덕赫德에게 명하여 이를 녹도문鹿圖文으로

記之리니 崔孤雲致遠이
亦嘗見神誌篆古碑하고 更復作帖하야
而傳於世者也라
然이나 至本朝하야 專意儒書하고
更不與皁衣 相聞而欲存者하니 其亦恨哉로다
以故로 特表而出之하야 以示後來하노라.

하나[一太極]의 無窮한 創造性과 永遠性 : 『天符經』

天符經八十一字

孤 외로울고 篆 전자전 更 다시갱 帖 서첩첩 專 오로지전 特 특별할특

기록하게 하셨는데, 고운孤雲 최치원이 일찍이 신지의 전고비篆古碑를 보고 다시 첩帖으로 만들어 세상에 전하였다. 그러나 본조本朝(한양 조선)에 이르러 세상사람이 오로지 유가 경전에만 뜻을 두고, 조의皁衣의 정신을 되살려 다시 서로 들어 보고 보존하려는 자가 없으니 이 또한 참으로 한스러운 일이다. 그러므로 특별히 이를 들춰 내어 후손에게 전하고자 한다.

하나[1태극]의 무궁한 창조성과 영원성 : 『천부경』

『천부경天符經』(팔십일자)

一은 始나 無始一이오
析三極하야도 無盡本이니라.
天의 一은 一이오
地의 一은 二오
人의 一은 三이니
一積十鉅라도
无匱化三이니라.
天도 二로 三이오
地도 二로 三이오

析 나눌석 極 다할극 盡 다할진 積 쌓을적 鉅 클거 无 없을무 匱 다할궤

하나는 천지만물 비롯된 근본이나 무에서 비롯한 하나이어라.
이 하나가 나뉘어져 천지인 삼극으로 작용해도
그 근본은 다할 것이 없어라.
하늘은 창조운동 뿌리로서 첫째 되고
땅은 생성운동 근원되어 둘째 되고
사람은 천지의 꿈 이루어서 셋째 되니
하나가 생장하여 열까지 열리지만
다함없는 조화로서 3수의 도 이룸일세.
하늘도 음양운동 3수로 돌아가고
땅도 음양운동 3수로 순환하고

人도 二로 三이니
大三合六하야 生七八九하고
運三四하야
成環五七이니라.
一이 玅衍하야
萬往萬來라도
用變不動本이니라.
本은 心이니 本太陽하야 昻明하고
人은 中天地하야 一이니

運 운행할운 環 돌환 玅 묘할묘 衍 펼칠연 往 갈왕 變 변화변 昻 높을앙

사람도 음양운동 3수로 살아가니
천지인 큰 3수 마주합해 6수 되니
생장성 7·8·9를 생함이네.
천지만물 3과 4수 변화마디 운행하고
5와 7수 변화원리 순환운동 이룸일세.
하나는 오묘하게 순환운동 빈복하여
조화작용 무궁무궁 그 근본은 변함없네.
근본은 마음이니 태양에 근본두어
마음의 대광명은 한없이 밝고 밝아
사람은 천지 중심 존귀한 태일이니

一은 終이나 無終一이니라.

4. 紫府先生과 三皇內文의 由來

三皇內文經은 紫府先生이
授軒轅하야 使之洗心歸義者也라
先生이 嘗居三淸之宮하시니
宮在靑邱國大風山之陽이라
軒侯가 親朝蚩尤라가 路經名華하야
有是承聞也라

> 授줄수 洗씻을세 嘗일찍이상 朝뵐조 路길로 經지날경 名華:명성

하나는 천지만물 끝을 맺는 근본이나 무로 돌아가 마무리된 하나이니라.

4. 자부 선생과 삼황내문의 유래

『삼황내문경』은 자부 선생이 황제헌원에게 전해 주어 그로 하여금 마음을 닦아 의로운 정신으로 돌아가게 한 책이다. 선생이 일찍이 삼청궁三淸宮에 거처하였는데, 삼청궁은 청구국 대풍산大風山의 남쪽에 있었다. 당시 제후이던 헌원이 친히 치우천황을 찾아뵙다가 도중에 선생의 명성을 듣고 찾아가서 가르침을 전해 들은 것이다.

經文은 以神市鹿書로 記之하야 分爲三篇이러니
後人이 推演加註하야
別爲神仙陰符之說하고
周秦以來로 爲道家者流之所托하야
間有鍊丹服食과 許多方術之說이
紛紜雜出하야 而多惑溺하고
至於徐福韓終하는 亦以淮泗之産으로
素有叛秦之志라가 至是하야
入海求仙爲言하고 仍逃不歸하니

演 부연할 연 註 주해 주 托 맡길 탁 紛 어지러울 분 紜 어지러울 운 雜 섞일 잡

경문은 신시 시대의 녹서鹿書로 기록되어 세 편으로 나뉘어 있다. 후세 사람이 이 글을 부연하고 주註를 덧붙여 별도로 신선음부神仙陰符의 설을 만들었다. 주周와 진秦 시대 이래로 도가 학파가 이것에 의탁하였다. 이따금 단약丹藥을 만들어서 불사약으로 먹기도 하였고, 그 외 허다한 방술方術의 설이 어지러이 뒤섞여 나돌아 이에 미혹되어 빠지는 자가 속출하였다.

서복徐福과 한종韓終 역시 회사淮泗 지역 출신이다. 본래 진秦나라에 모반하려는 뜻을 품고 있다가 '바다로 들어가 신선을 찾는다'고 말하고는 도망쳐서 돌아오지 않았다.

蘇塗經典本訓

日本紀伊에 有徐市題名之刻하고

伊國新宮에 有徐市墓祠云이라

徐福은 一稱徐市이오 市福은 音混也라.

5. 三一神誥의 來歷과 根本 精神

三一神誥는 本出於神市開天之世오

而其爲書也니라.

盖以執一舍三하고 會三歸一之義로

爲本領하고 而分五章하야

市 슬갑 불 題 적을 제 本領:근본이 되는 강령이나 특질 章 단락 장

일본의 기이紀伊에는 서불徐市의 이름을 새겨 놓은 조각이 있다. 이국伊國의 신궁新宮에는 서불의 무덤과 사당이 있다고 전한다. 서복은 일명 서불이라 부르는데, 이는 불市과 복福의 음이 비슷하여 혼동된 것이다.

5. 삼일신고의 내력과 근본 정신

『삼일신고』는 본래 신시개천 시대에 세상에 나왔고, 그때에 글로 지어진 것이다.

집일함삼執一舍三과 회삼귀일會三歸一의 뜻을 근본 정신으로 삼고, 다섯 장으로 나누어 '하늘과 신, 조화의 근원', '세계

詳論天神造化之源과 世界人物之化하니
(상론천신조화지원 세계인물지화)

其一曰
(기일왈)

虛空은 與一始無로 同始하고
(허공 여일시무 동시)

一終無로 同終也니
(일종무 동종야)

外虛內空에 中有常也오.
(외허내공 중유상야)

其二曰
(기이왈)

一神은 空往色來에 似有主宰니
(일신 공왕색래 사유주재)

三神爲大시나
(삼신위대)

帝實有功也시오.
(제실유공야)

虛 빌 허　空 빌 공　常 영원할 상　往 갈 왕　似 같을 사　宰 다스릴 재

와 인물의 조화'에 대해 상세히 논하였다.

첫째 장 허공虛空은, 우주 시공이 '일시무一始無'의 무無와 함께 시작하고, '일종무一終無'의 무無와 함께 끝나니, 이 우주는 외허내공外虛內空한 상태에서 중도의 조화 경계에 항상 머물러 있음을 밝히고 있다.

둘째 장 일신一神은, 공과 현상이 끊임없이 오고 감[空往色來]에 한 분 신이 우주를 주재하고 계신 듯하니, (우주 그 자체의 조화 정신인) 삼신三神이 비록 위대하시나 사실은 이 삼신의 주재자이신 상제님께서 (우주가 품은 꿈의 낙원 세계를) 지상에 실현하는 공덕을 이루신다는 내용이다.

其三曰 天宮은 眞我所居니
萬善自足하야 永有快樂也오.

其四曰 世界는 衆星屬日하니
有萬群黎의 大德이 是生也오.

其五曰 人物은 同出三神하니
歸一之眞이 是爲大我也니라.

世或以三一神誥로 爲道家醮靑之詞하니
則甚誤矣라.

吾桓國은 自桓雄開天으로

快 즐거울 쾌 屬 무리 속 群黎: 많은 백성 醮 제사지낼 초 誤 잘못 오

셋째 장 천궁天宮은, 참된 나眞我가 머무는 곳이니, 온갖 선이 스스로 갖추어져 영원한 즐거움이 있음을 밝히고 있다.

넷째 장 세계世界는, 뭇별이 태양에 속해 있고, 수많은 인간을 길러 내어 우주 역사의 이상을 실현하는 큰 공덕이 여기에서 이루어진다는 것을 밝히고 있다.

다섯째 장 인물人物은, 인간과 만물이 모두 삼신에서 생겨났으니, 그 근본一神으로 돌아가는 진리가 '큰 나大我'가 되는 길임을 밝혀 주고 있다. 세상에서 혹 『삼일신고』를 도가의 초청사醮靑詞라고도 하지만, 이것은 아주 잘못된 것이다.

우리 환국은, 환웅천황께서 배달을 개천할 당시부터 천신

主祭天神하시며 祖述神誥하시며
恢拓山河하시며 敎化人民하시니라.

倍達은 太平한 나라

嗚呼라 神市天皇之建號가

今旣蒙三神上帝하사 啓無量洪祚하시고

招撫熊虎하사 以安四海하시며 上爲天神하사

揭弘益之義하시고 下爲人世하사

解無告之怨하시니 於是에 人自順天하고

恢 넓힐회 拓 넓힐척 祚 복조 招撫:불러다가 어루만져 위로 함 揭 들게

께 제사를 지내 오셨고, 『삼일신고』를 지으셨으며, 산하를 널리 개척하시고 백성을 교화하셨다.

배달은 태평한 나라

아아! 배달의 천황께서 나라를 처음 세우실 때 이미 삼신상제님의 은총을 입어 무량한 큰 복을 열어 주시고, 웅족과 호족을 불러 어루만져 사해를 평안하게 하셨다. 위로 천신을 위해 홍익인간 이념을 내걸고, 아래로 인간 세상을 위해 무고한 원한을 풀어 주셨다.

그리하여 사람들이 스스로 하늘의 뜻에 순종하므로 세상

世無^세偽^무妄^위하야 無^무爲^위自^자治^치하며 無^무言^언自^자化^화하며

俗^속重^중山^산川^천하야 不^불相^상侵^침涉^섭하며

貴^귀相^상屈^굴服^복하야 投^투死^사救^구急^급하며

飢^기均^균衣^의食^식하고 又^우平^평權^권利^리하며

同^동歸^귀三^삼神^신하야 交^교歡^환誓^서願^원하며

和^화白^백爲^위公^공하야 責^책禍^화保^보信^신하며

通^통力^력易^이事^사하야 分^분業^업相^상資^자하며

男^남女^녀皆^개有^유職^직分^분하며

老^노少^소同^동享^향福^복利^리하야 人^인與^여人^인이

偽妄 : 거짓됨과 망령됨 涉 건널 섭 歡 기뻐할 환 資 도울 자 享 누릴 향

에는 거짓됨과 망령됨이 없고, 행위를 하지 않아도 나라가 저절로 다스려지고 말하지 않아도 스스로 교화되었다. 산천을 중시하여 서로 침범하거나 간섭하지 않으며, 서로 굽히는 것을 존귀하게 여기고 목숨을 던져 위기에 빠진 사람을 구하였다. 이미 먹고사는 생활 수준이 고르고, 또 권리를 평등하게 누리며, 모두 삼신상제님께 귀의하여 서로 사귀어 기뻐하고 소원을 빌었다. **화백**和白으로 공의를 삼고, **책화**責禍로 신의를 보존하였다. 모두 힘을 합하여 일을 처리하고 분업하여 서로 도왔다. 남녀가 모두 자기 직분을 다하고, 노소가 다 함께 복리를 누렸다. 사람끼리 서로 다

無相爭訟하며 國與國이 無相侵奪하니
是謂神市太平之世也니라.

三一神誥

三一神誥總三百六十六字
第一章 虛空 三十六字
帝曰 爾五加와 众아 蒼蒼이 非天이며
玄玄이 非天이라
天은 兂形質하며 兂端倪하며 兂上下四方하고

質 바탕질 訟 다툴송 众 무리중 蒼 푸를창 兂 없을무 端 처음단 倪 끝예

투어 송사하지 않고, 나라끼리 서로 침탈하지 않았으니, 이때를 '신시 태평 시대'라 부른다.

삼일신고

삼일신고三一神誥 (총366자)
제1장 허공虛空 (36자)
천제께서 이렇게 말씀하셨다.
"너희 오가五加와 백성들아! 저 푸르고 푸른 것이 하늘이 아니며, 저 아득하고 아득한 것도 하늘이 아니니라. 하늘은 형체와 바탕이 없고, 처음과 끝도 없으며, 위아래와 동

^{허 허 공 공} ^{무 부 재} ^{무 불 용}
虛虛空空하야 兄不在하며 兄不容이니라.

第二章 一神 五十一字

^신 ^{재 무 상 일 위}
神이 在無上一位하사

^{유 대 덕 대 혜 대 력} ^{생 천}
有大德大慧大力하사 生天하시고

^{주 무 수 무 세 계} ^{조 신 신 물}
主無數無世界하시며 造兟兟物하시니

^{섬 진 무 루} ^{소 소 령 령} ^{불 감 명 량}
纖塵無漏하며 昭昭靈靈하사 不敢名量이라

^{성 기 원 도} ^{절 친 견}
聲氣願禱면 絶親見이리니

^{자 성 구 자} ^{강 재 이 뇌}
自性求子면 降在爾腦시니라.

神 귀신신 兟 나아갈신 纖 가늘섬 塵 티끌진 漏 샐루 昭 밝을소 靈 신령령

서남북도 없느니라. 또한 겉도 비고 속도 비어서[虛虛空空] 있지 않은 곳이 없고, 감싸지 않는 바가 없느니라."

제2장 일신一神 (51자)

"상제님(하느님)은 위 없는 으뜸 자리에 계시어 큰 덕과 위대한 지혜와 무한한 창조력으로 하늘을 생겨나게 하시고, 헤아릴 수 없이 많은 세계를 주재하시느니라. 많고 많은 것을 지으시되 티끌만 한 것도 빠뜨림이 없고, 무한히 밝고 신령하시어 감히 이름 지어 헤아릴 수 없느니라.

소리와 기운으로만 기도하면 상제님을 친견할 수 없으니, 너의 타고난 삼신의 본성에서 진리의 열매(씨)를 구하여라.

第三章 天宮 四十字

天은 檀國이라

有天宮하야 階萬善하며

門萬德하니 一檀이攸居오

羣靈諸嚞이 護侍하나니

大吉祥大光明處라

惟性通功完者라야 朝하야

永得快樂이니라.

剒 머리뇌 **階** 계단계 **攸** 바유 **嚞** 밝을철(=哲) **護** 보호할호 **完** 완전할완

그러면 상제님의 성령이 너희 머리에 내려 오시리라."

제3장 천궁天宮 (40자)

"하늘은 상제님[一神]이 계시는 나라이니라. 여기에 천상의 궁전이 있어 온갖 선善으로 섬돌을 쌓고, 온갖 덕으로 문을 삼으니, 한 분 상제님[一神]이 임어하여 계신 곳이요, 뭇 신령과 철인이 모시고 있어, 크고 길하고 상서롭고 크게 광명한 곳이라.

오직 본성에 통하고, 천지(삼신)에 공덕을 완수한 자[性通功完者]라야 이곳에 들어와 영원한 즐거움을 얻으리라."

第四章 世界七十二字 (제사장세계칠십이자)

爾觀森列星辰하라 **數兄盡**하고
(이관삼열성신   수무진)

大小와 **明暗**과 **苦樂**이 **不同**하니라.
(대소 명암 고락 부동)

一檀이 **造羣世界**하시고
(일신 조군세계)

檀이 勅日世使者하사 **牽七百世界**하시니
(신 칙일세사자 할칠백세계)

爾地自大나 **一丸世界**니라.
(이지자대 일환세계)

中火震盪하야 **海幻陸遷**하야
(중화진탕 해환육천)

乃成見像하나니라.
(내성현상)

檀이 呵氣包底하시고
(신 가기포저)

森 빽빽할삼 勅 조서칙 牽 다스릴할(=轄) 盪 흔들릴탕 遷 바꿀천 呵 불가

제4장 세계世界 (72자)

"너희들은 무수히 널려 있는 저 별을 보아라. 그 수가 다함이 없나니, 크고 작음, 밝음과 어두움, 괴로움과 즐거움이 같지 않으니라. 상제님께서 뭇 세계를 지으시고, 그 중에 태양 세계[日世界]를 맡은 사자에게 명령을 내려 700 세계를 거느리게 하셨으니, 너희 땅 그 자체는 큰 것처럼 보이나 하나의 둥근 환약만 한 세계이니라.

조화를 간직한 태초의 불덩어리[中火]가 터지고 퍼져서 바다로 변하고 육지가 되어 마침내 드러난 형상을 이루었느니라. 우주의 조화신이 기운을 불어 밑동까지 싸고, 태양

煦_후日_일色_색熱_열하시니

行_행翥_저化_화游_유栽_재의 物_물이 繁_번殖_식하나라.

三眞에 對한 말씀

第_제五_오章_장 人_인物_물 一百六十七字_{일백육십칠자}

人_인物_물이 同_동受_수三_삼眞_진이나

惟_유众_중은 迷_미地_지하야

三_삼妄_망이 着_착根_근하고

眞_진妄_망이 對_대하야

煦 따뜻하게할후　翥 날아오를저　游 헤엄칠유　繁 번성할번　殖 번식할식

의 빛과 열을 쬐니, 땅 위를 다니고[行], 하늘을 날고[翥], 탈 바꿈하고[化], 물 속에서 살고[游], 땅에 뿌리 내린[栽] 온갖 생물[五物]이 번식하였느니라."

삼진에 대한 말씀

세5장 인물人物 (167자)

"사람과 만물이 다 같이 삼진三眞(성품[性]과 목숨[命]과 정기[精])을 부여받았으나, 오직 사람만이 지상에 살면서 미혹되어 삼망三妄(마음[心]과 기운[氣]과 몸[身])이 뿌리를 내리고, 이 삼망三妄이 삼진三眞과 서로 작용하여 삼도三途(느낌[感])과 호

作三途니라.

曰性命精이니

人은 全之하고 物은 偏之니라.

眞性은 善兄惡하니 上喆이 通하고

眞命은 淸兄濁하니 中喆이 知하고

眞精은 厚兄薄하니 下喆이 保하나니

返眞하얀 一檀이니라.

> 途길도 偏치우칠편 喆밝을철 通통할통 知알지 保보전할보 返돌아올반

흡[息]과 촉감[觸]의 변화 작용을 짓게 되느니라."
천제께서 다시 말씀하셨다. "삼진은 성품[性]과 목숨[命]과 정기[精]이니, 사람은 이를 온전히 다 부여받았으나 만물은 치우치게 받았느니라. 참된 성품[眞性]은 선하여 악함이 없으니, 상등 철인[上喆]은 이 본성자리를 통하고, 참 목숨[眞命]은 맑아 흐림이 없으니, 중등 철인[中喆]은 이 타고난 목숨의 경계 자리를 깨닫고, 참 정기[眞精]는 후덕하여 천박함이 없느니라. 하등 철인[下喆]은 이 본연의 순수한 정기를 잘 수련하여 보호하느니라. 이 삼진을 잘 닦아 본연의 모습으로 돌아갈 때 상제님[一神]의 조화 세계에 들어갈 수 있느니라."

三妄에 對한 말씀

日心氣身이니

心은 依性이나 有善惡하니

善福惡禍하고

氣는 依命이나 有淸濁하니

淸壽濁夭하고

身은 依精이나 有厚薄하니

厚貴薄賤이니라.

依 의지할 의 濁 흐릴 탁 壽 목숨 수 夭 일찍죽을 요 厚 두터울 후 薄 엷을 박

삼망에 대한 말씀

또 말씀하셨다.

"삼망은 마음[心]과 기운[氣]과 몸[身]이니라. 마음은 타고난 (조화신에 근원을 둔) 성품[性]에 뿌리를 두지만 선과 악이 있으니, 마음이 선하면 복을 받고 악하면 화를 받느니라. 기[氣]는 타고난 삼신의 영원한 생명에 뿌리를 두지만 맑음과 탁함이 있으니, 기운이 맑으면 장수하고 혼탁하면 일찍 죽느니라. 몸은 정기에 뿌리를 두지만 후덕함과 천박함이 있으니, 자신의 정기를 잘 간직해 두텁게 하면 귀[貴]티가 나고, 정기를 소모시키면 천박해지느니라."

三途에 對한 말씀

曰感息觸이니

轉成十八境하니

感엔 喜懼哀怒貪厭이오

息엔 芬爛寒熱震濕이오

觸엔 聲色臭味淫抵니라.

众은 善惡과 淸濁과 厚薄이

相雜하야 從境途任走하야

墮生長肖病歿의 苦하고

厭 싫을 염 爛 숯내 란 濕 축축할 습 臭 냄새 취 抵 부딪힐 저 墮 떨어질 타

삼도에 대한 말씀

또 말씀하셨다. "삼도는 느낌[感]과 호흡[息]과 촉감[觸]의 작용이니라. 이것이 다시 변화하여 열여덟 가지 경계를 이루나니, 느낌에는 기쁨과 두려움과 슬픔과 노여움과 탐욕과 싫어함이 있고, 호흡에는 향내와 숯내[芬爛]와 차가움과 더움과 마름과 젖음이 있고, 촉감에는 소리와 빛깔과 냄새와 맛과 음탕함과 살 닿음[抵]이 있느니라. 창생은 마음의 선악과 기운의 맑고 탁함과 몸의 후덕함과 천박함이 서로 뒤섞인 경계의 길을 따라 제멋대로 달리다가, 나고 자라고 늙고 병들고 죽는 고통에 떨어지느니라.

囂은 止感하며 調息하며 禁觸하야
一意化行하고
改妄卽眞하야
發大神機하나니
性通功完이 是니라.

6. 神誌秘詞의 傳來와 內容

神誌秘詞의 起原 : 祭祀의 참뜻

神誌秘詞는 檀君達門時人神誌發理의

| 肖 꺼질 소(=消) 歿 죽을 몰 禁 금할 금 妄 거짓 망 發 필발 機 틀 기 |

그러나 철인은 감정을 절제하고[止感], 호흡을 (천지의 중도에 맞춰) 고르게 하며[調息], 촉감과 자극을 억제하여[禁觸], 오직 한 뜻[一心]으로 매사를 행하고 삼망을 바로잡아 삼진으로 나아가 비로소 자신 속에 깃들어 있는 대신기大神機(우주 삼신의 조화 기틀)를 발현시키나니, 삼신이 부여한 대광명의 성품을 깨닫고 그 공덕을 완수한다[性通功完]는 것은 이를 두고 하는 말이니라."

6. 신지비사의 전래와 내용
신지비사의 기원 : 제사의 참뜻

『신지비사神誌秘詞』는 (6세) 달문단군 때 사람인 신지神誌 발

소작야
所作也니

본삼신고제서원지문야
本三神古祭誓願之文也라

부상고제천지의 요재위민기복
夫上古祭天之義는 要在爲民祈福하고

축신흥방야
祝神興邦也어늘

금호사지인   장신지비사
今好事之人이 將神誌秘詞하야

여도참성점   상출입
與圖讖星占으로 相出入하고

추수부연   언기진단구변지도
推數敷演하야 言其震檀九變之圖하고

우작감결예언지선하   역류의재
又作鑑訣豫言之先河하니 亦謬矣哉로다.

邦나라방 讖비결참 敷펼부 演부연할연 鑑거울감 豫미리예 謬어긋날류

리發理가 지은 것이다. 이것은 본래 옛적에 삼신께 제사 지낼 때 서원하던 글이다. 무릇 상고 시대에 하늘에 제사 지낸 근본 뜻은 백성을 위해 복을 빌고 나라가 잘 되도록 신께 축원드리는 것이었다.

그런데 오늘날 일을 벌이기 좋아하는 자들이 『신지비사』가 도참圖讖과 성점星占과 서로 같은 점도 있고 다른 점도 있음을 가지고, 사리를 추측하고 설명을 덧붙여서 진단구변도震檀九變圖라 하고, 또 감결鑑訣과 예언의 처음이라 하는데 모두 잘못된 것이다.

三韓의 地勢 : 三韓의 首都 이름과 位置

^{기 왈 칭 간 부 소 량 자　　시 위 진 한 고 도}
其曰秤幹扶蘇樑者는 是謂辰韓古都니

^{역 즉 단 군 조 선 소 도 아 사 달　　시 야}
亦卽檀君朝鮮所都阿斯達이 是也오

^{역 즉 금 송 화 강 합 이 빈 야}
亦卽今松花江哈爾濱也라.

^{기 왈 추 자 오 덕 지 자　　시 위 번 한 고 도}
其曰錘者五德地者는 是謂番韓古都니

^{금 개 평 부 동 북 칠 십 리 소 재　　탕 지 보　　시 야}
今開平府東北七十里所在의 湯池堡가 是也며

^{기 왈 극 기 백 아 강 자　　시 위 마 한 고 도}
其曰極器白牙岡者는 是謂馬韓古都로

^{금 대 동 강 야　　내 마 한 웅 백 다}
今大同江也니 乃馬韓熊伯多의

^{제 천 마 한 산　　즉 차}
祭天馬韓山이 卽此라.

秤幹:저울대　樑:대들보량　濱:물가빈　錘:추추　堡:작은성보　極器:저울판

삼한의 지세 : 삼한의 수도 이름과 위치

『신지비사』에서 저울대 부소량扶蘇樑이라 한 것은 진한의 옛 수도를 말한다.

그곳은 바로 단군조선이 도읍한 아사달이며, 지금의 송화강 하얼빈이다.

저울추 오덕지五德地라 한 것은 빈한의 옛 수도를 말한다.

그곳은 지금의 개평부 동북쪽 70리에 있는 탕지보이다.

저울판 백아강白牙岡이라 한 것은 마한의 옛 수도를 말한다.

지금의 대동강으로, 마한의 웅백다가 하늘에 제사 지내던 마한산이 바로 그곳이다.

窃以三韓地勢로 譬諸衡石則扶蘇樑은
如國之秤斡하고
五德地는 如國之錘者하고
白牙岡은 如國之極器하니
三者缺一하면 衡不稱物하고 國不保民也니라.

祭祀는 오직 참되고 올바르게

三神古祭之誓願이 惟在三韓管境과
允悅民衆之義也니 神誌秘詞所傳이

窃 몰래절 譬 비유할비 衡石: 저울 缺 이지러질 결 稱 저울질할 칭

가만히 삼한의 지세를 저울에 비유해 보면 부소량은 '나라의 저울대'와 같고, 오덕지는 '나라의 저울추'와 같고, 백아강은 '나라의 저울판'과 같다. 이 셋 가운데 하나라도 없으면, 저울이 물건을 달 수 없듯이 나라가 백성을 보호할 수 없다.

제사는 오직 참되고 올바르게

옛날 삼신상제님께 제사 지낼 때 서원한 것은 오직 삼한으로 나눈 영토를 잘 다스리는 것과 백성을 진실로 기쁘게 하는 것이었다. 『신지비사』가 전하는 바도 여기에서 벗어

亦不外乎是焉이오
則爲國一念이 幷獎忠義하야
祭以悅神하며 願以受福하면
神必降衷하시며
福必興邦하리니 直實以行이니라.
事不徵實하고 行不求是하면
則所徵所求者從何得功乎아.

幷 아우를 병 悅 기쁠 열 奬 권면할 장 衷 참마음 충 徵 부를 징 求 구할 구

나지 않는다.
나라를 위하는 일념으로 충忠과 의義를 함께 장려하고, 제사를 지내 신을 기쁘게 하고 복을 내려 주시기를 기원하면, 신은 반드시 '참된 마음[衷]'을 내려 주시고, 복은 반드시 나라를 흥하게 할 것이다. 그러므로 제사를 올바르고 참되게 행해야 한다.
만일 삼신상제님을 섬기되 진실되게 행하지 아니하고, 실천하되 바른 길을 구하지 않는다면, 행동하고 구하는 바가 무엇을 좇아 공덕을 이룰 수 있겠는가?

蘇塗經典本訓 491

7. 文字의 起源과 그 자취

我_아國_국文_문字_자가 自_자古_고有_유之_지하니

今_금南_남海_해縣_현郎_낭河_하里_리岩_암壁_벽에 有_유神_신市_시古_고刻_각하고

夫_부餘_여人_인王_왕文_문所_소書_서之_지法_법이 類_유符_부擬_의篆_전하고

紫_자府_부先_선生_생之_지内_내文_문과 太_태子_자扶_부婁_루之_지五_오行_행이

皆_개出_출於_어桓_환檀_단之_지世_세오 而_이殷_은學_학漢_한文_문이

盖_개王_왕文_문遺_유範_범也_야라.

留_유記_기에 云_운「神_신劃_획이 曾_증在_재太_태白_백山_산靑_청岩_암之_지壁_벽하야

其_기形_형如_여ㄱ」하니 世_세稱_칭神_신誌_지仙_선人_인所_소傳_전也_야라

壁벽벽 刻새길각 類무리류 擬비길의 篆전자전 劃그을획 曾일찍증

7. 문자의 기원과 그 자취

우리나라의 문자는 옛날부터 있었으니, 지금 남해현 낭하리 암벽에 신시 시대의 옛 글자가 새겨져 있다. 부여 사람 왕문이 쓴 서법은 부符나 전서篆書와 비슷하다. 또 자부 선생의 『삼황내문』과 부루태자의 오행은 모두 환단桓檀 시대에 나온 것이다. 은나라의 갑골문에서 유래한 한문漢文은 왕문이 남긴 법이다.

『유기留記』에 이렇게 기록되어 있다.

신령한 글자 획이 일찍이 태백산의 푸른 암벽에 새겨져 있었는데, 그 형태가 ㄱ 자와 같다. 세상에서는 이것을 신지

或^{혹자}者가 以^{이시}是로 爲^{위조자지시}造字之始하니
則^{즉기획}其劃이 直^{직일곡이지형}一曲二之形이오
其^{기의}義는 有^{유관제지상}管制之象이오
其^{기형기성}形其聲은 又^{우사출어계의연자야}似出於計意然者也라.
故^고로 以^{이신인지덕}神人之德으로 愛^{애구인세이준언}求人世以準焉이니
則^{즉진교지행야}眞敎之行也에 必^{필인사개정야}人事皆正也라
賢^{현능재위}能在位하며 老^{노유공양}幼公養하며 壯^{장자복의}者服義하며
多^{다자권화}者勸化하며
姦^{간사식송}詐息訟하며 干^{간과폐모}戈閉謀하니

或:어떤이혹 **管制**:관리하여통제함 **似**:닮을사 **勸**:권할권 **詐**:거짓사 **訟**:송사송

선인이 전한 것이라 하고, 혹자는 이것을 문자의 기원으로 삼는다. 그 획이 곧게 나가서 굽은 형으로 관제管制하는 뜻이 있으며, 그 형태와 소리는 어떤 의도된 뜻에서 나온 것 같다.
그러므로 신인神人의 덕으로 이 세상을 구하고자 법도를 만들어 놓은 것이니, 즉 신교의 참된 가르침이 행해짐이 반드시 인사人事도 모두 바르게 되었을 것이다. 현자와 유능한 자가 벼슬자리에 있고, 노인과 어린이를 공동으로 부양하고, 장정이 의무를 다하고, 많이 가진 자가 베풀어 주고, 간사한 자가 송사를 그치고, 전쟁 도모를 막으니,

蘇塗經典本訓

시역이화지일도야
是亦理化之一道也니라.

대변설주　왈
大辯說註에 曰

남해현낭하리지계곡암상
「南海縣郞河里之溪谷岩上에

유신시고각
有神市古刻하니

기문　왈환웅출렵　　치제삼신
其文에 曰桓雄出獵하사 致祭三神하시니라」

우왈　대시전고　　지빙구설
又曰「大始傳古가 只憑口舌이라가

구이후　내형이위화
久而後에 乃形以爲畵하고

우부화변이위지자
又復畵變而爲之字라 하니

개문자지원
蓋文字之源이

辯 말 잘할 변　註 주석 주　溪 시내 계　獵 사냥할 렵　憑 의지할 빙　復 다시 부

이것이 신교의 진리로 세상을 다스려 교화하는 한결같은 도리였던 것이다.

『대변설大辯說』 주註에 이렇게 기록되어 있다.

　남해현 낭하리의 계곡 바위 위에 신시 시대의 옛 글자가 새겨져 있는데, 그 글에 환웅께서 사냥을 나가서 삼신께 제사를 올리셨다고 하였다.

또 이렇게 기록되어 있다.

　아득한 태고 시절에는 옛 일들이 입에만 의지해 전해 오다가 오랜 세월이 지난 후에 그 형태를 본떠서 그림을 그리고 다시 그림이 변해 글자가 되었으니, 문자가 생긴 근원

막 비 출 어 국 속 지 소 존 신 야
莫非出於國俗之所尊信也라

8. 하늘의 三神, 땅의 三韓, 사람의 三眞

三界 宇宙가 곧 三神이요, 三界의 統治者가 三神上帝님

자 일 기 이 석 삼
自一氣而析三하니

기   즉 극 야
氣는 卽極也오

극   즉 무 야
極은 卽無也라

부 천 지 원   내 관 삼 극   위 허 이 공
夫天之源이 乃貫三極하야 爲虛而空하니

병 내 외 이 연 야
并內外而然也오

莫 없을 막 析 나눌 석 極 정점 극 貫 꿰뚫을 관 空 빌 공 并 아우를 병

은 나라의 풍속을 높이 받들고 믿은 데서 나오지 않은 것이 없다.

8. 하늘의 삼신, 땅의 삼한, 사람의 삼진
삼계 우주가 곧 삼신이요, 삼계의 통치자가 삼신상제님

우주의 한 조화기운(一氣)에서 세 가지 신령한 변화 원리가 일어난다. 이 기운(氣)은 실로 지극한 존재로, 그 지극함이란 곧 (유·무를 포용한) 무를 말한다. 무릇 하늘의 근원은 천·지·인 삼극(三極)을 꿰뚫어 허하면서 공하니 안과 밖을 아울러서 그러한 것이다.

천지궁 즉위광명지회
天之宮이 卽爲光明之會오

만화소출
萬化所出하니

천지일신 능체기허이내기주재야
天之一神이 能體其虛而乃其主宰也니라.

고 왈일기 즉천야 즉공야
故로 曰一氣는 卽天也며 卽空也라.

연 자유중일지신이능위삼야
然이나 自有中一之神而能爲三也니

삼신 내천일지일태일지신야
三神은 乃天一地一太一之神也라.

天地 歷史의 主體 '韓'의 뜻

일기지자능동작
一氣之自能動作하야

會 모을 회 **能** 능할 능 **宰** 주관할 재 **然** 그러할 연 **動** 움직일 동 **作** 지을 작

천궁天宮은 광명이 모이고 온갖 조화가 나오는 곳이다. 하늘에 계시는 한 분 상제님[一神]께서 능히 이러한 허虛를 몸으로 삼아 만유를 주재하신다. 따라서 이 우주의 한 조화 기운이 곧 하늘이고, 또한 우주 생명의 공空인 것이다. 그러나 저절로 중도일심[中一]의 경계에 머무는 신이 계셔서 능히 삼신이 되시니, 삼신은 곧 천일天一·지일地一·태일太一의 신이다.

천지 역사의 주체 '한韓'의 뜻

우주의 한 조화기운[一氣]이 스스로 운동하고 만물을 창조

이 위 조 교 치 삼 화 지 신
而爲造敎治三化之神하시니

신 즉 기 야
神은 卽氣也오

기 즉 허 야
氣는 卽虛也오

허 즉 일 야
虛는 卽一也라.

고   지유삼한   위 진 변 마 삼 경 지 한
故로 地有三韓하야 爲辰弁馬三京之韓하니

한 즉 황 야   황 즉 대 야   대 즉 일 야
韓은 卽皇也오 皇은 卽大也오 大는 卽一也라.

宇宙 歷史 精神의 最終 目標 : 眞善美의 實現

고   인유삼진   위 성 명 정 삼 수 지 진
故로 人有三眞하야 爲性命精三受之眞하니

造 지을 조 敎 가르칠 교 虛 빌 허 弁 나라 이름 변 皇 클 황 受 받을 수

하여 조화造化·교화敎化·치화治化라는 세 가지 창조 원리를 지닌 신이 되신다. 이 신은 곧 우주의 기요, 기는 허요, 허는 곧 하나이다. 그러므로 땅에 삼한이 있으니, 삼한은 삼경三京이 있는 진한辰韓·변한弁韓·마한馬韓을 말한다. 한韓은 역사의 통치자인 황皇(임금)이라는 뜻이 있다. 이 황은 크다[大]는 뜻이며, 크다[大]는 것은 (시작과 뿌리의 통일을 의미하는) 하나[一]라는 뜻이다[한韓=황皇=대大=일一].

우주 역사 정신의 최종 목표 : 진선미의 실현

그러므로 사람에게는 삼진三眞이 있으니 성품과 목숨과 정

蘇塗經典本訓

眞은 卽衷也오

衷은 卽業也오

業은 則續也오

續은 卽一也라

然이나 一始一終이

回復其眞也며

卽一卽三이 對合於善也오

微粒積粒이

一歸之美也라

衷 참마음 충　續 이을 속　復 돌아올 복　微 작을 미　粒 낱알 립　積 쌓을 적

기[性命精] 세 가지를 부여받아 참[眞]됨을 실현한다. 참이란 바로 하늘이 내려 준 참마음[衷]이다. 이 참마음을 밝혀 세상사에 참여하여 큰 업적을 이루면 그 업적은 지속되고, 지속되면 모두 하나가 된다. 그러나 모든 일이 한 번 시작하고 한 번 끝맺는 것[一始一終]은 바로 삼신께서 내려 주신 참[眞]을 회복하는 끊임없는 과정이다(그것이 우주의 역사이다).

그러므로 일신 즉 삼신이요 삼신 즉 일신[卽一卽三]이 되는 창조 원리(삼신일체 신관과 우주생명관)를 잘 지켜 살아가는 것은 삼신(대자연)의 선[善]에 부합한다.

작은 낱알이 풍성한 알곡이 되어 본래의 제 모습(근원 씨앗)

乃性之所善也오
乃命之所淸也오
乃精之所厚也니
更復何有曰有曰無也哉아.
眞之爲不染也니 其染者는 爲妄也오
善之爲不息也니 其息者는 爲惡也오
淸之爲不散也니 其散者는 爲濁也오
厚之爲不縮也니 其縮者는 爲薄也니라.

厚 두터울후 染 물들일염 散 흩어질산 濁 흐릴탁 縮 오그라질축 薄 얇을박

으로 돌아가는 것이 곧 하나로 돌아가는 아름다움[美]이다. 이것은 하늘에서 부여받은 인간의 성품이 본래 선하고, 생명은 본래 맑고, 정기는 두터운 까닭이다. 그런데 어찌하여 다시 유有가 어떻고 무無가 어떻다고 말을 하는가?
성품·목숨·정기 삼진의 참됨은 더럽혀지지 않나니, 더럽혀지는 것은 거짓된 것이나.
(본성이) 선한 것은 쉬지 않나니, 쉬는 것은 악한 것이다.
(목숨이) 맑은 것은 흩어지지 않나니, 흩어지는 것은 흐린 것이다. (정기가) 두터운 것은 오그라들지 않나니, 오그라드는 것은 얇은 것이다.

宇宙의 氣와 三神의 一體 作用

所以執一含三者는
乃一其氣而三其神也오
所以會三歸一者는
是亦神爲三而氣爲一也니라
夫爲生也者之體가 是一氣也니
一氣者는 內有三神也오
智之源이 亦在三神也니
三神者는 外包一氣也라

執 잡을 집 숨 품을 함 夫 발어사 부 智 지혜 지 源 근원 원 包 쌀 포

우주의 기와 삼신의 일체 작용

이처럼 우주와 인간이 집일함삼執一含三의 원리로 이루어져 있는 까닭은, 우주의 기는 하나로되, 그 속에 깃든 우주의 조화 성신은 세 가지 손길[三神]로 창조 작용을 하는 신이기 때문이다. 또 회삼귀일會三歸一 하는 까닭은, 신이 세 가지 창조 정신으로 작용하는 삼신으로 계시지만 신이 자유자재하는 조화기운은 일기一氣로 존재하기 때문이다.

무릇 만물의 생명을 이루는 본체는 바로 이 우주에 충만한 한 기운[一氣]이니, 이 속에는 삼신이 계신다.

지혜의 근원 또한 이 삼신에 있으니, 삼신은 밖으로 우주

其外在也一하고 其內容也一하고
其統制也一하야 亦皆含會而不歧焉하니
其爲字之源이
含會執歸之義가 存焉也니라.

9. 한글의 原形 加臨多와 後世의 자취

神市에 有算木하고

蚩尤는 有鬪佃目하고

夫餘에 有書算하니

容 속내용 制 억제할 제 歧 갈라질 기 算 산가지산 鬪 싸움투 佃 밭갈 전

의 한 조화기운[一氣]에 싸여 계신다. 그 밖에 있는 것도 하나요, 그 안에 담고 있는 것도 하나이며, 그 통제하는 것(근본 정신) 또한 하나이다.
모든 것은 삼신의 창조 원리를 간직하여 서로 나누어질 수 없으니, 문자가 만들어진 근원에도 이러한 '집일함삼'하고 '회삼귀일'하는 뜻이 담겨 있는 섯이다.

9. 한글의 원형 가림다와 후세의 자취

배달 신시 때에 산목算木이 있었고, 치우천황 때에 투전목 鬪佃目이 있었으며, 부여 때 서산書算이 있었다.

其曰算木은 一二三三三 ㄨ ㅜ ㅠ ㅠ ㅠ ㅣ 也오.

其曰佃目은 ㅿㆁㄹㄹㅉㅉㅉㅇㄴㅂㅇㅌ 也라.

檀君世紀檀君嘉勒二年에

三郎乙普勒이 譔正音三十八字하니

是謂加臨多라

其文에 曰

· ㅣ ㅡ ㅏ ㅑ ㅓ ㅕ ㅗ ㅛ ㅜ ㅠ ㅡ ㅡ ㅠ ㅠ ㄨ ㅋ
ㅇ ㄱ ㄴ ㅁ ㄷ ㅅ ㅈ ㅊ ㅎ ㅎ ㅇ ㅅ ㅆ
ㅁ ㄹ ㅂ ㅐ ㅁ ㄱ ㅊ ㅅ ㄱ ㅗ ㅍ ㅍ

目 눈 목 嘉 아름다울 가 勒 굴레 륵 普 넓을 보 譔 지을 찬(=撰) 臨 임할 림

산목算木은 一二三三三 ㄨ ㅜ ㅠ ㅠ ㅠ ㅣ 이고,
전목佃目은 ㅿㆁㄹㄹㅉㅉㅉㅇㄴㅂㅇㅌ 이다.
『단군세기』를 보면, 가륵단군(3세) 2년에 삼랑 을보륵이 정음 38자를 지어 가림다加臨多라 하였다.
그 글자는 다음과 같다.

· ㅣ ㅡ ㅏ ㅑ ㅓ ㅕ ㅗ ㅛ ㅜ ㅠ ㅡ ㅡ ㅠ ㅠ ㄨ ㅋ
ㅇ ㄱ ㄴ ㅁ ㄷ ㅅ ㅈ ㅊ ㅎ ㅎ ㅇ ㅅ ㅆ
ㅁ ㄹ ㅂ ㅐ ㅁ ㄱ ㅊ ㅅ ㄱ ㅗ ㅍ ㅍ

李太白全書玉塵叢談에云
「渤海國이有書於唐하니擧朝無解之者라
李太白이能解而答之라」하고
三國史記에云
「憲康王十二年春에北鎭이奏호대
狄國人이入鎭하야以片木掛樹而去라
遂取以獻하니其木書十五字에云호대
寶露國이與黑水國人으로
共向新羅國和通이라」

塵 티끌진 叢 모을총 談 말씀담 擧 다거 答 대답할답 掛 걸괘

『이태백 전서』의 「옥진총담玉塵叢談」에서는 이렇게 말한다. 발해국에서 당나라에 글을 써서 보냈는데, 온 조정에 그 뜻을 아는 자가 없었다. 이태백이 능히 이를 해석하여 답하였다.

『삼국사기』의 기록은 이러하다.

헌강왕(신라 49세왕, ?~886) 12년 봄에, 북진北鎭에서 '대진국 사람이 우리 땅에 들어와 편목을 나무에 걸어 놓고 돌아갔습니다'라고 아뢰고 편목을 왕에게 갖다 바쳤다. 그 나무에 쓰여진 열다섯 글자의 내용은 곧 '보로국이 흑수국 사람과 함께 신라국과 화친을 하고자 한다'는 것이었다.

蘇塗經典本訓 503

차 고려광종시　장유　접반사　저문
且高麗光宗時에張儒가接伴使로著聞이라
초　　피란　　도오월　　　월씨　유호사자
初에避亂하야到吳越이러니越氏에有好事者가
각동국한송정곡어금저　　표역파
刻東國寒松亭曲於琴底하고漂逆波하니
월부득 해기사
越不得解其辭라
적우장유　　배문기사
適遇張儒하야拜問其辭한대
장유　즉석　이한시　해지　왈
張儒가卽席에以漢詩로解之하니曰
월백한송야
月白寒松夜오
파안경포추
波晏鏡浦秋라
애　명래우거
哀鳴來又去는

伴 짝반 著聞:널리소문이남 避피할피 漂뜰표 辭말씀사 晏편안할안

또 고려 광종 때는 장유張儒가 접반사接伴使로 명성이 났는데, 초기에 난을 피해 오吳·월越에 가 있었다. 월나라 사람 중에 일을 벌이기를 좋아하는 자가 있어 우리 동국東國의 「한송정곡寒松亭曲」을 거문고 밑에 새겨 역류하는 물결 위에 띄워 놓았다. 월나라 사람들이 그 뜻을 풀지 못하던 차에 마침 장유를 만나 절하고 그 문장의 뜻을 물었다. 장유가 즉석에서 한시로 풀어 말하기를,
한송정 달 밝은 밤에
물결 고요한 경포대의 가을,
슬피 울며 오가는 것은

^{유신일사구}
有信一沙鷗라 하니

^{개금저소각문   의고가림다지류야}
蓋琴底所刻文이 疑古加臨多之類也니라.

10. 東方 韓民族 始原 文字의 發展 過程

한글과 漢字는 本來 우리 것

^{원동중삼성기주 운}
元董仲三聖記注에 云

「^{진여왜국   혹횡서   혹결승}
辰餘倭國이 或橫書하며 或結繩하며

^{혹계목   유고려 모사영법}
或鍥木호대 惟高麗는 摸寫穎法하니

^{상필환단상세 필유문자모각야}
想必桓檀上世에 必有文字摸刻也라」하니라

疑 짐작할의 橫 가로횡 結 맺을결 摸 본뜰모 寫 묘사할사 穎 이삭영

가을의 마음 실어 나르는 저 백사장의 갈매기 한 마리.
라고 하였으니, 아마 거문고 밑에 새겼던 글은 옛날의 가림다 종류인 것 같다.

10. 동방 한민족 시원 문자의 발전 과정
한글과 한자는 본래 우리 것

원동중 『삼성기』의 「주注」에 다음과 같이 기록되어 있다.
  고조선의 진한辰韓과 부여[餘]와 왜국倭國은 혹 횡서하고 혹 노끈을 맺고[結繩], 혹은 나무에 문자를 새겼는데[鍥木], 오직 고구려는 붓글씨를 썼다[摸寫穎法]. 생각컨대 필시 환

崔致遠이 嘗得神誌古碑所刻之天符經하야
更復作帖하야 以傳於世하니
卽與郞河里岩刻으로 的是皆實跡也라.
世傳神市에 有鹿書하고
紫府有雨書하고 蚩尤有花書라 하니
鬪佃文束은 卽其殘痕也라
伏羲有龍書하고 檀君이 有神篆하니
此等字書가
遍用於白山黑水靑邱九黎之域이라.

帖 표제 첩   跡 자취 적   鹿 사슴 록   束 묶을 속   殘 남을 잔   痕 흔적 흔

단桓檀의 상고 시절에 문자를 본떠서 새기는 방법이 있었으리라.

일찍이 최치원이 신지神誌가 옛 비문에 새겨 놓은 『천부경』을 얻어 다시 첩帖으로 만들어 세상에 전했으니, 낭하리 바위에 새겨져 있는 글자와 함께 확실히 모두 실제했던 자취이다. 세상에서 전하기를 신시 시대에 녹서鹿書가 있었고, 자부 선생 때 우서雨書가 있었고, 치우천황 때 화서花書가 있었다고 했는데, 투전문鬪佃文 등은 바로 그것이 오늘날 남아 있는 흔적이다. 복희 때 용서龍書가 있었고 단군 때 신전神篆이 있었는데, 이러한 문자가 백두산, 흑룡강, 청구,

夫餘人王文이 始以篆爲煩하야
而稍省其劃하고 新作符隷而書之라
秦時에 程邈이 奉使於肅愼이라가
得王文隷法於漢水하고
又因其劃而小變之形하니 是今之八分也라.
晉時에 王次仲이 又作楷書하니 次仲은
王文之遠裔也라
今究其字之所源則皆神市之遺法이오
而今漢字가 亦承其支流也明矣라.

煩 번거로울 번   稍 약간 초   隷 예서 예   邈 멀 막   楷 해서 해   裔 후손 예

구려 지역에서 널리 사용되었다. 부여 사람 왕문王文이 처음으로 전서篆書가 복잡하다 하여 그 획수를 약간 줄여 새로 부예符隷를 만들어서 사용했다.

진秦나라 때 정막程邈이 사신으로 숙신에 왔다가 한수漢水에서 왕문의 예서 필법(隷法)을 얻어 그 획을 조금 변형시켰는데, 이 것이 시금의 팔분八分체이다.

진晉나라 때 왕차중王次仲이 해서楷書를 만들었는데, 차중은 왕문의 먼 후손이다. 이제 그 글자의 내력을 고찰해 보면 모두 배달 신시 시대부터 전해 내려온 법이다. 지금의 한자도 역시 그 한 갈래를 계승한 것이 분명하다.

11. 『三一神誥』精神의 뿌리는 『天符經』의 中一 精神

三一神誥는 舊本에 無分章이라가 杏村先生이
始分章하니 一曰虛空이오 二曰一神이오
三曰天宮이오 四曰世界오 五曰人物이니라.
夫虛空은 爲天之質量이오
一神은 爲天之主宰시오
天宮은 爲天造化之所備也오
世界는 爲萬世人物之市也오
人物은 宇宙三界之元勳也라.

훈 單락장 質바탕질 量헤아릴량 宰주관할재 備갖출비 勳공훈

11. 『삼일신고』 정신의 뿌리는 『천부경』의 중일 정신

『삼일신고』는 옛 판본에 장이 나뉘어 있지 않았다.
행촌 선생이 처음으로 장을 나누어
1장은 허공, 2장은 일신, 3장은 천궁, 4장은 세계, 5장은
인물이라 하였다.
허공虛空은 하늘의 바탕이고,
일신一神은 하늘의 주재자이시고,
천궁天宮은 하늘의 조화가 갖추어진 곳이고,
세계世界는 만세의 인물이 출현하는 큰 저자[市]이고,
인물人物은 우주 삼계에서 가장 존귀한 존재이다.

蓋太白眞教는
源於天符而合於地轉하고
又切於人事者也라
是以로 發政이 莫先於和白이오
治德이 莫善於責禍하니
在世理化之道가 悉準於天符而不僞하고
取於地轉而不怠하고 合於人情而不違也니
則天下之公論이 有何一人異哉아.

轉 구를 전 切 절박할 절 責 꾸짖을 책 禍 허물 화 僞 거짓 위 怠 게으를 태

무릇 대광명의 동방 신교의 참된 가르침[太白眞敎]은 하늘의 법(천부天符)에 근본을 두고, 만물을 기르는 땅의 덕성[지전地轉, 坤德]에 부합하며, 또 인사人事에도 절실한 도리이다. 이 때문에 정치를 시행함에는 화백보다 앞서는 것이 없고, 덕으로 다스림에는 책화責禍보다 더 좋은 것이 없다.

성제님이 내려 주신 신교의 진리로 세상을 다스려 깨우치는 재세이화在世理化의 도는 모두 하늘의 법[天符]에 근본을 두어 거짓되지 않고, 만물을 기르는 땅의 덕성을 본받아 게으르지 않으며, 인정에 합치하여 어긋나지 않는다. 이러하니 천하의 공론이 어찌 한 사람이라도 다를 수 있겠는가?

蘇塗經典本訓

言語의 長久한 歷史 精神과 無窮한 뜻

神誥五大之旨訣이 亦本於天符오
神誥之究竟이 亦不外乎天符中一之理想也니
始知字之源이 久矣오 字之義가 大矣니라.
世傳牧隱李穡과 伏崖范世東이
皆有天符經註解云이나
而今에 不見이오 今時俗이 雖一字之書라도
不合於程朱則衆矢蝟集하고
儒鋒方厲하니 其欲傳天經神誥之訓이나

旨뜻지 訣비결결 究궁구할구 竟끝경 隱숨을은 穡거둘색 鋒칼끝봉

언어의 장구한 역사 정신과 무궁한 뜻

『삼일신고』의 5대 종지(근본 뜻)도 『천부경』에 뿌리를 두고, 『삼일신고』의 궁극적인 정신 역시 『천부경』의 중일中一 정신의 이상에서 벗어나지 않는다. 그러므로 그 근원이 오래고, 그 문자의 뜻이 실로 광대함을 알 수 있으리라. 세상에서 전하기를 목은牧隱 이색李穡과 복애伏崖 범세동范世東이 모두 『천부경 주해』를 남겼다고 하나 오늘날 찾아볼 수 없다. 지금의 시대 풍조가 한 자의 글이라도 정주학程朱學에 부합하지 않으면 뭇사람의 비판이 화살처럼 쏟아지고, 유가의 예봉이 금시라도 날아올 듯하니, 『천부경』과 『삼일신고』의

<small>기용이득론재</small>
豈容易得論哉아.

12. 倍達 時代부터 내려온 民族 音樂

<small>신시지악　　왈공수　　혹운공수</small>
神市之樂을 曰貢壽오 或云供授오

<small>우왈두열　　중　회열이창성</small>
又曰頭列이니 衆이 回列以唱聲하야

<small>사삼신대열　　　대언국조길창</small>
使三神大悅하고 代言國祚吉昌과

<small>민심윤열야</small>
民心允悅也라.

<small>백호통소의　　왈조리　통전악지　왈주리</small>
白虎通疏義에 曰朝離오 通典 樂志에 曰侏離오

<small>삼국사기　　왈도솔　　　개유기신환강</small>
三國史記에 曰兜率이라 하니 盖有祈神歡康하고

供 받들공　授 줄수　列 벌일렬　唱 노래할창　疏 주석소　侏 광대주

가르침을 전하고자 한들 어찌 쉽게 논할 수 있으리오?

12. 배달 시대부터 내려온 민족 음악

신시 배달 시대의 음악을 공수貢壽 혹은 공수供授 또는 두열頭列(두레)이라 했다. 사람들이 둥글게 모여 노래를 불러 삼신을 크게 기쁘게 해 드리고, 나라에 복을 내려 길하고 창성하게 하고, 백성의 마음을 진실로 기쁘게 해 달라고 대신 말하였다. 『백호통소의』에는 조리朝離라 하고, 『통전』「악지」에는 주리侏離라 하며, 『삼국사기』에는 도솔兜率이라 하였으니, 대체로 '신에게 삶의 기쁨과 평안함을 빌며,

蘇塗經典本訓 511

知足循環之義也라.

檀君扶婁時에 有於阿之樂하니

盖神市古俗의 祭迎三神之歌라

則其曰大祖神은

謂三神이 爲天之主宰者也시니라

故로 以太陽으로 爲儀象하고

以光熱로 爲功能하고 以生化發展으로

爲情志하고 以禍福報應으로 爲正義하나니

自是로 俗尚이 叅佺有戒하고 皂衣有律하나니

循좇을 순 迎맞이할 영 大祖神:삼신상제님 功能:공적과 재능 皂검을 조

분수를 알고 천리를 좇는다'는 뜻이 담겨 있다.
부루단군 때에 어아지악於阿之樂이 있었는데, 이것은 신시의
옛 풍속으로 제사를 지내면서 삼신을 맞이하는 노래이다.
가사에 나오는 대조신大祖神은 삼신을 말하는데 하늘의 주재
자(상제님)이시다. 그러므로 태양을 삼신상제님의 모습으
로 여기고 태양의 빛과 열을 삼신의 공능功能으로 여기며,
만물이 생겨나 자라고 발전해 가는 모습에서 삼신의 심정
과 뜻을 헤아리고, 재앙과 행복이 우리 인생에 보응하는
것을 삼신상제님의 정의로 여겼다. 이때부터 세상에서는
참전叅佺에게 지켜야 할 계戒가 있고, 조의皂衣에게 율律이

衣冠者는 必帶弓矢하고
能射者는 必得高位하야
善心은 爲修行之本하고
貫革은 爲假想之惡魁하니라.

祭祀의 精神과 그 마음가짐

祭祀必謹하야 使知報本하며
一心團結하야 自當接化羣生하며
內修外攘이 皆得時宜하니 則倍達國光榮이

帶 두를 대 貫革:과녁 假 거짓 가 魁 우두머리 괴 謹 삼갈 근 攘 물리칠 양

있어 숭상하였는데, 의관을 갖춘 자는 반드시 활과 화살을 차고 다니고, 활을 잘 쏘는 사람은 반드시 높은 지위를 얻었다. 착한 마음을 수행의 근본으로 삼고, 과녁을 악의 우두머리로 가정하고 활을 쏘았다.

세사의 성신과 그 마음가짐

제사를 지낼 때는 반드시 근신해서 근본에 보은하는 것을 알게 하고, 한마음으로 단결하여 스스로 뭇생명과 어울렸다. 안으로 덕을 닦고 밖으로 외적을 물리치는 것이 모두 때에 알맞게 이루어졌으니, 배달의 영광이 수천 년 동안

百百千千年所積高之大恩德을

豈可一刻忘諸아.

古者祭天에 有舞天之樂하니

如遼史禮志所云繞天이 是也라

夫祭者는 必先象生이니 欲致如常生之誠也오

立主設床하야 以薦供者는

乃欲表親見之儀也오

追遠報本者는

其欲重今生而續有後之訓也니라.

積 쌓을 적 忘 잊을 망 繞 둘러쌀 요 致 이를 치 床 평상 상 續 이을 속

높이 쌓여 이루어진 큰 은덕임을 어찌 한시라도 잊을 수 있으리오. 옛적에 하늘에 제사 지낼 때에는, 하늘맞이 음악[舞天之樂]이 있었다.『요사』「예지」에 전하는 요천繞天이 바로 이것이다. 대저 우리 민족의 제사는 반드시 먼저 살아 계신 것과 같이 하였으니, 항상 조상이 살아 계신 것처럼 정성을 들이려는 것이다. 신주神主를 모시고, 상을 차리고 제물을 올리는 것은 친견하는 듯한 예의를 나타내고자 함이다. 돌아가신 분을 추모하여 선령의 은혜에 보답[追遠報本] 하는 것은 지금의 삶을 소중하게 여기고 후손으로 하여금 가르침을 계승하게 하려는 것이다.

13. 檀君朝鮮 後期의 國制와 呼稱 變更

大辯經에 云 「檀君丘勿이 改國號하사
爲大夫餘하시고 改都藏唐京하시니라」 하니
今爲開原이오 亦稱平壤이라 三朝鮮之稱이
始於檀君索弗婁而未備하고 至是而備하니

三韓과 三朝鮮의 뜻

三韓은 有分朝管境之意오 三朝鮮은
有分權管境之制也라

辯 말씀 변 藏 감출 장 唐 넓을 당 稱 일컬을 칭 壤 땅 양 權 권한 권

13. 단군조선 후기의 국제와 호칭 변경

『대변경大辯經』에, "구물단군(44세)께서 국호를 바꾸어 대부여라 하고, 도읍을 장당경으로 옮기셨다"라고 했는데, 그곳은 지금의 개원開原이고, 평양으로도 불렸다. 삼조선이라는 명칭은 색불루단군(22세) 때에 시작되었으나 그 제도는 미비하였는데, 이때에 이르러 완전하게 정비되었다.

삼한과 삼조선의 뜻

삼한이라는 말에는 '조정을 나누어 통치한다[分朝管境]'는 뜻이 있고, 삼조선은 '권력을 나누어 통치[分權管境]하는 제도를 둔

_{선시} _{대교다단}　　_{인무능행자}
先是에 大敎多端하야 人無能行者러니

_{자연침이래}　_{전화천지}
自燕侵以來로 戰禍荐至하고

_{세연불숙}　　_{우실치화}　　_{국력익쇠}
歲連不熟하며 又失治化하야 國力益衰라.

大夫餘의 精神 敎育 - '九誓之文'

_일　_{제득천제지몽교}
日에 帝得天帝之夢敎하시고

_{인욕개신대정}
因欲改新大政하사

_{명천제묘정}　　_{입대목현고}
命天帝廟庭에 立大木懸鼓하시고

_{삼칠위기}　　_{서치상음}
三七爲期하야 序齒相飮하시며

端 실마리 단　侵 침노할 침　荐 거듭할 천　熟 익을 숙　懸 달 현　齒 나이 치

다'는 말이다. 이에 앞서 우리 민족의 위대한 가르침[大敎]이 여러 갈래로 나뉘어 능히 실행하는 사람이 없더니 연나라의 침략을 받은 이후로는 전화戰禍가 거듭되고 해마다 흉년이 들었으며, 또 정치와 교화를 그르쳐 국력이 더욱 쇠퇴하였다.

대부여의 정신 교육 - '아홉 가지 계율을 맹세九誓하는 글'

어느 날 구물단군께서 꿈에 천상의 상제님께 가르침[夢敎]을 받고, 정치를 크게 혁신하려 하셨다. 그리하여 명을 내려 천제의 묘정廟庭에 큰 나무를 세워 북을 매달게 하고, 삼칠일(21일)을 기약하여 나이 순서에 따라 서로 술을 마시게

勸化成冊케 하시니 是爲九誓之會라
每以九誓之文으로
初拜而誓於衆曰 勉爾孝于家하라.
家有父母妻子하니
則誠心誠敬하야 推以友愛하며
誠奉祭祀하야 以報一本하며
敬接賓客하야 以善鄕隣하며
勸敎子弟하야 以養英才하라.
皆人倫敎化之大者也니

> 勸 권할 권 誓 맹세할 서 勉 힘쓸 면 妻 아내 처 推 나아갈 추 賓 손님 빈

하며 교화에 힘쓰시어 그 내용을 책으로 만들게 하시니, 이것이 구서지회九誓之會(아홉 가지 계율을 맹세하는 모임)이다. 모일 때마다 이 구서九誓의 글로써 백성을 교화하셨다.

● 초배初拜를 하고 무리에게 맹세하여 이르시기를, "너희는 집에서 부모에게 효도하도록 힘쓸지어다. 가정에는 부모와 처자가 있으니 성심誠心과 성경誠敬을 다하여 우애 있게 지내라. 정성을 다해 제사를 받들어 네 생명의 근본 뿌리(조상과 삼신상제님)에 보답하여라. 손님을 공손히 접대하여 마을 사람과 친하게 지내고, 자식을 잘 권하고 가르쳐서 영재英才로 기르도록 하여라. 이 모두 인륜 교화의 대강령大綱領이니, 이

是孝慈順禮之敢不修行乎아.
衆이 一齊應聲曰諾이니이다
否者는 逐之하소서.
再拜而誓曰 勉爾友于兄弟하라.
兄弟者는 父母之所分也니
兄之所好는 則弟之所好也오
弟之所不好는 則兄之所不好也라.
物來之好不好는 人我相同也니
自身而及物하고

敢 감히감　應 응할응　諾 동의할낙　否 아닐부　逐 쫓을축　好 좋을호

러한 효도와 자애로움과 순종과 예의[孝慈順禮]를 누가 감히 수행하지 않겠느냐?" 하셨다.
사람들이 일제히 소리쳐 대답하기를, "옳습니다. 따르지 않는 자는 쫓아내야 할 것입니다"라고 하였다.
● 재배再拜를 하고 맹세하여 이르시기를, "너희는 집에서 형제 사이에 우애 있게 지내도록 힘쓸지어다. 형제는 부모가 나누어진 바이니 형이 좋아하는 것은 아우도 좋아하는 것이요, 아우가 싫어하는 것은 형도 싫어하는 것이니, 어떤 일을 좋아하고 싫어함은 누구를 막론하고 같은 것이니라. 내 몸에서 시작하여 사물에 미치게 하고, 친한 사람부터 시작하여

자친이급소   이여시지도
自親而及疎하야 以如是之道로
추지향국즉향국   가흥야
推之鄕國則鄕國을 可興也며
추지천하즉천하   가화야
推之天下則天下를 可化也니
시우목인서지감불수행호
是友睦仁恕之敢不修行乎아
중 응성왈낙
衆이 應聲曰諾이니이다
부자   축지
否者는 逐之하소서.
삼배이서왈면이신우사우
三拜而誓曰勉爾信于師友하라.
사우자   도법지소립야
師友者는 道法之所立也니
덕의상마   과실상경
德義相磨와 過失相警과

疎 성길소 睦 화목할목 恕 용서할서 磨 갈마 過 지날과 警 경계할경

친하지 않은 사람에게까지 미치게 하여야 하느니라. 이 같은 도리로써 나라 일을 미루어 헤아린다면 나라를 흥하게 할 수 있으며, 천하를 미루어 살핀다면 천하를 크게 감화시킬 수 있느니라. 이러한 '우애와 화목과 어진 마음과 용서하는 도리[友睦仁恕]'를 누가 감히 수행하지 않겠느냐?" 하셨다. 사입들이 대답하기를, "옳습니다. 따르지 않는 자는 쫓아내야 할 것입니다"라고 하였다.

● 삼배三拜를 하고 맹세하여 이르시기를, "너희는 스승과 벗에게 믿음으로 행동하도록 힘쓸지어다. 스승과 벗이 도법道法을 세우느니라. 덕과 의를 서로 연마하고, 잘못을 서

學問樹立과 事業成就者가
皆師友之力也라
是信實誠勤之敢不修行乎아.
衆이 應聲曰諾이니이다
否者는 逐之하소서.
四拜而誓曰 勉爾忠于國하라.
國者는 先王之所設也오 今民之所食也니
改新國政하야 增進國富하며 護守國土하며
恢張國權하야 以固國勢하고 以光歷史者가

樹 세울 수 就 나아갈 취 勤 부지런할 근 增 늘릴 증 恢 넓힐 회 張 넓힐 장

로 경계하며, 학문을 정립하고 사업을 이루는 것이 모두 스승과 벗의 힘이니라. 이러한 '믿음과 진실과 성실과 근면[信實誠勤]'을 누가 감히 수행하지 않겠느냐?" 하셨다.
사람들이 대답하기를, "옳습니다. 따르지 않는 자는 쫓아내야 할 것입니다"라고 하였다.

● 사배四拜를 하고 맹세하여 이르시기를, "너희는 나라에 충성하도록 힘쓸지어다. 나라는 선왕께서 세우신 것이요, 오늘날 백성이 먹고사는 곳이니라. 국정을 쇄신하여 나라의 부를 증진하고 국토를 수호하며 국권을 크게 넓혀야 할 것이니라. 이렇게 나라의 힘을 굳건히 하고 역사를 빛내

皆國之來也라.

是忠義氣節之敢不修行乎아.

衆이 應聲曰 諾이니이다

否者는 逐之하소서.

五拜而誓曰 勉爾遜于羣一云卑下하라.

羣者는 皆天帝之民이니

與我同受三眞者也라

主性之所本也오

國力之所係也니

節 절개절 勉 힘쓸면 遜 겸손할손 羣 무리군 卑 낮을비 係 맬계

는 것은 모두 국가의 내일을 위함이니라. 이러한 '충성과 정의와 기개와 절개[忠義氣節]'를 누가 감히 수행하지 않겠느냐?" 하셨다.

사람들이 대답하기를, "옳습니다. 따르지 않는 자는 쫓아내야 할 것입니다" 하였다.

● 오배五拜를 하고 맹세하여 이르시기를, "너희는 세상 사람(혹은 비천한 사람)에게 공손히 대하도록 힘쓸지어다. 사람은 모두 상제님의 백성이며, 나와 더불어 똑같이 세 가지 참됨三眞(본성·목숨·정기)을 받았느니라. 하늘의 참 성품을 근본으로 하여 태어났으니, 국력이 사람에게 매여 있느니라.

上不遜則下離하고
右不遜則左脫하며
前不遜則後退하고
下不遜則上厭하며
左不遜則右落하고
後不遜則前疎라
今遜讓相尊하야合羣通力하면
則外侮를可止也며內治를可修也니
是遜讓恭謹之敢不修行乎아.

離떠날리 脫벗을탈 厭싫어할염 疎멀어질소 讓겸손할양 侮업신여길모

윗사람이 겸손하지 않으면 아랫사람이 떠나고, 오른쪽이 불손하면 왼쪽이 이탈하느니라.

앞에서 불손하면 뒤에서 물러나고, 아랫사람이 불손하면 윗사람이 싫어하며, 왼쪽이 불손하면 오른쪽이 떨어지고, 뒤에서 불손하면 앞에서 멀어지느니라.

이제 겸손하고 사양하며 서로 존중하고 세상 사람과 모든 일에 힘을 합하면, 밖으로 다른 나라의 업신여김을 그치게 하고 안으로 정치가 잘 이루어지게 되리라. 이러한 '겸손과 겸양과 공경과 삼감[遜讓恭謹]'을 누가 감히 수행하지 않겠느냐?" 하셨다.

衆^중이 應^응聲^성曰^왈 諾^낙이니이다
否^부者^자는 逐^축之^지하소서.

六拜^{육배}而^이誓^서曰^왈 勉^면爾^이明^명知^지于^우政事^{정사}하라.
政事^{정사}者^자는 治亂^{치란}之^지所關^{소관}也^야니
風伯^{풍백}之^지立約^{입약}과 雨師^{우사}之^지施政^{시정}과
雲師^{운사}之^지行刑^{행형}이 各有職權^{각유직권}하야
不相侵越也^{불상침월야}라 今^금에 知見高邁^{지견고매}하며
言路廣採^{언로광채}하며 技藝鍊磨^{기예연마}하며
經驗致積^{경험치적}하면 則國務^{즉국무}를 可均也^{가균야}며

關^관건관 立約^{입약}:입법(立法) 施政^{시정}:행법(行法) 行刑^{행형}:사법(司法)

사람들이 대답하기를, "옳습니다. 따르지 않는 자는 쫓아내야 할 것입니다"라고 하였다.

● 육배六拜를 하고 맹세하여 이르시기를, "너희는 정사政事를 분명하게 잘 알도록 힘쓸지어다. 정사는 세상이 잘 다스려지는 것과 어지러워지는 것治亂의 관건이니라. 풍백이 공약(법)을 제정하고[立約], 우사가 정사를 베풀고[施政], 운사가 형벌을 집행[行刑]하는 것은 각자의 직권이 따로 있어서 그렇게 하는 것이니, 서로 월권하지 말아야 하느니라. 이제 지식과 견문을 고매하게 하고 언로言路를 널리 수렴하고, 기예技藝를 연마하고 경험을 잘 쌓으면, 나라 일이 균형을 이루

民事를 可舒也니

是明知達見之敢不修行乎아.

衆이 應聲曰諾이니이다

否者는 逐之하소서.

七拜而誓曰勉爾勇于戰陣하라.

戰陣者는 存亡之所決也니

國不存則君父가 貶爲木偶하고

主不立則妻子가 沒爲人奴也라.

應事接物이 皆莫非吾道也며

舒 펼 서   陣 진영 진   決 결단할 결   貶 떨어질 폄   偶 허수아비 우   沒 빠질 몰

고 백성이 행하는 모든 일이 순조로이 펼쳐지리라. 이러한 '밝은 지혜와 탁월한 식견[明知達見]'을 누가 감히 수행하지 않겠느냐?" 하셨다.

사람들이 대답하기를, "옳습니다. 따르지 않는 자는 쫓아내야 할 것입니다" 하였다.

● 칠배七拜를 하고 맹세하여 이르시기를, "너희는 전쟁터에서 용감하도록 힘쓸지어다. 전쟁터는 나라의 존망이 결정되는 곳이니라. 나라가 없으면 임금과 아비는 허수아비로 전락하고, 가주家主가 자리를 잡지 못하면 처자는 남의 노비가 되느니라. 일을 처리하고 사물을 접하는 일이 모두 우리 도道

售世傳敎가 亦莫非吾事也니

與其無國而生하며 無主而存으론

寧若有國而死하며 有主而終乎아.

今에 劃然有空我犧牲之風하야

規制整肅하며 善群自治하야

而賞與罰이 必須正平하며

人與我가 亦信義相濟하면

則亭毒群倫하야 能福千萬人也라.

是勇膽武俠之敢不修行乎아.

售 팔 수 寧 차라리 녕 犧 희생 희 牲 희생 생 整 가지런할 정 肅 엄숙할 숙

가 아님이 없고, 대대로 신교의 가르침을 자손에게 전해야 하는 것 또한 반드시 우리가 해야 할 일임을 명심할지어다. 나라 없이 살고 주권 없이 살아남는 것보다는 차라리 나라를 보존하고 죽으며 주권을 세우고 생을 마치는 것이 나으니라. 이제 분명히 나를 비우고 희생하는 기풍을 일으켜, 몸과 마음을 정숙하게 나스리고, 무리를 잘 다스리고 자신을 잘 다스려 상과 벌이 반드시 바르고 공평해질 것이다. 남과 내가 신의를 잘 지키면, 뭇백성이 잘 길러져서 천만 사람이 능히 복을 받게 될 것이다. 이러한 '용기와 담대와 강건과 의협 정신[勇膽武俠]'을 누가 감히 수행하지 않겠느냐?" 하셨다.

蘇塗經典本訓

衆이 應聲曰 諾이니이다

否者는 逐之하소서.

八拜而誓曰 勉爾廉于身하라.

行不廉 則良心自昧하고

能廉 則神明自通하며

偏嗜私利 則必痿病하고

獨善自矜 則必腐敗하나니라.

蠢蠢自足하야 自害害人하며

因循相積하면 沈溺莫救者也라.

廉 청렴할 렴　昧 어두울 매　嗜 즐길 기　痿 저릴 위　腐 썩을 부　蠢 어리석을 준

사람들이 대답하기를, "옳습니다. 따르지 않는 자는 쫓아내야 할 것입니다" 하였다.

● 팔배八拜를 하고 맹세하여 이르시기를, "너희는 몸가짐에 청렴하도록 힘쓸지어다. 행동이 청렴하지 않으면 양심이 저절로 어두워지고, 능히 청렴하게 행하면 너의 신명神明이 저절로 통하느니라. 사리사욕을 지나치게 좋아하면 반드시 몹쓸 병이 나고, 독선과 아집으로 자만심에 빠지면 반드시 정신이 부패하게 되느니라. 어리석게 스스로 자만에 빠지면 자신과 남을 해치게 될지라. 이러한 구습이 계속 쌓이면 깊이 빠져들어 구제할 도리가 없게 되느니라.

是廉直潔清之敢不修行乎아.

衆이 應聲曰 諾이니이다

否者는 逐之하소서.

九拜而誓曰 勉爾義于職業하라.

人之作職就業이

必有責任하니

一有不義而却失自盡이면

則必有侮謔而毁壞며

若有正義而公信食力이면

潔 깨끗할 결 就 나아갈 취 侮 업신여길 모 謔 희롱할 학 毁 헐훼 壞 무너질 괴

이러한 '청렴과 강직과 순결과 맑은 마음[廉直潔淸]'을 누가 감히 수행하지 않겠느냐?" 하셨다.

사람들이 대답하기를, "옳습니다. 따르지 않는 자는 쫓아내야 할 것입니다" 하였다.

● 구배九拜를 하고 맹세하여 이르시기를, "너희는 직업을 가짐에 의롭게 행하도록 힘쓸지어다. 사람이 직업을 가지면 반드시 책임이 뒤따르느니라. 만일 불의하여 스스로 최선을 다하는 것을 잃어버린다면, 반드시 모멸 받고 조롱거리가 되어 무너져 버리리라. 만일 정의롭게 행하여 모든 사람이 자신의 힘으로 노력하여 먹고산다는 것을 믿어 준다면,

則誰可凌侮而侵奪也哉아.

義者는 群力之所起也오

正氣之所發也니

捲之以藏于九竅하며

擴之以盈于天地者也라.

是正義公理之敢不修行乎아.

衆이 應聲曰諾이니이다

否者는 逐之하소서.

自是로 俗尙이 淳厚하야 勇於公戰하며

凌 업신여길 릉 起 일어날 기 捲 말 권 竅 구멍 규 擴 넓힐 확 盈 찰 영

그 누가 업신여기고 강제로 빼앗을 수 있겠느냐?
의로움이란 여러 사람의 단합된 힘이 일어나는 곳[群力之所起]이고, 정도正道의 기운이 발하는 곳[正氣之所發]이니, 이것을 줄이면 인체의 아홉 구멍에 감추어지고 늘이면 천지에 가득 차게 되느니라. 이처럼 정의롭고 보편적인 이치를 누가 감히 수행하지 않겠느냐?"라고 하셨다.
사람들이 대답하기를, "옳습니다. 따르지 않는 자는 쫓아내야 할 것입니다" 하였다.
이때부터 세속에서는, 순박하고 인정이 두텁고, 나라를 위한 전쟁에 임하면 용감히 나서고 사람들이 공리公利에 힘

^{근 어 공 리} ^{민 어 공 사}
勤於公利하며**敏於公事**하며
^{명 어 공 덕} ^{선 업 권 이 과 실 규}
明於公德하야**善業勸而過失規**하며
^{자 성 예 의 자 애 지 속}
自成禮義慈愛之俗하야
^{동 귀 우 삼 신 귀 명 지 화 야}
同歸于三神歸命之化也라.

14. 韓民族 神敎의 禮法

^{단 군 세 기} ^왈
檀君世紀에 **曰**

^{교 무 가 우 수} ^{행 삼 육 대 례}
「**交拇加右手**하야**行三六大禮**」하니
^{교 무 자} ^{우 무} ^{점 자}
交拇者는 **右拇**는 **點子**하고

敏 민첩할 민 **勸** 권장할 권 **歸** 의탁할 귀 **拇** 엄지손가락 무 **點** 가리킬 점

쓰고, 공적인 일을 민첩하게 하고, 공덕公德에 밝아져, 좋은 일을 서로 권장하고, 허물과 잘못을 서로 바로잡아 주는 것을 숭상하였다. 그리하여 저절로 예의 바르고, 의롭고 어질고 서로 사랑하는[禮義慈愛] 풍속을 이루어 백성이 다 함께 삼신상제님께 귀의하여 교화에 젖어들게 되었다.

14. 한민족 신교의 예법

『단군세기』에 이르기를, "엄지손가락을 교차하고 오른손을 왼손 위에 포개고 삼육대례를 행하였다"라고 했다. 엄지를 교차한다는 말은 오른쪽 엄지로 자子를 가리키고, 왼손 엄지로

左拇는 點亥하야 而加右手하야
作太極形也라. 古者에 跪必先揖也오
拜必先揖而跪也니
乃禮之常也라.
揖之爲言은 聚也니 聚心拱手而念天也오
跪者는 順也니 順氣合膝而謝地也오
拜者는 獻也니 獻身叩頭而報先也라.
獻은 一作現也니 頭至手曰拜手오
頭至地曰叩頭니 叩頭는 卽稽顙也라.

跪 꿇어앉을 궤 揖 읍할 읍 聚 모일 취 拱 두 손 맞잡을 공 膝 무릎 슬

해亥를 가리키게 하고 오른 손을 포개어 태극 형상을 만드는 것이다. 옛날에는 꿇어앉을 때 반드시 먼저 공손히 조아리며 읍揖을 하고, 절을 할 때도 반드시 먼저 읍을 하고 꿇어앉았는데, 이것이 예의 변하지 않는[常] 원칙이었다. 읍이란 '모은다[聚]'는 뜻인데, 마음을 모으고 두 손을 마주잡아 하늘을 사모하는 것이다. 궤란 '순종한다[順]'는 뜻으로, 기운을 순하게 하고 무릎을 모아 땅에 감사하는 것이다. 배란 '드린다[獻]'는 뜻이니, 몸을 바치고 머리를 조아려 선령에게 보답하는 것이다. 헌은 혹 현現이라고도 한다. 머리가 손에 이르는 것을 배수拜手라 하고, 머리가 땅에 이르는 것을 고두叩頭라 한다. 고

15. 叅佺戒經의 由來와 根本 精神

太古 時節의 哲人 政治

叅佺戒經은 世傳乙巴素先生所傳也라.
先生이 嘗入白雲山하야 禱天이라가 得天書하니
是爲叅佺戒經이라.
大始에 哲人이 在上하사
主人間三百六十餘事하시니
其綱領이 有八條하니 曰誠과 曰信과
曰愛와 曰濟와 曰禍와 曰福와 曰報와 曰應이라

叩조아릴고 稽머무를계 顙이마상 禱빌도 綱벼리강 領목령 條조목조

두는 즉 이마가 땅에 닿도록 몸을 굽혀서 절하는 것이다.

---

15. 참전계경의 유래와 근본 정신

태고 시절의 철인 정치

『참전계경』은 을파소(?~203) 선생이 전하여 대대로 내려온 것이다. 선생이 일찍이 백운산에 들어가 하늘에 기도하나가 천서天書를 얻었는데, 이것이 『참전계경』이다.
태고 시절에는 철인이 윗자리에 앉아서 인간의 360여 가지 일을 주관하였는데, 그 강령은 **여덟** 조목으로 성誠·신信·애愛·제濟·화禍·복福·보報·응應이다.

誠者는 衷心之所發이오 血誠之所守니

有六軆四十七用하고

信者는 天理之必合이오 人事之必成이니

有五團三十五部하고

愛者는 慈心之自然이오 仁性之本質이니

有六範四十三圍하고

濟者는 德之兼善이오 道之賴及이니

有四規三十二模하고

禍者는 惡之所召니 有六條四十二目하고

衷 참마음 충 團 모일 단 部 분야 부 圍 둘레 위 兼 겸할 겸 賴 의뢰할 뢰

- 정성[誠]이란 참마음 속에서 일어나는 것이고, 혈성血誠으로 지키는 바이다. 여기에는 6체體 47용用의 가르침이 있다.
- 믿음[信]이란 하늘의 이치와 반드시 부합하고 인간사를 반드시 성사시키는 것이다. 여기에는 5단團 35부部의 가르침이 있다.
- 사랑[愛]이란 자비심이 자연스럽게 일어나는 것이요, 어진 성품의 본질이다. 여기에는 6범範 43위圍의 가르침이 있다.
- 구제[濟]란 덕성이 갖추어진 선행으로, 도가 널리 남에게 미치는 것이다. 여기에는 4규規 32모模의 가르침이 있다.
- 화禍란 악이 부르는 것이다. 여기에는 6조條 42목目이 있다.

福者는 善之餘慶이니 有六門四十五戶하고
報者는 天神이 報惡人以禍하고
報善人以福하니 有六階三十及하고
應者는 惡受惡報하고 善受善報하니
有六果三十九形이라.
故로 天雖不言이시나
陟降周護하시나니
知我者는 昌하고 求是則實이니
一以叅佺하야 全人受戒니라.

慶 경사 경 禍 재앙 화 階 층계 계 果 결과 과 雖 비록 수 陟 오를 척

● 복福이란 착한 일을 하여 자손이 받는 경사이다. 여기에는 6문門 45호戶가 있다.
● 보報란 천신이 악한 사람에게는 화로써 보답하고, 착한 사람에게는 복으로써 보답하는 것이다. 여기에는 6계階 30급級이 있다.
● 응應이란 악은 악으로써 보답을 받고, 선은 선으로써 보답을 받는 것이다. 여기에는 6과果 39형形이 있다.
그러므로 하늘이 비록 말씀은 하지 않으시나 오르내리며 두루 보살펴 주시나니, 자신을 아는 자는 창성하고 옳은 것을 구하면 반드시 열매를 맺으리라. 한결같이 참전叅佺

倍達 時代의 神敎 敎育 精神 : 五事八訓

乙巴素가 籤之曰 神市理化之世에
以八訓으로 爲經하고
五事로 爲緯하야 敎化大行하고
弘益濟物하니 莫非參佺之所成也라.
今人이 因此佺戒하야 益加勉修己하면
則其安集百姓之功이 何難之有哉아.

籤 덧붙여적을 첨 經 날(세로줄) 경 緯 씨(가로줄) 위 濟 구제할 제 集 모을 집

으로써 모든 사람이 계戒를 받았다.

배달 시대의 신교 교육 정신 : 오사팔훈

을파소가 이렇게 자신의 의견을 적었다. "배달 시대에 신교의 진리로 세상을 다스리던 시절에는 팔훈을 날줄로 삼고 오사를 씨줄로 삼아 교화가 크게 시행되고 세상을 널리 이롭게 하는 홍익인간 정신으로 만물을 구제하였으니, 『참전계경』의 내용으로 이루어지지 않은 바가 없었다. 오늘을 사는 사람들이 이 전계(佺戒)로 더욱 힘써서 자신을 수양한다면, 백성을 평안하게 하는 공덕을 실현하는 데 무슨 어려움이 있겠는가?"

高句麗國本紀
고구려국본기

- 『고구려국본기』는 동북아의 중심 세력으로 대륙을 호령한 위대한 나라 고구려의 기원과 그 웅혼한 기상을 자세히 전한다.
- 특히 고구려 시조인 고주몽과 해모수, 소서노와의 관계를 밝힘으로써 기존 사서의 오류를 바로잡아 준다.
- 고구려의 위대한 성황 광개토열제가 이룬 동방 대통일의 위업과 을파소, 을지문덕, 연개소문, 양만춘 등 성웅들의 공적을 자세히 기록하였다.
- 고구려와 거의 동시대에 개국한 백제와 신라의 기원을 밝혔다.
- 왜를 정복하여 속지로 삼았다는 기록은, 광개토태왕비 비문과 연관된 왜에 대한 논란을 불식拂拭시킨다.

1. 高句麗 國統의 뿌리 - 北夫餘 解慕漱

高句麗之先이 出自解慕漱하시니

解慕漱之母鄕이 亦其地也라

朝代記에 曰「解慕漱는 從天而降하사

嘗居于熊心山이라가 起兵於夫餘古都하시고

爲衆所推하야 遂立國稱王하시니

是謂夫餘始祖也시니라.

着烏羽冠하시고 佩龍光劒하시고

乘五龍車하시니 從者百餘人이오

嘗 일찍이상 推 받들추 着 붙을착 羽 깃우 冠 갓관 佩 찰패 乘 탈승

1. 고구려 국통의 뿌리 - 북부여 해모수

고구려의 선조는 해모수로부터 나왔는데, 해모수의 고향이 또한 그 땅(고구려:地名)이다.

『조대기』에 이렇게 기록되어 있다.

> 해모수께서 하늘에서 내려와 일찍이 웅심산熊心山(검마산)에서 사셨다. 부여의 옛 도읍(백악산 아사달)에서 군사를 일으키고 무리의 추대를 받아 드디어 나라를 세워 왕이 되셨다. 이분이 부여의 시조이시다. 머리에 오우관烏羽冠을 쓰고, 허리에 용광검龍光劍을 차고, 오룡거五龍車를 타고 다니시니, 따르는 자가 백여 명이었다.

朝^조則^즉聽^청事^사하시고 暮^모則^즉登^등天^천하시니

無^무所^소令^령而^이管^관境^경自^자化^화하고 山^산無^무盜^도賊^적하고

禾^화穀^곡滿^만野^야하니 國^국無^무事^사而^이民^민亦^역無^무事^사라

檀^단君^군解^해慕^모漱^수之^지初^초降^강이

在^재於^어壬^임戌^술四^사月^월初^초八^팔日^일하니 乃^내秦^진王^왕政^정八^팔年^년也^야라.

2. 北夫餘의 國統을 繼承한 高朱蒙(高鄒牟)

解慕漱의 玄孫

槀^고離^리郡^군王^왕高^고辰^진은 解^해慕^모漱^수之^지二^이子^자也^야오

聽 들을청 暮 저물모 管 다스릴관 境 지경경 穀 곡식곡 滿 찰만 槀 볏짚고

아침이 되면 정사政事를 돌보고 저물면 하늘에 오르셨다. 특별한 명령을 내리지 않아도 나라 안이 저절로 잘 다스려지고 산에는 도적이 없고 들에는 벼와 곡식이 가득하였다. 나라에 큰 일이 없고 백성도 태평세월을 누렸다. 해모수단군께서 처음 내려온 때는 임술(신시기전 3659, 단기 2095, 고열가단군 57, BCE 239)년 4월 8일로 진秦나라 왕 영정嬴政 8년이다.

2. 북부여의 국통을 계승한 고주몽(고추모)

해모수의 현손

고리군槀離郡의 왕 고진高辰은 해모수의 둘째 아들이고,

高句麗國本紀 537

沃沮侯弗離支는高辰之孫也니
皆以討賊滿功으로得封也라.
弗離支가嘗過西鴨綠이라가遇河伯女柳花하야
悅而娶之하고生高朱蒙하니
時則壬寅五月五日也오
乃漢主弗陵元鳳二年也라.
弗離支가薨하고柳花率子朱蒙하야
歸于熊心山하니今舒蘭也라
旣長에周遊四方하실새擇迦葉原而居之러시니

沃 기름질 옥　沮 막을 저　鴨 오리 압　綠 푸를 록　娶 장가들 취　舒 펼 서

옥저후沃沮侯 불리지弗離支는 고진의 손자이다. 모두 도적 위만을 토벌한 공으로 봉토를 받았다.
불리지가 일찍이 서압록을 지나다가 하백의 딸 유화를 만나 기뻐하며 장가들어 고주몽을 낳았다.
때는 임인(단기 2255, BCE 79)년 5월 5일이요, 한漢나라 왕 불릉弗陵(昭帝) 원봉元鳳 2년이었다.
불리지가 세상을 뜨자, 유화 부인이 아들 주몽을 데리고 웅심산으로 돌아가니 지금의 서란舒蘭이다.
주몽이 장성하여 사방을 두루 돌아다니다가 가섭원을 택해 살면서 관가에서 말 기르는 일을 맡았다.

選^선於^어官^관家^가하사 爲^위牧^목馬^마라
未^미幾^기에 爲^위官^관家^가所^소忌^기하사
與^여烏^오伊^이摩^마離^리陝^협父^보로 逃^도至^지卒^졸本^본하시니
適^적에 夫^부餘^여王^왕이 無^무嗣^사라 朱^주蒙^몽이 遂^수以^이王^왕婿^서로
入^입承^승大^대統^통하시니 是^시謂^위高^고句^구麗^려始^시祖^조也^야시니라.

3. 高朱蒙聖帝의 統治 領域과 道言

高句麗의 遷都 過程

平^평樂^락二^이十^십一^일年^년甲^갑午^오十^시月^월에 伐^벌北^북沃^옥沮^저하사

| 選 임용될 선 | 牧 기를 목 | 忌 꺼릴 기 | 逃 달아날 도 | 嗣 후사 사 | 婿 사위 서 |

그러나 얼마 안 가 관가의 미움을 사게 되어 오이烏伊, 마리摩離, 협보陜父와 함께 도망하여 졸본에 이르렀다. 마침 부여 왕(북부여 6세 고무서단군)이 대를 이을 아들이 없어, 주몽이 마침내 왕의 사위가 되어 대통을 이으시니(단기 2276, BCE 58), 이분이 곧 고구려의 시조이시다.

3. 고주몽 성제의 통치 영역과 대도 말씀[道言]

고구려의 천도 과정

(고주몽 성제) 평락平樂 21년 갑오(단기 2307, BCE 27)년 10월, 북옥저를 쳐서 멸하고

滅之하시고 明年乙未에 自卒本으로
移都訥見하시니 訥見은 今常春朱家城子也라
琉璃明帝 二十一年에 又自訥見으로
移都于國內城하시니
亦曰皇城이오 內有丸都山하야 山上築城하니
有事則居之시라.
大武神烈帝 二十年에 帝襲樂浪國하사
滅之하시니 東鴨綠以南이 屬我하고
獨海城以南近海諸城이 未下라

移 옮길 이 訥 말 더듬을 눌 琉 유리 류 璃 유리 리 丸 알 환 屬 속할 속

이듬해 을미년에 졸본에서 눌견訥見으로 도읍을 옮기셨다. 눌견은 지금의 상춘 주가성자朱家城子이다.

(2세) 유리명제琉璃明帝 21년(단기 2335, CE 2), 도읍을 다시 눌견에서 국내성으로 옮겼는데, 이곳을 황성이라고도 한다. 성 안에 환도산丸都山이 있는데, 산 위에 성을 쌓고 유사시에는 거기에 머무르셨다.

(3세) 대무신열제大武神烈帝 20년(단기 2370, 37), 열제께서 낙랑국을 기습하여 멸하셨다. 이리하여 동압록(지금의 압록강) 이남이 우리(고구려)에게 속하였으나, 다만 해성 이남의 바다 가까이 있는 여러 성은 아직 항복시키지 못했다.

山上帝元年에 遣弟罽須하사

攻破公孫度하시고 伐玄菟樂浪하사

滅之하시니 遼東이 悉平하니라.

萬世의 가르침을 내려 주심

大辯經에 曰

「高朱蒙聖帝가 詔曰

天神이 造萬人一像하사 均賦三眞하시니

於是에 人其代天而能立於世也라

罽 그물계 度 헤아릴 탁 菟 고을이름 도 辯 말 잘할 변 均 고를 균 賦 줄 부

(10세) 산상제山上帝 원년(단기 2530, 197), 아우 계수罽須를 보내어 공손탁公孫度을 쳐부수고, 현도와 낙랑을 쳐서 멸함으로써 요동이 모두 평정되었다.

만세의 가르침을 내려 주심

『대변경大辯經』에 이렇게 기록되어 있다.

고주몽성제께서 다음과 같은 조칙을 내리셨다.

하늘의 신(삼신)이 만인을 한 모습으로 창조하고 삼진三眞을 고르게 부여하셨느니라. 이에 사람은 하늘을 대행하여 능히 이 세상에 서게 되었다.

況我國之先이 出自北夫餘하사
爲天帝之子乎아.

哲人은 虛靜戒律하야 永絶邪氣하나니

其心安泰하면 自與衆人으로 事事得宜라.

用兵은 所以緩侵伐이며

行刑은 所以期無罪惡이니라.

故로 虛極靜生하고 靜極知滿하고

知極德隆也라

故로 虛以聽敎하고

哲 밝을 철 虛 빌 허 絶 끊을 절 邪 사악할 사 緩 느릴 완 靜 고요할 정

하물며 우리나라의 선조는 북부여에서 태어나신 **천제(상제님)의 아들**[天帝之子]이 아니더냐!

슬기로운 이는 마음을 비우고 고요하게 하며 계율을 잘 지켜 삿된 기운을 영원히 끊나니, 그 마음이 편안하고 태평하면 저절로 세상사람과 더불어 매사에 올바르게 행동하게 되느니라. 군사를 쓰는 것은 침략을 막기 위함이며, 형벌의 집행은 죄악을 뿌리뽑기 위함이니라.

그런고로 마음을 비움이 지극하면 고요함이 생겨나고, 고요함이 지극하면 지혜가 충만하고, 지혜가 지극하면 덕이 높아지느니라. 따라서 마음을 비워 가르침을 듣고, 고요

<ruby>靜<rt>정</rt></ruby><ruby>以<rt>이</rt></ruby><ruby>絜<rt>혈</rt></ruby><ruby>矩<rt>구</rt></ruby>하고 <ruby>知<rt>지</rt></ruby><ruby>以<rt>이</rt></ruby><ruby>理<rt>이</rt></ruby><ruby>物<rt>물</rt></ruby>하고 <ruby>德<rt>덕</rt></ruby><ruby>以<rt>이</rt></ruby><ruby>濟<rt>제</rt></ruby><ruby>人<rt>인</rt></ruby>하나니
<ruby>此<rt>차</rt></ruby><ruby>乃<rt>내</rt></ruby><ruby>神<rt>신</rt></ruby><ruby>市<rt>시</rt></ruby><ruby>之<rt>지</rt></ruby><ruby>開<rt>개</rt></ruby><ruby>物<rt>물</rt></ruby><ruby>敎<rt>교</rt></ruby><ruby>化<rt>화</rt></ruby>하야
<ruby>爲<rt>위</rt></ruby><ruby>天<rt>천</rt></ruby><ruby>神<rt>신</rt></ruby><ruby>通<rt>통</rt></ruby><ruby>性<rt>성</rt></ruby>하며 <ruby>爲<rt>위</rt></ruby><ruby>衆<rt>중</rt></ruby><ruby>生<rt>생</rt></ruby><ruby>立<rt>입</rt></ruby><ruby>法<rt>법</rt></ruby>하며
<ruby>爲<rt>위</rt></ruby><ruby>先<rt>선</rt></ruby><ruby>王<rt>왕</rt></ruby><ruby>完<rt>완</rt></ruby><ruby>功<rt>공</rt></ruby>하며 <ruby>爲<rt>위</rt></ruby><ruby>天<rt>천</rt></ruby><ruby>下<rt>하</rt></ruby><ruby>萬<rt>만</rt></ruby><ruby>世<rt>세</rt></ruby>하야
<ruby>成<rt>성</rt></ruby><ruby>智<rt>지</rt></ruby><ruby>生<rt>생</rt></ruby><ruby>雙<rt>쌍</rt></ruby><ruby>修<rt>수</rt></ruby><ruby>之<rt>지</rt></ruby><ruby>化<rt>화</rt></ruby><ruby>也<rt>야</rt></ruby>니라.」

4. 乙巴素가 傳한 叅佺戒

<ruby>乙巴素<rt>을파소</rt></ruby>가 <ruby>爲國相<rt>위국상</rt></ruby>에 <ruby>選年少英俊<rt>선연소영준</rt></ruby>하야
<ruby>爲仙人徒郞<rt>위선인도랑</rt></ruby>하니

絜 잴 혈 矩 곱자 구 濟 구제할 제 通 통할 통 智 지혜 지 雙 짝 쌍 選 뽑을 선

한 마음으로 사리를 판단하고, 지혜로 만물을 다스리고, 덕으로 사람을 건지느니라.
이것이 곧 신시 배달 시대에 사물의 이치를 깨닫고 인간의 마음을 연 교화의 방도이니, 천신을 위해 본성을 환히 밝히고, 뭇 창생을 위해 법을 세우고, 선왕을 위해 공덕을 완수하고, 천하만세를 위해 지혜와 생명을 함께 닦아[智生雙修] 교화를 이루느니라.

4. 을파소가 전한 참전계

을파소가 국상國相이 되어 나이 어린 영재를 뽑아 선인도랑

掌敎化者를 曰參佺이니
衆選守戒하야 爲神顧托하며
掌武藝者를 曰皂衣니
兼操成律하야 爲公挺身也라.
嘗言於衆曰 神市理化之世에
由民開智하야 日赴至治하니
則有所以亘萬世不可易之標準也라
故로 參佺有戒하야
聽神以化衆하며

掌 맡을 장 顧 돌아볼 고 托 맡길 탁 挺 앞장설 정 赴 다다를 부 亘 뻗칠 긍

仙人徒郞으로 삼았다. 교화를 주관하는 자를 참전參佺이라 하는데, 무리 중에 계율을 잘 지키는 자를 선발하여 삼신을 받드는 일을 맡겼다. 무예를 관장하는 자를 조의皂衣라 하는데, 몸가짐을 바르게 하고 규율을 잘 지켜, 나라의 일을 위해 몸을 던져 앞장서도록 하였다.

일찍이 을파소가 무리에게 이렇게 말하였다.

"신시神市 시대에 신교의 진리로 세상을 다스려 깨우칠 때는, 백성의 지혜가 열려 나날이 지극한 다스림에 이르렀으니, 그것은 만세에 걸쳐 바꿀 수 없는 표준이 있었기 때문이다. 그러므로 참전이 지켜야 할 계율을 두고, 상제님의 말씀을 받

寒盟有律하야 代天行功也니
皆自立心作力하야 以備後功也니라.

5. 乙支文德의 豪快한 心法 世界

道通의 要諦

乙支文德이 曰

道以事天神하고 德以庇民邦하라

吾知其有辭天下也라.

受三神一體氣하야 分得性命精하니

寒 찰한 盟 맹세맹 皆 다개 備 갖출비 庇 감쌀비 辭 말씀사 得 얻을득

들여 백성을 교화하며, 한맹寒盟을 행함에도 계율을 두어 하늘을 대신해서 공덕을 베푸니 모두 스스로 심법을 바로 세우고 힘써 노력하여 훗날 세울 공덕에 대비하라."

5. 을지문덕의 호쾌한 심법 세계

도통의 요체

을지문덕이 이렇게 말하였다. "도로써 천신(삼신상제님)을 섬기고, 덕으로써 백성과 나라를 감싸 보호하라. 나는 천하에 이런 말이 있다는 것을 안다. 사람이 삼신일체의 기운[氣]을 받을 때, 성품[性]과 목숨[命]과 정기[精]로 나누어 받

자재광명 앙연부동
自在光明이 昂然不動이라가

유시이감
有時而感하며

발이도내통
發而道乃通하나니라.

시내소이체행삼물덕혜력
是乃所以体行三物德慧力하고

화성삼가심기신
化成三家心氣身하며

열만삼도감식촉
悅滿三途感息觸하나니

요재일구염표
要在日求念標하야

재세이화
在世理化하며

정수경도
靜修境途하야

昂오를앙 動움직일동 感느낄감 体몸체 慧지혜혜 悅기쁠열 途길도

나니, 우리 몸 속에 본래 있는 조화의 대광명은 환히 빛나고요히 있다가 때가 되면 감응感應하고, 이 조화의 대광명이 발현되면 도道를 통한다. 도를 통하는 것은, 삼물三物인 덕德과 지혜[慧]와 조화력[力]을 몸으로 직접 체득하여 실천하고, 삼가三家인 마음[心]과 기운[氣]과 몸[身]의 조화를 성취하며, 삼도三途인 느낌[感]과 호흡[息]과 감촉[觸]이 언제나 기쁨으로 충만하여 이루어지는 것이다. 도를 통하는 요체는 날마다 「염표문念標文」을 생각하여 실천하기에 힘쓰고, 세상을 신교의 진리로 다스려 깨우쳐서[在世理化], 삼도三途 십팔경十八境을 고요히 잘 닦아[靜修境途] 천지광명(환단)의 뜻

홍익인간야
弘益人間也라.

上古 時代의 倫理 德目

환국왈오훈 신시왈오사
桓國曰五訓이오 神市曰五事오

조선왈오행육정 부여왈구서
朝鮮曰五行六政이오 夫餘曰九誓라.

삼한통속 역유오계
三韓通俗이 亦有五戒하니

왈효충신용인 개교민이정평
曰孝忠信勇仁이니 皆敎民以正平이오

이직군지의 존언
而織群之意가 存焉이니라.

訓 가르침 훈 政 다스릴 정 誓 맹세할 서 俗 풍속 속 織 짤 직 意 뜻 의

과 대이상을 지상에 성취하는 홍익인간이 되는 데 있느니라."

상고 시대의 윤리 덕목

환국 시대에 **오훈**五訓이 있었고, 신시 시대에 **오사**五事, 고조선 시대에 **오행육정**五行六政, 부여에 **구서**九誓가 있었다. 또한 삼한의 공통된 풍속에 **오계**五戒가 있었으니, 곧 효도[孝]·충성[忠]·신의[信]·용맹[勇]·어짊[仁]이다. 모두 백성을 공명정대하고 평등하게 가르치고 무리를 조직하려는 뜻이 있었다.

6. 歷代 聖君, 英傑의 歷歷한 자취

栅城에 有太祖武烈帝紀功碑하고

東鴨綠之皇城에 有廣開土境大勳蹟碑하고

安州淸川江岸上에 有乙支文德石像하고

烏蘇里江外에 有淵蓋蘇文頌德碑하고

平壤牧丹峰中麓에 有東川帝朝天石하고

朔州巨門山西麓에 有乙巴素墓하고

雲山之九峰山에 有淵蓋蘇文墓하나라.

朝代記에 曰「東川帝를 亦稱檀君이시니

栅 울짱 책 勳 공훈 蹟 자취 적 頌 기릴 송 牧 기를 목 芛 풀이름 란

6. 역대 성군, 영걸의 역력한 자취

책성栅城(연해주를 말함)에 태조무열제(6세)의 공덕을 새긴 기공비紀功碑가 있고, 동압록의 황성에 광개토경대훈적비가 있다.

안주安州 청천강 연안에 을지문덕 석상이 있고, 오소리강 밖에 연개소문송덕비가 있다.

평양平壤 모란봉 중턱에 동천제(11세)가 하늘에 기원하던 조천석朝天石이 있고, 삭주 거문산巨門山 서쪽 기슭에 을파소 묘가 있고, 운산雲山의 구봉산九峰山에 연개소문 묘가 있다.

『조대기朝代記』에 이렇게 기록되어 있다.

每當寒盟이면 祭迎三神于平壤하시니

今箕林窟이卽其祭所也.」

大迎祭典이 始行隧穴하야

有九梯宮朝天石하니

行路之人이 皆可指點也라.

又有三倫九德之歌하야 以獎之하시니

皂衣仙人이 皆其選也오 國人所矜式者也라

不然이면 何以加榮하야

與之爲等於王使者乎아.

寒 찰한 箕 키기 隧 굴수 穴 구멍혈 梯 사다리제 獎 권면할장 矜 자랑할긍

동천제東川帝를 단군이라고도 하였다. 해마다 한맹寒盟 때가 되면 평양에서 삼신상제님을 맞이하는 천제를 올렸다. 지금의 기림굴箕林窟은 천제를 올리던 곳이다.

삼신상제님을 크게 맞이하는 대영제전大迎祭典은 처음 동굴[隧穴]에서 행해졌다. 거기에 구제궁九梯宮 조천석朝天石이 있는데, 길을 지니는 사람은 누구나 볼 수 있었다. 또 삼륜구덕의 노래[三倫九德之歌]가 있어 이를 부르도록 장려하였다. 조의선인皂衣仙人은 모두 선발된 사람인데, 사람들이 삼가 본보기로 삼았다. 그렇지 않았다면 어찌 그들에게 영광을 더하여 왕의 사자와 동등하게 여겼겠는가?

7. 廣開土烈帝의 聖德과 東方 文明의 宗主權 掌握

廣^광開^개土^토境^경好^호太^태皇^황은

隆^융功^공聖^성德^덕이 卓^탁越^월百^백王^왕하사

四^사海^해之^지內^내에 咸^함稱^칭烈^열帝^제라

年^연十^십八^팔에 登^등極^극于^우光^광明^명殿^전하시니

禮^예陳^진天^천樂^악하시고 每^매於^어臨^임陣^진에 使^사士^사卒^졸로

歌^가此^차於^어阿^아之^지歌^가하사 以^이助^조士^사氣^기하시며

巡^순騎^기至^지摩^마利^리山^산하사 登^등塹^참城^성壇^단하사

親^친祭^제三^삼神^신하실새 亦^역用^용天^천樂^악하시니라.

隆 융성할 륭　卓 높을 탁　越 넘을 월　陣 진칠 진　助 도울 조　騎 말탈 기

7. 광개토열제의 성덕과 동방 문명의 종주권 장악

광개토경호태황廣開土境好太皇은 큰 공적과 성스러운 덕이 세상 어떤 임금보다 뛰어나시어, 사해 안에서 모두 열제烈帝(위대한 황제)라 불렀다.

18세에 광명전光明殿에서 등극하실 때 예로써 천악天樂을 연주했다. 전쟁에 임할 때마다 병사들로 하여금 「어아가」를 부르게 하여 사기를 돋우셨다.

말타고 순행하여 마리산에 이르러, 참성단에 올라 친히 삼신상제님께 천제를 올렸는데 이때도 천악을 쓰셨다.

日本 本土 征伐과 東方 大統一의 偉業

一自渡海로 所至에 擊破倭人하시니

倭人은 百濟之介也라

百濟가 先與倭로 密通하야

使之聯侵新羅之境하니 帝躬率水軍하사

攻取熊津·林川·蛙山·槐口·伏斯買·

雨述山·進乙禮·奴斯只等城하시고

路次俗離山이라가 期早朝祭天而還하시니

時則百濟·新羅·駕洛諸國이 皆入貢不絶하고

渡 건널도　擊 칠격　聯 연이을련　躬 몸소궁　蛙 개구리와　駕 수레가

일본 본토 정벌과 동방 대통일의 위업

한번은 바다를 건너 이르는 곳마다 왜인을 격파하셨는데, 당시 왜인은 백제를 돕고 있었다.

백제는 앞서 왜와 은밀히 내통하여 왜로 하여금 잇달아 신라 경계를 침범하게 하였다. 이에 열제께서 몸소 수군을 거느리고 응신熊津·임천林川·와산蛙山·괴구槐口·복사매伏斯買·우술산雨述山·진을례進乙禮·노사지奴斯只 등의 성을 공격하여 점령하셨다. 속리산을 지나시다가, 이른 아침에 천제를 올리고 돌아오셨다.

이때에 백제·신라·가락(가야) 모든 나라가 조공을 끊이지

契丹·平凉이 皆平服하고

거란 평량 개평복

任那·伊·倭之屬이 莫不稱臣하니

임나 이 왜지속 막불칭신

海東之盛이 於斯爲最矣라.

해동지성 어사위최의

8. 日本 九州에 多羅韓國을 건국한 陜父

日本에 세워진 高句麗 分國

先是에 陜父가 奔南韓하야 居馬韓山中하니

선시 협보 분남한 거마한산중

從而出居者가 數百餘家라

종이출거자 수백여가

未幾에 歲連大歉하야 流離遍路어늘

미기 세련대겸 유리편로

凉 서늘할 량 屬 무리 속 奔 달아날 분 幾 얼마 기 歉 흉년들 겸 遍 두루 편

않고 바쳤다. 거란과 평량平凉이 다 평정되어 굴복하였고, 임나任那·이국伊國·왜倭의 무리가 신하라 칭하지 않는 자가 없었으니 해동海東의 융성이 이때에 절정을 이루었다.

8. 일본 큐슈에 다라한국을 건국한 협보

일본에 세워진 고구려 분국

이에 앞서 먼저 협보陜父가 남한南韓으로 달아나 마한산(지금의 평양)에 은거하고 있을 때, 따라와서 사는 자가 수백여 가구였다. 얼마 지나지 않아 여러 해 흉년이 들어 떠돌아다니는 사람이 길에 가득하였다.

陜父가 乃知將革하고
誘衆裹糧하야 舟從浿水而下하고
由海浦而潜航하야
直到狗邪韓國하니 乃加羅海北岸也라
居數月에 轉徙于阿蘇山而居之하니
是爲多婆羅國之始祖也라
後에 併于任那하야 聯政以治하니
三國은 在海하고 七國은 在陸이라.

誘꾈유 裏쌀과 糧식량량 航건널항 徙옮길사 婆할미파 倂아우를병

이때 협보가 장차 변란이 있을 줄 알고 무리를 꾀어 양식을 싸서 배를 타고 패수를 따라 내려왔다. 해포海浦를 거쳐 몰래 항해하여 곧장 구야한국狗邪韓國에 이르니, 곧 가라해加羅海의 북쪽 해안이었다.

몇 달 지내다가 아소산阿蘇山으로 옮겨 살았는데, 이 사람이 바로 다파라국多婆羅國의 시조이다.

후에 임나와 병합하여 연합정권[聯政]을 세워 다스렸다. 이때 세 나라는 바다에 있고, 일곱 나라는 육지에 있었다.

古代 日本 속에 建設한 韓國

初에 弁辰狗邪國人이 先在團聚하니

是爲狗邪韓國이오

多婆羅는 一稱多羅韓國이니

自忽本而來하야 與高句麗로

早已定親故로 常爲烈帝所制라

多羅國은 與安羅國으로 同隣而同姓이오

舊有熊襲城하니

今九州熊本城이 是也라.

弁 나라 이름 변　狗 개 구　團 무리 단　聚 모일 취　隣 이웃 린　熊 곰 웅

고대 일본 속에 건설한 한국

처음에 변진弁辰 구야국狗邪國 사람이 먼저 들어와서 모여 살았는데 이것을 구야한국狗邪韓國이라 하였다.

다파라多婆羅를 일명 다라한국多羅韓國이라 불렀다. 이곳 사람들은 홀본忽本(졸본)에서 이주해 와서 일찍이 고구려와 친교를 맺었으므로 늘 고구려 열제의 통제를 받았다.

다라국은 안라국安羅國과 서로 이웃하고 성씨도 같았다. 옛날에는 이곳에 웅습熊襲(구마소)성城이 있었는데, 지금의 큐슈 구마모토熊本 성이 바로 그곳이다.

當時 倭의 位置와 狀況

倭在會稽郡東 東冶縣之東하니

舟渡九千里하야 至那霸하고 而又渡一千里하야

至根島하니 根島는 亦曰柢島라

時에 狗奴人이 與女王으로 相爭하야

索路甚嚴일새 其欲往狗邪韓者는

盖由津島·加羅山·志加島하야

始得到末盧戶資之境하니

其東界則乃狗邪韓國地也라.

稽 머무를 계　冶 대장간 야　霸 으뜸 패　柢 뿌리 저　索 찾을 색　嚴 엄할 엄

당시 왜의 위치와 상황

왜는 회계군會稽郡 동쪽에 있는 동야현東冶縣의 동쪽에 있었다. 뱃길로 바다 건너 9천 리를 가면 나패那霸(나하)에 이르고, 또 일천 리를 가면 근도根島(네시마)에 이른다. 근도(네시마)를 저도柢島(도시마)라고도 부른다.

당시에 구노狗奴사람이 여왕과 서로 나뉘 찾아가는 길을 매우 엄하게 지키고 있었다. 그래서 구야한국으로 가려는 사람은 대개 진도津島(쓰시마), 가라산加羅山, 지가도志加島를 거쳐야 비로소 말로호자末盧戶資(말로국) 땅에 이를 수 있었다. 그 동쪽 경계가 구야한국 땅이다.

高句麗國本紀

9. 會稽山의 歷史的 意義와 方士 徐福의 日本 移住 過程

會稽山은 本神市中經所藏處오
而司空禹가 齊戒三月而得하야
乃有功於治水故로 禹伐石하야
刻扶婁功於山之高處云하니
則吳越은 本九黎舊邑이오
山越左越이 皆其遺裔分遷之地也라
常與倭로 往來貿販하야 得利者漸多라.

神市中經 : 신시 배달 시대 황부黃部의 중경中經   裔 후손 예   漸 점점 점

9. 회계산의 역사적 의의와 방사 서복의 일본 이주 과정

회계산은 본래 『신시중경神市中經』이 소장되어 있던 곳이다. 사공 우禹가 석 달 동안 재계하고 이 책을 얻어 치수에 성공하였다.

그리하여 우가 돌을 채취하여 부루태자의 은공을 새겨 산 높은 곳에 세웠다고 한다. 오吳·월越은 본래 구려九黎의 옛 읍이고, 산월山越·좌월左越은 모두 그 후예가 갈라져 옮겨 살던 땅이다.

늘 왜와 더불어 왕래하고 교역하여 이익을 얻는 자가 점점 많아졌다.

秦時에 徐市이 自東冶海上으로 直至那霸하야
經種島而沿瀨戶內海하야 始到紀伊하니
伊勢에 舊有徐福墓祠라
或曰亶洲는 徐福所居云이라.

10. 高句麗 全盛期의 疆域

中國 揚子江 남쪽까지 支配

長壽弘濟好太烈帝는 改元建興하사
仁義治國하시고

市 슬갑불 冶 대장간야 霸 으뜸패 沿 따를연 瀨 여울뢰 亶 믿음단 洲 섬주

진泰나라 때 서불徐市이 동야東冶의 해상으로부터 곧바로 나패(나하)에 이르고, 종도種島(다네시마)를 거쳐 뇌호내해瀨戶內海(세도나이카이)를 따라 처음으로 기이紀伊에 도착하였다. 이세伊勢에는 옛적에 서복의 무덤과 사당이 있었다. 어떤 이는 단주亶洲를 서복이 살았던 곳이라 한다.

10. 고구려 전성기의 강역
중국 양자강 남쪽까지 지배

장수홍제호태열제長壽弘濟好太烈帝(20세 장수제, 단기 2746~2824, 413~491)는 연호를 건흥建興으로 고치셨다. 인의로써 나라

恢拓疆宇하시니 熊津江以北이 屬我하고

北燕室韋諸國이 皆入叙族焉이오

又與新羅寐錦과 百濟於瑕羅로

會于南平壤하사

約定納貢戍兵之數하시니라.

文咨好太烈帝는

改元明治하시고

十一年에 齊魯吳越之地가 屬我하니

至是하야 國疆漸大라.

疆 지경강 恢 넓을회 拓 넓힐척 叙 차례서 寐 잠잘매 錦 비단금 瑕 옥에티하

를 다스리고, 영토를 넓히고 개척하시어 웅진강 이북이 고구려에 귀속되었다. 그리고 북연北燕·실위室韋 등 여러 나라가 다 같이 입조하여 우리의 형제 족속(叙族)에 편입되었다. 또 신라의 매금寐錦과 백제의 어하라於瑕羅와 함께 남평양(지금의 서울)에서 만나, 공물 바치는 일과 국경에 주둔시킬 병사의 숫자를 약정하였다.

문자호태열제文咨好太烈帝(21세 문자제, 단기 2824~2852, 491~519)는 연호를 명치明治로 고치셨다. 11년(단기 2834, 501)에 제齊·노魯·오吳·월越의 땅이 우리(고구려)에게 귀속되었고, 이때에 이르러 영토는 점점 넓어졌다.

平岡上好太烈帝는 有膽力하시며 善騎射하사
乃有朱蒙之風이러시니 改元大德하시고
治敎休明하시니라
大德十八年丙申에 帝率大將溫達하사
往討碣石山拜察山하시고 追至楡林關하사
大破北周하시니
楡林鎭以東이 悉平하니라
楡林은 今山西境이라.

岡 산등성이강 膽 쓸개담 騎 말탈기 溫 따뜻할온 碣 비석갈 楡 느릅나무유

평강상호태열제平岡上好太烈帝(25세 평원제平原帝, 단기 2892~2923, 559~590)는 담력이 크고 말타기와 활쏘기를 잘하시어 주몽의 기풍이 있었다. 연호를 대덕大德으로 바꾸었고, 정치와 교화가 매우 밝아졌다.

대덕 18년 병신(단기 2909, 576)년에 열제께서 대장 온달溫達을 거느리고 가서 갈석산碣石山과 배찰산拜察山을 치고, 추격하여 유림관楡林關에 이르러 북주北周를 크게 깨뜨리셨다. 이로써 유림진楡林鎭 동쪽 땅이 모두 평정되었다. 유림은 지금의 산서山西 경계이다.

高句麗國本紀

11. 鮮卑族 後孫인 隋煬帝의 侵略을 擊退

嬰陽武元好太烈帝時에

天下大理하야 國富民殷이러니

隋主楊廣이 本鮮卑遺種으로

統合南北之域하고

以其餘勢로 侮我高句麗하야

以爲小虜가 侮慢上國이라 하야

頻加大兵이나 我旣有備하야 而未嘗一敗也라.

嬰 목에걸영 隋 수나라수 侮 업신여길모 虜 오랑캐로 慢 거만할만 頻 자주빈

11. 선비족 후손인 수 양제의 침략을 격퇴

영양무원호태열제嬰陽武元好太烈帝(26세 영양제, 단기 2923~2951, 590~618) 때에 천하가 잘 다스려져 나라가 부강하고 백성이 번성하였다.

수隋나라 왕 양광楊廣은 본래 선비족의 후손이다. 양광이 남북을 통합하고 그 여세를 몰아 우리 고구려를 깔보고, 조그마한 오랑캐가 거만하게도 상국上國을 업신여긴다 하여 자주 대군을 일으켰다. 그러나 우리는 대비하고 있었으므로 일찍이 한 번도 패한 적이 없었다.

隋煬帝의 被擊 事件

弘武二十五年에廣이又復東侵할새

先遣將兵하야重圍卑奢城하니

官兵이戰不利라

將襲平壤이어늘帝聞之하시고

欲圖緩兵하사執遣斛斯政하실새

適有皂衣一仁者하야

自願請從而偕到하고獻表於楊廣한대

廣이於舡中에手表而讀未半이오

復 다시 부　圍 에울 위　奢 사치할 사　斛 휘 곡　適 마침 적　偕 함께 해　舡 배 강

수 양제의 피격 사건

홍무弘武(영양열제의 연호) 25(단기 2947, 614)년에 양광이 또다시 동쪽으로 쳐들어왔다. 이때 먼저 군사를 보내어 비사성卑奢城을 겹겹이 포위하였다. 우리 군사가 맞서 싸웠으나 이기지 못하였다.

적이 곧 평양을 습격하려 하거늘, 열제(영양제)께서 소식을 들으시고 진격을 늦추기 위해 곡사정斛斯政을 보내려 하셨다. 때마침 조의선인 일인一仁이 자원하여 따라가기를 청하므로 함께 진중에 도착하여 양광에게 표表를 올렸다. 양광이 배 안에서 표를 손에 들고 절반도 채 읽기 전에 갑

遽發袖中小弩하야 中其胸하니

廣이 驚倒失神이라.

右相羊皿이 使負之하야

急移於小船而退하고

命懷遠鎭撤兵하니라.

廣이 謂左右曰予爲天下主하야

親伐小國而不利하니

是非萬世之所嗤乎아 한대

羊皿等이 面黑無答이러라.

遽 갑자기 거 袖 소매 수 弩 쇠뇌 노 胸 가슴 흉 驚 놀랄 경 倒 넘어질 도

자기 일인이 소매 속에서 작은 쇠뇌[小弩]를 꺼내 쏘아 가슴을 맞혔다. 양광이 놀라 쓰러져 정신을 잃었다.

우상 양명羊皿이 양광을 업게 하여 급히 작은 배로 옮겨 타고 물러나서, 회원진懷遠鎭으로 철병하기를 명하였다.

양광이 좌우를 돌아보며 말하기를, "내가 천하의 주인이 되어 친히 작은 나라를 치다가 졌으니, 이것이 만세의 웃음거리가 아니겠는가?" 하였다.

양명 등은 얼굴빛이 검게 변하며 아무 대답도 하지 못하였다.

人類 文明의 宗主國을 노래한 讚歌

後人이 歌之曰 嗟汝蠢蠢漢家兒아
_{후인 가지왈 차여준준한가아}

莫向遼東浪死歌하라.
_{막향요동낭사가}

文武我先號桓雄이시니
_{문무아선호환웅}

綿亘血胤英傑多라.
_{면긍혈윤영걸다}

朱蒙太祖廣開土는
_{주몽태조광개토}

威振四海功莫加하시고
_{위진사해공막가}

紐由一仁楊萬春은
_{유유일인양만춘}

爲他變色自靡蹉라.
_{위타변색자미위}

嗟 탄식할차 蠢 꿈틀거릴준 傑 뛰어날걸 紐 맬뉴 靡 쓰러질미 蹉 헛디딜위

인류 문명의 종주국을 노래한 찬가

뒷 사람이 이 일을 이렇게 노래하였다.
아아, 벌레처럼 꿈틀거리는 너희 한나라 아이들아!
요동을 향해 헛된 죽음의 노래를 부르지 말지라.
문무에 뛰어나신 우리 선조 환웅이 계셨고
면면히 혈통 이은 자손, 영걸도 많으셨네.
고주몽성제, 태조무열제, 광개토열제께서
사해에 위엄 떨치시어 공이 더할 나위 없네.
유유紐由·일인一仁·양만춘은
저들이 얼굴빛 변하며 스스로 쓰러지게 하였네.

世界文명오최고
世界文明吾最古하야

양척외구보평화
攘斥外寇保平和라.

유철양광이세민
劉徹楊廣李世民은

망풍궤주작구과
望風潰走作駒過라.

영락기공비천척
永樂紀功碑千尺이니

만기일색태백아
萬旗一色太白峨라.

12. 神敎를 大覺한 乙支文德 將軍의 큰 功績

을지문덕   고구려국석다산인야
乙支文德은 **高句麗國石多山人也**라

攘 물리칠양 斥 물리칠척 寇 도둑구 潰 무너질궤 駒 망아지구 峨 산높을아

세계에서 우리 문명이 가장 오래고
바깥 도적 쫓아 물리치며 평화를 지켜 왔으니,
저 유철(한 무제)·양광(수 양제)·이세민(당 태종)은
풍채만 보고도 무너져 망아지처럼 달아났구나.
광개토열제 공덕 새긴 비석 천 자[尺]나 되고
온갖 깃발 한 색으로 태백산처럼 높이 나부끼누나.

12. 신교를 대각한 을지문덕 장군의 큰 공적

을지문덕은 고구려 석다산 사람이다.

嘗入山修道하야 得夢天神而大悟하고
每當三月十六日則馳徃摩利山하야
供物敬拜而歸하며
十月三日則登白頭山祭天하니 祭天은
乃神市古俗也라.

隋煬帝의 大侵攻을 薩水大捷으로 擊退

弘武二十三年에 隋軍一百三十餘萬이
並水陸而來攻이어늘 文德이 能以奇計로

嘗 일찍이 상 **夢** 꿈몽 **悟** 깨달을 오 **則** 곧 즉 **馳** 말달릴 치 **供** 바칠 공

일찍이 산에 들어가 도를 닦다가 삼신의 성신이 몸에 내리는 꿈을 꾸고 신교 진리를 크게 깨달았다.
해마다 3월 16일(대영절大迎節)이 되면, 말을 달려 강화도 마리산에 가서 제물을 바쳐 경배하고 돌아왔다. 10월 3일에는 백두산에 올라가 천제를 올렸다. 이런 제천 의식은 배달 신시의 옛 풍속이다.

수 양제의 대침공을 살수대첩으로 물리침

홍무 23(단기 2945, 612)년에, 수나라 군사 130여 만 명이 바다와 육지로 쳐들어왔다. 을지문덕이 출병하여 기묘한 계

高句麗國本紀 565

出兵鈔擊之하고 追至薩水하야 遂大破之하니

隋軍이 水陸俱潰하야

生歸遼東城今昌黎者가 僅二千七百人이라.

廣이 遣使乞和한대 文德이 不聽하고

帝亦嚴命追之시라

文德이 與諸將으로 乘勝直驅할새

一自玄菟道로 至太原하고 一自樂浪道로

至幽州하야

入其州縣而治之하며 招其流民而安之라.

鈔공격할초 擊칠격 俱함께구 僅겨우근 乞구걸할걸 驅몰구 招부를초

략으로 그들을 공격하고 추격하여 살수薩水에 이르러 마침내 크게 격파하였다. 수나라 군대는 바다와 육지에서 함께 궤멸되어, 살아서 요동성(지금의 하북성 창려)으로 돌아간 자가 겨우 2천7백 명이었다. 양광이 사신을 보내어 화평을 구걸하였으나 을지문덕이 듣지 않았고, 열제(영양제) 또한 추격하도록 엄한 명을 내리셨다. 을지문덕이 여러 장수와 더불어 승리의 기세를 타고 곧바로 몰아붙여, 한 갈래는 현도玄菟 길로 태원太原에 이르고, 한 갈래는 낙랑樂浪 길로 유주幽州에 이르러, 그곳의 주와 현에 들어가서 다스리고, 떠도는 백성을 불러모아 안심하게 하였다.

於是에 建安·建昌·白岩·昌黎 諸鎭은
屬於安市하고 昌平·涿城·新昌·桶道 諸鎭은
屬於如祈하고 孤奴·平谷·造陽·樓城·
沙溝乙은 屬於上谷하고 和龍·汾州·桓州·
豊城·鴨綠은 屬於臨潢하니 皆仍舊而置吏라.
至是하야 强兵이 百萬이오 境土가 益大라.

萬古의 英傑, 乙支文德

楊廣壬申之寇也에 出師之盛이

鎭 진영진 屬 속할속 涿 땅이름탁 桶 되용 樓 다락루 潢 물이름황

이렇게 하여 건안建安·건창建昌·백암白岩·창려昌黎 등 여러 진鎭은 안시安市에 속하고, 창평昌平·탁성涿城·신창新昌·용도桶道 등 여러 진은 여기如祈에 속하고, 고노孤奴·평곡平谷·조양造陽·누성樓城·사구을沙溝乙은 상곡上谷에 속하고, 화룡和龍·분주汾州·환주桓州·풍성豊城·압록鴨綠은 임황臨潢에 속하게 되어 모두 옛 제도에 따라 관리를 두었다. 이때 강한 군사가 백만이었고 영토는 더욱 커졌다.

만고의 영걸, 을지문덕

양광이 임신(단기 2945, 612)년에 쳐들어올 때, 전에 없이 많

前古未之有也^{로대}
以我皂衣二十萬^{으로}滅其軍幾盡^{하니}
此非乙支文德將軍一人之力乎^아
若乙支公者^는
乃萬古造時勢之一聖傑也哉^{로다.}
文忠公趙浚^이與明使祝孟^{으로}
共登百祥樓^{하야}賦詩曰
薩水湯湯漾碧虛^{하니}隋兵百萬化爲魚^{라.}
至今留得漁樵語^{하니}不滿征夫一哂餘^{라.}

賦 읊을 부　湯 물 세차게 흐를 상　漾 뜰 양　碧 푸를 벽　樵 나무할 초　哂 웃을 신

은 군사를 몰고 왔으나 우리는 조의皂衣 20만으로 적군을 거의 다 멸하였으니 이것은 을지문덕 장군 한 사람의 힘이 아니겠는가? 을지공 같은 사람은 한 시대의 흐름을 지어 내는 만고에 드문 거룩한 영걸이다.

뒤에 문충공 조준趙浚(1346~1405)이 명나라 사신 축맹祝孟 과 함께 백상루百祥樓에 올라 이렇게 시를 읊었다.

살수 물결 세차게 흘러 푸른 빛 띠는데
옛적 수나라 백만 군사 고기밥이 되었구나.
지금도 어부와 나무꾼에게 그때 이야기 남았건만
명나라 사신은 언짢아 한 번 웃고 마는구나.

13. 高句麗·百濟의 統治 領域과 隋文帝의 大侵略

舊史에曰 「嬰陽武元好太烈帝弘武九年에
帝遣西部大人淵太祚하사
往討登州하시고擒殺摠管韋冲하시니라.」
先是에百濟以兵으로
平定齊魯吳越之地하고
設官署하야索籍民户하며分封王爵하야
屯戍險塞하며
軍征賦調를悉準内地러니

祚복조 擒사로잡을금 摠다총 冲빌충 署관청서 籍호적적 爵벼슬작

13. 고구려·백제의 통치 영역과 수 문제의 대침략

옛 역사서에 이렇게 기록되어 있다.

영양무원호태열제(26세) 홍무 9년(단기 2931, 598)에 열제께서 서부대인 연태조淵太祚를 보내어 등주登州를 토벌하고 총관摠管 위충韋冲을 사로잡아 죽이셨다.

이에 앞서 백제가 군시를 일으겨 제齊·노魯·오吳·월越의 땅을 평정하고, 관서官署를 설치하여 호적과 호구수를 정리하고, 왕의 작위[王爵]를 나누어 봉하고 험한 요새에 군대를 주둔시켰다. 그리고 군역과 세금과 특산물 납부를 모두 본국에 준準하여 하게 하였다.

高句麗本紀 569

明治年間에 百濟軍政이 衰頹不振하고
權益執行이 盡歸聖朝하야 劃定城邑하고
文武置吏라
及隋作兵하야 有事南北하고 騷擾四起하야
害及生民일새 帝威赫怒하사 恭行天討하시니
四海之內에 莫不聽命也라.
然이나 隋主楊堅이 陰藏禍心하고 敢出讐兵하야
密遣韋冲하야 摠管爲名하고 潰破官家하며
焚掠邑落하니

衰 쇠할 쇠　頹 무너질 퇴　騷 시끄러울 소　擾 요란할 요　讐 원수 수　焚 태울 분

명치明治연간에 백제의 군정軍政이 쇠퇴하여 제대로 이루어지지 않으므로 권익 집행을 고구려 조정에서 하게 되었다. 성읍의 구획을 짓고 문무 관리를 두었다.
그 후 수나라가 군사를 일으켜 남북에서 사변이 생기고 사방에서 소요가 일어나 그 피해가 생민에게 미치게 되었다.
열제께서 크게 노하여 하늘의 뜻을 받들어 토벌하시니, 사해 안에 명령을 따르지 않는 자가 없었다.
그러나 수나라 왕 양견은 속으로 앙심을 품고 감히 원수를 갚겠다고 군사를 내어, 은밀히 위충을 보내 총관이라는 이름으로 관가를 파괴하고 읍락에 불을 지르고 노략질하

乃遣將兵하사 擒殺賊魁하시니 山東平服하고
海城謐然이라.

隋文帝의 侵攻과 擊退

是歲에 堅이 又遣楊諒王世績等三十萬하야
來與戰할새 繞發定州하고 未至遼澤하야
値水亂而饋轉杜絶하고 癘疫幷熾라
周羅緱가 以兵據登州하고 徵集戰艦數百하야
自東萊로 泛船하야 趣平壤이라가 爲我所覺하야

魁 우두머리괴 謐 고요할밀 諒 살필량 繞 거우재 饋 먹일궤 熾 성할치

였다. 이에 장수와 병사들을 보내어 도적의 괴수를 사로잡아 죽이시니 산동 지역이 평정되고 해성海城이 평온해졌다.

수 문제의 침공과 격퇴

이해(단기 2931, 598)에 양견이 또다시 양량楊諒, 왕세적王世績 등 30만 병을 보내 선생할 때, 겨우 성수定州를 출발하여 요택遼澤에 이르기도 전에 물난리를 만나 군량 수송이 끊기고 유행병이 크게 번졌다. 주라구周羅緱가 병력을 동원하여 등주登州를 점거하고, 전함 수백 척을 징집하여 동래東萊에서 배를 타고 평양성으로 향하다가 아군에게 발각되었

殿而拒之以進이라가

忽遭大風而全軍이 漂沒하니라.

時에 百濟가 請隋爲軍導라가

受我密諭而未果하니라.

高句麗의 南守北伐 政策

左將高成이 密有親隋之心하야

陰壞莫離支北伐之計러니

至是하야 屢請遣師하야 攻破百濟有功이라

殿 후군전 拒 막을거 遭 만날조 漂 떠다닐표 沒 죽을몰 壞 무너질괴

다. 주라구가 후진後陣을 맡아 막으면서 전진하다가, 문득 큰바람을 만나 전군이 표류하다 빠져 죽었다. 이때 백제가 수나라 군대에게 길을 인도해 주겠다고 제의하였다가, 고구려에서 은밀히 타이르자 실행하지 못하였다.

고구려의 남수북벌 정책

고구려 좌장左將 고성高成(27세 영류제의 이름)이 몰래 수나라와 친하려는 마음을 품고 은밀히 막리지의 북벌 계획을 무너뜨리려 하였다. 이때에 이르러 고성은 여러 번 군대를 보낼 것을 청원하여 백제를 쳐부수고 공을 세웠다.

獨^독莫^막離^리支^지力^역排^배衆^중議^의하고

强^강執^집以^이南^남守^수北^북伐^벌之^지策^책하야

屢^누陳^진利^이害^해以^이從^종하니라.

14. 淵蓋蘇文의 强烈한 主體 精神

及^급高^고成^성이 卽^즉位^위하사 盡^진棄^기前^전帝^제之^지遺^유法^법하시고

遣^견唐^당求^구老^노子^자像^상하사 使^사國^국人^인으로

聽^청講^강道^도德^덕經^경하시고 又^우動^동衆^중數^수十^십萬^만하사

築^축長^장城^성하시니 自^자扶^부餘^여縣^현으로 至^지南^남海^해府^부히

獨 홀로독 排 물리칠배 屢 여러루 陳 말할진 棄 버릴기 講 강론할강

그러나 막리지가 홀로 힘써 여러 사람의 의견을 물리치고, 남쪽은 지키고 북쪽을 치는 계책을 강하게 고수하여 여러 번 이해를 따져 말하므로, 이를 따르게 되었다.

14. 연개소문의 강렬한 주체 정신

고성(27세 영류제)이 즉위하자 이전의 열제들이 남긴 법을 모두 버리고 당에 사신을 보내어 노자상老子像을 구해 와서 나라 사람으로 하여금 노자『도덕경』강론을 듣게 하셨다. 또 무리 수십만을 동원하시어 장성을 쌓는데 부여현에서 남해부까지 그 거리가 천여 리였다.

千有餘里라.

時에 西部大人淵蓋蘇文이

請罷講道教하고 又以停長城之役으로

極陳利害로대 帝甚不悅하사 奪蘇文之兵하시고

命監築長城之役하사

密與諸大人으로 議誅滅之하시니라.

蘇文이 先得聞知하고 乃嘆曰

豈有身死而國全之理乎아 事急矣오

時不可失也라 하고

罷 그만둘 파 停 멈출 정 奪 빼앗을 탈 監 살필 감 誅 벨 주 嘆 탄식할 탄

이때에 서부대인西部大人 연개소문이 도교 강론을 그만두도록 청원하고, 또 장성 쌓는 일을 중지시키도록 이해를 따져 간절히 아뢰었다.

그러나 임금이 매우 언짢게 생각하여 연개소문의 군사를 빼앗고, 장성 쌓는 일을 감독하라고 명하셨다. 그리고 비밀리에 여러 대인大人과 함께 연개소문을 주멸하려고 의논하셨다.

연개소문이 이 일을 먼저 전해 듣고 탄식하며 말하기를, "어찌 몸이 죽고 나서 나라가 온전히 보존될 수 있겠는가? 일이 급박하니 때를 놓쳐서는 안 되리라" 하고, 휘하 군사

悉_실集_집部_부兵_병하야 若_약將_장閱_열武_무者_자하고 盛_성陳_진酒_주饌_찬하야
召_소諸_제大_대臣_신하야 共_공臨_림視_시之_지하니 皆_개至_지라.
蘇_소文_문이 勵_려聲_성曰_왈 門_문近_근虎_호狼_랑而_이不_불救_구하고
反_반欲_욕殺_살我_아乎_호아 하고 遂_수除_제之_지라
帝_제聞_문變_변而_이微_미服_복潛_잠逃_도하사
至_지松_송壤_양而_이下_하詔_조招_초募_모이시나
國_국人_인이 無_무一_일人_인至_지者_자라
自_자不_불勝_승愧_괴汗_한하사 遂_수自_자殞_운碎_쇄而_이崩_붕하시니라.

閱 검열할 열 勵 힘쓸 려 潛 몰래 잠 逃 달아날 도 愧 부끄러울 괴 殞碎: 죽음

를 모두 모아 장차 열병할 것처럼 하였다. 그리고 술과 음식을 많이 차리고 여러 대신大臣을 불러 함께 열병식을 보자고 하니 모두 참석하였다.

이때 연개소문이 큰 소리로 말하기를, "범과 이리가 문 가까이 왔거늘, 나를 구하기는커녕 도리어 죽이려 하는가?" 하고, 마침내 그들을 모두 세서해 버렸나.

임금이 변고를 전해 듣고 평복으로 몰래 달아나다가 송양松壤에 이르러 조칙을 내려 병사를 모집하셨으나, 나라 사람이 한 명도 오지 않았다. 이에 부끄러움을 이기지 못하고 스스로 목숨을 끊어 붕어하시고 말았다.

15. 淵蓋蘇文의 生涯와 大人의 風貌

朝代記에 曰

「淵蓋蘇文은 一云蓋金이니 姓은 淵氏오

其先은 鳳城人也라 父曰太祚오 祖曰子遊오

曾祖曰廣이니 並爲莫離支라」

弘武 十四年五月十日에 生하고

年九歲에 選爲皂衣仙人하니 儀表雄偉하고

意氣豪逸하야 每與軍伍로

列薪而臥하고 手瓠而飮하며

儀모양의 偉클위 豪호걸호 逸뛰어날일 伍행오오 瓠표주박호 飮마실음

15. 연개소문의 생애와 대인의 풍모

『조대기朝代記』에 이렇게 기록되어 있다.

연개소문은 일명 개금蓋金이라고도 한다. 성은 연씨淵氏이고, 선조는 봉성鳳城 사람이다. 아버지의 이름은 태조太祚이고, 할아버지는 자유子遊, 증조부는 광廣인데 모두 막리지를 지냈다.

연개소문은 홍무 14년(26세 영양제, 단기 2936, 603) 5월 10일에 태어났고 아홉 살에 조의선인에 뽑혔다. 몸가짐이 웅장하고 훌륭하였고, 의기가 장하고 호탕했다. 늘 병사들과 함께 섶에 나란히 누워 자고, 손수 표주박으로 물을 떠 마

群焉而盡己하고 混焉而辨微하야
賞賜를 必分給하며 誠信周護하야
有推心置腹之雅量하며
至有緯地經天之才하니
人皆感服하야 無一人異懷者也러라.
然이나 用法嚴明하야
貴賤一律하고 若有犯者면
一無假借하며 雖當大難이라도
少不驚心하며

混 섞일 혼 辨 분별할 변 微 작을 미 腹 배 복 雅 클 아 緯 씨줄 위 懷 품을 회

셨다. 무리 속에 섞여 있어도 자신이 최선을 다하고, 일이 혼란하게 얽히어 있어도 미세한 것까지 분별해 내었다.
하사 받은 상은 반드시 나누어 주고, 정성과 믿음으로 두루 보호하고, 상대방의 진심 어린 마음을 헤아려서 거두어 품어 주는 아량이 있었다. 또한 온 천하를 잘 계획하여 다스리는 재주가 있었다. 그러므로 모든 사람이 다 감복하여 딴 마음을 품는 자가 한 사람도 없었다. 그러나 법을 운용할 때는 엄격하고 명백히 하여 귀천을 가리지 않고 한결같이 다스렸다. 만약 법을 어기는 자가 있으면 누구라도 용서하지 않았다. 비록 큰 어려움을 당하더라도 조금도 놀라

與唐使酬言호대 亦不屈志하야

常以自族陰害로 爲小人하며

能敵唐人으로 爲英雄이라

喜焉而下賤可近이오 怒焉而權貴俱懾하니

眞一世之快傑也니라

自言 生於水中하야 能潛泳竟日이라도

尤健不疲라 하니

衆이 咸驚伏地하야 羅拜曰

滄海龍神이 復爲化身矣라 하니라

酬 잔돌릴수 怒 성낼노 快 상쾌할쾌 泳 헤엄칠영 疲 피로할피 驚 놀랄경

지 않고, 당나라 사신과 말을 나눌 때에도 자기 뜻을 굽히지 않았다. 항상 자기 겨레를 음해하는 자를 소인이라 여기고, 당나라 사람을 능히 대적하는 자를 영웅으로 여겼다. 기뻐할 때는 신분이 낮고 미천한 사람도 가까이 할 수 있지만, 노하면 권세 있고 부귀한 자도 모두 두려워하니 진실로 일세를 풍미한 시원스러운 호걸이었다.

연개소문이 스스로 말하기를, "물 속에서 태어나서 종일 물에 잠겨 헤엄쳐도 더욱 기력이 솟고 피로한 줄 모른다" 하니, 무리가 모두 놀라서 땅에 엎드려 절하며, "창해滄海의 용신龍神이 다시 화신化身하였다"라고 말하였다.

^{소문} ^{기방고성제}
蘇文이 旣放高成帝하고

^{여중} ^{공영고장}
與衆으로 共迎高臧하니

^{시위보장제}
是爲寶臧帝시니라

^{소문} ^{기득지} ^{행만법위공지도}
蘇文이 旣得志에 行萬法爲公之道하야

^{성기자유} ^{개물평등}
成己自由하고 開物平等하며

^{삼홀위전} ^{조의유율}
三忽爲佺하고 皂衣有律하니라.

16. 古朝鮮 땅 回復을 위한 外交 政策

^{주력국방} ^{비당심성}
注力國防하야 備唐甚盛할새

旣 이미 기 放 내쫓을 방 臧 착할 장 忽 작은 마을 홀 佺 신선 이름 전

연개소문이 고성제(27세 영류제)를 내쫓고 무리와 함께 고장高臧을 맞이하였다. 이분이 보장제寶臧帝(28세, 단기 2975, 642~단기 3001, 668)이시다. 연개소문이 드디어 뜻을 이루자, 모든 법을 공정무사한 대도로 집행하였다. 이로써 자신을 성취하여 스스로 자신의 주인이 되고[成己自由], 만물의 이치를 깨쳐 차별이 없게[開物平等] 되었다. 또한 세 마을[三忽]에 전佺을 두고 조의선인皂衣仙人들에게 계율을 지키게 하였다.

16. 고조선 땅 회복을 위한 외교 정책

연개소문은 국방에도 힘써 당나라가 강성해지는 것에 대

先與百濟上佐平으로
俱存立義하며 又請新羅使金春秋하야
舘於私邸曰
唐人이 多悖逆하야 近於禽獸하니
請吾子하노니 須忘私仇하고
自今三國이 叙族合力하야
直屠長安이면 唐醜를 其可擒也라
戰勝之後에 仍舊地而聯政하야 仁義共治오
而約相勿侵하야 爲永久遵守之計가 何如오

俱함께구 舘집관 邸집저 悖거스를패 仇원수구 屠무찌를도 醜더러울추

비하였다. 먼저 백제 상좌평上佐平(성충)과 함께 양국이 병존할 수 있는 방안을 세웠다. 또 신라 사신 김춘추를 청하여 자신의 집에 머무르게 하고 이렇게 말했다. "당나라 사람들은 도의에 어긋나고 불순하여 짐승에 가깝소. 그대에게 청하노니, 모름지기 사사로운 원한은 잊어버리고 이제부터 핏줄이 같은 우리 삼국 겨레가 힘을 모아 곧장 장안을 무찌른다면, 당나라 괴수를 사로잡을 수 있을 것이오. 승리한 후에는 우리 옛 영토에 연합 정권을 세워 함께 인의仁義로 다스리고, 서로 침략하지 않기로 약속하여 그것을 영구히 지켜 나갈 계책으로 삼는 것이 어떠하겠소?"

勸(권)再三(재삼)호대 春秋(춘추)가 終不聽(종불청)하니
惜(석)哉(재)로다.

17. 唐太宗 李世民의 大侵略

淵蓋蘇文과 唐太宗의 激突

開化四年(개화사년)에 唐主李世民(당주이세민)이 謂群臣曰(위군신왈)
遼東(요동)은 本諸夏之地(본제하지지)어늘 隋氏(수씨)가
四出師而不能得(사출사이불능득)하니
予今出兵(여금출병)은 欲爲報諸夏子弟之讐(욕위보제하자제지수)라 하고

> 勸권할권 聽들을청 惜아까울석 諸夏:중국 본토를 이르는 말 讐원수수

이렇게 두 번, 세 번 권유하였으나, 김춘추가 끝내 듣지 않았으니 참으로 안타까운 일이다.

17. 당 태종 이세민의 대침략

연개소문과 당 태종의 격돌

개회開化 4년(28세 보장제, 단기 2978, 645)에, 당나리 왕 이세민이 여러 신하에게 말했다.
"요동은 본래 우리 중국 땅이다. 수나라가 네 번이나 군사를 일으켰으나 그곳을 얻지 못하였다. 내가 이제 출병하여 우리 자제子弟들의 원수를 갚고자 하노라."

世民이 親佩弓矢하고 率李世勣·

程名振等數十萬하야 到遼澤하니

泥淖二百餘里에 人馬가 不可通이라

都尉馬文擧가 策馬奔擊하야 旣合戰이러니

行軍摠管張君乂가 大敗하니

李道宗이 收散軍하고 世民이 自將數百騎하야

與世勣으로 會하야 攻白巖城西南하니

城主孫代音이 詐遣請降이나

而實은 欲乘隙反擊이라.

佩찰패 勳공적적 程성정 泥淖:진창 尉벼슬위 奔달릴분 隙틈극

이에 세민이 친히 활과 화살을 메고 이세적李世勣, 정명진程名振 등 수십만을 거느리고 요택遼澤에 이르렀다. 진창이 200여 리나 되어 인마人馬가 통할 수 없었다. 도위都尉 마문거馬文擧가 채찍으로 말을 치며 돌진하여 맞붙어 싸웠고, 행군총관 장군차張君乂가 대패하니 이도종李道宗이 흩어진 군사를 수습하였다.

세민이 스스로 수백 기병을 거느리고 세적과 합세하여 백암성白巖城 서남쪽을 공격하였다. 성주 손대음孫代音이 거짓으로 사람을 보내 항복을 청하였으나 실은 빈틈을 타서 반격하려는 것이었다.

安市城 攻防戰

世民^{세민}이 至^지安市城^{안시성}하야

先自^{선자}唐山^{당산}으로 進兵攻之^{진병공지}라

北部褥薩高延壽^{북부욕살고연수}와 南部褥薩高惠眞^{남부욕살고혜진}이

率官兵^{솔관병}과 及靺鞨兵十五萬^{급말갈병십오만}하야 引至直前^{인지직전}하고

連安市爲壘^{연안시위루}하야 據高山之險^{거고산지험}하며

食城中之粟^{식성중지속}하야 縱兵掠其軍馬^{종병약기군마}하니

唐奴不敢犯^{당노불감범}이오 欲歸^{욕귀}나 則泥淖爲阻^{즉이뇨위조}하야

坐困必敗^{좌곤필패}라

壘진루 據웅거할거 粟조속 縱놓을종 阻막힐조 困괴로울곤

안시성 공방전

세민이 안시성에 이르러 먼저 당산唐山으로부터 군사를 진격시켜 공격하였다. 북부 욕살 고연수高延壽와 남부 욕살 고혜진高惠眞이 관병과 말갈 군사 15만을 거느리고 안시성에 도착하여, 주저없이 바로 앞으로 나아가 안시성과 연결되는 보루堡壘(작은 성)를 쌓고 높은 산의 험險한 곳을 차지하였다. 성중의 곡식을 먹으면서 군사를 풀어 당나라 군마를 빼앗았다. 당나라 군사가 감히 덤벼들지 못하고, 돌아가려 해도 진창에 가로막혀 그냥 주저앉아 괴로워하며 패할 수밖에 없었다.

延壽가 引軍直前以進하니

料去安市四十里라

遣人하야 問於對盧高正義하니

以其年老習事也라.

正義曰 世民이 內芟群雄하야 化家爲國하니

亦不凡常이라

今據全唐之兵而來하니 其銳를 不可輕也라

爲吾計者는 莫若頓兵不戰하고

曠日持久하야 分遣奇兵하야 斷其糧道니

料 헤아릴 료 芟 벨 삼 銳 날카로울 예 頓 머무를 돈 曠 헛되이지낼 광 持 지킬 지

연수가 군사를 이끌고 곧장 전진하여 안시성과 40리쯤 떨어진 곳에 이르러 사람을 보내어 대로對盧 고정의高正義에게 대책을 물었다. 이는 고정의가 연륜이 깊어 일처리에 능숙하기 때문이었다.
정의가 대답하였다.
"세민이 안으로 군웅群雄을 제거하고 나라를 차지하였으니 역시 범상한 인물이 아니오. 지금 모든 당나라 군사를 이끌고 왔으니 그 예봉銳鋒을 가벼이 여겨서는 안 되오. 우리 계책은 병력을 움직이지 말고 싸우지 않으며, 여러 날을 끌면서 기습부대를 나누어 보내 군량을 운반하는 길을 끊는 것

糧道^{양도}旣^기盡^진이면 求戰不得^{구전부득}이오
欲歸無路^{욕귀무로}리니 乃可勝也^{내가승야}라.
延壽^{연수}가 從其計^{종기계}하야
賊來則拒^{적래즉거}하고 賊去則止^{적거즉지}하며
又遣奇兵^{우견기병}하야 焚奪糧路^{분탈양로}하니
世民^{세민}이 百計誘之以賄^{백계유지이회}나
面從而内違^{면종이내위}하야 數遣陰襲陷裂^{삭견음습함렬}하니
賊之死傷^{적지사상}이 酷多^{혹다}라.

拒 막을 거　誘 꾈 유　賄 뇌물 회　違 어길 위　陷 빠질 함　裂 찢을 렬　酷 심할 혹

이 가장 좋소. 양식이 다 떨어지면 싸울래야 싸울 수 없고 돌아가려 해도 길이 없을 것이니, 반드시 이길 것이오."
연수가 그 계책을 좇아 적이 오면 막고, 물러가면 움직이지 않았다. 또 기습 부대를 보내어 군량을 불태우고 빼앗았다.
세민이 온갖 계략으로 뇌물까지 쓰며 꾀었으나, 겉으로 따르는 척하고 속으로 거부하여 자주 군사를 내어 몰래 습격하고 함락시켜 흩어지게 하니 적군의 사상자가 매우 많았다.

遼東 出兵으로 千秋에 恨을 남긴 唐太宗

延壽等이 與靺鞨로 合兵爲陣하고

持久作戰이라가 一夜豹變하야 急襲電擊하니

世民이 幾被圍迫하야 始有懼色이라

世民이 又復遣使하야 懷財寶하고

謂延壽曰 我以貴國强臣이 弑其君上故로

來問罪오 至於交戰하야 入貴境에 蒭粟이

不給故로 間有焚掠幾處而已오

俟貴國修禮納交 則必復矣라 한대

電 번개 전 懼 두려워할 구 懷 품을 회 弑 죽일 시 蒭 꼴 추 俟 기다릴 사

요동 출병으로 천추에 한을 남긴 당 태종

연수 등이 말갈병과 더불어 함께 진을 치고 지구전을 펴다가, 어느날 밤 돌변하여 번개같이 습격하니, 거의 포위를 당하게 된 세민이 비로소 두려운 빛을 보였다.

세민이 다시 사자를 보내어 재물과 보화로 달래며 연수에게 이렇게 말했다. "나는 귀국貴國의 힘 있는 신하(연개소문)가 임금을 시해하였기로 이렇게 와서 죄를 묻는 것이다. 이제 귀국에 들어와 전쟁을 하는데 말 먹일 꼴과 식량을 공급할 수 없어 몇 곳을 불태우고 노략질을 했을 뿐이다. 귀국이 예를 갖추어 수교를 기다린다면 반드시 돌아갈 것이다."

延壽曰諾다退貴兵三十里則吾將見帝矣리라
然이나 莫離支는 爲國柱石이오
軍法自在하니 不須多言이오
汝君世民은 廢父弑兄하고
淫納弟妃하니
此可問罪也라 以此傳之어다
於是에 四遣督察하야
益加守備하고
依山自固하야 乘虛奇襲하니

諾 대답할 낙 柱 기둥 주 廢 버릴 폐 淫 음란할 음 督 살필 독 察 살필 찰

이에 연수가 말하였다.
"좋다. 그대들 군사가 30리를 물러난다면 내가 장차 우리 황제(보장제)를 만나 뵈리라. 그러나 막리지는 우리나라의 주석柱石이고, 군법이 있으니 여러 말이 필요 없다. 너희 임금 세민은 아버지를 폐하고 형을 죽이고, 음란하게도 아우의 아내를 취하였으니 이것이야말로 가히 죄를 물을 만하다. 이대로 전하여라."
이에 사방으로 감찰관을 보내어 수비에 더욱 힘쓰게 하고, 산을 의지해 스스로 견고히 하고 적의 허점을 틈타 기습하였다.

^{세민} ^{백계무술}
世民이百計無術하야

^{통한요동출병지불리} ^{이이회무급언}
痛恨遼東出兵之不利나而已悔無及焉이라.

中華史筆의 歷史 歪曲 : 爲國諱恥

^{류공권소설 왈}
柳公權小說에曰

^{육군 위고구려소승 태장부진}
「六軍이爲高句麗所乘하야殆將不振하고

^{후자고영공지휘 흑기피위 세민}
候者告英公之麾가黑旗被圍라한대世民이

^{대공}
大恐이라」하니

^{수종자탈 이위구여피}
雖終自脫이나而危懼如彼어늘

痛아플통 悔뉘우칠회 殆위태로울 태 候염탐꾼후 麾대장기휘 恐두려울공

세민이 온갖 꾀를 다 내어 보아도 아무 방법이 없었다. 요동으로 출병하여 전쟁에 진 것을 몹시 한탄하였으나, 후회해도 소용이 없었다.

중화사필의 역사 왜곡 : 위국휘치

류공권柳公權의 소설에, "당나라의 6군六軍은 고구려가 세를 타게 되자 장수들이 전공을 떨치지 못하였고, 척후병이 와서 영공英公(이세적)의 군기가 흑기에 포위당했다고 보고하니, 세민이 크게 두려워하였다"라고 쓰여 있다. 이세민이 비록 끝내 탈출하였으나 위태롭고 두려워함이 이러하였던

新舊唐書와 及司馬公通鑑에
不言者는 豈非爲國諱恥乎아.
李世勣이 言於世民曰
建安은 在南하고 安市는 在北하니
吾軍糧을 早已失輸遼東今昌黎이어늘
今踰安市而攻建安이라가
若高句麗가 斷其輸送이면 勢必窮矣리니
不若先攻安市니
安市下則鼓行而取建安耳로이다.

鑑 거울 감 諱 꺼릴 휘 恥 부끄러울 치 輸 나를 수 踰 넘을 유 窮 다할 궁

것이다. 『신·구당서新舊唐書』와 사마공司馬公의 『통감通鑑』에 이러한 사실을 적지 않은 것은, 어찌 자기 나라를 위해서 수치스런 일을 숨기려 한 것[爲國諱恥]이 아니겠는가?

이세적이 세민에게 말하기를, "건안建安은 남쪽에 있고 안시는 북쪽에 있습니다. 아군의 군량은 이미 요동(지금의 창려)으로 수송할 길을 잃었습니다. 지금 안시를 넘어 건안을 치다가 만약 고구려가 군량을 수송하는 길을 끊는다면 대세가 반드시 궁하게 될 것이니 먼저 안시를 치는 것만 못할 것입니다. 안시가 함락되면 북을 두드리며 여유있게 가서 건안을 빼앗으면 될 것이옵니다"라고 하였다.

安市城人이 望見世民旗蓋하고
輒乘城鼓譟하야 唾罵世民하고 數其罪目하야
以告于衆하니 世民이 怒氣極甚하야
以爲陷城之日에 男女를 盡坑之라 하니
安市城人이 聞之하고 益堅守하야
攻之不下러라.
時에 張亮兵이 在沙卑城이나 而欲召之未果하야
低回失機하고 張亮이 將移兵하야
襲烏骨城이라가 反爲官兵所敗라

蓋 일산 개 輒 문득 첩 譟 시끄러울 조 唾 침타 罵 꾸짖을 매 數 책망할 수

안시성 사람들이 멀리서 세민의 깃발과 일산을 바라보고, 성에 올라 북을 치고 고함을 질렀다. 침을 뱉으며 세민을 욕하고 죄목을 하나하나 짚어가며 군중에게 고하니 세민이 노기가 극도에 달하여, 성이 함락되는 날에는 남녀 모두 생매장시킬 것이라 하였다. 안시성 사람들이 이 말을 듣고 더욱 굳건히 지키므로 공격을 해도 함락되지 않았다. 이때에 수군 제독 장량張亮의 군사는 사비성沙卑城에 있었는데 그들을 부르려다 시행하지 못하고 망설이는 사이에 기회를 잃고 말았다. 장량은 병력을 이동시켜 오골성烏骨城을 습격하려 하였으나 오히려 관병에게 패하고 말았다.

李道宗이 亦在遭險不振하니
於是에 唐奴諸將이 議自相歧하야
世勣은 獨以爲高句麗가 傾國救安市하니
不若捨安市而直擣平壤이라 하고
長孫無忌가 以爲天子親征은
異於諸將하야 不可乘危徼幸이니
今建安新城之敵衆이 數十萬이오
高延壽所率靺鞨이 亦數十萬이니
國內城兵이 若又回烏骨城하야

遭 만날 조 險 험할 험 傾 기울 경 捨 버릴 사 擣 공격할 도 徼 구할 요

이도종李道宗 역시 험준한 길을 만나 군세를 떨치지 못했다. 상황이 여기에 이르자 당나라 여러 장수의 의견이 서로 갈라졌다. 세적은 홀로, '고구려는 나라의 온 힘을 기울여 안시성을 구하려 하니, 안시를 버리고 곧장 평양을 치는 것만 못하다'고 생각하였다.

장손무기長孫無忌는 이렇게 생각하였다.

'천자가 친히 정벌에 나섬은 장수들과는 달리 위험을 무릅쓰고 요행을 바라서는 안 된다. 지금 건안建安·신성新城에 있는 적군의 무리가 수십만이요, 고연수가 거느린 말갈 군사 또한 수십만이다. 만약 국내성 군사가 오골성을 돌아서

而遮樂浪諸路之險이면

如是則彼勢日盛하야 急於迫圍오

而我翫敵이라가 悔無及焉하리니

不如先攻安市하고 次取建安然後에

長驅而進이 此萬全之計也라하야 未之決이라.

安市城主楊萬春이

聞之하고 乘夜深하야

以數百精銳로 縋城而下하니

賊陣이 自相踐踏하야 殺傷甚多라

遮 막을 차　翫 구경할 완　悔 후회 회　驅 몰구　決 결단할 결　縋 매달 추

낙랑의 모든 길의 험한 곳을 차단한다면, 적의 기세가 날로 강성해져 우리를 포위하고 압박하여 급하게 될 것이다. 우리가 적을 갖고 놀려고 하다가 뉘우쳐도 소용없을 것이다. 먼저 안시를 공격하고 다음에 건안을 취하는 것만 못할 것이다. 그 다음에 멀리 적을 몰아 쫓으며 진격하는 것이 만전의 계책이다.'
이 문제가 아직 결론이 나지 않았는데, 안시성주 양만춘이 그 사정을 듣고 야밤을 틈타 수백 명의 정예 군사를 거느리고 성에서 줄을 타고 내려와 공격하였다. 적진에서는 서로 짓밟혀 죽고 상처를 입은 자가 매우 많았다.

世民이 使李道宗으로 築土山於城東南隅러니

官兵이 從城缺出擊하야 遂奪土山하고

塹而守之하야 軍勢益振하니

唐奴諸陣이 殆失戰意라

傅伏愛는 以戰敗로 斬하고

道宗以下는 皆徒跣請罪라.

楊萬春의 大勝

莫離支가 率數百騎하고 巡駐灤坡하야

隅 모퉁이우 缺 틈결 塹 구덩이참 殆 거의태 傅 성부 跣 맨발선 駐 머무를주

세민이 이도종을 시켜 성의 동남쪽 모퉁이에 흙으로 산을 쌓게 하였는데 우리 군사가 성 한 귀퉁이가 무너진 곳으로 나와 쳐서 드디어 토산을 빼앗았다. 거기에 참호를 만들어 지키니 군세를 더욱 떨쳤다. 이리하여 당나라 모든 진영은 싸울 생각을 거의 잃어버렸다. 부복애傅伏愛는 패전 책임으로 참수당하고, 도종과 그 부하들은 모두 맨발로 나아가 죄를 인정하고 처벌을 기다렸다.

양만춘의 대승

막리지(연개소문)가 기마병 수백을 거느리고 순시하다가 난

詳問情形이오 遣命摠攻四擊할새

延壽等은 與靺鞨로 夾攻하고

楊萬春은 登城督戰하니

士氣益奮하야 無不一當百矣라

世民이 憤不自勝하야 敢出決戰이나

楊萬春이 乃呼聲張弓하야

世民이 出陣이라가 矢浮半空하니

遂爲所中하야 左目沒焉이라

世民이 窮無所措하야 從間逃遁할새

詳 자세할 상　督 살필 독　奮 떨칠 분　憤 성낼 분　措 그만둘 조　遁 숨을 둔

하(漢)河 언덕에서 멈추고 전황을 자세히 물은 뒤에, 사방에서 총공격하라고 명하였다. 연수 등이 말갈 군사와 함께 양쪽에서 협공하고, 양만춘이 성에 올라 싸움을 독려하니 사기가 더욱 높아져서, 하나가 백을 당하는 용맹을 보이지 않는 자가 없었다.

세민이 스스로 울분을 참지 못하고 감히 나서서 결판을 내려 하였다. 이때 양만춘이 소리를 지르며 활시위를 팽팽하게 당겼다. 세민이 진을 나서다가, 공중을 가르며 날아온 화살에 적중되어 왼쪽 눈이 빠져 버렸다.

세민이 어찌 할 바를 모르고 군사들 틈에 끼어 달아나며,

命世勣道宗하야 將步騎數萬하야 爲殿하니

遼澤泥淖하야 軍馬難行이라

命無忌하야 將萬人하야 剪草塡道하고

水深處는 以車爲梁하고

世民이 自繫薪於馬鞘하야 以助役하니라

冬十月에 至蒲吾渠하야 駐馬하고 督塡道하며

諸軍이 渡渤錯水할새 暴風雪이 占濕하야

士卒이 多死者어늘

使燃火於道하야 以待之라.

剪 벨 전 塡 메울 전 梁 다리 량 繫 맬 계 薪 땔나무 신 蒲 부들 포 燃 불탈 연

세적과 도종에게 명하여 보병·기병 수만 명을 거느리고 후군으로 따르게 하였다.

요택에 이르자 진창 때문에 군마의 행군이 어려워 장손무기에게 명하여 1만 명을 거느리고 풀을 베어서 길을 메우고 물이 깊은 곳은 수레로 다리를 만들게 하였다. 세민 자신도 스스로 말채찍으로 땔나무를 묶어 일을 도왔다.

겨울 10월에, 포오거蒲吾渠에 이르러 말을 쉬게 하고 길 메우는 일을 독려하였다. 모든 군사가 발착수渤錯水를 건널 때에 거센 눈보라가 몰아쳐 군사들을 적시니 죽는 자가 많았다. 이에 길에 불을 피우게 하고 기다렸다.

淵蓋蘇文의 長安 入城과 桓檀 以來 失地 回復

^시 ^{막리지연개소문} ^{승승장구}
時에 莫離支淵蓋蘇文이 乘勝長驅하야

^{추지심급} ^{추정국} ^{자적봉}
追之甚急하니 鄒定國은 自赤峰으로

^{지하간현} ^{양만춘} ^{직향신성}
至河間縣하고 楊萬春은 直向新城하야

^{군세대진} ^{당노다기갑병이주}
軍勢大振하니 唐奴多棄甲兵而走하야

^{방도역수} ^시 ^{막리지} ^{명연수}
方渡易水라 時에 莫離支가 命延壽하야

^{개축용도성} ^{금고려진야}
改築桶道城하니 今高麗鎭也라

^{우분견제군} ^{일군} ^{수요동성}
又分遣諸軍하야 一軍은 守遼東城하니

^{금창려야} ^{일군} ^{근수세민}
今昌黎也오 一軍은 跟隨世民하고

鄒 추나라 추 棄 버릴 기 桶 되용 鎭 진영진 跟 뒤따를 근 隨 따를 수

연개소문의 장안 입성과 환단 이래 실지 회복

이때 막리지 연개소문이 싸움에 이긴 김에 계속 휘몰아쳐서 급히 이들을 뒤쫓았다. 추정국鄒定國은 적봉赤峰에서 하간현河間縣에 이르고, 양만춘은 곧바로 신성新城을 향하며 군세를 크게 떨쳤다. 많은 당나라 군사가 갑옷과 무기를 버리고 달아나, 바야흐로 역수易水를 건너려 하였다.
이때 막리지가 연수에게 명하여 용도성桶道城을 개축하게 하였는데, 용도성은 지금의 고려진이다. 또 전군을 나누어 보내되, 일군은 요동성을 지키게 하니 그곳은 지금의 창려昌黎이고, 일군은 세민의 뒤를 바짝 쫓게 하고, 또 일군은

一軍은 守上谷하니 今大同府也라.

於是에 世民이 窮無所措하야 乃遣人乞降하니

莫離支가 率定國萬春等數萬騎하야

盛陳儀仗하고 鼓吹前導하야 入城長安하야

與世民으로 約하니

山西·河北·山東·江左가 悉屬於我라.

18. 中國 本土까지 뻗었던 百濟, 新羅의 領土

先是에 高句麗가 與百濟로 外競俱存하니

府 고을부 窮 다할궁 措 둘조 盛 성대할성 競 다툴경 俱 함께구

상곡上谷을 지키게 하니 상곡은 지금의 대동부大同府이다. 이에 세민이 궁지에 몰려 어찌할 바를 모르고 사람을 보내어 항복을 받아 달라고 애걸하였다. 막리지가 정국, 만춘 등의 기병 수만을 거느리고 성대하게 의장을 갖추어 북 치고 나팔 부는 군악대를 앞세우고 장안에 입성하였다. 세민과 더불어 약정約定하여, 산서성·하북성·산동성·강좌江左(양자강 하류 북부)가 모두 고구려에 속하게 되었다.

18. 중국 본토까지 뻗었던 백제, 신라의 영토

이에 앞서 고구려는 백제와 밖에서 서로 경쟁하며 공존하

遼西地에 有百濟所領曰遼西晉平이오
江南에 有越州하니 其屬縣은 一曰山陰이오
二曰山越이오 三曰左越이러니
至文咨帝明治十一年十一月하야
攻取越州하고 改署郡縣하니
曰松江·會稽·吳城·左越·山越·泉州오
十二年에 移新羅民於泉州하야 以實之라
是歲에 以百濟不貢으로
遣兵攻取遼西晉平等郡하니

領거느릴령 邑나아갈진 越월나라월 咨물을자 稽상고할계 實채울실

였다.
요서 땅에 백제의 영지가 있었는데, 곧 요서遼西·진평晉平이고, 강남에는 월주越州가 있었으니, 여기에 소속된 현은 첫째 산음山陰, 둘째 산월山越, 셋째 좌월左越이다.
문자제文咨帝(21세 문자제) 명치 11년(단기 2834, 501) 11월에 이르러, 월주를 쳐서 취하고 군현의 이름을 바꾸어 송강松江·회계會稽·오성吳城·좌월·산월·천주泉州라 하였다.
명치 12년(단기 2835, 502)에 신라 백성을 천주로 옮겨 그곳을 채웠다. 이 해에 백제가 조공을 바치지 아니하므로 군대를 보내어 요서·진평 등의 군郡을 쳐서 빼앗으니 백제군

百濟郡이 廢하니라.

淵蓋蘇文에 對한 王介甫의 人物評

王介甫曰 淵蓋蘇文은 非常人也라 하니
果然이로다.
莫離支가 在則高句麗가 與百百濟로 俱在하고
莫離支가 去則百濟가 與高句麗로 俱亾하니
莫離支는 亦人傑也哉로다.
莫離支가 臨終에 顧謂男生男建曰

廢 폐할폐 甫 클보 常 범상할상 亾 망할망 傑 뛰어날걸 顧 돌아볼고

百濟郡이 없어지고 말았다.

연개소문에 대한 왕개보의 인물평

왕개보王介甫(1027~1086)가 이렇게 말했다.
"연개소문은 범상한 인물이 아니라 하더니 과연 그렇다. 막리지(연개소문)가 살아 있을 때는 고구려와 백제가 함께 건재하였으나, 막리지가 세상을 뜨자 백제와 고구려가 함께 망하였으니, 막리지는 역시 걸출한 인물이로다."
막리지가 임종에 남생男生, 남건男建을 돌아보며 이렇게 말하였다.

爾兄弟는愛之如水하라 束箭則強하고
分箭則折하나니 須無忘此將死之言하야
貽笑於天下隣國之人하라
時則開化十六年十月七日也오
墓는在雲山之九峰山也라.

19. 遼東과 遼西의 高句麗 領土

高麗鎭은 在北京安定門外六十里許하고
安市城은 在開平府東北七十里하니

束 묶을속 箭 화살전 折 꺾일절 貽 줄이 笑 웃을소 隣 이웃린 許 쯤허

"너희 형제는 사랑하기를 물과 같이 하여라. 화살을 한 데 묶으면 강하고 나누면 꺾어지나니, 부디 이 유언을 잊지 말고 천하 이웃 나라 사람들의 웃음거리가 되지 않도록 하여라."
때는 개화 16년(28세 보장제, 단기 2990, 657) 10월 7일이었다.
묘는 운산의 구봉산에 있다.

19. 요동과 요서의 고구려 영토

고려진은 북경 안정문安定門 밖 60리쯤에 있다.
안시성은 개평부開平府 동북쪽 70리에 있는데, 지금의 탕지보湯池堡이다.

今^금湯^탕池^지堡^보오

高^고麗^려城^성은 在^재河^하間^간縣^현西^서北^북十^십二^이里^리하니

皆^개太^태祖^조武^무烈^열帝^제所^소築^축也^야라.

異邦人이 노래한 高麗城의 옛 追憶

唐^당樊^번漢^한이 有^유高^고麗^려城^성懷^회古^고詩^시一^일首^수하야

傳^전於^어世^세하니 其^기詩^시에 曰^왈

僻^벽地^지城^성門^문闢^벽하니 雲^운林^림雉^치堞^첩長^장이라.

水^수明^명留^유晩^만照^조오 沙^사暗^암燭^촉星^성光^광이라.

堡 작은성보 樊 성번 僻 궁벽할벽 雉 담치 堞 성가퀴첩 燭 비칠촉

고려성은 하간현河間縣 서북쪽 12리에 있다. 모두 태조 무열제(6세, 단기 2386, 53~단기 2479, 146)께서 쌓으신 것이다.

이방인이 노래한 고려성의 옛 추억

당나라 사람 번한樊漢이 「고려성 회고시」한 수를 지어 세상에 전하니 이러하나.
외진 땅의 성 문은 열리고
구름 숲 속 성 위에 담장은 길게 이어졌네.
물은 맑아 저녁 노을 반짝이고
어둠 깃든 모래 땅엔 별빛이 비치네.

高句麗國本紀 601

疊鼓連雲起하고
<small>첩 고 연 운 기</small>

新花拂地粧이라.
<small>신 화 불 지 장</small>

居然朝市變하야
<small>거 연 조 시 변</small>

無復管絃鏘이라.
<small>무 부 관 현 장</small>

荊棘黃塵裡오
<small>형 극 황 진 리</small>

蒿蓬古道傍이라.
<small>호 봉 고 도 방</small>

輕塵埋翡翠오
<small>경 진 매 비 취</small>

荒隴上牛羊이라.
<small>황 롱 상 우 양</small>

無奈當年事하니
<small>무 내 당 년 사</small>

疊 두드릴첩 **拂** 떨불 **粧** 단장할장 **鏘** 금옥소리장 **塵** 티끌진 **傍** 곁방 **隴** 언덕롱

북소리 둥둥 울리니 구름도 따라 일고
새로 핀 고운 꽃은 흙을 털고 단장했네.
슬그머니 하루아침에 저자거리로 바뀌어
피리·나팔 소리 다시 들을 길 없어라.
누런 흙먼지 속 무성한 가시나무,
옛 길 가에는 쑥대만 우거져 있네.
무상한 세월의 티끌 아름답던 비취 묻어 버렸고
거친 언덕엔 소와 양이 오르는구나.
화려하던 옛 시절 이미 사라졌는데

秋聲肅鴈行이라.

予雖不文이나 追其韻而次之하니 曰

遼西尙存古城墟하니

想必名邦運祚長이라.

燕峀嶒巇多戰色이오

遼河蕩漾共天光이라.

風林空谷演舞態하고

仙禽高樹欲啼粧이라.

干旄關防一夕變하야

肅 엄숙할숙 鴈 기러기안 韻 운운 巇 가파를희 漾 출렁일양 態 태도태

깊어 가는 가을 소리에 기러기만 날아가누나.
내가 비록 글재주는 없으나 그 운韻을 따라 한 수 읊는다.
요서遼西에 옛 성터 아직 남아 있으니
생각컨대 명성 높은 나라의 운수 틀림없이 길었으리.
연나라 험한 산에 전쟁도 많았지만
요하의 도도한 물결은 하늘빛 같네.
바람 불어 나무는 빈 골짜기에서 춤추고
학은 자태를 꾸미며 높은 나무에서 우는구나.
변방 지키던 방패와 깃발 하루저녁에 바뀌어

呼賣振鈴聞凄鏘이라.
燕凉元來盡我有오
官兵久鎭飮馬傍이라.
英雄不作時事去하니
無復驅敵如驅羊이런가.
今我吊古無限意를 爲贐核郞萬里行하노라.

20. 遼西 地方에 十城을 構築함

朝代記에 曰

賣 팔 매 鈴 방울 령 凄 처량할 처 凉 서늘할 량 贐 노자 신 核 씨 핵

값을 외치는 장사꾼 방울소리 처량하게 들리네.
연燕(하북·산서)과 양凉(감숙)은 본래 우리 땅이니
관병이 오래도록 지키며 말 먹이던 곳이라.
영웅은 다시 오지 않고 지난 일은 아득하니
양떼 내몰 듯 도둑떼 몰아낼 날 다시 없을런가.
이제 와 옛일 한없이 슬퍼하는 이 내 마음
만 리 길 떠나는 핵랑核郞의 노자路資로나 쓰시게.

20. 요서 지방에 10성을 쌓음

『조대기朝代記』에 이렇게 기록되어 있다.

「太祖隆武三年에 築遼西十城하사

以備漢하시니

十城은 一曰安市이니 在開平府東北七十里오

二曰石城이니 在建安西五十里오

三曰建安이니 在安市南七十里오

四曰建興이니 在灤河西오

五曰遼東이니 在昌黎西南境이오

六曰豐城이니 在安市西北一百里오

七曰韓城이니 在豐城南二百里오

隆 높을륭 築 쌓을축 遼 땅이름료 備 갖출비 灤 강이름란 豐 풍성할풍

태조 융무 3년(6세 태조 무열제, 단기 2388, 55), 요서에 10성을 쌓아 한나라의 침략에 대비하셨다. 그 10성은 이러하다. 첫째는 안시성安市城이니, 개평부에서 동북쪽으로 70리 떨어진 곳에 있고, 둘째는 석성石城이니, 건안성에서 서쪽으로 50리 떨어진 곳에 있고, 셋째는 건안성建安城이니, 안시성에서 남쪽으로 70리 떨어진 곳에 있고, 넷째는 건흥성建興城이니, 난하의 서쪽에 있고, 다섯째는 요동성遼東城이니, 창려의 서남쪽 경계에 있고, 여섯째는 풍성豐城이니, 안시성에서 서북쪽으로 100리 떨어진 곳에 있고, 일곱째는 한성韓城이니, 풍성에서 남쪽으로 200리 떨어진 곳에 있고,

八日玉田堡니 舊遼東國이니

在韓城西南六十里오

九日澤城이니 在遼澤西南五十里오

十日遼澤이니 在黃河北流左岸이라

五年春正月에 又築白岩城桶道城하시니라.

三韓秘記에 曰「舊志에 云 遼西에 有昌遼縣하니

唐時에 改遼州하고

南有碣石山而其下則白岩城이니

亦唐時所謂岩州가 卽此也라

堡작은성보 澤못택 岸기슭안 桶되용 秘숨길비 碣우뚝선돌갈

여덟째는 옥전보玉田堡이니, 옛날의 요동국으로 한성에서 서남쪽으로 60리 떨어진 곳에 있고, 아홉째는 택성澤城이니, 요택성에서 서남쪽으로 50리 떨어진 곳에 있고, 열째는 요택성遼澤城이니, 황하 북류의 왼쪽 언덕에 있다.

무무 5년(단기 2390, 57) 봄 정월에, 또 백암성白岩城과 용도성桶道城을 쌓으셨다.

『삼한비기三韓秘記』에 이렇게 기록되어 있다.

「구지舊志」에 말하기를, 요서에 창료현昌遼縣이 있는데, 당나라 때 요주遼州로 고쳤다. 그곳 남쪽에 갈석산碣石山이 있고, 그 아래가 곧 백암성이다. 당나라 때에 암주岩州라

<ruby>建安城<rt>건안성</rt></ruby>은 <ruby>在唐山境內<rt>재당산경내</rt></ruby>하고 <ruby>其西南爲開平<rt>기서남위개평</rt></ruby>이오
<ruby>一云蓋平<rt>일운개평</rt></ruby>이니 <ruby>唐時<rt>당시</rt></ruby>에 <ruby>亦稱蓋州<rt>역칭개주</rt></ruby>가 <ruby>是也<rt>시야</rt></ruby>라.」
<ruby>資治通鑑<rt>자치통감</rt></ruby>에 <ruby>曰<rt>왈</rt></ruby>
「<ruby>玄菟郡<rt>현도군</rt></ruby>은 <ruby>在柳城盧龍之間<rt>재유성노룡지간</rt></ruby>하니
<ruby>漢書<rt>한서</rt></ruby>에 <ruby>馬首山<rt>마수산</rt></ruby>이 <ruby>在柳城西南<rt>재유성서남</rt></ruby>이오 <ruby>唐時<rt>당시</rt></ruby>에
<ruby>築土城<rt>축토성</rt></ruby>이라」하니라.

21. 高句麗의 開國 功臣 延佗渤

<ruby>延佗渤<rt>연타발</rt></ruby>은 <ruby>卒本人<rt>졸본인</rt></ruby>이니

境 지경 경 蓋 덮을 개 資 도울 자 鑑 거울 감 佗 다를 타 渤 바다 이름 발

부른 곳이 이곳이다. 건안성은 당산唐山 경계 안에 있고, 그 서남은 개평開平인데 일명 개평蓋平이라 하였으니, 당나라 때 개주蓋州는 이곳이다.
『자치통감資治通鑑』에는 이렇게 기록되어 있다.
  현도군은 유성柳城과 노룡盧龍 사이에 있다. 『한서漢書』에 '마수산馬首山이 유성 서남에 있는데 당나라 때 여기에 토성을 쌓았다'고 하였다.

21. 고구려의 개국 공신 연타발

연타발은 졸본 사람이다.

來往^{내왕}於南北曷思^{어남북갈사}而理財致富^{이이재치부}하야
至累巨萬^{지누거만}이라 陰助朱蒙^{음조주몽}하야
其創基立都之功^{기창기입도지공}이 居多^{거다}라
後^후에 率衆^{솔중}하야 轉徙九黎河而賈漁鹽之利^{전사구려하이고어염지리}러니
及高朱蒙聖帝^{급고주몽성제}가 伐北沃沮^{벌북옥저}하실새
納穀五千石^{납곡오천석}하고 移都訥見而先自願納^{이도눌견이선자원납}하야
招撫流亡^{초무유망}하야 以勤王事^{이근왕사}하니
以功^{이공}으로 得封於坐原^{득봉어좌원}이오 而年八十^{이년팔십}에 歿^몰하니
時^시는 平樂十三年丙申春三月也^{평락십삼년병신춘삼월야}라.

曷 어찌 갈 轉 옮길 전 賈 팔 고 鹽 소금 염 撫 어루만질 무 歿 죽을 몰

남북 갈사曷思를 오가면서 이재理財를 잘하여 부자가 되어 엄청난 돈을 모았는데 남 몰래 주몽을 도와 창업의 기틀을 마련하고 도읍을 세우는 데 큰 공을 세웠다. 뒤에 무리를 이끌고 구려하九黎河로 옮겨 물고기와 소금을 사고 팔아 이익을 얻었다. 고주몽 성제가 북옥저를 칠 때 양곡 5천 석을 바쳤다. 눌견訥見으로 도읍을 옮길 때 연타발이 먼저 양곡을 자원하여 바치고 떠도는 백성을 불러 모아 어루만져 위로하며 임금의 일을 부지런히 도왔다. 그 공덕으로 좌원坐原에 봉토를 얻었다. 여든살에 세상을 떠나니, 때는 평락平樂 13년(단기 2309, BCE 25) 병신년 봄 3월이었다.

22. 百濟의 始祖와 建國 過程

召西弩와 두 아들의 自立

高朱蒙이在位時에嘗言曰

若嫡子琉璃來면

當封爲太子라 하야시늘

召西弩가慮將不利於二子라 하야

歲庚寅三月에

因人得聞浿帶之地肥物衆하고

南奔至辰番之間近海僻地하니라.

嫡 맏아들 적 弩 쇠뇌 노 慮 생각 려 肥 기름질 비 奔 달아날 분 僻 치우칠 벽

22. 백제의 시조와 건국 과정

소서노와 두 아들의 자립

고주몽 성제가 재위하실 때 일찍이 말씀하시기를, "만약 적자 유리가 오면 마땅히 태자로 봉할 것이다"라고 하셨다. 소서노召西弩는 장차 자신의 두 아들(비류와 온조)에게 이롭지 못할 것을 염려하다가, 경인庚寅(단기 2292, BCE 42)년 3월에 사람들에게서 패대浿帶의 땅이 기름지고 물자가 풍부하다는 말을 듣고, 남쪽으로 달려가 진辰·번番(옛 진한과 번한) 사이에 있는 바다 가까운 외진 땅에 이르렀다.

召西弩의 於瑕羅 被封과 沸流의 繼承

而居之十年에 買田置庄하야 致富累萬하니

遠近이 聞風하고 來附者衆이러니

南至帶水하고 東濱大海하야

半千里之土境이 皆其有也라

遣人致書于朱蒙帝하야 願以內附어늘

帝甚悅而奬之하시고 册號召西弩하사

爲於瑕羅시라

及至十三年壬寅而薨하고 太子沸流가 立하니

庄 장원장 附 붙을부 濱 물가빈 奬 칭찬할장 册 봉할책 瑕 티하 沸 끓을비

소서노의 어하라 피봉과 비류의 계승

그곳에 산 지 10년 만에 밭을 사서 장원을 두고 재산을 모아 수만 금에 이르니 원근에서 소문을 듣고 찾아와 따르는 자가 많았다. 남으로 대수帶水에 이르고 동으로 큰 바다에 닿는, 5백 리 되는 땅이 모두 그의 소유였다.

그리고 주몽제朱蒙帝에게 사람을 보내어 글을 올려, 섬기기를 원한다고 했다. 임금께서 매우 기뻐서 칭찬하시고 소서노를 책봉하여 **어하라**於瑕羅라는 칭호를 내리셨다. (어하라 재위) 13년 임인(단기 2315, BCE 19)년에 이르러 소서노가 세상을 떠나고 태자 비류沸流가 즉위하였다. 그러나 따르는

^{사 경} ^{불 부}
四境이 不附라.

溫祚의 百濟 建國

^{어 시} ^{마려등} ^{위온조왈}
於是에 馬黎等이 謂溫祚曰

^신 ^{문마한} ^{쇠패입지}
臣이 聞馬韓이 衰敗立至하니

^{내 가 왕 입 도 지 시 야} ^{온조왈 낙}
乃可徃立都之時也니이다 溫祚曰 喏다

^{내 편 주 도 해 이 시 저 마 한 미 추 홀}
乃編舟渡海而始抵馬韓彌鄒忽하니

^{행 지 사 야} ^{공 무 거 인} ^{구 이 득 도 한 산}
行至四野에 空無居人이라 久而得到漢山하야

^{등 부 아 악 이 망 가 거 지 지}
登負兒岳而望可居之地할새

黎 검을 려 溫 따뜻할 온 喏 응낙하는 소리 낙 編 엮을 편 抵 이를 저

사람이 없었다.

온조의 백제 건국

이때 마려馬黎 등이 온조溫祚에게 이르기를, "신이 듣기로 마한의 쇠망이 임박하였다 하니 가서 도읍을 세울 때라 생각하옵니다" 하니, 온조가 "좋다"라고 하였다. 이에 배를 만들어 바다를 건너 먼저 마한의 미추홀彌鄒忽(지금의 인천 부근)에 이르러 사방을 돌아다녀 보았으나 텅 비어 사는 사람이 없었다. 오랜 뒤에 드디어 한산漢山에 이르러 부아악負兒岳에 올라 살 만한 땅을 찾아보았다.

마려오간등십신 왈
馬黎烏干等十臣이曰

유차하남지지 북대한수
惟此河南之地는北帶漢水하고

동거고악   남개옥택   서조대해
東據高岳하고南開沃澤하고西阻大海하니

차천험지리난득지세
此天險地利難得之勢라

의가도어차 갱불가타구야
宜可都於此오更不可他求也하소서한대

온조   종십신의
溫祚가從十臣議하야

수정도우하남위지성   잉칭백제
遂定都于河南慰支城하고仍稱百濟하니

이백제래고 득호야
以百濟來故로得號也라

후   비류 훙   기신민
後에沸流가薨하니其臣民이

惟 오직유 帶 띠대 據 의거할 거 阻 험할 조 難 어려울 난 慰 위로할 위

그때 마려馬黎, 오간烏干 등 신하 열 명이 간하였다.
"오직 이곳 하남河南 땅은 북으로 한수漢水를 끼고, 동으로 높은 산이 자리잡고, 남쪽으로 기름진 평야가 열리고, 서쪽은 큰 바다(황해)가 가로막고 있습니다. 이처럼 천연적으로 험준한 지형과 지리적인 이로움은 얻기가 쉽지 않은 형세이오니, 마땅히 이곳에 도읍을 정하는 것이 옳을 것입니다. 다른 곳을 더 찾지 마옵소서."
온조가 신하 열 명의 의견을 좇아 드디어 하남 위지성慰支城에 도읍을 정하고, 국호를 백제百濟라 하였다. 백 사람이 건너왔기 때문에 그렇게 부른 것이다. 뒤에 비류가 세상을

이기지 귀부
以其地로 歸附하니라.

23. 新羅의 起源과 朴赫居世의 血統

사로시왕 선도산성모지자야
斯盧始王은 仙桃山聖母之子也라

석 유부여제실지녀파소 불부이잉
昔에 有夫餘帝室之女婆蘇가 不夫而孕하니

위인소의 자눈수 도지동옥저
爲人所疑하야 自嫩水로 逃至東沃沮하고

우범주이남하 저지진한나을촌
又泛舟而南下하야 抵至辰韓奈乙村하니

시 유소벌도리자
時에 有蘇伐都利者하야

문지 왕수양어가 이급년십삼
聞之하고 往收養於家러니 而及年十三에

桃 복숭아도 婆 할머니파 疑 의심할 의 嫩 어린눈 泛 뜰범 抵 다다를 저

떠나자 그 신하와 백성이 그 땅을 바치며 복종했다.

23. 신라의 기원과 박혁거세의 혈통

사로斯盧의 첫 임금(박혁거세)은 선도산仙桃山 성모聖母의 아들이다. 옛적에 부여 황실의 딸 파소婆蘇가 지아비 없이 잉태하여 남의 의심을 사게 되었다. 이에 눈수嫩水에서 도망하여 동옥저에 이르렀다가 또 배를 타고 남쪽으로 내려가 진한辰韓의 나을촌에 이르렀다.

그때에 소벌도리蘇伐都利라는 자가 이 소식을 듣고 가서 아이를 집에 데려다 길렀다. 나이 13세가 되자 뛰어나게 총

기억숙성하야 유성덕이라
歧嶷夙成하야 有聖德이라

어시 진한육부 공존 위거세간
於是에 辰韓六部가 共尊하야 爲居世干하니

입도서라벌 칭국진한 역왈사로
立都徐羅伐하고 稱國辰韓이오 亦曰斯盧라.

24. 倭와 高句麗의 關係

九州·對馬島는 本來 三韓이 다스린 땅

임나자 본재대마도서북계
任那者는 本在對馬島西北界하니

북조해 유치왈국미성
北阻海하고 有治曰國尾城이오

동서 각유허락 혹공혹반
東西에 各有墟落하야 或貢或叛이러니

歧 자라나는 모양 기   嶷 영리할 억   夙 일찍 숙   墟 옛터 허   落 떨어질 락

명하고 숙성하며 성덕이 있었다. 이에 진한 6부가 함께 받들어 거세간居世干이 되었다. 서라벌에 도읍을 세워 나라 이름을 진한辰韓이라 하였고, 사로라고도 하였다.

24. 왜와 고구려의 관계

큐슈·대마도는 본래 삼한이 다스린 땅

임나는 본래 대마도의 서북 경계에 위치하여 북쪽은 바다에 막혀 있으며, 다스리는 곳을 국미성國尾城이라 했다. 동쪽과 서쪽 각 언덕에 마을이 있어 혹은 조공을 바치고 혹은 배반하였다.

後에 對馬二島가 遂爲任那所制故로

自是로 任那는 乃對馬全稱也라

自古로 仇州對馬는 乃三韓分治之地也오

本非倭人世居地라

任那가 又分爲三加羅하니

所謂加羅者는 首邑之稱也라.

自是로 三汗이 相爭하야 歲久不解하니

佐護加羅는 屬新羅하고 仁位加羅는

屬高句麗하고 鷄知加羅는 屬百濟가 是也라

任 맡길임 那 어찌나 制 억제할제 仇 짝구 爭 다툴쟁 屬 좇을속 鷄 닭계

뒤에 대마도 두 섬이 마침내 임나의 통제를 받게 되어 이때부터 임나는 대마도 전체를 가리키는 이름이 되었다.
옛날부터 큐슈仇州와 대마도는 삼한이 나누어 다스린 땅으로, 본래 왜인이 대대로 살던 곳이 아니다.
임나가 또 나뉘어 삼가라가 되었는데, 이른바 가라라는 것은 중심이 되는 읍首邑을 부르는 이름이다.
이때부터 삼한三汗(삼가라의 왕)이 서로 다투어 오랜 세월이 지나도록 화해하지 못하였다. 좌호가라佐護加羅가 신라에 속하고, 인위가라仁位加羅가 고구려에 속하고, 계지가라鷄知加羅가 백제에 속한 것은 이 때문이다.

高句麗의 植民地, 倭의 全領域

永樂十年에 三加羅가 盡歸我하니
自是로 海陸諸倭가 悉統於任那하야
分治十國하니 號爲聯政이라.
然이나 直轄於高句麗하야 非烈帝所命이면
不得自專也니라.

阿踰佗國은 어디인가?

阿踰佗는 三國遺事에 以爲西域云이나

盡 다할 진 歸 붙좇을 귀 聯 잇닿을 련 轄 주관할 할 專 마음대로 전 踰 넘을 유

고구려의 식민지, 왜의 전 영역

영락永樂(광개토열제) 10년(단기 2733, 400)에 삼가라가 모두 고구려에게 귀속되었다. 이때부터 바다와 육지의 여러 왜倭를 모두 임나에서 통제하여 열 나라로 나누어 다스리면서 연정聯政이라 했다.
그러나 고구려에서 직접 관할하였으므로 열제의 명령 없이 마음대로 하지는 못하였다.

아유타국은 어디인가?

아유타阿踰佗는 『삼국유사』에서 서역西域(인도)이라 하였으

而今考諸古記則阿踰佗는 今暹羅云하니
然則阿踰佗人이 或爲大寔所侵逐하야
到此而居歟아.

李茗留記에 云

「古有百濟商하야 海徃阿踰佗하야
多得財寶而歸할새
其人이 從我而來徃하야 日尤交密也라
然이나 其俗이 懦不慣兵하야 多爲人所制라」

暹 나라이름섬 寔 이식 逐 내쫓을축 茗 차싹명 懦 나약할나 慣 익숙할관

나, 이제 모든 고기古記를 살펴보면 아유타는 지금의 섬라暹羅(태국)이다. 그렇다면 인도의 아유타인이 혹시 대식국大寔國(사라센제국)의 침입을 받고 쫓겨나서 이곳(태국)에 이르러 살게 되었던 것일까?

이명李茗의 『진역유기震域留記』에는 이렇게 기록되어 있다.

옛적에 백제 상인들이 바다로 아유타에 가서 재물과 보화를 많이 싣고 돌아올 때, 그곳 사람도 백제 사람을 따라 왕래하여 날로 교류가 친밀해졌다. 그러나 그 풍속이 겁이 많고 싸움에 익숙하지 않아서 남의 제재를 많이 받았다.

神敎와 儒佛仙의 精髓 集大成 : 多勿興邦歌

又曰「平壤_{평양}에 有乙密臺_{유을밀대}하니

世傳乙密仙人所建也_{세전을밀선인소건야}라」

乙密_{을밀}은 安臧帝時_{안장제시}에

選爲皂衣_{선위조의}하고 有功於國_{유공어국}하니

本乙素之後也_{본을소지후야}라

居家_{거가}에 讀書習射_{독서습사}하고 歌詠三神_{가영삼신}하며

納徒修鍊_{납도수련}하고 義勇奉公_{의용봉공}하니

一世皂衣_{일세조의}가 其徒三千_{기도삼천}이라

臺_{대대} 傳_{전할전} 選_{뽑을선} 素_{흴소} 歌_{노래가} 詠_{읊을영} 鍊_{단련할련}

신교와 유불선의 정수 집대성 : 다물흥방가

또 이렇게 기록되어 있다.

  평양에 을밀대乙密臺가 있는데, 세상에 전하기를 을밀선인이 세운 것이라 한다.

을밀은 안장제安臧帝(519~531) 때 조의선인으로 뽑혀 나라에 공을 세웠는데, 본래 을소乙素의 후손이다. 을밀은 집에서 글을 읽고 활쏘기를 익히고 삼신을 노래하였다. 그리고 무리를 받아들여 수련시키고, 정의와 용기로 나라를 위해 힘을 다하였다. 그리하여 당대에 이름난 조의皂衣가 되었고, 따르는 무리가 3천이었다.

所到雲集하야

齊唱多勿興邦之歌하니 因此하야

可鼓其捨身全義之風者耳라

其歌에曰

先去者爲法兮여 後來爲上이로다.

爲法故로 不生不滅이오

爲上故로 無貴無賤이라.

人中天地爲一兮여

心與身이 卽本이로다.

集모을집 齊모두제 唱부를창 因인할인 捨버릴사 貴귀할귀 賤천할천

가는 곳마다 이들이 구름처럼 모여서 함께「다물흥방가」를 불렀다. 이렇게 하여 자신의 몸을 던져 의를 다하는 기풍을 고취하였다.
그 노래는 이러하다.
먼저 가신 선령님은 우리 삶의 법이시고
뒤에 오는 후손들은 조상님을 삼 받느네
선령님을 본받음은 그 정신이 불생불멸
후손들 선령 위함 귀천이 어디있나
사람은 천지 중심 대천지와 하나이니
마음은 몸과 함께 온 우주의 근본일세

高句麗國本紀

爲一故로 其虛其粗가 是同이오

卽本故로 惟神惟物이 不二로다.

眞爲萬善之極致兮여

神主於一中이로다.

極致故로 三眞歸一이오

一中故로 一神卽三이로다.

天上天下에 惟我自存兮여

多勿其興邦이로다.

自存故로 處無爲之事오

虛 빌허 粗 대략조 惟 오직유 極 정점극 致 이를치 興 흥할흥 邦 나라방

사람이 태일 됨에 차고 비나 같은 경계
우주의 근본이라 신과 만물 둘 아니네
참될 진은 온갖 선의 극치에 이름일세
삼신님은 일심중도 만사만물 주장하네
참과 선의 극치에서 세 가지 참 귀일하고
삼신님이 일심에서 삼신일체 창조할새
하늘 아래 온 땅에서 오직 내가 있음이여
옛 땅 옛 혼 다물하니 나라를 부흥하네
스스로 생존함에 함이 없이 일을 하고

<ruby>興<rt>흥</rt></ruby><ruby>邦<rt>방</rt></ruby><ruby>故<rt>고</rt></ruby>로 <ruby>行<rt>행</rt></ruby><ruby>不<rt>불</rt></ruby><ruby>言<rt>언</rt></ruby><ruby>之<rt>지</rt></ruby><ruby>敎<rt>교</rt></ruby>라.

<ruby>眞<rt>진</rt></ruby><ruby>命<rt>명</rt></ruby><ruby>之<rt>지</rt></ruby><ruby>大<rt>대</rt></ruby><ruby>生<rt>생</rt></ruby>이 <ruby>性<rt>성</rt></ruby><ruby>通<rt>통</rt></ruby><ruby>光<rt>광</rt></ruby><ruby>明<rt>명</rt></ruby><ruby>兮<rt>혜</rt></ruby>여

<ruby>入<rt>입</rt></ruby><ruby>則<rt>즉</rt></ruby><ruby>孝<rt>효</rt></ruby>하고 <ruby>出<rt>출</rt></ruby><ruby>則<rt>즉</rt></ruby><ruby>忠<rt>충</rt></ruby>하라.

<ruby>光<rt>광</rt></ruby><ruby>明<rt>명</rt></ruby><ruby>故<rt>고</rt></ruby>로 <ruby>衆<rt>중</rt></ruby><ruby>善<rt>선</rt></ruby>을 <ruby>無<rt>무</rt></ruby><ruby>不<rt>불</rt></ruby><ruby>奉<rt>봉</rt></ruby><ruby>行<rt>행</rt></ruby>이오

<ruby>孝<rt>효</rt></ruby><ruby>忠<rt>충</rt></ruby><ruby>故<rt>고</rt></ruby>로 <ruby>諸<rt>제</rt></ruby><ruby>惡<rt>악</rt></ruby>을 <ruby>一<rt>일</rt></ruby><ruby>切<rt>체</rt></ruby><ruby>莫<rt>막</rt></ruby><ruby>作<rt>작</rt></ruby>하라.

<ruby>惟<rt>유</rt></ruby><ruby>民<rt>민</rt></ruby><ruby>之<rt>지</rt></ruby><ruby>所<rt>소</rt></ruby><ruby>義<rt>의</rt></ruby>는 <ruby>乃<rt>내</rt></ruby><ruby>國<rt>국</rt></ruby><ruby>爲<rt>위</rt></ruby><ruby>重<rt>중</rt></ruby><ruby>兮<rt>혜</rt></ruby>여

<ruby>無<rt>무</rt></ruby><ruby>國<rt>국</rt></ruby><ruby>我<rt>아</rt></ruby><ruby>何<rt>하</rt></ruby><ruby>生<rt>생</rt></ruby>고

<ruby>國<rt>국</rt></ruby><ruby>重<rt>중</rt></ruby><ruby>故<rt>고</rt></ruby>로 <ruby>民<rt>민</rt></ruby><ruby>有<rt>유</rt></ruby><ruby>物<rt>물</rt></ruby><ruby>而<rt>이</rt></ruby><ruby>爲<rt>위</rt></ruby><ruby>福<rt>복</rt></ruby>이오

<ruby>我<rt>아</rt></ruby><ruby>生<rt>생</rt></ruby><ruby>故<rt>고</rt></ruby>로 <ruby>國<rt>국</rt></ruby><ruby>有<rt>유</rt></ruby><ruby>魂<rt>혼</rt></ruby><ruby>而<rt>이</rt></ruby><ruby>爲<rt>위</rt></ruby><ruby>德<rt>덕</rt></ruby>이라.

通 통할 통 諸 모든 제 切 끊을 절 莫 말 막 重 중할 중 何 어찌 하 魂 넋 혼

나라를 부흥함에 말이 없이 가르치네
참 목숨이 크게 생함 성통광명 이유라네
들어와서 효도하고 나가서는 충성하라
광명하여 모든 선을 다 받들어 행하옵고
효도 충성 다함으로 일체 악행 짓지 말라
만백성의 정의로움 나라 위한 중한 마음
나라가 없다면 내가 어찌 살아가리
백성에게 만물 있어 우리나라 복이 되고
이 나라에 혼이 있어 우리 백성 덕이 되네

魂之有生有覺有靈兮여

一神攸居之爲天宮이로다

三魂故로 智生을 可以雙修오

一神故로 形魂을 亦得俱衍이라.

俾我子孫으로 善爲邦兮여

太白敎訓이 吾所師로다.

我子孫故로 統無不均이오

吾所師故로 敎無不新이라.

乙密仙人이 嘗居臺하야

覺깨달을각 攸바유 雙짝쌍 形형상형 衍펼연 俾하여금비 均고를균

우리 혼은 삼혼이니 생함과 깨달음과

신령함이 예 있구나 삶과 지혜 닦아 보세

조화신이 머무르는 천궁이여 이내 몸이여

몸과 영혼 함께 닦아 영원불멸 얻으리라

우리들 자자손손 나라 잘 다스리고

대광명의 신교 배움 영원한 스승일세

우리 자손 통일되면 모두 잘 살리니

우리 스승 가르침은 새롭고도 새로워라

을밀선인이 일찍이 을밀대에 거주하며 오직 하늘에 천제

專以祭天修鍊으로 爲務하니

盖仙人修鍊之法이 叅佺爲戒하고

健名相榮하야 空我存物하며

捨身全義하야 爲國人式하니

風仰千秋에 足以起感이오

亦爲人尊之象徵也라

後人이 稱其臺曰乙密이라 하니

乃錦繡江山之一勝也라.

鍊 단련할련 健 굳셀건 捨 버릴사 徵 부를징 繡 수놓을수 勝 경치좋을승

올리고 수련하는 것을 직분으로 여겼다. 대개 신선의 수련법은 참전으로 계율을 삼고 그 이름을 더욱 굳세게 지켜 서로 영광되게 하고, 나의 마음을 비워 만물을 살리고 몸을 던져 정의로움을 온전하게 하였다. 이로써 나라 사람들에게 사표가 되었으니, 천추만세에 추앙을 받아 능히 감동을 불러일으키고 또한 인존人尊의 상징이 되었다. 후세 사람이 그 대를 을밀대라 불렀으니, 금수강산의 한 명승이다.

ness
大震國本紀
대진국본기

- 「대진국본기」는 일명 발해로 알려진 대진大震의 건국과 흥망 과정을 상세히 기록하였다.
- 고구려 멸망 후 진국장군 대중상이 후고구려를 세우고, 이어서 아들 대조영이 제위에 올라 나라 이름을 대진이라 하고 독자적인 연호(천통天統)를 사용하였다.
- 고구려의 옛 땅을 차지하고 6천 리 영토를 개척하여 나라가 융성해지자 천하가 해동성국이라 불렀다.
- 「대진국본기」에는, 고구려 유민으로 당에 항거하여 제나라를 연 이정기의 사적도 비교적 자세히 기록되어 있다.

1. 大仲象의 後高句麗 建國

朝代記에 曰

「開化二十七年九月二十一日 平壤城이

陷落時에 振國將軍大仲象이 守西鴨綠河라가

聞變하시고 遂率衆走險하사 路經開原하시니

聞風願從者가 八千人이라.

乃同歸而東하사 至東牟山而據하시고

堅壁自保하사 稱國後高句麗시오

建元重光하시니 傳檄所到에 遠近諸城이

振 떨칠 진 變 변고 변 經 지날 경 牟 보리 모 據 웅거할 거 檄 격문 격

1. 대중상의 후고구려 건국

『조대기朝代記』에 이렇게 기록되어 있다.

개화開化 27년(단기 3001, 668) 9월 21일, 평양성이 함락될 때 **진국**振國장군 대중상大仲象이 서압록하를 지키다가 변이 일어났다는 소식을 들으셨다. 마침내 무리를 이끌고 험한 길을 달려 개원開原을 지나는데, 소문을 듣고 따르기를 원하는 자가 8,000명이었다. 함께 동쪽으로 돌아가 **동모산**東牟山에 이르러 웅거하고, 성벽을 굳게 쌓고 스스로 보전하여 나라 이름을 **후고구려**라 칭하고, 연호를 **중광**重光이라 하셨다. 격문을 전하니 이르는 곳마다 멀고 가까운 여

^{귀부자중}
歸附者衆이라

^{유이복구토   위기임}
惟以復舊土로 爲己任이라가

^{중광삼십이년오월   붕}
重光三十二年五月에 崩하시니

^{묘호왈세조}
廟號曰世祖이시오

^{시호왈진국열황제}
諡號曰振國烈皇帝시니라.

2. 大祚榮의 옛 高句麗 領土 回復과 大震 建設

^{태자조영   종부사}
太子祚榮이 從訃使하사

^{자영주계성   솔중지   즉제위}
自營州薊城으로 率衆至하야 卽帝位하시고

附 붙을 부 復 돌아올 복 諡 시호 시 烈 빛날 렬 訃 부고 부 薊 땅이름 계

러 성에서 합류하는 자가 많았다.

오로지 옛 영토를 회복하는 것을 자신의 소임으로 여기다가 중광 32년(신시개천 4596, 단기 3032, 699) 5월에 붕어하시니, 묘호廟號는 세조世祖요 시호諡號는 **진국열황제振國烈皇帝**이시다.

2. 대조영의 옛 고구려 영토 회복과 대진 건설

태자 조영祚榮이 부고를 전한 사자를 따라 **영주**營州 계성薊城에서 무리를 이끌고 와 제위에 오르셨다(신시개천 4596, 단기 3032, 699).

築忽汗城하사 遷都하시고

募軍十萬하시니 威聲大振이라 乃定策立制하사

抗唐爲敵하시고 復讐自誓하실새

與靺鞨將乞四比羽와

契丹將李盡榮으로 握手聯兵하사

大破唐將李楷固於天門嶺하시고

分諸將하사 置守郡縣하시며 招撫流亡하사

周護定着하시니 大得民望하야 萬綱維新이라

國號를 定爲大震하시고 年號曰天統이오

募 모을 모 抗 겨룰 항 握 쥘 악 楷 본보기 해 嶺 재령 綱 벼리 강 震 동방 진

홀한성忽汗城을 쌓아 도읍을 옮기시고 10만 명의 군병을 모아 그 위용과 명성을 크게 떨치셨다. 이에 정책을 정하고 제도를 세워 당唐을 적으로 삼고 항거하여 복수할 것을 맹세하셨다. 말갈 장수 걸사비우乞四比羽, 거란 장수 이진영李盡榮과 손을 잡고 군대를 연합하여 당나라 장수 이해고李楷固를 천문령天門嶺에서 대파하셨다. 여러 장수를 나누어서 군현을 두어 지키게 하시고, 떠돌아다니는 백성을 불러 어루만지고 보호하여 정착하게 하시니 백성의 신망을 크게 얻어 나라의 모든 기강이 새로워졌다.

이에 국호를 정하여 **대진**大震이라 하시고 연호를 **천통**天統

據有高句麗舊疆하사 拓地六千里하시니라.

周邊 나라에서 朝貢을 바침

天統二十一年春에 崩于大安殿하시니

廟號曰太祖이시오

諡號曰聖武高皇帝시니라

太子武藝가 立하시니 改元曰仁安이오

西與契丹으로 定界烏珠牧하시니

東十里에 臨潢水라

疆 지경강 拓 넓힐척 殿 대궐전 藝 재주예 珠 구슬주 潢 강이름황

이라 하셨다. 고구려의 옛 땅을 차지하시고 6천 리 땅을 개척하셨다.

주변 나라에서 조공을 바침

천통 21년(신시개천 4616, 단기 3052, 719) 봄에, 대안전大安殿에서 붕어하시니, 묘호는 태조太祖요 시호는 성무고황제聖武高皇帝이시다. 태자 무예武藝가 즉위(신시개천 4616, 단기 3052, 719)하여 연호를 인안仁安으로 고치셨다. 서쪽으로 거란과 더불어 국경을 오주목烏珠牧으로 정하시니 그곳에서 동쪽 10리에 황수潢水(현 시라무렌강)가 흐른다.

^{시 세} ^{개 마} ^{구 다} ^{흑 수 제 국}
是歲에 蓋馬·句茶·黑水諸國이

^{개 칭 신 납 공} ^{우 견 대 장 장 문 휴}
皆稱臣納貢하고 又遣大將張文休하사

^{살 자 사 위 준} ^{취 등 래}
殺刺史韋俊하시고 取登萊하사

^{위 성 읍} ^{당 주 융 기}
爲城邑하시니 唐主隆基가

^{노 견 병 래} ^{토 불 리}
怒遣兵來나 討不利라.

3. 大震과 南北國 時代

羅·唐 聯合軍의 侵略 擊退

^{명 년} ^{수 장 연 충 린} ^{여 말 갈}
明年에 守將淵忠麟이 與靺鞨로

蓋덮을개 納들일납 刺찌를자 韋성위 俊준걸준 萊명아주래 麟기린린

이 해(단기 3065, 732)에 개마蓋馬·구다句茶·흑수黑水 등 여러 나라가 모두 신하라 칭하고 조공을 바쳤다. 또 대장 장문휴張文休를 보내어 당나라 자사刺史 위준韋俊을 죽이고, 등래登萊(산동성의 등주와 내주)를 취하여 성읍으로 삼으셨다. 이에 당나라 임금 이융기李隆基(당, 6세 현종)가 분노하여 군대를 보내 쳐들어왔으나 싸움에 이기지 못하였다.

3. 대진과 남북국 시대

나·당 연합군의 침략 격퇴

다음 해(단기 3066, 733)에 수비 장수 연충린淵忠麟이 말갈병

大破唐奴於遼西帶山之陽하니

唐이密與新羅約하야急襲東南諸郡하야

至泉井郡하니帝詔遣步騎二萬하사擊破之시라

會에大雪하야羅唐軍이凍死者가甚多라.

於是에追至河西泥河하야爲界하니

今江陵北泥川이是也라

海州岩淵縣은東界新羅하니

岩淵은今瓮津이是也라自此로新羅가

歲時入貢하니臨津江以北諸城이

破 깨뜨릴파 詔 조서조 騎 말탈기 凍 얼동 泥 진흙니 瓮 항아리옹

과 함께 요서遼西 대산帶山 남쪽에서 당나라 군사를 대파하였다. 이에 당은 신라와 밀약을 맺고 동남방의 여러 군을 급습하여 천정군泉井郡에 이르렀다.

임금께서 조서를 내리시고 보병과 기병 2만을 보내어 이를 격파할 때, 마침 큰 눈이 내려 신라와 당나라 군사 중에 얼어죽는 자가 매우 많았다. 이에 추격하여 하서河西의 이하泥河에 이르러 경계를 정했는데, 지금의 강릉 북쪽 이천泥川이 그곳이다. 해주 암연현岩淵縣은 동쪽으로 신라와 경계를 접하였는데, 암연은 지금의 옹진이다. 이때부터 신라가 해마다 조공을 바치고, 임진강 이북 여러 성이 모두

大震國本紀

盡歸我라 又明年에 唐이 與新羅로
聯兵來侵이라가 竟無功而退하니라.

4. 神敎 文明으로 强盛해진 大震

仁安十六年에 句茶·蓋馬·黑水諸國이
以其國으로 來降하니 取爲城邑하시고
明年에 築松漠十二城하시고
又築遼西六城하사
遂有五京六十州一郡三十八縣하시니

侵 침노할침 竟 끝내경 退 물너날퇴 降 항복할항 松 소나무송 漠 사막막

우리 대진에 속하게 되었다.
또 다음 해(단기 3067, 734)에 당과 신라가 연합하여 쳐들어 왔으나 마침내 아무 공도 없이 물러갔다.

4. 신교 문명으로 강성해진 대진

인안 16년(단기 3067, 734)에 구다·개마·흑수 등 여러 나라가 나라를 바쳐 항복하므로 취하여 성읍으로 삼으셨다.
이듬해(단기 3068, 735)에, **송막**松漠에 12성을 쌓고 또 요서遼西에 6성을 쌓으시어 드디어 5경京 60주州 1군郡 38현縣을 두셨다.

圓幅이 九千餘里니 可云盛矣라.
是歲에 唐倭及新羅가 並遣使入貢하니
天下稱爲海東盛國이오
至有渤海三人當一虎之語라.
時에 君民和樂하고 論史樂義하며
五穀豐登하고 四海晏然하야
有大震六德之歌하야 以美之라.
翌年三月에 安民縣에 甘露가 降하니
禮官이 啓請賀儀한대 從之하시니라.

圓 둥글 원 幅 너비 폭 並 나란히 병 晏 편안할 안 翌 다음 익 露 이슬 로

강역이 9천여 리나 되었으니 가히 강성하였다고 할 만하다. 이 해에 당과 왜, 신라가 모두 사신을 보내 조공을 바치니, 천하가 모두 **해동성국**海東盛國이라 불렀다. 심지어 '발해 사람 셋이 호랑이 한 마리를 당한다'는 말까지 있었다. 이때 임금과 백성이 화락하고, 역사를 논하고 의로움을 즐겼다. 오곡이 풍등히고 온 세상이 편안하여 **대진육덕의 노래**(大震六德之歌)를 지어 당시의 모습을 찬미하였다. 이듬해(단기 3069, 736) 3월, 안민현安民縣에 감로甘露가 내렸다. 예관禮官이 경축하는 예식을 거행할 것을 청원하므로 그 말을 따르셨다.

시 월 십 육 일
是月十六日에

제 삼 신 일 체 상 제 우 서 압 록 하 지 상
祭三神一體上帝于西鴨綠河之上하시니

서 압 록   고 리 고 국 지 야
西鴨綠은 **槀離古國地也**라.

5. 四世 文皇帝의 神敎 文化 大復興

십 구 년   제 붕   묘 호 왈 광 종
十九年에 **帝崩**하시니 **廟號曰光宗**이시오

시 호 왈 무 황 제
諡號曰武皇帝시니라

태 자 흠 무   입   개 원 왈 대 흥
太子欽武가 **立**하시니 **改元曰大興**이오

자 동 경 용 원 부   이 도 우 상 경 용 천 부
自東京龍原府로 **移都于上京龍泉府**하시고

體 몸체 槀 짚고 離 떠날리 欽 공경할흠 府 고을부 移 옮길이

이 달 16일에, 서압록하 상류에서 삼신일체三神一體 상제님께 천제를 올리셨다. 서압록(지금의 서요하)은 옛 고리국의 땅이다.

5. 4세 문황제의 신교 문화 대부흥

인안 19년(신시개천 4634, 단기 3070, 737)에 임금께서 붕어하셨다. 묘호는 광종光宗이고 시호는 무황제武皇帝이시다. 태자 흠무欽武가 즉위(신시개천 4634, 단기 3067, 737)하였다. 연호를 대흥大興이라 고치고, 도읍을 동경용원부東京龍原府에서 상경용천부上京龍泉府로 옮기셨다.

明年에 立太學하사 敎以天經神誥하시며

講以桓檀古史하시고 又命文士하사

修國史一百二十五卷하시니 文治는 興禮樂하고

武威는 服諸夷하야 太白玄妙之道가

洽於百姓하고 弘益人間之化가 賴及萬方이러라.

唐에 抗拒한 李正己의 活躍

大興四十五年에 淄靑節度使李正己가

擧兵하야 拒唐軍하니

天經神誥:천부경과 삼일신고 **威** 위엄위 **服** 복종할복 **賴** 힘입을뢰 **淄** 검을빛치

이듬해(738)에 **태학**太學을 세워 『천부경』과 『삼일신고』를 가르치고, **환단의 옛 역사**桓檀古史를 강론하시고, 또 학자들에게 『국사國史』 125권을 편찬하도록 명하셨다. 문치文治는 예악을 일으키고, 무위武威는 여러 주변 족속을 복종시켰다. 이에 동방 대광명의 현묘한 도道가 백성들에게 흠뻑 젖어들고, **홍익인간의 교화**가 만방에 미쳤나.

당에 항거한 이정기의 활약

대흥 45년(단기 3114, 781)에, 치청淄靑(산동성 북부지역)절도사 이정기가 군사를 일으켜 당나라 군대에 항거하니, 임금께

帝遣將助戰하시니라.

李正己는 高句麗人也니 生於平盧라

二十二年에 師衆이

逐軍帥李希逸하고 立正己러니

卒에 子納이 統父衆하고

五十六年에 納이 卒하니

子師古가 代其位ㅍ하고

及卒에 其家人이 不發喪하고

潛使迎師道於密而奉之라.

盧 밥그릇로 逐 내쫓을축 帥 장수수 逸 숨을일 潛 몰래잠 迎 맞이할영

서 장수를 보내어 싸움을 돕게 하셨다. 이정기는 고구려인으로 평로平盧(하북성 북동부)에서 태어났다. 대흥 22년(단기 3091, 758)에 병사들이 군의 통수자 이희일李希逸을 쫓아내고 정기를 세웠다. 이정기가 죽자(단기 3114, 781) 아들 납納이 아버지를 따르던 무리를 거느렸다(단기 3114, 781).

대흥 56년(단기 3125, 792)에 납이 죽자 아들 사고師古가 그 자리를 계승하였다(단기 3125, 792). 사고가 죽자(단기 3139, 806) 그 집 사람들이 발상發喪을 하지 않고 몰래 사람을 보내 밀密 땅에서 (이복동생) 사도師道를 맞아들여 받들었다(단기 3139, 806).

大震 歷代 聖皇의 世系

大興五十七年에 帝崩하시니

廟號曰世宗이시오 諡號曰光聖文皇帝시니라

國人이 立其族弟元義러니 性暴惡하야

不能理國이라

甲戌에 國人이 廢之하고 迎立先帝之孫華興하니

改元曰中興이오 明年에 崩하시니

廟號曰仁宗이시오 諡號曰成皇帝시니라.

皇叔崇璘이 立하시니 是爲穆宗康皇帝시니라.

暴 사나울 포 廢 폐할 폐 華 빛날 화 崇 높을 숭 璘 옥빛 린 穆 화목할 목

대진 역대 성황의 세계

대흥 57년(단기 3126, 793)에 임금께서 붕어하시니 묘호는 세종世宗이요 시호는 광성문황제光聖文皇帝이시다. 나라 사람들이 그 친족 아우 원의元義를 옹립하였으나, 원의는 성품이 포악하여 나라를 다스릴 수 없었다.

갑술(단기 3127, 794)년에 나라 사람들이 원의를 폐하고 선제先帝의 손자 화흥華興을 맞이하여 옹립하였다. 연호를 고쳐 중흥中興이라 하였다. 이듬해(단기 3128, 795)에 붕어하시니 묘호는 인종仁宗이요 시호는 성황제成皇帝이시다.

임금의 숙부인 숭린崇璘이 즉위하니, 이분이 목종 강황제

歷毅宗定皇帝元瑜와 康宗僖皇帝言義와
哲宗簡皇帝明忠하야
至聖宗宣皇帝仁秀하니
天資英明하시고 德氣如神하시며
才兼文武하사 乃有太祖之風이시라.

6. 大震의 統治 領域과 神敎의 生活化

南定新羅하사 置泥勿·鐵圓·沙弗·
岩淵等七州하시고

毅 굳셀의 瑜 아름다운옥유 僖 즐길희 哲 밝을철 簡 책간 弗 아닐불

穆宗康皇帝(7세)이다.
의종 정황제毅宗定皇帝 원유元瑜(8세), 강종 희황제康宗僖皇帝 언의言義(9세), 철종 간황제哲宗簡皇帝 명충明忠(10세)을 지나 성종 선황제聖宗宣皇帝 인수仁秀(11세)에 이르렀다.
이분은 타고난 천품이 영명하시고, 덕성과 기질이 신령스럽고, 재주는 문무를 겸비하시어 태조의 풍모가 있었다.

6. 대진의 통치 영역과 신교의 생활화

선황제께서 남쪽으로 신라를 평정하여 이물泥勿, 철원鐵圓, 사불沙弗, 암연岩淵 등 일곱 주州를 설치하고, 북쪽으로 염

북략염해 나산 갈사 조나 석혁
北畧鹽海·羅珊·曷思·藻那·錫赫과

급남북우루 치제부
及南北虞婁하사 置諸部하시니

장백지동왈안변 압강지남왈안원
長白之東曰安邊이오 鴨江之南曰安遠이오

목단지동왈철리 흑수지상왈회원
牧丹之東曰鐵利오 黑水之上曰懷遠이오

난하지동왈장령 장령지동왈동평
灤河之東曰長嶺이오 長嶺之東曰東平이오

우루 재북대개마지남북
虞婁는 在北大蓋馬之南北하니

지광 구천리 경우대개 문치희흡
地廣이 九千里라 境宇大開하야 文治熙洽하니

상자국도 하지주현 개유학
上自國都로 下至州縣히 皆有學하야

구서오계 조석송습
九誓五戒를 朝夕誦習하며

畧 다스릴 략 珊 산호 산 藻 무늬 조 邊 가 변 懷 품을 회 誦 외울 송

해鹽海, 나산羅珊, 갈사曷思, 조나藻那, 석혁錫赫과 남·북 우루虞婁를 공략하여 여러 부部를 설치하셨다.

장백(백두산) 동쪽을 안변安邊이라 하고, 압록강 남쪽을 안원安遠이라 하였다. 목단 동쪽을 철리鐵利라 하고, 흑수(흑룡강) 위를 회원懷遠이라 하고, 난하 동쪽을 장령長嶺, 장령 동쪽을 동평東平이라 하였다. 우루虞婁는 북대개마 남북에 자리잡고 있었다.

땅 넓이는 9천 리로 영토가 크게 개척되고 문치文治를 잘 베풀어서, 위로 수도에서 아래로 주현에 이르기까지 모두 학교가 있고 **구서오계**九誓五戒를 아침저녁으로 외워 익혔

春秋考績하야 衆議薦貢하니

人旣畜力하고 家盡待用이라.

自是로 國勢富强하고 內外安悅하야

自無盜窃姦謀之端이오

唐倭新羅와 及契丹이

莫不畏服하야 天下萬邦이

皆以聖人興治之海東盛國으로 欽頌之라.

更五代하야 耶律이 雖頻数加兵이나

終不能服也라

待 기다릴대 窃 훔칠절 姦 간사할간 端 실마리단 畏 두려워할외 欽 공경할흠

다. 봄가을로 관리의 공적을 조사하고 여러 사람이 의논하여 어진 인재를 천거하였다. 사람들은 일찍부터 힘을 차차 쌓아 기르면서 집에서 인재로 쓰이기를 기다렸다. 이로부터 나라가 부강해지고 안팎이 편안하고 기쁨이 넘쳐 도둑질하거나 간사하게 모의하는 폐단이 저절로 사라졌다. 당과 왜, 신라, 거란이 모두 두려워하여 복종하지 않을 수 없었다. 천하 만방에서 모두 **성인이 다스리는 해동성국**이라 칭송하였다. 5대(당나라가 망한 후 일어났지만 단명으로 끝난 후량, 후당, 후진, 후한, 후주 등 다섯 나라)의 흥망 시기(단기 3240, 907~단기 3293, 960)에 야율耶律이 비록 여러 번 싸움을 걸어

後에 經莊宗和皇帝彛震과 順宗安皇帝虔晃과
明宗景皇帝玄錫하고 至哀帝諲譔하야
爲契丹所滅하니 自世祖로 傳十五世하야
共二百五十九年이라, 하니라.

7. 歷代 皇帝의 年號와 主要 地名

穆宗이 改元曰正曆이오 毅宗이 改元曰永德이오
康宗이 改元曰朱雀이오 哲宗이 改元曰太始오
聖宗이 改元曰建興이오 莊宗이 改元曰咸和오

莊 엄숙할장 彛 떳떳할이 虔 정성스러울건 晃 밝을황 諲 공경할인 譔 가르칠선

왔으나 끝내 굴복시키지 못했다. 뒤에 장종 화황제莊宗和皇帝 이진彛震(12세), 순종 안황제順宗安皇帝 건황虔晃(13세), 명종 경황제明宗景皇帝 현석玄錫(14세)을 지나 애제哀帝 인선諲譔(15세)에 이르러 거란에게 멸망당하였다(신시개천 4823, 단기 3259, 926). 세조世祖로부터 15세를 전하여 259년을 누렸다.

7. 역대 황제의 연호와 주요 지명

목종穆宗은 연호를 고쳐 정력正曆이라 하고, 의종毅宗은 연호를 영덕永德, 강종康宗은 주작朱雀, 철종哲宗은 태시太始, 성종聖宗은 건흥建興, 장종莊宗은 함화咸和,

大震國本紀 641

順宗이 改元曰大定이오 明宗이 改元曰天福이오
哀帝가 改元曰淸泰라. 大震國南京南海府는
本南沃沮古國이니 今海城縣이 是也오
西京鴨綠府는 本槀離古國이니 今臨潢이오
今西遼河가 卽古之西鴨綠河也라.
故로 舊志에 安民縣은 在東하고
而其西는 臨潢縣이니
臨潢은 後에 爲遼上京臨潢府也오
乃古之西安平이 是也라.

哀 슬플 애 沮 막을 저 鴨 오리 압 綠 푸를 록 臨 임할 림 潢 웅덩이 황

순종順宗은 대정大定, 명종明宗은 천복天福, 애제哀帝는 청태淸泰라 하였다.

대진국의 남경남해부는 본래 옛 남옥저 땅인데, 지금의 해성현이다.

서경압록부는 본래 옛 고리국槀離國 땅이고, 지금의 임황臨潢이다. 지금의 서요하는 곧 옛날의 서압록하이다.

그러므로 옛 기록[舊志]에서 말한 안민현은 동쪽에 있고 그 서쪽은 임황현인데, 임황은 뒤에 요나라의 상경임황부가 되었다. 바로 옛날의 서안평이다.

8. 依慮國 임금이 日本으로 건너가 王이 됨

正州는 依慮國所都니

爲鮮卑慕容廆所敗하야 憂迫欲自裁라가

忽念我魂尙未泯하니 則何往不成乎아.

密囑于子扶羅하고 踰白狼山하야

夜渡海口하니 從者가 數千이라

遂渡하야 定倭人爲王하니

自以爲應三神符命이라 하고

使群臣獻賀儀하니라.

慮 생각할려 廆 버릇 외 裁 자를 재 囑 부탁할 촉 踰 넘을 유 渡 건널 도

8. 의려국 임금이 일본으로 건너가 왕이 됨

정주正州는 의려국依慮國이 도읍한 땅이다. 의려국 왕이 선비鮮卑 모용외慕容廆에게 패한 뒤 핍박당할 것을 근심하여 스스로 목숨을 끊으려 하였다. 이때 문득, '나의 영혼이 아직 죽지 않았는데 어디에 간들 이루지 못하리오?'라는 생각이 들어, 은밀히 아들 부라扶羅(依羅)에게 왕위를 넘기고, 백랑산白狼山을 넘어 밤에 해구海口를 건너니, 따르는 자가 수천 명이었다. 마침내 바다를 건너 왜인을 평정하고 왕이 되었다. 스스로 삼신三神의 부명符命에 응한 것이라 하고, 여러 신하로 하여금 하례 의식을 올리게 하였다.

或云 依慮王이 爲鮮卑所敗하야
逃入海而不還하니 子弟가 走保北沃沮라가
明年에 子依羅가 立하니라.
自後로 慕容廆가 又復侵掠國人하니
依羅가 率衆數千하고 越海하야
遂定倭人爲王이라 하니라.

9. 當時 韓國과 日本과의 關係

日本에 舊有伊國하니 亦曰伊勢라

> 卑 낮을 비 逃 달아날 도 還 돌아올 환 廆 사람 이름 외 掠 노략질할 략

어떤 이는 이렇게 말한다.
"의려왕은 선비족에게 패하자 도망하여 바다로 들어가 돌아오지 않았다. 자제들이 북옥저로 달아나 몸을 보전하다가 이듬해에 아들 의라依羅가 즉위하였다. 이 뒤 모용외가 또다시 침략하여 아국사람들을 약탈하였다. 의라가 무리 수천을 거느리고 바다를 건너 마침내 왜인을 평정하고 왕이 되었다."

9. 당시 한국과 일본과의 관계

일본에는 옛적에 이국伊國이 있었는데, 이세伊勢라고도 불

與倭同隣이오 伊都國은 在筑紫하니
亦卽日向國也라.
自是以東은 屬於倭하고
其南東은 屬於安羅하니
安羅는 本忽本人也라.
北有阿蘇山하고 安羅는 後에 入任那하니
與高句麗로 早已定親이오
末盧國之南曰大隅國이니 有始羅郡이오
本南沃沮人所聚라.

隣 이웃 린　筑 악기이름 축　紫 자줏빛 자　屬 무리 속　隅 구석 우　聚 모일 취

렀고, 왜와 이웃하였다. 이도국伊都國은 축자筑紫에 있었는데, 바로 일향국日向國이다.
여기서부터 동쪽은 왜倭(응신조 왜를 말함)에 속하고, 그 남동쪽은 안라安羅에 속하였다. 안라는 본래 홀본忽本 사람이다. 북쪽에 아소산이 있다. 안라는 뒤에 임나에 들어가서 일찍이 고구리와 친교를 맺었다.
말로국末盧國의 남쪽을 대우국大隅國이라 했는데 거기에 시라군始羅郡이 있었다. 본래 남옥저 사람이 모여 살던 곳이다.

10. 韓·中·日 三國의 交易과 交流

倭를 統治한 宗主, 韓國

屠南蠻·忱彌·睆夏·比自烋之屬이 皆貢焉하니

南蠻은 九黎遺種이니 自山越來者也오

比自烋은 弁辰比斯伐人之聚落也오

睆夏는 高句麗屬奴也라.

時에 倭人이 分據山島하야 各有百有餘國이라

其中에 狗邪韓國이 最大하니

本狗邪本國人所治也라

屠 잡을도 蠻 오랑캐만 忱 정성침 彌 두루미 睆 밝을환 烋 불꽃발

10. 한·중·일 삼국의 교역과 교류

왜를 통치한 종주, 한국

남만南蠻·침미忱彌·환하睆夏·비자발比自烋 족속들이 모두 조공을 바쳤다.

남만은 구려九黎의 후예로 산월山越에서 온 자들이고, 비자발은 변진弁辰·비사벌比斯伐 사람이 모여 살던 읍락이고, 환하睆夏는 고구려에 예속된 자[屬奴]들이다.

이때 왜인은 산과 섬에 흩어져 살았는데 나라가 100여 개 있었다. 그 가운데 **구야한국**狗邪韓國이 가장 컸는데, 본래 **구야**狗邪의 본국 사람이 다스리던 곳이다.

^{해 상 선 박}　^{개 회 어 종 도 이 교 역}
海商船舶이 皆會於種島而交易하니

^{오 위 만 월 지 속}　^{개 통 언}
吳魏蠻越之屬이 皆通焉이라.

^{시 도 일 해 천 여 리}　^{지 대 마 국}
始渡一海千餘里하면 至對馬國하니

^{방 가 사 백 여 리}　^{우 도 일 해 천 여 리}
方可四百餘里오 又渡一海千餘里하면

^{지 일 기 국}　^{방 가 삼 백 리}　^{본 사 이 기 국 야}
至一歧國하니 方可三百里니 本斯爾歧國也오

^{자 다 제 도}　^{개 공 언}
子多諸島가 皆貢焉이라

^{우 도 일 해 천 여 리}　^{지 말 로 국}
又渡一海千餘里하면 至末盧國하니

^{본 읍 루 인 소 취 야}　^{동 남 육 행 오 백 리}
本挹婁人所聚也라. 東南陸行五百里하면

^{지 이 도 국}　^{내 반 여 언 고 읍 야}
至伊都國하니 乃盤余彦古邑也라.

船배선 舶큰배박 種씨종 挹뜰읍 婁별이름루 盤소반반 彦선비언

바다에서 장사하는 배는 모두 종도種島(다네시마)에 모여 교역하였는데, 오吳, 위魏, 만蠻, 월越의 무리들이 모두 통상하였다. 처음에 바다 건너 천여 리를 가면 대마국對馬國에 이르는데, 사방이 4백여 리쯤 된다. 또 바다 건너 천여 리를 가면 일기국一歧國에 닿는데, 사방이 3백 리쯤 되고 본래 사이기국斯爾歧國이다. 자다子多의 여러 섬이 모두 조공을 바쳤다. 또 바다를 건너 천여 리를 더 가면 말로국末盧國에 이르는데, 본래 읍루인挹婁人이 모여 살던 곳이다. 동남쪽으로 육지로 5백 리를 가면 이도국伊都國에 이르는데, 곧 반여언盤余彦의 옛 고을이다.

11. 大震의 正統 脈과 亡國 以後 回復 運動

桓國─倍達─古朝鮮─北夫餘─高句麗─

大震(後高句麗)으로 正統 繼承

新唐書에 『渤海는 本粟末靺鞨의 附高麗者니

姓은 大氏오 乞乞仲象者가

與靺鞨酋長乞四比羽와 及高麗餘衆으로

東走渡遼水하야 保太白山東北하고

阻奧婁河러니 仲象이 死하고 子祚榮이

引殘痍하야 遁去라가 即并比羽之衆하고

粟 조 속　仲 버금 중　酋 우두머리 추　阻 험할 조　奧 속 오　殘 해칠 잔　痍 상처 이

11. 대진의 정통 맥과 망국 이후 회복 운동

환국-배달-고조선-북부여-고구려-대진(후고구려)으로 정통 계승

『신당서新唐書』에 이렇게 기록되어 있다.

발해는 본래 속말말갈粟末靺鞨로 고구려에 붙어 있던 나라인데, 건국자의 성은 대씨大氏이다. 걸걸중상乞乞仲象이란 인물이 말갈 추장 걸사비우와 고구려 유민과 함께 동쪽으로 달아나 요수를 건너 태백산 동북을 확보하고 오루하奧婁河를 의지하였다.

중상이 죽자 아들 조영이 남은 무리를 이끌고 도망하다가 곧 비우의 무리를 합하고 땅이 거칠고 멀리 떨어진 것을

特荒遠하야 乃建國하니 自號震國王이오
盡得夫餘·沃沮·弁韓·海北諸國이라 하니라.
史氏曰 乞乞仲象이 以敗亡之餘로
走險自保하시니 同太王之去邠이오
高王祚榮이 以創業之資로 剪棘開基하시니
類句踐之興越이라 蓋幅幀이 旣建에
乃以文德修之하사 改制度하시며
建官爵하시며 列郡縣하시고
抗手大國하사 方域이 至五千里오

特 믿을 시 荒 거칠 황 邠 땅이름 빈 資 재물 자 剪 자를 전 棘 가시나무 극

믿고 건국하여 스스로 진국왕震國王이라 하였다. 부여·옥저·변한·해북의 여러 나라를 모두 얻었다.

사씨史氏는 말한다. 걸걸중상이 패망한 후 남은 무리를 모아 험한 곳으로 피신하여 스스로 보전한 것은 옛날에 태왕太王(주 문왕의 조부인 고공단보)이 빈邠(현 섬서성 빈현 일대)을 떠난 것과 같다. 고왕高王 조영祚榮이 창업의 자질이 있어 온갖 어려움을 극복하고 나라의 기틀을 닦으신 것은, 구천句踐이 월越나라를 일으킨 것과 같다. 영토가 확보되자 문덕으로써 이를 닦고 제도를 고치고 관작을 정비하시고, 군현을 두어 큰 나라에 대항하셨다. 나라의 영역이 5천 리

國祚가 至三百年하니

當時四方이 殆無逾之者니 亦云盛矣로다.

大延琳 將軍의 興遼國 建設

高麗顯宗元文大王二十年에

契丹東京將軍大延琳은

太祖高皇帝七世孫也라.

囚留守駙馬蕭孝元과南陽公主하고

殺戶部使韓紹勳等하야 即位하니 曰興遼오

殆 거의 태   逾 넘을 유   琳 아름다운 옥 림   駙 부마 부   蕭 쑥 소   紹 알선할 소

에 이르고 역사가 300년에 이르러 당시에 사방에 대진을 능가할 나라가 없었으니 역시 강성하였다고 이를 만하다.

대연림 장군의 흥료국 건설

고려 현종顯宗 원문대왕元文大王 20년(단기 3362, 1029)에, 거란의 동경장군 대연림大延琳은 태조 고황제(대조영)의 7세손으로, 부마駙馬인 유수留守 소효원蕭孝元과 남양南陽공주를 가두고, 호부사戶部使 한소훈韓紹勳 등을 죽이고 즉위하였다.

국호를 흥료興遼라 하고, 연호를 천경天慶이라 하였다.

개원천경
改元天慶이라

견고길덕　　　내고건국　　　겸구원
遣高吉德하야 來告建國하고 兼求援하니라.

高永昌 將軍의 遼東 五十餘州 掌握

요동유수소보선　　위정혹학
遼東留守蕭保先이 爲政酷虐이러니
고려예종문효대왕십일년정월삭
高麗睿宗文孝大王十一年正月朔에
동경비장발해인고영창　　여수십인
東京裨將渤海人高永昌이 與數十人으로
승주시용　　　지도유장원
乘酒恃勇하고 持刀踰墻垣하야
입부위등청　　　문유수소재　　　태운
入府衛登廳하야 問留守所在하고 紿云호대

酷 혹독할 혹 虐 포학할 학 睿 슬기로울 예 裨 도울 비 墻 담장 紿 속일 태

고길덕高吉德을 고려에 파견하여 나라 세운 일을 알리고 아울러 도움을 청하였다.

고영창 장군의 요동 500여 주 장악

요동유수遼東留守 소보선蕭保先이 정치를 가혹하게 하자, 고려 예송睿宗 문효대왕文孝大王 11년(단기 3449, 1116) 성월 초 하루에, 동경東京 비장裨將인 발해 사람 고영창高永昌이 수십 명과 함께 술김에 용맹을 믿고 칼을 들고 담을 뛰어넘어 부위府衛에 들어갔다.
대청에 올라가 유수가 있는 곳을 묻고, 거짓으로 "외부의

大震國本紀

외병 변   청위비
外兵이 變일새 請爲備라 하니라.

보선 출   중살지
保先이 出에 衆殺之라

가유수대공정   부유수고청신
假留守大公鼎과 副留守高淸臣이

전불능승   탈서문출   분요
戰不能勝하야 奪西門出하야 奔遼하고

영창   자칭대발해국황제
永昌은 自稱大渤海國皇帝하야

개원융기   거요동오십여주
改元隆基하고 據遼東五十餘州하니라.

渤海 遺民, 鴨綠江 一帶에 定安國 建設

송사 왈 정안국 본마한지종
宋史에 曰 「定安國은 本馬韓之種으로

假 거짓 가 鼎 솥 정 奪 빼앗을 탈 奔 달아날 분 據 웅거할 거 紏 모을 규

군대가 쳐들어오니 대비를 해야 한다"라고 하였다.
보선이 나오자 무리가 그를 죽였다. 가유수假留守 대공정大公鼎과 부유수副留守 고청신高淸臣이 맞서 싸웠으나 이기지 못하고 서쪽 문으로 나가 요나라로 달아났다.
영창이 스스로 대발해국 황제라 하고, 연호를 융기隆基라 하고, 요동 50여 주를 차지했다.

발해 유민, 압록강 일대에 정안국 건설

『송사宋史』에 이런 기록이 있다.

정안국定安國은 본래 마한馬韓의 후예로서, 요遼에게 패하

爲遼所敗러니 其酋帥가 糾合餘衆하야
保其西鄙하고 建國改元하야
自號定安國이라, 하니라.
開寶三年에 其王烈萬華가 因入貢女眞하야
附表貢獻하고 太宗時에 其王烏玄明이
復因女眞하야 上表하니 其畧에 曰
臣은 本以高麗舊壤의 渤海遺黎로
保此方隅하니이다 하니 太宗이 答勅에 畧曰
卿이 奄有馬韓之地하야

鄙 궁벽한곳비 附 보낼부 隅 모퉁이우 勅 조서칙 奄 문득엄 鯨 고래경

자 그 우두머리가 남은 무리를 규합하여 서쪽 변두리 땅을 확보하였다. 나라를 세우고 연호를 정해 스스로 나라 이름을 정안국이라 하였다.

개보開寶(북송 태조의 연호) 3년(단기 3303, 970)에 그 왕 열만화 烈萬華가 조공 바치러 온 여진을 통해 글을 올리고 공물을 바쳤다.

태종(북송 2세 임금) 때 왕 오현명烏玄明이 다시 여진을 통해 글을 올렸는데, 그 내용은 대략 이렇다.

"신은 본래 고구려의 옛 땅에 사는 발해의 유민으로서 이곳 한 모퉁이를 차지하고 있습니다."

개 우 경 파 지 표 운 운
介于鯨波之表云云하고

단 공 순 화 간　　부 인 여 진 봉 표
端拱淳化間에 復因女眞奉表러니

기 후 부 지
其後不至라.

大震國의 滅亡

대 진 국 애 제 청 태 이 십 육 년 춘 정 월
大震國哀帝淸泰二十六年春正月에

야 율 배　　여 제 요 골　　위 전 봉
耶律倍가 與弟堯骨로 爲前鋒하야

야 위 홀 한 성
夜圍忽汗城한대

애 제 출 항　　　　　국 망
哀帝出降하시니 國亡하니라.

端바를단 拱두손맞잡을공 淳순박할순 堯높을요 鋒칼끝봉 圍에울위

태종은 답서에서 대략 "경이 마한 땅을 차지하고 큰 파도에 끼어 있다는 글을 올리니…" 운운했다.
단공端拱(태종의 연호, 단기 3321, 988~단기 3322, 989)과 순화淳化(태종의 연호, 단기 3323, 990~단기 3327, 994) 사이에 다시 여진을 통해 글을 올리더니, 그 뒤에는 올리지 아니하였다.

대진국의 멸망

대진국 (15세) 애제哀帝 청태 26년(단기 3259, 926) 봄 정월에, 야율배가 아우 야율요골과 함께 선봉이 되어 밤에 홀한성을 포위하였다. 애제가 나가 항복하시니 나라가 망하였다.

遼太祖의 東丹國 建立

二月丙午에 遼太祖가 建東丹國하고
以長子倍로 爲人皇王하야 王之하니
建元甘露하고 改忽汗城하야 爲天福하고
準用天子冠服하야 被十二旒冕하니
皆畵龍象이라 仍用大震國舊制하야 以叔迭剌로
爲左大相하고 大震老相失名으로 爲右大相하고
大震司徒大素賢으로 爲左次相하고
耶律羽之로 爲右次相하고

被 입을 피 旒 면류관 끈 류 冕 면류관 면 迭 번갈아 질 剌 어그러질 랄

요 태조의 동단국 건립

2월 병오에, 요 태조가 동단국東丹國을 세우고 맏아들 배倍를 인황왕人皇王으로 봉하여 왕노릇하게 하였다. 연호를 감로甘露라 하였다.

홀한성을 고쳐 천복天福이라 하고, 천자의 관과 옷을 표준으로 삼아서 열두 줄 면류관을 쓰고 모두 용의 형상을 그렸다. 대진국의 옛 제도를 이어받아 숙부 질랄迭剌을 좌대상左大相으로 삼고, 대진의 늙은 재상(이름은 알 수 없음)을 우대상右大相으로 삼고, 대진 사도司徒 대소현大素賢을 좌차상左次相, 야율우지耶律羽之를 우차상右次相으로 삼았다.

赦國内殊死以下하고
約歲貢은 布十萬端과 馬千匹하니라.
甘露二十七年冬十二月庚辰에
遼罷東京中臺省하니 東丹國이 除라.

赦 용서할 사 殊 죽일 수 約 맺을 약 端 길이단위단 匹 마리필 除 없앨 제

그리고 사형수를 제외한 나라 안의 모든 죄인을 사면하고, 해마다 포 10만 단과 말 천 필을 조공으로 바칠 것을 약조하였다.

감로 27년(단기 3285, 952) 겨울 12월 경진에, 요나라가 동경 중대성中臺省을 폐지하자 동단국이 없어졌다.

高麗國本紀
고려국본기

✥ 「고려국본기」는 후고구려를 세운 궁예의 출생에 얽힌 숨은 이야기와 후삼국 건국 과정에 대해 자세히 기록하였다.
✥ 태조 왕건이 고려를 창건하는 과정과 고구려의 정신을 계승하고, 잃어버린 옛 땅을 회복한다는 뜻으로 국호를 고려로 정한 이야기를 담았다.
✥ 서희 장군과 거란 장수 소손녕의 담판, 윤관의 여진 정벌, 묘청의 난, 행촌 이암의 조부 이존비의 역사의식과 낭가의 자주 독립 정신, 신교의 삼신사상으로 무장한 인물들에 대하여 중점적으로 다루었다.
✥ 특히 『단군세기』의 저자 행촌 이암의 역사의식과 삼신사상, 신교관 등을 자세히 전한다.

1. 高麗 太祖의 訓要十條

太祖神聖太王天授二年에

定都于松岳之陽하시고

二十六年에 御製訓要하시니 其畧曰

惟我東方이 舊慕唐風하야

文物禮樂이 悉遵其制나

殊方異土에 人性各異하니

苟必不同이니라.

授줄수 御임금어 製지을제 慕사모할모 遵좇을준 殊다를수 苟진실로구

1. 고려 태조의 훈요십조

태조 신성왕神聖王 천수天授 2년(단기 3252, 919)에 송악의 남쪽에 도읍을 정했다.

26년(단기 3276, 943)에 태왕께서 훈요訓要를 지으셨는데, 대략 이러하다.

"생각컨대 우리 동방이 예로부터 당풍唐風을 사모하여 문물과 예악이 모두 그 법을 따랐다.

그러나 방위가 다르고 풍토가 달라 사람 성품이 제각기 다르니 진실로 반드시 동화되어서는 안 되리라."

2. 高句麗 王族의 後孫, 弓裔

泰封國王弓裔는 其先이 平壤人으로
本報德王安勝之遠裔也라.
其父剛이 從術家言하야
從母姓하야 爲弓氏하니라.
先是에 高句麗水臨城人牟岑大兄이
收合殘民하고 奉安勝하야 爲後高句麗王하고
請援於新羅한대 新羅王이
處之國西金馬渚라가 後에 改爲報德王하니라.

裔 후손 예 勝 이길 승 剛 굳셀 강 牟 보리 모 岑 산봉우리 잠 渚 물가 저

2. 고구려 왕족의 후손, 궁예

태봉국泰封國(901~918) 왕 궁예는 그 선조가 평양인으로, 본래 보덕왕報德王 고안승高安勝의 먼 후손이다. 그의 아버지 강剛이 술가術家의 말을 듣고 (궁예의) 어머니 성을 따르게 하여 궁씨弓氏가 되었다.

이보다 앞서 고구려 수림성水臨城 사람 모잠牟岑 내형大兄(벼슬 이름)이 유민을 모아 안승을 후고구려 왕으로 받들고 신라에 도움을 청하였다. 이에 신라 왕이 나라의 서쪽 금마저金馬渚(지금의 전북 익산)에 살게 하였다가 후에 고쳐서 보덕왕이라 하였다.

神文王이 立에 徵報德王하야 爲蘇判하니
其族子大文이 留金馬渚하야 謀叛稱王이라가
被誅하고 餘衆이 殺官吏하고 據報德城하야
又叛이라가
爲新羅所平하고 徙其人於國南州郡하니라.

3. 弓裔의 出生과 梁吉과의 만남

大震國明宗景皇帝天福九年五月五日에
弓裔가 生於外家하니 其屋上에 有素光이

徵 부를징 蘇 다시살아날소 判 판단할판 謀 꾀할모 被 당할피 誅 벨주

신문왕(신라 31세왕, 681~692)이 즉위하자 보덕왕을 불러들여 소판蘇判으로 삼았다. 그의 조카뻘인 대문大文이 금마저에 남아 반란을 꾀하고 왕이라 일컫다가 죽임을 당하였다. 남은 무리가 관리를 죽이고 보덕성에 웅거하여 다시 모반하였으나 신라에게 평정을 당했다. 그 사람들을 나라의 남쪽 주군州郡으로 옮겨 살게 하였다.

3. 궁예의 출생과 양길과의 만남

대진국 (14세) 명종 경황제 천복 9년(단기 3211, 878) 5월 5일에 궁예가 외가에서 출생했다. 이때 지붕 위에 흰 빛이 긴

若長虹하야 上屬天이라 新羅日官이 望之하고
以爲將不利於國家라 하야 以聞한대
王이 嫌之하사 使人抵其家하사 殺之러시니
其母가 賂珍寶하고
請抱而逃竄하야 劬勞養育하고
年十餘歲에 祝髮爲僧하야 號善宗하고
及壯에 放逸如故하야 不拘檢僧律하고
軒輊有膽氣라

虹 무지개홍 嫌 싫어할혐 賂 뇌물뢰 抱 안을포 竄 숨을찬 劬 수고할구

무지개처럼 하늘에 뻗쳐 있었다. 신라 일관日官이 이것을 바라보고 장차 국가에 이롭지 못할 것이라 생각하여 임금께 아뢰었다. 임금이 꺼려서 사람을 그 집에 보내 아기를 죽이려 하였다. 그 어미가 진귀한 보물을 주며, 아기를 안고 도망가게 해 달라고 애원하였다. 이후 갖은 고생을 하며 사식을 길렀다. 궁예 나이 10여 세에 머리 깎고 중이 되어 법명을 선종善宗이라 하였다. 장성한 뒤에도 여전히 마음대로 거리낌없이 행동하였고, 계율에 구애받지 않았다. 크고 작은 모든 일에 담력이 있었다.

高句麗의 옛 땅을 回復하고자 한 弓裔

嘗持鉢赴齋라가 有烏啣牙籤이 落鉢中이라
視之하니 有王字어늘 秘不言하고 頗自負러라.
先自安勝으로 有勞王事로대
而新羅는 不報하고
反收其土地人民而盡奪하야
只以王妹로 妻之而已라
高句麗遺民이 以故로 累世積怨하야
怏怏起變而屢敗라가

鉢 바리때발 赴 나아갈부 啣 머금을함 籤 제비첨 頗 자못파 怏 원망할앙

고구려의 옛 땅을 회복하고자 한 궁예

일찍이 궁예가 바리때를 들고 재齋를 드리러 가는데 까마귀가 입에 물고 있던 상아 점대를 바리때 속에 떨어뜨렸다. 살펴보니 왕王이란 글자가 씌어 있었는데, 사실을 숨기고 말하지 않았으나 자못 자부하였다.

앞서 고안승 때부터 임금을 모시는 일에 공로가 있었으나, 신라는 보답하지 않고 오히려 그 땅과 백성을 모두 빼앗았다. 다만 왕의 누이동생으로 아내를 삼게 하였을 뿐이었다. 고구려 유민이 이 때문에 여러 대에 걸쳐 원망이 쌓여 앙심을 품고 여러 차례 변을 일으켰으나 패하였다.

至弓裔하야 見國家衰亂하고
乘欲聚衆하야 復祖宗之舊土하고
洗積世之仇하야 乃投竹州賊箕萱하니
萱이 侮慢不禮라
弓裔가 鬱悒不自安하야 潛結萱麾下의
元會申烜等하야 爲友하고
投北原賊梁吉하니
吉이 善遇之하야 委之以事하고
分兵百騎하야 使東畧州郡하니

仇 원수구 萱 원추리훤 鬱 답답할울 悒 근심할읍 麾 대장기휘 烜 빛날훤

궁예는 국가가 쇠약하고 어지러워지는 것을 보고, 기회를 틈타 무리를 모아 조종祖宗(고구려)의 옛 땅을 회복하고 여러 대의 원한을 씻고자 죽주竹州의 도적 기훤箕萱에게 몸을 던졌다. 그러나 기훤은 아랫사람을 업신여기고 거만하여 예로써 대우해 주지 않았다.

궁예는 속이 답답하고 마음이 편치 못하여, 기훤의 부하인 원회元會, 신훤申烜 등과 몰래 결탁하여 친구로 삼아 북원(北原, 지금의 원주)의 도적 양길梁吉에게 투신하였다.

양길은 궁예를 잘 대우하고 일을 맡겼다. 군사 100기를 나누어 주고 동쪽 지방의 주와 군을 치게 하니 모든 고을

皆降之오

又攻阿瑟那하니 衆至六百이라 自稱將軍하고

與士卒로 同甘苦하고 予奪을 不以私하니

衆心이 皆畏之라.

4. 王隆의 歸順과 李萱의 後百濟 建國

天福二十七年에 太守王隆이 以松岳郡으로

歸弓裔하야 說之曰

大王이 若欲王朝鮮·肅愼·下韓之地인댄

瑟 비파 슬 予 줄 여 奪 빼앗을 탈 畏 두려워할 외 肅 엄숙할 숙 愼 삼갈 신

이 항복하였다.
궁예는 또 아슬나阿瑟那를 공격하였다. 무리가 600명에 이르자 스스로 장군이라 일컬었다. 군사와 고락을 함께하고 주는 일과 빼앗는 일을 사사로이 하지 않으므로 사람들이 모두 마음속으로 경외하였다.

4. 왕륭의 귀순과 이훤의 후백제 건국

천복 27년(단기 3229, 896)에 태수 왕륭王隆이 궁예에게 송악군을 바치고 귀순하여 이렇게 설득하였다.
"대왕께서 만약 조선, 숙신, 변한 땅에서 왕 노릇을 하고자

莫如先占松岳이니 以吾長子建으로
爲其主하소서 한대 從之하니라.
時에 李萱이 起兵武珍州하고
乃聲言於衆曰 吾原三國之始컨대
馬韓先起에 赫居世가 後興하고
弁韓이 從之에 百濟開國하야
傳世六百이러니 新羅가 與唐으로 合攻滅之하니
今에 予雖不德이나 欲雪義慈之憤이라 하고
遂都完山하야 稱王하고

莫 없을 막 赫 붉을 혁 弁 땅이름 변 雖 비록 수 慈 사랑 자 憤 분할 분

하시면, 먼저 송악을 차지하는 것이 가장 좋으니 저의 장자 건建을 그곳의 주인으로 삼으소서."
궁예가 이 말을 좇았다. 이때 이훤李萱이 무진주武珍州(전라도 광주)에서 군사를 일으키고 무리에게 말하여 밝혔다.
"내가 삼국이 시작한 근원을 살펴보니 마한(중마한)이 먼저 일어났고, 혁거세(신라)가 뒤에 일어나자 변한(가락)이 뒤따라 일어났다. 백제가 나라를 열어 6백 년을 전해 오는데 신라가 당나라와 함께 쳐서 멸망시켰다. 이제 내가 비록 덕은 없으나 의자왕의 분을 풀어 드리겠노라."
드디어 완산完山(지금의 전주)에 도읍을 정하여 왕이라 일컫

國號曰後百濟라.

5. 弓裔의 後高句麗 建國

弓裔가 亦以明年에 稱王하고 謂曰

新羅가 請兵於唐하야

滅高句麗하니 是可恥也라

吾必爲高句麗하야 報讐라 하고

立國號曰後高句麗오 建元曰武泰라.

嘗南行하야 至興州寺하야

稱 일컬을 칭　滅 멸망할 멸　恥 부끄러울 치　報 갚을 보　讐 원수 수　泰 클 태

고 국호를 후백제라 하였다.

5. 궁예의 후고구려 건국

궁예 또한 이듬해(단기 3234, 901)에 스스로 왕이라 일컫고 말했다.

"신라가 당나라에 군사를 청하여 고구려를 멸했는데 이것은 진실로 수치스러운 일이다. 내 반드시 고구려를 위해 그 원수를 갚으리라."

이에 나라를 세워 후고구려라 하고, 연호를 무태武泰라 하였다. 일찍이 남으로 순행하여 흥주사興州寺에 이르러 신라

見壁掛新羅前王畫像하고
拔劒擊之하니 弓裔가 意欲倂呑新羅하야
呼爲滅都하고
自新羅歸附者를 幷皆殺之라
自是로 弓裔는 自稱彌勒佛이라 하야
頭戴金幘하고 又自述經二十卷하야
或正坐講說이러니 僧釋聰이 謂曰
皆邪說怪談이니 不可以訓이라 한대
弓裔가 怒하야 以鐵椎로 打殺之라.

掛 걸괘 **拔** 뺄발 **呑** 삼킬탄 **戴** 머리에일대 **幘** 머리싸개책 **椎** 몽둥이추

전왕前王의 화상이 벽에 걸려 있는 것을 보고 칼을 뽑아 내리쳤다. 궁예는 신라를 삼켜 버리려는 뜻을 품고 도읍을 멸하리라 부르짖으며 신라에서 귀화해 오는 사람을 모조리 죽여 버렸다.

이때부터 궁예는 스스로 미륵불이라 칭하고 머리에 금책金幘을 썼다. 또 스스로 경문 20권을 지어 때로 정좌하여 상설하기도 하였다.

이에 승려 석총釋聰이 "모두 사설괴담邪說怪談으로 세상 사람에게 가르칠 것이 못 된다"라고 하니, 궁예가 노하여 철추로 때려 죽였다.

6. 王建의 卽位와 弓裔의 最後

天授元年戊寅夏六月에 王建이
爲洪儒·裵玄慶·申崇謙·
卜智謙等諸將軍之所推戴하야
黎明에 坐於積穀之上하사 行君臣之禮하시고
令人馳且呼曰 王公이 已擧義旗矣라 하시니
奔走來赴者가 衆이오 先至宮門하야
鼓譟以待者가 亦萬餘人이라
遂卽位於布政殿하시고 建元天授하시니라

授줄수 謙겸손할겸 黎검을려 馳달릴치 奔달릴분 赴나아갈부 譟떠들조

6. 왕건의 즉위와 궁예의 최후

천수 원년(戊寅, 단기 3251, 918) 여름 6월에 왕건이 홍유洪儒·배현경裵玄慶·신숭겸申崇謙·복지겸卜智謙 등 여러 장군의 추대를 받아 날이 밝을 무렵에 곡식더미 위에 앉아 군신의 예를 행하였다. 그리고 사람들을 시켜 뛰어다니면서, "왕공이 이미 의기義旗를 들었다"라고 외치게 하였다.
이때 달려와 따르는 자가 무리를 이루었다. 궁문에 이르니 먼저 와서 북을 치고 함성을 지르며 기다리는 사람이 만여 명이었다. 드디어 포정전布政殿에서 즉위하고, 연호를 천수天授라 하였다.

於是에 泰封王弓裔가 聞變하고
以微服出門하야 亡去라가
尋爲斧壤民所害하니라.

7. 徐熙 將軍과 蕭遜寧의 談判

契丹聖宗이 遣將蕭遜寧하야 侵破蓬山하고
獲我先鋒하니 成宗文懿大王이 會群臣議하실새
或言乞降하며 或言割地與之라 하야늘
中軍徐熙가 獨曰

尋 얼마있지아니할심 斧 도끼부 蕭 맑을소쑥소 獲 얻을획 懿 아름다울의

이때 태봉 왕 궁예가 변란 소식을 듣고 미복으로 갈아입고 궁문을 빠져 나가 도망치다가 얼마 못 가서 부양斧壤(지금의 강원도 평강) 백성에게 죽음을 당하였다.

7. 서희 장군과 소손녕의 담판

거란의 성종(묘 6세, 982~1031)이 장수 소손녕蕭遜寧을 보내어(성종 12, 단기 3326, 993) 봉산蓬山을 함락시키고 우리 선봉을 물리쳤다. 성종成宗(고려 6세, 981~997) 문의文懿대왕이 여러 신하를 모아 의논할 때, 어떤 사람은 항복하자 하고 어떤 사람은 땅을 떼어 주자고 하였다. 중군中軍 서희徐熙(942

今見其勢大盛하고 遽割西京以北하야

與之는 非計也라

且三角山以北이 亦高句麗舊址也니

彼以谿壑之慾으로 責之無厭이면

可盡與乎잇가 況今割地는 則誠萬古之恥也라

願駕還都城하시고 使臣等으로

一與之戰然後에 議之시라도

未晚也니이다. 熙奉國書하고

赴契丹營하야 問相見之禮한대

盛 성할 성　遽 급할 거　谿 시내 계　壑 골 학　厭 마음에찰 염　晚 저물 만

~998)가 홀로 아뢰었다. "지금 적의 세력이 강성함을 보고 급히 서경(지금의 평양) 이북을 떼어 넘겨주는 것은 좋은 계책이 아니옵니다. 더구나 삼각산 이북도 역시 고구려의 옛 땅인데, 저들이 한없는 욕심으로 끝없이 요구해 온다면 그대로 다 내어 줄 수 있겠습니까? 하물며 지금 땅을 떼어 준다면 진실로 만세의 수치가 될 것이옵니다. 원컨대 도성으로 돌아가시어 신 등으로 하여금 한 번 싸우게 한 뒤에 의논하여도 늦지 않을 것이옵니다."

서희가 국서國書를 받들고 거란 진영에 들어가 상견의 예를 물었다.

遜寧이 曰 我는 大朝貴人이니

宜拜於庭이니라

熙曰 兩國大臣이 何得如是리오

遜寧이 謂熙曰 汝國은 興新羅地하니

高句麗之地는 我所有也어늘

而汝侵蝕之하고 又與我連壤이어늘

而越海事宋故로

有今日之師라 若割地以獻而修朝聘이면

可無事矣라

> 宜 마땅할 의 庭 뜰 정 汝 너 여 蝕 좀먹을 식 若 만약 약 聘 부를 빙

소손녕이 "나는 대국의 귀인이니 그대는 마땅히 뜰에서 절하여야 한다"
라고 하였다.
희가 "양국의 대신으로 어찌 이와 같이 할 수 있는가"라고
하니, 손녕이 이렇게 말했다.
"너희 나라는 신라 땅에서 일어났으므로 고구려 땅은 우리
거란의 것이다. 너희가 이를 침략하였다.
또 우리와 국경을 접하고도 바다 건너 송宋을 섬기기 때문
에 오늘의 전쟁이 있게 된 것이다. 만약 땅을 떼어 바치고
조빙朝聘한다면 아무 일이 없을 것이다."

熙曰 非也라

我國은 卽高句麗之舊也니

故로 號高麗하고 都平壤하니 若論地界면

則貴國之東京이 皆在我境이어늘

何得謂之侵蝕乎아.

若逐女眞하고 還我舊地則敢不修聘이리오

辭氣慷慨어늘 遜寧이 知不可强하고

遂決罷兵하고 宴慰以送하니라.

逐 쫓을 축 還 돌아올 환 慷 강개할 강 慨 슬퍼할 개 罷 파할 파 慰 위로할 위

이에 희가 말하였다. "그런 것이 아니다. 우리나라는 옛 고구려 땅이기 때문에 나라 이름을 고려라 하고 평양에 도읍을 정했다. 만약 땅의 경계로 논한다면 귀국의 동경東京(요령성 요양시)도 모두 우리 땅에 있거늘, 어찌 침식이라 할 수 있겠는가? 만약 여진을 쫓아 버리고 우리 옛 땅을 돌려준다면 어찌 감히 수빙修聘하지 않겠는가?"

말과 얼굴빛이 강개하므로 손녕이 강요할 수 없다는 것을 알았다. 드디어 병력을 거두기로 결정하고 연회를 베풀어 위로한 뒤에 서희를 전송하였다.

8. 尹瓘의 女眞 征伐

高麗의 北方 領土

都元帥尹瓘이 攻破女眞하고

立碑于先春嶺하야

以爲界하고 遣子彦頤하야 奉表賀하니

平章事崔弘嗣·金景庸과 叅知政事任懿와

樞密院事李瑋等이 入對宣政殿할새

極論尹瓘·吳延寵·林彦等이

妄興無名之兵하야 敗軍害國하니

瓘 옥이름 관　頤 기를 이　嗣 이을 사　庸 쓸 용　懿 아름다울 의　樞 지도리 추

8. 윤관의 여진 정벌

고려의 북방 영토

도원수都元帥 윤관尹瓘(?~1111)이 여진을 쳐서 무찌르고 선춘령先春嶺에 비를 세워 경계를 삼았다. 아들 언이彦頤를 임금에게 보내어 표表를 올려 하례하게 하였다.
그런데 평장사 최홍사崔弘嗣·김경용金景庸과 참지정사 임의任懿와 추밀원사 이위李瑋 등이 선정전宣政殿에 들어가 임금 앞에서 이렇게 극단적으로 말하였다.
"윤관, 오연총吳延寵, 임언林彦 등은 망령되이 명분 없는 군사를 일으켜 전쟁에 패하고 나라를 해롭게 하였으니 그 죄

高麗國本紀 673

罪不可赦니이다 하고

諫官金緣·李載等이 亦相繼劾之하야 曰

人主之取土地는 本欲育民也어늘

今爭城而殺人하니 莫如還其地而息民이오

今不與면 必與契丹으로 生釁이니이다

上曰 何也오

緣曰 國家初築九城할새 使告契丹호대

表稱女眞弓漢里는 乃我舊地오 其居民이

亦我編氓이어늘 近來에 寇邊不已故로

赦 용서할 사　諫 간할 간　緣 인연 연　繼 이을 계　劾 캐물을 핵　釁 틈 흔

는 용서할 수 없습니다."
간관 김연金緣, 이재李載 등도 역시 계속 탄핵하였다.
"임금이 땅을 차지하는 것은 본래 백성을 기르고자 함인데, 지금 성을 다투며 싸워 사람을 죽였으니, 그 땅을 돌려주고 백성을 편히 쉬게 함만 못하옵니다. 지금 돌려주지 않으면 반드시 거란과 틈이 생길 것입니다."
임금이 물었다. "무엇 때문인가?"
김연이 아뢰었다. "나라에서 처음 9성을 쌓을 때, 거란에 고하는 표문에 '여진의 궁한리弓漢里는 우리의 옛 땅이다. 그 거주민 또한 우리 백성인데, 근래에 도적들이 변방을

收復而築其城이라

表辭如是로대而弓漢里酋長은

多受契丹官職者니

契丹이以我爲妄言하야以加責讓하리니

我若東備女眞하고北備契丹이면

臣恐九城이非三韓之福也니이다

諫議大夫金仁存이亦請還舊地라.

上이宣諭曰兩元帥之伐女眞은

受先帝之遺志하고體朕躬之述事하야

辭 말씀사 備 방비할비 恐 두려울공 諭 깨우칠유 朕 나짐 述 말할술

끊임없이 침입하였기 때문에 다시 수복해서 성을 쌓는다'고 하였습니다. 표문의 내용이 이러하나 궁한리 추장은 거란의 관직을 많이 받은 자이니 거란은 우리 주장을 망언이라 책망할 것입니다. 이제 우리가 만약 동쪽으로 여진을 방비하고, 북쪽으로 거란을 방비한다면, 신은 9성이 우리 삼한三韓에 복이 되지 않으리라 생각하옵니다."
간의대부 김인존金仁存 역시 옛 땅을 돌려줄 것을 청하였다.
임금(16세 예종)께서 유시諭示하셨다.
"두 원수(윤관, 오연총)가 여진을 친 것은 선제先帝(15세 숙종)의 유지를 받고, 짐이 몸소 말한 일을 행한 것이니라.

身冒鋒鏑하고深入賊壘하야
斬馘俘虜를不可勝計오而闢千里之地하고
築九州之城하야以雪國家之恥하니則其功이
可謂多矣라.

然이나女眞은人面獸心이라反復無常하고
厥有餘醜하야無所依處故로
酋長이納降請和에群臣이皆以爲便하고
朕이亦不忍이러니有司守法에頗有論劾하야
遽奪其職이나朕이終不以此로

冒 무릅쓸 모 鋒 칼끝 봉 鏑 살촉 적 壘 진루 斬 벨 참 馘 벨 괵 醜 더러울 추

몸소 적의 칼끝과 화살을 무릅쓰고 적진에 깊이 들어가서 베고 포로로 잡은 자의 수가 이루 헤아릴 수 없이 많고, 천리 땅을 개척하고 9주州에 성을 쌓아 국가의 치욕을 씻었으니 그 공은 가히 크다 하리로다.

그러나 여진은 인면수심으로 그 변덕이 심하다. 그 남은 무리가 의지할 곳이 없으므로 추장이 항서를 바치고 화친을 청해 오니, 신하들이 모두 편하게 여기고, 짐 또한 차마 하지 못하겠도다.

유사有司가 법을 따져서 자못 탄핵하는 말이 많으므로 급히 그들의 직책을 박탈하려 하나, 짐은 끝까지 이를 허물

^{위구 서기유맹명지부제야}
爲咎오庶幾有孟明之復濟也니라.

女眞에게 땅을 돌려주다

^{예종문효대왕사년추 철구성}
睿宗文孝大王四年秋에撤九城하야

^{환여진구지}
還女眞舊地하니라.

^{선시 여진 사요불사현등 입조주왈}
先是에女眞이使裹弗史顯等하야入朝奏曰

^{석 아태사영가}
昔에我太師盈歌가

^{상언아조종 출자대방}
嘗言我祖宗이出自大邦하니

^{지우자손 의당귀부 가야}
至于子孫하야義當歸附가可也라하더니

> 咎 허물구 庶幾:바라건대 睿 슬기예 撤 걷을철 裹 낭창거릴요 盈 찰영

로 삼지 아니할 것이다. 맹명시孟明視가 다시 황하를 건너 공을 세운 것과 같이 하기를 바라노라."

여진에게 땅을 돌려주다

예종 문효文孝대왕 4년(단기 3442, 1109) 가을에, 9성에서 철수하고 여진의 옛 땅을 돌려주었다. 이에 앞서 여진이 요불裹弗, 사현史顯 등을 보내 조정에 들어와 이렇게 상주하였다.
"옛날에 저희 태사 영가盈歌께서 일찍이 말하기를, '우리 조종은 대국(고려)에서 출생하였으니 자손 대에 이르러서도 마땅히 귀부歸附함이 옳을 것이라'고 하였습니다.

今太師烏雅束이 亦以大邦으로
爲父母之國이러니 至甲午年間하야 弓漢村人이
自作不靖이나 本非太師之指揮라
國朝鳴罪討之나 復許修好故로
我信之하야 不絶朝貢이러니
去年에 大擧하야 殺我耄倪하며
築置九城하야 使孑遺之民으로
靡所止歸하니 太師遣我하야
來請還地云云이라

靖 편안할 정 揮 지휘할 휘 鳴 말할 명 耄 늙은이 모 倪 어릴 예 靡 없을 미

지금 태사 오아속烏雅束께서도 역시 대국(고려)을 부모의 나라로 삼고 있습니다. 갑오 연간에 이르러 궁한촌 사람들이 스스로 난리를 일으켰으나, 본래 태사가 지휘한 일이 아니었습니다. 국조國朝(고려)에서는 죄를 물어 이들을 토벌하였으나 다시 수호를 허락하셨기 때문에 저희는 이를 믿고 조공을 끊지 않았습니다. 그러다가 작년에 군사를 크게 일으켜 저희 늙은이와 어린아이들을 죽이고 9성을 쌓아 외로이 남은 백성으로 하여금 돌아갈 곳이 없게 하였습니다. 이에 태사가 저희를 보내어 땅을 되돌려 주실 것을 청원하게 하신 것입니다."

又會宰樞·臺省·知製誥·侍臣·
都兵馬判官과 及文武三品以上하사
更議還九城可否하신대 皆曰可라

高麗의 國境, 滿洲 先春嶺

舊史에 云「兩將軍이
立碑於先春嶺曰至此爲高麗之境이라 하니
先春嶺은
在豆滿江七百里外松花江近地云이라」하니라.

宰 재상 재 樞 지도리 추 臺 대대 省 살필 성 製 지을 제 議 의논할 의

또 재추[宰樞], 어사대 판사御史臺 判事와 중서문하성 성재省宰, 지제고知製誥, 시신侍臣, 도병마판관과 문무 3품 이상을 소집하여 다시 9성을 돌려주는 것에 대하여 가부를 물으니 모두 돌려주는 것이 좋다고 하였다.

고려의 국경, 만주 선춘령

옛 사서에는, "두 장군이 선춘령에 비를 세우고 '이곳이 고려의 경계이다'라고 하였다. 선춘령은 두만강에서 700리 밖, 송화강 근처 땅에 있다"라고 하였다.

9. 高麗의 北方領土

尹彦頤의 自解表

廣州牧尹彦頤 自解表에 云

「及瞻中軍所奏하니 曰

彦頤가 與鄭知常으로 結爲死黨하야

大小之事를 實同商議하고

在壬子年西幸時에 請立元稱號라 하고

又諷誘國學生하야 奏前件事하니

盖欲激大金하야

牧 다스릴목 瞻 볼도 黨 무리당 商 헤아릴상 諷 변죽 울릴풍 激 부딪힐격

9. 고려의 북방영토

윤언이의 자해표

광주목廣州牧 윤언이가 자신의 억울함을 해명하는 글[自解表]을 올려서 이렇게 주장했다.

"중군中軍(김부식)이 아뢴 바를 보면, '언이가 정지상과 결탁하여 사당死黨을 지어 크고 작은 일을 함께 의논하였다' 하고, '임자(단기 3465, 1132)년에 임금께서 서경으로 순행하셨을 때 아국이 독자적으로 건원칭제建元稱帝하기를 청하였다' 하며, 또 '국학생을 넌지시 꾀어 앞의 일(건원칭제)을 상주하게 하였는데, 대개 그 의도는 대국인 금나라를 격노시켜 일

生事乘間하야 恣意處置오
朋黨外人하야 謀爲不軌하니
非人臣意라 하니 臣이 讀過再三然後에
心乃安繫하나이다.
是立元之請은 本乎尊主之誠이니
在我本朝하야 有太祖光宗之故事하고
稽其往牒에 雖新羅渤海가 以得爲之나
大國이 未嘗加兵하고
小國이 無敢議其失이어늘 奈何聖世에

> 恣 방자할 자 處置:죽임 軌 법궤 繫 어조사 예 稽 상고할 계 牒 공문첩

을 일으키고 틈을 타서 자의로 (반대자들을) 제거한 후 외인과 붕당을 만들어 반역을 꾀하고자 한 것이니, 이는 신하된 도리가 아니다'라고 하였습니다. 신이 이 글을 두세 번 거듭하여 읽고 난 뒤에야 비로소 마음이 안정되었습니다. 신이 건원칭제를 청한 것은 임금을 받드는 충정에 근본을 둔 것이옵니다. 본조(고려)에도 '태조와 광종의 고사'가 있고, 옛 기록을 상고해 보면 신라와 발해가 비록 연호를 만들어 썼으나 주변 대국이 일찍이 이를 문제 삼아 군사를 일으키지 않았고, 작은 나라는 감히 그 과실을 따져 의논조차 하지 않았습니다. 어찌 지금의 성세聖世에 이것이 도

反爲僭行이니잇가.

臣嘗議之하니 罪則然矣어니와

若夫結爲死黨과 激怒大金은

語言이 雖甚大焉이나 本末이 不相坐하니

何則이니잇고 假使强敵이 來侵我疆이면

夫惟禦之未遑이어늘 安得乘間而用事리잇가

其指朋黨者가 誰氏며

其欲處置者가 何人이니잇고

衆若不和면 戰之則敗하야 且容身之無地어늘

僭 참람할 참　怒 노할 노　疆 지경 강　禦 막을 어　遑 급할 황　誰 누구 수

리어 참람한 행동이라 할 수 있겠사옵니까?
신이 일찍이 이 문제를 의논한 바 있으니, 죄라면 이것이 죄일 것입니다. 사당死黨을 지었다거나 대금大金을 격노시키려 했다는 말은 비록 엄청나나 본말本末이 서로 맞지 않사옵니다.
왜냐하면 가령 강한 적이 우리 강토를 침략하면 막아 내기에 겨를이 없을 터인데 어찌 틈을 타서 일을 처리할 수 있겠습니까? 대체 그 붕당이라 지목한 자는 누구이며, 제거하고자 한 자는 어떤 인물이옵니까? 무리가 만약 화합하지 못한다면 싸우더라도 곧 패하여 몸 둘 곳조차 없을 터

何恣意以爲謀리잇가
有賴聖知하야 重念컨대 臣이 以至弱之質로
從西征之役하야 忘身以衛其國하니
乃義分之當然이로대
成事는 皆因於人하니
何勤勞之足道리잇가 하니라.

『金史』에서 전하는 趙位寵의 亂

金史에 曰

恣意: 방자한 마음씨 謀: 꾀할 모 賴: 의지할 뢰 勤: 부지런할 근 勞: 일할 로

인데, 어찌 방자한 뜻을 품어 그런 일을 꾀하겠습니까? 임금님의 명철하심을 믿고 거듭 생각하건대 신은 지극히 나약한 자질로써 서경 정벌의 전역戰役(서경전역西京戰役)에 종사하여 제 몸을 잊고 나라를 지켰사옵니다. 이것은 마땅한 도리입니다. 서경 정벌의 성사는 모두 다른 사람의 힘에 의한 것이니, 이제 제가 무슨 고생을 했다고 족히 말할 수 있겠사옵니까?"

『금사』에서 전하는 조위총의 난

『금사金史』에 이렇게 기록되어 있다.

「世宗大定十五年九月에
高麗西京留守趙位寵이 遣徐彦等하야 進表하고
欲以慈悲嶺以西와 鴨綠江以東으로 內附한대
不許라」하니라.

睿宗의 領土回復意志

高麗史에 曰「睿宗 十一年 三月 乙未朔에
上이 聞遼의 來遠·抱州二城이
爲女眞所攻하야 城中食盡이어시늘
遣都兵馬錄事邵億하사

寵 사랑할 총 悲 슬플 비 附 붙을 부 抱 안을 포 盡 다할 진 邵 성씨 소

세종 대정大定 15년(단기 3508, 1175) 9월에, 고려 서경유수 조위총趙位寵이 서언徐彦 등을 보내 표를 올려 자비령 서쪽과 압록강 동쪽 땅을 가지고 내부內附하려 했으나 허락하지 않았다.

예종의 영토회복 의지

『고려사高麗史』에 이렇게 기록되어 있다.

예종 11년(단기 3449, 1116) 3월 을미 초하루에, 임금께서 요나라의 내원來遠과 포주抱州 두 성城이 여진에게 공격 당해 성중에 식량이 다 떨어졌다는 말을 전해 듣고, 도병마록

送米一千石하신대 來遠統軍이 辭不受라.

八月庚辰에 金將撒喝이

攻遼來遠·抱州二城하야 幾陷이어늘

其統軍耶律寧이 欲帥衆而逃라

上이 遣樞密院知奏事韓皦如하사

招諭러시니 寧이 以無王旨로 辭라

皦如馳奏한대

上이 欲令樞密院으로 具箚子送之하시니

宰臣諫官이 奏曰彼求王旨하니

辭 사양할사 撒 뿌릴살 喝 꾸짖을갈 陷 함락당할함 帥 거느릴솔 皦 휠교

사 소억邵億을 시켜 쌀 1천 석을 보내셨다. 그러나 내원성의 통군統軍이 사양하고 받지 않았다.

8월 경진에, 금나라 장수 살갈撒喝이 요나라의 내원과 포주 두 성을 쳐서 거의 함락할 지경에 이르자, 그곳 통군 야율녕耶律寧이 무리를 거느리고 도망하려 하였다.

임금께서 추밀원 지주사 한교여韓皦如를 보내어 야율녕을 불러 효유하게 하셨는데, 야율녕이 임금의 전지傳旨가 없다는 이유로 거절하였다. 한교여가 급히 보고하자 임금께서 추밀원에 명하여 차자箚子를 갖추어 보내려 하셨다. 재신과 간관이 아뢰기를, "저들이 임금의 전지를 요구하는

其意難測이라 請止之하소서 한대
上이 乃遣使如金하사 請曰
抱州는 本吾舊地니
願以見還라 하신대 金主謂使者曰
爾其自取之하라」하니라.

10. 李尊庇의 歷史意識과 郞家의 自主獨立 精神

厚庵李尊庇는 高麗景孝王時人也라
嘗在書筵하야 論自主富强之策이러니 仍奏曰

難어려울난 測잴측 厚두터울후 庵초막암 庇덮을비 書筵:강론하는곳

뜻을 알기 어려우니 그만두게 하옵소서" 하였다. 임금께서 사신을 금나라에 보내어 "포주는 본래 우리 옛 땅인즉 돌려주기를 원하노라"라고 청하셨다. 금나라 임금이 아국의 사신에게 말하기를 "너희가 직접 빼앗으라"라고 하였다.

10. 이존비의 역사의식과 낭가의 자주독립 정신

후암厚庵 이존비李尊庇(단기 3566~3620, 1233~1287)는 고려 경효왕景孝王(25세 충렬왕) 때 사람이다. 일찍이 서연書筵에서 자주와 부강의 정책을 논하고 또 이렇게 아뢰었다.

本國이自桓檀朝鮮北夫餘高句麗以來로
皆富强自主하고且建元稱帝之事는
至我太祖初하야亦嘗行之나
而今則事大之論이定爲國是하야
君臣上下가甘受屈辱하고不圖所以自新하니
其畏天保國則誠美矣어니와
奈天下後世之笑에何며且與倭搆怨하니
萬一元室이有變이면
將焉所恃而爲國이리잇가.

屈굽을굴 辱욕될욕 畏두려워할외 奈어찌내 搆끌구 焉어찌언 恃믿을시

"우리나라는 환단桓檀·조선·북부여·고구려 이래로 모두 부강하였고 자주自主를 유지하였습니다. 또 연호를 정하고 황제라 칭한 일은 우리 태조 때에 이르러서도 일찍이 실행하였으나, 지금은 사대事大의 주장이 국시로 정해져 군신 상하가 굴욕을 달갑게 받아들이고 스스로 새로워지는 방법을 도모하지 않으니, 하늘의 뜻을 누려워하고 나라를 보존하는 것은 진실로 훌륭하다고 할지 모르겠으나, 천하 후세의 비웃음은 어찌하겠사옵니까? 또한 왜와 더불어 원한을 쌓고 있으니 만약 원나라 왕실에 변고가 생긴다면 장차 무엇을 믿고 나라를 다스릴 수 있겠습니까?

稱帝之事는 爲時忌諱하니 則固難卒復이로대
而自强之策은 不可不講也니이다.
奏雖寢이나 聞者莫不韙之러라.
後에 又陳備倭五事하니
一曰詳備戶口하야 悉民爲兵이오
二曰兵農一作하고 水陸共守오
三曰積置兵糧하고 修造戰艦이오
四曰擴張水軍하고 兼習陸操오
五曰詳悉地理하고 確保人和라.

諱 꺼릴 휘 講 강구할 강 寢 멈출 침 韙 옳을 위 擴 넓힐 확 確 확실할 확

황제라 칭하는 일을 이 시대에 꺼리고 기피하여 갑자기 회복하기는 진실로 곤란하나 자강自强의 계책은 강구하지 않을 수 없사옵니다."
상주한 것이 비록 채택되지는 않았지만 들은 자마다 옳다고 여기지 않음이 없었다. 뒤에 왜倭에 대비하는 다섯 가지 계책[五事]을 말했는데, 첫째, 호구를 상세히 파악하여 전 백성을 병사로 만들 일, 둘째, 병·농兵農 일치의 제도를 만들고 바다와 육지를 함께 지킬 일, 셋째, 군량을 저장하고 전함을 만들 일, 넷째, 수군을 확장하고 육조陸操도 겸하여 익힐 일, 다섯째, 지리를 상세히 알아 두고 인화人和를 확보

嘗有寄晦堂上人詩하니曰

物無美惡終歸用하니

苦李誰嫌着子多오.

長息久朝天子所오

次兒新付法王家라.

移忠固是爲臣分이어늘

割愛其如出世何오.

還笑老翁猶滯念하니

有時魂夢杳天涯라.

寄 부칠기 晦 어두울회 嫌 싫어할혐 付 줄부 猶 오히려유 滯 막힐체

할 일이라 하였다. 일찍이 회당상인(이암의 셋째 아우인 이징李澄)에게 준 시 한 수가 전하니 이러하다.
사물은 아름다움과 추함을 떠나서 쓰임이 있나니
누가 쓴 오얏나무에 열매가 많다고 싫어하리오.
맏자식은 오랜 동안 조정에서 천자 모시고
둘째는 새로이 절간에 출가하였네.
임금께 충성함은 신하의 직분이지만
애착 끊고 세간을 벗어남 또한 어떠하리.
노옹은 오히려 체념하고 웃을 수 있으니
내 영혼은 꿈속에서 하늘 끝에 올라 아득히 헤매이네.

忠烈王과 北京 蓮女 이야기

上이 在燕京하실새 惑於蓮女러시니
_{상 재연경   혹어연녀}

臨別에 手贈蓮花一朶曰
_{임별   수증연화일타왈}

上이 歸路에 視此花若凋면
_{상 귀로   시차화약조}

此命將盡이라 하더니
_{차명장진}

數日後에 視花하시니 花欲憔悴라
_{수일후   시화   화욕초췌}

上이 恐蓮女死하사 復欲如燕이어시늘
_{상 공연녀사   부욕여연}

尊庇가 請徃探而回라
_{존비   청왕탐이회}

蓮女가 泣而獻詩曰
_{연녀   읍이헌시왈}

蓮 연꽃련 贈 줄증 朶 꽃떨기타 凋 시들조 憔悴:몸이 수척한 상태 探 살필탐

충렬왕과 북경 연녀 이야기

임금(충렬왕)께서 연경燕京(지금의 북경)에 계실 때 연녀蓮女에게 매혹되셨다. 이별할 때 연녀가 손수 연꽃 한 송이를 바치며 이렇게 말했다.

"임금께서 돌아가시는 길에 만약 이 꽃이 시든 것을 보시면 이 목숨이 장차 다할 것이옵니다."

며칠 뒤에 꽃을 보니 초췌해지고 있었다. 임금은 연녀가 죽을까 두려워 다시 연경으로 돌아가려 하셨다. 존비가 가서 살펴보고 오겠다고 자청하여 연녀를 찾아갔다. 연녀가 울며 시를 바치니 이러하였다.

^{상증연화향} ^{초래작약홍}
相贈蓮花香하니 初來綽約紅이라.

^{이총문기일} ^{초췌여군동}
移叢問幾日고 憔悴與君同이라.

^{존비} ^{공상견시증회}
尊庇가 恐上見詩增懷하고

^{대련녀이제진왈}
代蓮女而製進曰

^{저치한저치한}
這痴漢這痴漢아

^{물류련물류련}
勿留輦勿留輦하라.

^{차신변여연엽주}
此身便如蓮葉珠하니

^{피변전처차변원}
彼邊轉處此邊圓이라.

贈 선사할증 綽 아름다울작 叢 모일총 痴 어리석을치 輦 손수레련 珠 구슬주

연꽃 향기를 서로 주고 받으니,
처음에는 붉은 빛 아리따웠네.
꽃을 드린 지 며칠 지나니,
시든 모습 님과 같사옵니다.
존비는 임금이 시를 보시면 연녀를 더욱 그리워할 것을 우려하여 연녀 대신 시를 지어 올렸다.
이 어리석은 사람아! 이 어리석은 사람아!
수레를 멈추지 마오. 수레를 멈추지 마오.
이 몸은 연잎에 맺힌 이슬 같나니
저쪽 이쪽 둥글게 굴러다닌다오.

高麗國本紀 691

上이 見詩大怒하사 遂還國하시니라.

李尊庇의 죽음

後에 上이 恨蓮女不已어시늘
尊庇가 乃奏曰 臣於伊時에
急於奉還하야 不得已權辭하니
請伏欺周之誅하노이다.
上이 怒하사 削官謫文義러시니
太子及朝臣이 反復啓解之하고

> 還 돌아올 환 伊 저이 欺周:속임 誅 벨주 削 깎을 삭 謫 귀양보낼 적

임금이 시를 보고 크게 노하여 마침내 환국하셨다.

이존비의 죽음

뒤에 임금이 연녀에 대한 원망을 그치지 않으시므로 존비가 아뢰었다.
"신이 그때 모시고 돌아오기를 급히 서두르려고 부득이 거짓으로 시를 지어 올렸으니 바라옵건대 임금을 속인 죄에 벌을 내려 주시기를 엎드려 비옵니다."
임금이 노하여 관직을 빼앗고 문의文義로 귀양을 보내셨다. 태자(충선왕)와 조정 대신들이 풀어주기를 반복해서

上이 亦悔悟하사 復官召還이러시니

使者未至에 尊庇卒이라

訃聞에 上이 震悼輟朝하시고

太子가 臨喪曰

李尊庇는 正直하야 邦家司直이러니

何天如是乎아

仍命葬用王禮하시고 遂以荊江之上으로

環其山四里하사 封之하시니

至今洞曰王墓오 里曰山四라.

悔 뉘우칠 회 悟 깨달을 오 悼 슬퍼할 도 輟 그칠 철 荊 광대싸리 형

주청하였다. 임금 역시 후회하여 다시 복직시켜 소환하셨으나, 사자가 이르기 전에 존비가 이미 숨을 거두었다. 임금은 부음을 전해 듣고 몹시 슬퍼하여 조회를 폐하셨다. 태자가 장례에 임하여 말하였다.

"이존비는 정직한 나라의 직신直臣인데 어찌 이같이 요절한 말인가?"

이에 임금께서 왕례王禮로 장사지낼 것을 명하셨다. 마침내 형강荊江 가에 있는 산 4리를 둘러서 봉하니, 지금까지 동洞을 왕묘동王墓洞이라 부르고, 마을[里]을 산사리山四里(충북 청원군 문의면 소전리)라 부른다.

高麗國本紀

11. 李嵒의 歷史意識과 高麗 權臣의 事大主義

杏村李侍中嵒이 嘗疏沮權臣輩가
欲廢國號而請立行省之議하니
其疏에 畧曰「天下之人이 各以其國爲國하고
各以其俗爲俗하니
國界를 不可破也며
民俗을 亦不可混也니이다.
況我國이 自桓檀以來로 皆稱天帝之子하고
行祭天之事하니 自與分封諸侯로

疏 임금에게 올리는 글 소 沮 막을 저 廢 폐할 폐 混 섞일 혼 況 하물며 황

11. 이암의 역사의식과 고려 권신의 사대주의

일찍이 시중侍中 행촌 이암이 상소하여 권신權臣 무리가 국호國號를 폐하고 행성行省을 세우고자 하는 의논을 저지하였다. 그 상소문은 대략 이러하다.

하늘 아래 모든 사람은 각기 자신이 살고 있는 나라를 조국으로 삼고 제 풍속으로 민속을 삼으니, 나라의 경계를 깨뜨릴 수 없으며 민속 또한 뒤섞이게 할 수 없는 일이옵니다. 하물며 우리나라는 **환·단桓檀(환국·배달·고조선) 시대 이래로** 모두 천상 상제님의 아들(천제자天帝子, 天子)이라 칭하고 하늘에 제사를 지냈습니다. 그러니 자연히 분봉을

^{원불상동} ^{금수일시위인원하}
元不相同이오 今雖一時爲人轅下나

^{기유혼정혈육} ^{이득일원지조}
旣有魂精血肉하여 而得一源之祖하니

^{시내신시개천}
是乃神市開天과

^{삼한관경지위대명방어천하만세자야}
三韓管境之爲大名邦於天下萬世者也니이다.

^{아천수태조} ^{이창업지자}
我天授太祖는 以創業之資로

^{승고구려다물입국지여풍}
承高句麗多勿立國之餘風하사

^{평정우내}
平定宇內하시고

^{국성대진야} ^{간유강린} ^{승이작포}
國聲大振也러니 間有强隣이 乘以作暴하야

^{유영이동} ^{상미귀아}
幽營以東이 尙未歸我하니

轅 끌채 원 **天授** : 고려 태조의 연호 **風** 가르침 풍 **聲** 명예 성 **振** 떨칠 진

받은 제후와는 원래 근본이 같을 수 없습니다. 비록 지금은 일시적으로 남의 굴레 밑에 있으나 뿌리가 같은 조상[一源之祖]에게 물려받은 정신과 육신을 소유하고 있습니다. 이것으로 (배달의) **신시개천**神市開天과 (고조선의) **삼한관경**三韓管境이 **천하 만세에 대국으로 명성을 크게 떨치게 된 것**입니다. 우리 **천수**天授 태조(왕건)께서는 창업의 자질을 갖추시고, 고구려의 건국 이념인 **다물 정신**을 계승하여 세상을 평정하시어 국가의 명성을 크게 떨치셨습니다. 간혹 이웃에 강적이 생겨 승세를 타고 횡포를 부려서 **유주**幽州와 **영주**營州(하북성 북부와 현 요서지역)의 동쪽이 아직도 우리

高麗國本紀

則此君臣이 日夜奮振하야
謀所以自主富强之策이어늘
敢有潛淸輩之大姦慝하야 逞能陰謀하니
我國雖小나 國號를 何可廢也며
主勢雖弱이나 位號를 何其降也리잇가.
今此之擧는 皆奸小之輩之出於逋逃오
而非國人之公言也니
宜請都堂하야 嚴治其罪하소서.」

奮 떨칠분 **策** 책략책 **輩** 무리배 **慝** 사특할특 **逞** 마음대로할정 **奸** 간사할간

에게 돌아오지 못하고 있습니다. 바로 이것이 임금과 신하가 밤낮으로 분발하여 자주와 부강의 계책을 꾀해야 하는 까닭입니다. 그런데도 오잠吳潛과 류청신柳淸臣 같은 간악한 무리가 감히 멋대로 음모를 꾸미고 있는 것입니다.
우리나라가 비록 작기는 하나 어찌 고려라는 국호를 폐할 수 있으며, 임금의 힘이 비록 약하나 위호位號를 어찌 낮출 수 있겠사옵니까? 이제 이러한 거론은 모두 간사한 소인배가 죄를 감추고 도망하려는 데에서 나온 것일 뿐, 결코 나라 사람들의 공언公言이 아닌 줄로 아옵니다. 마땅히 도당都堂에 청하여 그 죄를 엄히 다스려야 할 것이옵니다.

杏村 李嵒의 三大 著書

杏村侍中이 有著書三種하니
其著檀君世紀하야 以明原始國家之體統하고
又著太白眞訓하야
紹述桓檀相傳之道學心法하고
農桑輯要는 乃經世實務之學也라.
文靖公李牧隱穡이 序之曰
凡衣食之所由足과 貨財之所由豊과
種蒔孽息之所由周備者가

紹이을소 述지을술 桑뽕나무상 輯모을집 靖다스릴정 穡거둘색 孽움얼

행촌 이암의 3대 저서

행촌 시중侍中이 지은 저서가 3종이 있다.
『단군세기檀君世紀』를 지어 시원 국가의 체통을 밝혔고, 『태백진훈太白眞訓』을 지어 환·단桓檀 시대부터 전수되어 온 도학道學과 심법心法을 이어받아 밝혔다.
『농상집요農桑輯要』는 세상을 다스리는 실무實務 관련 학문을 담은 것이다. 문정공 목은牧隱 이색李穡이 서문을 붙였다.
"무릇 입을거리와 먹을거리를 넉넉하게 하고 재물을 풍족하게 하며, 씨뿌리고 모종하고 싹을 자라게 하는 방법을

莫不分門類聚하야 縷析燭照하니
實理生之良書也라.

李嵒의 벗 李茗과 范樟

杏村先生이 嘗遊於天寶山이라가
夜宿太素庵할새
有一居士曰素佺이니 多藏奇古之書라
乃與李茗·范樟으로 同得神書하니
皆古桓檀傳授之眞訣也라.

| 聚 모일 취 | 縷 자세할 루 | 析 쪼갤 석 | 燭 촛불 촉 | 照 비출 조 | 訣 비결 결 |

분야별로 나누고 같은 것끼리 묶어 자세히 분석하고 촛불이 비추는 것처럼 명료하게 기록하였다. 진실로 백성을 다스리는 데 좋은 책이 되리라."

이암의 벗 이명과 범장

행촌 선생이 일찍이 천보산(경기도 양주군 회천면 소재)에서 유람을 하다가 밤에 태소암에서 묵게 되었다. 그곳에 소전素佺이라 하는 한 거사가 기이한 옛 서적을 많이 가지고 있었다. 이에 이명, 범장과 함께 신서神書를 얻었는데, 모두 환단 시절부터 전해 내려온 역사의 진결[桓檀傳授之眞訣]이었다.

三神의 原理로 傳한 眞理의 道言

其_기通_통脫_탈博_박古_고之_지學_학이

卓_탁然_연有_유所_소可_가稱_칭이오

而_이其_기叅_참佺_전修_수戒_계之_지法_법이

盖_개凝_응性_성作_작慧_혜하고 凝_응命_명作_작德_덕하고

凝_응精_정作_작力_력하야 其_기在_재宇_우宙_주而_이三_삼神_신長_장存_존하시고

其_기在_재人_인物_물而_이三_삼眞_진不_불滅_멸者_자는

當_당與_여天_천下_하萬_만世_세之_지大_대精_정神_신으로

混_혼然_연同_동其_기體_체而_이生_생化_화無_무窮_궁也_야라.

脫 벗을 탈 卓 높을 탁 凝 엉길 응 慧 지혜 혜 混 합할 혼 窮 다할 궁

삼신의 원리로 전한 진리 말씀[道言]

세속의 자질구레한 일에 얽매이지 아니하고 고사古史에 박식한 행촌의 학문은 그 뛰어남이 칭찬 받을 만하였다. 그 참전參佺의 계율을 닦는 법도는 삼신으로부터 받은 성품[性]을 응결시켜 지혜[慧]를 이루고, 삼신으로부터 받은 생명[命]을 응결시켜 덕德을 이루며, 삼신으로보디 받은 정기[精]를 응결시켜 힘[力]을 이루는 것이다.

우주에 삼신三神이 영원히 존재하시고 인물에 삼진三眞이 불멸하는 것은, 마땅히 하늘 아래 영원한 대정신(우주정신)과 혼연일체가 되어 생성과 변화가 무궁하기 때문이다.

先生이 曰 道在天也에 是爲三神이시오
道在人也에 是爲三眞이니
言其本則爲一而已라
惟一之爲道오 不二之爲法也니
大哉라 桓雄이시여 首出庶物하사
得道天源하시며 立敎太白하시니
神市開天之義가 始大明於世矣라
今吾輩가 因文求道하고 叅佺受戒하야
尊吾敎而未發하고 又聞百途而難會하니

惟 오직유 哉 어조사재 庶 무리서 源 근원원 吾輩:우리 途 길도

선생이 말하였다.

"도가 하늘에 있으면 삼신이 되고, 도가 사람에게 있으면 삼진이 된다. 그 근본을 말하면 오직 하나일 뿐이다. 오직 하나인 것이 도요, 둘이 아닌 것이 법이다.

위대하도다 환웅천황이시여! 뭇 사람 중에 먼저 나와 천도의 근원을 체득하시고 대광명의 가르침[神敎]을 세우시니, 신시개천의 의미가 비로소 세상에 크게 밝아졌도다.

지금 우리는 글을 통해 도를 구하고, 전佺에 참여하여 계戒를 받아 우리의 가르침을 받들고 있으나, 아직도 계발하지 못하고 있다. 또 온갖 가르침을 듣는다 해도 여전히 이해하기

老將及矣가 可恨哉로다.

先生이 以侍中致仕하고

退去江都之紅杏村하야 自號爲紅杏村叟하고

遂著杏村三書하야 藏于家라.

李嵒의 神敎觀

獻孝王後五年三月에 杏村李嵒이 以命으로

祭天于塹城壇할새 謂白文寶曰 賴德護神이

一存信念이오 養英衛國이

致仕 : 관직을 내놓고 물러남 藏 감출 장 塹 땅팔참 賴 의지할 뢰 衛 호위할 위

어렵나니, 늙어감이 한스럽도다!"
선생은 시중 벼슬에서 물러나 강화도[江都] 홍행촌에 들어가 스스로 호를 홍행촌수라 하고, 마침내 행촌 삼서(단군세기, 태백진훈, 농상집요)를 저술하여 집에 간직해 두었다.

이암의 신교관

헌효왕獻孝王(28세 충혜왕의 시호) 복위 5년(단기 3677, 서기 1344) 3월에, 행촌 이암이 어명을 받아 참성단에서 천제를 드릴 때 백문보白文寶에게 이렇게 말하였다.
"덕으로 신을 수호하는 것은 오직 믿음에 있고, 영재를 길러

功在發願이라
乃神依人하고 人亦依神하야
而民而國이 永得安康이라.
祭天之誠은 竟歸報本하니
其求人世에 敢可忽諸아.

12. 人物 鄭之祥

鄭之祥은 河東人也라.
因其妹하야 往來于元이러니 值敬孝王入侍하야

願 바랄 원 康 편안할 강 竟 마침내 경 因 인할 인 妹 손아랫누이 매

국가를 지키는 일은 그 공이 서원을 세우는 데 있느니라.
신은 사람에게 의지하고, 사람 역시 신에게 의지하여야[神依於人, 人依於神] 백성과 국가가 길이 편안함을 얻게 되는 것이다. 하늘에 제사 드리는 정성은 결국 근본에 보은報恩하는 정신으로 돌아감이니, (그 길을) 인간 세상에서 찾음에 어찌 감히 소홀히 할 수 있겠느냐?"

12. 인물 정지상

정지상鄭之祥은 하동 사람이다. 누이동생으로 인해 원나라에 왕래하다가 경효왕敬孝王(공민왕의 시호)을 만나 대궐에

隨從有勞라 及王卽位하야
驟選至監察持平이나 不諧事理라
嘗爲全羅道按廉使하야 入境하야
遇勢家所使하면 輒搒掠徇示諸郡하니
一道寒心이라.
埜思不花는 本國人也라
在元에 有寵於順帝오
其兄徐臣桂는 爲六宰하고
弟應呂는 爲上護軍하야

隨 따를 수 驟 빠를 취 諧 큰소리칠 책 按 살필 안 廉 살필 렴 搒 매질할 방

들어가 수종 들며 공로가 있었다. 임금이 즉위하자 곧바로 뽑혀서 감찰지평監察持平에 이르렀는데 일을 처리함에 큰 소리를 내지 않았다[不諧事理].

일찍이 전라도 안렴사按廉使가 되어 경내에 들어가, 세도가가 권세를 부리는 것을 보면 즉시 잡아다가 매질하고 문초하여 모든 군에 알리니 온 도道 사람의 마음이 섬뜩하였다.

야사불화埜思不花란 자는 본국(고려국) 사람인데, 원나라에 들어가 순제順帝에게 총애를 받았다. 그 형 서신계徐臣桂는 육재六宰가 되었고, 아우 응려應呂는 상호군上護軍이 되어 세

依勢作威福하니 國人이 畏之라
不花가 降香으로 至本國하야
所至縱暴하니 存撫按廉이 多被辱罵나
莫不違忤오.
至全州어늘 之祥이 迎候恭謹이로대
不花가 待遇甚倨하고
伴接使洪元哲이 有求於之祥이나
之祥이 不聽이러니 元哲이 激怒不花曰
之祥이 慢天使라 하니

縱 방종할종 撫 어루만질무 罵 욕할매 倨 거만할거 接 대접할접 慢 게으를만

력을 믿고 위세가 당당하게 복을 누리던 터라 나라 사람들이 두려워하였다.

불화가 강향사降香使라는 직함을 받고 본국에 와서는 가는 곳마다 방종과 횡포를 일삼았다. 이때 존무사存撫使와 안렴사가 많은 치욕을 당하고 욕을 먹었지만 감히 거슬러서 어길 수 없었다.

전주에 이르자 지상이 기다렸다가 공손하게 맞이하였으나, 불화는 심히 거만하게 대하였다. 반접사伴接使 홍원철洪元哲이 지상에게 뇌물을 요구했으나 지상이 듣지 않았다. 원철이 격노하여 불화에게 "지상이 천자의 사신을 업신여

^{불화} ^{집박 지}
不花가 繁縛之라.

^{지상   분에대규   태주리왈}
之祥이 忿恚大叫하야 給州吏曰

^{국가이주제기   불부사원}
國家已誅諸奇하고 不復事元이오

^{명재상김경직}
命宰相金敬直하야

^{위원수   수압록강   차사이제이}
爲元帥하야 守鴨綠江하니 此使易制耳라

^{약등   하외이불아구}
若等이 何畏而不我救오

^{장견이주   강위소현야}
將見爾州가 降爲小縣也리라.

^{읍리   호조이입}
邑吏가 呼譟而入하야

^{해박부출}
解縛扶出하니

繁맬집 縛묶을박 忿성낼분 恚성낼에 叫소리지를규 給속일태 譟떠들조

긴다"라고 하자, 불화가 지상을 결박하였다.
지상이 분노하여 크게 소리지르고 주州의 관리를 속여 이렇게 말했다.
"국가에서는 이미 기씨奇氏를 모두 주멸하고 다시는 원나라를 섬기지 않기로 하였다. 재상 김경직金敬直을 원수로 삼아 압록강을 지키게 하였으니, 이런 징도의 사자를 제압하기는 쉽거늘 너희들은 도대체 무엇이 두려워 나를 구하지 않느냐? 장차 너희 주州가 강등되어 작은 현이 되는 꼴을 보게 되리라."
이에 읍리가 소리를 치며 달려 들어와 결박을 풀고 부축하

之祥이 遂率衆하야

執不花·元哲等하야 囚之하고

奪不花所佩之金牌하야 馳還京할새

過公州라가 執應呂하야 以鐵椎로 撾之하니

數日而死라 之祥이 來白于王한대

王이 驚愕하사 下巡軍하시고

命行省員外鄭暉하사 捕全州牧使崔英起와

及邑吏等하시고 又遣車蒲溫하사

賚內醞慰不花하시고 還其牌하시니라

| 佩 찰패 | 牌 패패 | 馳 달릴치 | 椎 쇠몽둥이추 | 撾 칠과 | 愕 놀랄악 | 捕 잡을포 |

여 나갔다.

지상이 드디어 무리를 거느리고 불화·원철 등을 잡아 가두고, 불화가 차고 있던 금패를 빼앗아 가지고 말을 달려 서울로 돌아올 때, 공주를 지나다가 응려를 잡아 철추로 때리자 며칠 만에 죽었다. 지상이 와서 임금에게 이 사실을 아뢰었다. 임금이 깜짝 놀라 순군부巡軍府에 내려 하옥시키시고 행성원외랑 정휘鄭暉에게 명하시어 전주목사 최영기崔英起와 읍리 등을 체포하게 하였다. 또 차포온車蒲溫을 보내시어 어주를 하사하여 불화를 위로하게 하시고 금패를 돌려주셨다.

元이 遣斷事官買住하야 來鞠之祥이러니

王誅諸奇하시고 釋之祥하사 爲巡軍提控하고

再轉戶部侍郞·御史中丞하야

官至判事에 卒하니

性嚴하야 凡戮死罪에 必遣之라

之祥의 妻는 寡居潭陽이라가

爲倭所害하고 子從이 隨朴葳하야

擊對馬島하니라.

鞠국문할국 釋풀석 提끌제 控당길공 丞정승승 戮죽을륙 寡과부과

원나라에서는 단사관斷事官 매주買住를 보내어 지상을 국문하였다.

그러나 임금이 기씨를 모두 죽이고, 지상을 석방하여 순군제공巡軍提控을 삼으셨다. 이후 다시 옮겨 호부시랑, 어사중승이 되었고, 벼슬이 판사判事에 이르러 세상을 떠났다.

성품이 엄격하여 모든 육사죄(사형에 해당하는 큰 죄)에는 반드시 지상을 파견하였다.

지상의 아내는 홀로 담양에 거주하다가 왜적에게 해를 입어 죽었다. 아들 종從은 박위朴葳를 따라 대마도 정벌에 참여하였다.

13. 高麗 王朝 때 天祭를 讚揚한 노래

神敎 郞家의 抵抗 精神

文大는高宗安孝大王十八年에以郞將으로
在瑞昌縣이라가爲蒙古兵所虜라
蒙古兵이至鐵山城下하야令文大로
呼喩州人曰眞蒙古兵이來矣니
可速出降하라한대文大乃呼曰假蒙古兵也니
且勿降하라蒙古人이欲斬之라가使更呼한대
復如前하니遂斬之라

瑞 상서로울 서 虜 포로 로 喩 고유할 유 速 빠를 속 假 거짓 가 斬 벨 참

13. 고려 왕조 때 천제를 찬양한 노래

신교 낭가의 저항 정신

문대文大는 고종 안효대왕安孝大王(23세) 18년(단기 3564, 1231)에, 낭장郞將으로서 서창현瑞昌縣에 머물다가 몽골 군사에게 사로잡혔다. 몽골 군사가 철산성鐵山城 아래에 이르러 문대로 하여금 고을 사람들에게 '진짜 몽골군이 왔으니 빨리 나와서 항복하라'고 소리치게 하였다. 그러나 문대가 소리 높여, "가짜 몽골군이니 항복하지 말라"라고 하였다. 이에 몽골 사람이 문대를 참수하고자 하다가 다시 소리치게 하였다. 다시 전과 같이 하므로 드디어 죽였다.

蒙古가 攻城甚急하니
城中이 糧盡하야 不克守라
將陷에 判官李希績이 聚城中婦女小兒하야
納倉中火之하고 率丁壯하야 自刎而死하니라.
敬孝王十二年癸卯三月에 密直使李岡이
以命으로 祭塹城壇하고
仍刻板題詩하니 其詩에 曰
春風景物富年華한대
承命來遊道里賖라.

糧양식량 聚모일취 倉곳집창 壯장할장 刎목벨문 板널조각판 賖멀사

몽골군이 성을 몹시 급하게 공격하니, 성중에 양식이 떨어져 더 지킬 수가 없었다. 곧 함락되려 하므로 판관判官 이희적李希績이 성 안의 부녀자와 어린아이를 모아 창고 속에 들어가게 한 후 불을 지르고 장정들을 이끌고 스스로 목을 찔러 죽었다. 경효왕(공민왕) 12년(癸卯, 단기 3696, 1363) 3월에, 밀직사密直使 이강李岡(이암의 아들)이 어명을 받들고 참성단에서 천제를 올렸다. 이어서 시를 지어 나무판에 새겼는데, 시는 이러하다.
봄바람 속에 만물 정취 짙어 가는데
왕명 받들고 떠나온 길 멀기도 하여라.

鞭駬朝辭丹鳳闕이오
棹舟暮趁白鷗波라.
半空蒼翠山浮色이오
滿壑氛氳草自花라.
借問蓬萊何處是오
人言此地卽仙家라.
心靜身閒骨欲仙하니
遙思人事正茫然이라.
薦蘋秘席中興後오

鞭 채찍편 駬 악마일 棹 노도 趁 좇을진 翠 푸를취 氛 기운분 氳 기운어릴온

이른 새벽 말을 달려 구중궁궐 떠났는데
노 젓는 저녁 무렵, 흰 갈매기는 파도 위를 날아 오르네.
하늘 복판에 솟은 산은 푸른 빛깔 뽐내고
골짜기엔 봄기운 완연해 풀이 절로 꽃을 피우네.
묻노니, 신선 사는 봉래산 그 어드메뇨.
사람들은 이곳이 바로 선가仙家라 하네.
마음은 고요하고 몸은 한가로워 체골조차 신선이 되려 하네.
멀리 인간사 생각해 보니 참으로 아득하구나.
자리 깔고 약소한 제물이나마 올리는 것은
홍건적 물리친 뒤이지만

累石靈壇太古前이라.
已得眼看千里地오
況疑身在九重天이라.
此行無耦如相托이면
須值還都第一年이라.

大提學 權近의 祭天文

江陵王禑五年三月辛未에
命遣使致祭于塹城壇하실새 大提學權近이

遙 멀요 茫 아득할망 蘋 개구리밥 빈 疑 의심의 耦 짝우 托 맡길탁 禑 복우

돌로 쌓은 영기 서린 제단은 태곳적 것이라네.
눈앞에 천리 강산 훤히 보이고
이내 몸, 구중 하늘에 오른 것 같아라.
이번 길에 서로 의탁할 짝은 없지만
적을 물리치고 환도한 첫 해를 기억이나 하자꾸나.

대제학 권근의 제천문

강릉왕江陵王 우禑 5년(단기 3712, 1379) 3월 신미辛未에, 사자를 보내어 참성단에서 천제 드릴 것을 명하셨다.
대제학大提學 권근權近이 「서고문誓告文」을 지어 올렸는데,

製誓告文以進하니 其文에 曰

初獻이라 海上山高하니

逈隔人寰之煩擾샷다.

壇中天近하니 可邀仙馭之降臨이샷다

薄奠斯陳하오니 明神如在샷다.

二獻이라 神聽不惑하시니

庇貺斯人이샷다.

天覆無私하시니 照臨下土샷다.

事之以禮하오니 感而遂通이샷다.

逈 멀형 隔 격할격 寰 세상환 煩 번뇌번 擾 어지러울요 馭 부릴어 薄 엷을박

그 글은 이러하다.

초헌初獻 : 바다 가운데에 산이 높으니 인간 세상의 번뇌와 시끄러움에서 멀리 떠났습니다. 제단 중앙은 하늘에 닿을 듯하니 신선의 수레를 타고 강림하시는 삼신님을 맞이하옵니다. 조촐한 음식을 올리오니 밝으신 삼신께서 계시는 듯하옵니다.

이헌二獻 : 삼신께서 미혹됨이 없이 들어 주시나니 이 사람을 감싸 안고 베풀어 주십니다. 하늘은 사사로움 없이 덮으시고 인간 세상을 굽어보십니다. 예를 극진히 하여 섬기나니 **삼신께서 감응하시어 성신이 통하기를 축원하옵나이다.**

竊念컨대 摩利山은 檀君攸祀라
自聖祖로 爲民立極하사 俾續舊而垂休하시고
曁後王이 避狄遷都하사
亦賴兹而保本이로이다.
故로 我家守之不墜오
而朕小子承之益虔하노이다.
天何外寇之狗偸하야
而以致我民之魚爛이시며
雖遠疆之受侮나 尙許表聞이온

續이을찬 曁미칠기 墜떨어질추 虔공경할건 偸도둑질할투 爛문드러질란

곰곰이 헤아려 보건대 마리산은 **단군왕검께서 천제를 지내시던 곳이옵니다.** 성조聖祖 이래로 백성을 위해 법도를 세우고, 옛 법통을 계승하여 아름다움을 드리우셨습니다. 고종에 이르러 오랑캐(몽골)를 피해 도읍을 옮기고 또한 이곳에 의지하여 국본을 보존하였습니다. 그러므로 나라의 국통이 끊어지지 않았고, 소자(우왕)가 이를 계승하여 더욱 공경하옵나이다.

하늘이시여! 어찌 외구外寇가 개같이 좀도둑질하여 우리 백성을 어란魚爛의 지경에 이르게 하시옵니까? 비록 변방이 침략을 받았으나 오히려 표문表文 올리는 것을 허락하

況厥邑之被侵을 胡然忍視리잇가
其明威之不驗이리오마는
寔否德之無良이로이다.
實難求他오 惟在自責이로이다.
然이나 人若不安其業이면
則神將無所於歸시리니
玆因舊典之遵하야 敢告當時之患이오니
卑忱欵欵이오 寶鑑明明이삿다
致令海不揚波하사 丕亨梯航之幅湊하시고

驗 표징험 玆 이에자 遵 좇을준 忱 정성침 欵 정성스러울관 梯 사다리제

셨으니 어찌 그 고을이 침략당하는 것을 보기만 하시옵니까? 어찌 밝은 위엄의 징험이 없으시겠습니까만 실로 저의 부덕한 소치이니 진실로 남에게 구하는 것은 어려운 일이요, 오직 자책할 뿐이옵니다.

그러나 사람이 만약 그 하는 일을 편안히 여기지 않는다면, 삼신께서도 장차 돌아가실 곳이 없을 것입니다. 이에 옛 법을 좇아 감히 지금의 환란을 고하오니, 조촐한 저의 정성이지만 기꺼이 받으시고 밝게 굽어살펴 주시옵소서. 바다에는 큰 파도가 일지 않게 하시어 배를 타고 멀리서도 몰려들게 하소서.

天其申命하사 光贋社稷之安磐하소서.

14. 高麗末, 王朝의 分裂과 옛 領土 回復

天授紀元四百三十九年은

敬孝王五年이니

是歲夏四月丁酉에 奇轍·權謙·盧頙等이

謀叛伏誅하고 釋鄭之祥하야

爲巡軍提控하고 罷征東行省理問所하니라.

時에 元室이 極爲衰弊하야 吳王張士誠이

贋 안을응 社 토지신사 稷 곡식직 磐 반석반 授 줄수 提 끌제 控 당길공

하늘이시여! 천명을 내려 주시어 사직社稷이 반석 위에 올라설 수 있도록 보살펴 주시옵소서.

14. 고려 말, 왕조의 분열과 옛 영토 회복

천수 기원 439년은 경효왕(공민왕) 5년(단기 3689, 1356)이다. 이 해 여름 4월 정유丁酉에 대사도 기철奇轍, 태감 권겸權謙, 경양부원군 노책盧頙 등이 반역을 꾀하다가 형벌을 순순히 받아 죽었다. 정지상을 석방하여 순군제공으로 임명하고, 정동행성이문소征東行省理問所를 철폐하였다.
이때에 원나라 왕실이 극도로 쇠약해져 오吳왕 장사성張士誠

起於江蘇하야 事多騷亂矣러라.

崔瑩 將軍의 遼東 攻略

崔瑩等이 及自高郵로 歸하니

上이 始從瑩等議하사 遂定西北恢收之計하사

先罷征東行省하시고 繼遣印璫崔瑩等諸將하사

攻鴨綠江以西八站하사 破之하시고

又遣柳仁雨·貢天甫·金元鳳等하사

收復雙城等地하시니라. 十年冬十月에

騷 시끄러울 소 亂 어지러울 란 瑩 옥돌 영 恢 회복할 회 罷 파할 파 站 역마을 참

이 강소江蘇에서 군사를 일으켰고, 소란스러운 일이 많았다.

최영 장군의 요동 공략

최영등이 고우高郵(중국 강소성 고우)에서 돌아오자, 임금이 비로소 최영 등의 의견을 좇아 드디어 서북 땅을 회복할 계책을 정하셨다. 먼저 정동행성을 폐지하고, 계속해서 인당印璫, 최영 등 여러 장수를 보내시어 압록강 서쪽 8참八站을 깨뜨렸다. 또 류인우柳仁雨, 공천보貢天甫, 김원봉金元鳳 등을 보내시어 쌍성雙城등 옛 땅을 되찾게 하셨다.

10년(단기 3694, 1361) 겨울 10월에, 홍두적(홍건적) 반성, 사

紅頭賊潘誠·沙劉·朱元璋等十萬餘衆이
渡鴨綠江하야 寇朔州하고 十一年에 賊이
襲安州하니 上將軍李蔭·趙天柱가 死之하나라.

鄭世雲 將軍과 杏村 李嵒의 愛國衷情

十二月에 上이 至福州하사 以鄭世雲으로
爲總兵官하시니
世雲이 性忠淸하야 自播遷以來로 日夜憂憤하야
以掃盪紅賊하야 恢復京城으로 爲己任하니

潘성반 寇침범할구 蔭그늘음 播옮길파 憤분할분 掃쓸소 盪씻을탕

류, 주원장 등 무리 십만여 명이 압록강을 건너 삭주를 침범하였다. 11월(원문 11년은 오기)에 도적이 안주를 습격하니 상장군 이음(이암의 아들), 조천주가 전투에서 죽었다.

정세운 장군과 행촌 이암의 애국충정

12월에, 임금이 복주福州(경북 안동)에 이르러 정세운鄭世雲을 총병관總兵官으로 삼으셨다. 세운은 성품이 충성스럽고 청백하였다.
임금이 파천播遷한 이후 밤낮으로 근심하고 분하게 여겼다. 홍두적을 소탕하고 경성을 수복하는 것을 자기 소임으로

上이 亦倚信하시니라.

世雲이 屢請亟下哀痛之詔하사 以慰民心하시고
遣使諸道하사 以督徵兵하소서 한대
上이 遂下詔하시니 守門下侍中李嵒이 傳曰
天下安에 注意相하고
天下亂에 注意將하니 余는 文臣이라
懦不能軍하니 子其勉之어다.
世雲이 詣都堂하야 憤言揚聲으로
謂柳淑以簽軍後期로 爲責하고

慰 위로할 위 注 뜻을 둘 주 懦 나약할 나 勉 힘쓸 면 詣 이를 예 簽 징집할 첨

여기므로 임금이 또한 믿고 의지하셨다. 세운은, 애통하게 여기는 조서詔書를 속히 내려 백성의 마음을 위로하고 사신을 모든 도에 보내어 징병徵兵을 독려하시도록 임금에게 여러 번 청원하였다. 임금께서 마침내 조서를 내리시니 수문하시중守門下侍中 이암이 세운에게 전하여 말하였다.
"천하가 편안하면 뜻을 정승에게 기울이고, 천하가 어지러우면 뜻을 장수에게 기울이는 법이다. 나는 문신文臣이라 나약하여 능히 군사를 부리지 못하니, 그대는 힘쓸지어다."
세운이 도당都堂에 나아가 분연히 소리 높여 류숙柳淑에게 군사를 징집하면서 기한이 늦은 일을 책망하였다.

將行에 嵒이 謂世雲曰

今에 强寇猝至하야 皇城失守하고

乘輿播遷하야 爲天下之笑가 三韓之恥어늘

而公이 首唱大義하야 仗鉞行師하니

社稷之再安과 王業之中興이 在此一擧라

吾君臣이 日夜로 望公之凱旋也로다.

獎諭遣之하고 每日督勵諸將倡義하야

出謀授計하니 安祐·李珣改名希泌李嵒從侄·

韓方信等諸將이

猝 갑자기졸 輿 수레여 恥 부끄러울치 唱 노래할창 鉞 도끼월 凱 개선할개

전선으로 출발하려 할 때 이암이 세운에게 말했다.

"강력한 외적이 갑자기 쳐들어와 황성을 지키지 못하고 임금의 수레가 파천하여 천하의 웃음거리가 된 것은 삼한의 치욕이로다. 공이 앞장서서 대의를 부르짖고 부월斧鉞을 들고 출정하니, 사직이 다시 편안해지고 왕업이 중흥함이 이번 한 판 싸움에 딜러 있도다. 우리 임금과 신하는 밤낮으로 공이 이기고 돌아오기를 바랄 뿐이로다."

권면하고 깨우쳐 전송한 뒤에 매일 여러 장수에게 군사를 일으킬 것을 독려하고 묘략을 내어 전해 주었다. 안우安祐, 이순李珣(희필로 개명함. 이암의 종질), 한방신韓方信 등 여러 장

개 종 지 유 공
皆從之有功하니라.

잃어버린 北方 領土를 回復할 機會

이십년신해이월갑술
二十年辛亥二月甲戌에

여진천호이두란첩목아   견백호보개
女眞千戶李豆蘭帖木兒가 遣百戶甫介하야

이일백호   내투   윤삼월기미
以一百戶로 來投하니라. 閏三月己未에

북원요양성평장사유익   왕우승등
北元遼陽省平章事劉益·王右丞等이

이요양 본고려지   욕귀부아국
以遼陽은 本高麗地라 하야 欲歸附我國하야

견인래청   시 정의불일   국사다난
遣人來請이어늘 時에 廷議不一하고 國事多難이라

帖 표제첩 甫 클보 介 끼일개 投 가담할투 附 붙을부 廷 조정정

수가 모두 종군하여 공을 세웠다.

잃어버린 북방 영토를 회복할 기회

20년 신해(단기 3704, 1371) 2월 갑술에 여진 천호千戶 이두란 첩목아李豆蘭帖木兒가 백호百戶 보개甫介를 보내어 백 호를 거느리고 투항해 왔다. 윤3월 기미에, 북원北元의 요양성 평장사 유익劉益, 왕우승王右丞 등이 요양은 본래 고구려 땅이라 하여 우리나라에 귀순하고자 사람을 보내어 귀화를 청했다. 이때 조정의 의론이 일치하지 않고, 국사에 어려움이 많았다.

然이나 上이 遣鄭夢周하사 如明하사 賀平蜀하시고

金義는 殺明使蔡斌하니 朝野騷然하야

其欲言事者가 幾希라

以故로 未卽回報하니 劉益等이 遂以金州·

復州·蓋平·海城·遼陽等地로

歸附于明하니라.

嗚呼라 當時淸論이 徒因循是務하야

自失好機하야 竟不恢收舊疆하니

志士之恨이 於斯爲深矣로다.

蜀 나라이름 촉 斌 빛날 빈 騷 떠들썩할 소 徒 다만 도 循 미적미적할 순

그러나 임금이 정몽주를 명나라에 보내시어 촉蜀을 평정한 것을 하례하게 하셨다. 김의金義가 명나라 사신 채빈蔡斌을 살해하자 조야가 시끄러워 이 일에 대해 말하려는 자가 거의 없었다. 이 때문에 바로 회신을 하지 않자, 유익 등이 마침내 금주金州·복주復州·개평蓋平·해성海城·요양遼陽 등의 땅을 가지고 명나라에 가서 붙었다.

오호라! 당시 청론淸論을 떠들던 무기력한 자들이 한갓 편안함을 좇기만 일삼아 좋은 기회를 스스로 잃어버리고 마침내 옛 강토를 회복하지 못하였으니 뜻 있는 사람의 한恨이 이 때문에 더욱 깊어지는구나.

高麗國本紀

江陵王이 以先帝命으로 卽位하시니

時에 遼東都司가 遣承差李思敬等하야

到鴨綠江張榜하니 曰

鐵嶺迤北迤東迤西는 元屬開元하니

所管軍人漢人女眞達達高麗는

仍屬遼東云云이라

朝議紛紛不一이라가 竟以督戰決定하시고

大發中外兵馬하사

以崔瑩으로 爲八道都統使하시니라.

承差: 지방 관청의 아전 榜: 방붙일 방 迤: 연할 이 管: 주관할 관 紛: 어지러울 분

강릉왕(우왕)이 선제先帝(공민왕)의 명으로 즉위(단기 3707, 1374)하셨다. 이때에 요동 도사가 승차 이사경李思敬 등을 보내어 압록강에 이르러 방을 써 붙이고 말하기를,
"철령鐵嶺의 북쪽과 동쪽과 서쪽은 원래 개원開元(지금의 요령성 개원현)에 속하던 땅이니 거기서 관할하던 군인軍人, 한인漢人, 여진女眞, 달달達達, 고려高麗는 여전히 요동遼東에 속한다."
운운 하였다. 조정의 중론이 분분하여 일치하지 않다가 마침내 싸울 것을 결정하고, 나라 안의 병마를 크게 일으키고 최영을 팔도도통사八道都統使로 임명하셨다.

太白逸史跋

歲甲子에 余謫槐山하니
處宜謹愼이오 頗爲無聊라
乃取閱家藏陳篋하야
其有可據於史傳者와
與夫平日聞諸古老者를
并擧採錄이로대 而未成書러니
後一十六年庚辰에

謫귀양갈적 槐홰나무괴 愼삼갈신 頗자못파 篋상자협 據근거거 採캘채

태백일사 발문

갑자(연산군 10, 단기 3837, 1504)년에 내가 괴산槐山으로 귀양을 갔는데 마땅히 근신해야 할 처지였기에 아주 무료하게 나날을 보냈다.
이에 집안에 간직하고 있는 오래된 상자를 열고 점고해 보니, 역사와 전기에 근거로 삼을 만한 것과 평소에 노인들에게 들은 것을 함께 채록한 것이 있는데 책으로 완성하지 못한 것이었다.
그 후 16년이 지난 경진(중종 15, 단기 3853, 1520)년에

여 이 찬 수 관
余以撰修官으로

파 득 내 각 비 서 이 독 지
頗得內閣秘書而讀之하고

내 안 전 고 이 편 차 지
乃按前稿而編次之하야

명 왈 태 백 일 사
名曰太白逸史라

연   감 불 문 어 세   비 장 지
然이나 敢不問於世하고 秘藏之하야

위 불 출 호 외 자
爲不出戶外者라

일 십 당 주 인   서
一十堂主人이 書하노라.

환 단 고 기 종
桓檀古記終

撰 지을 찬　閣 누각 각　秘 숨길 비　按 누를 안　稿 원고 고　編 엮을 편　逸 숨을 일

내가 찬수관撰修官 신분이라 내각內閣의 비서秘書를 많이 구해서 읽을 수 있었다. 이에 이전 원고를 순서대로 편집하여 『태백일사太白逸史』라 이름 붙였다.
하지만 감히 세상에 물어 밝히지 못하고 비밀히 간직하여 문밖에 내놓지 않은 것이다.
일십당주인一十堂主人이 쓰노라.

부록 참고사료

三國遺事 古朝鮮(王儉朝鮮)
삼국유사 고조선 왕검조선

魏書에 云 乃往二千載에 有壇君王儉이
立都阿斯達하시고
開國하사 號朝鮮하시니 與高同時니라.
古記에 云 昔有桓国하니
庶子桓雄이 數意天下하야 貪求人世어늘
父 知子意하고 下視三危太伯하니
可以弘益人間이라
乃授天符印三箇하사 遣往理之하시니라.
雄이 率徒三千하사

魏 나라이름 위 載 실을 재 數 자주 삭 貪 바랄 탐 授 줄 수 箇 낱개 率 거느릴 솔

『위서魏書』에 이르기를, 지난 2,000년 전에 단군왕검께서 도읍을 아사달에 정하시고 나라를 세워 이름을 조선이라 하시니 요임금과 같은 시대라 하였다.

『고기』에 이르기를, 옛적에 환국이 있었다. 서자부의 환웅이 천하를 건지려는 뜻을 가지고 인간 세상을 구하고자 하거늘, 환국을 다스리시는 아버지 환인께서 아들의 이런 뜻을 아시고 아래로 삼위산과 태백산을 내려다보니 널리 인간에게 이로움을 줄 만한지라.

이에 아들에게 천부天符와 인印 세 개를 주어 보내 이곳을 다스리게 하셨다. 이에 환웅이 무리 3,000명을 거느리고

降於太伯山頂神壇樹下하시니 謂之神市요
是謂桓雄天王也시니라.
將風伯雨師雲師하시고
而主穀主命主病主刑主善惡하시며
凡主人間三百六十餘事하사
在世理化하시니라.
時에 有一熊一虎가 同穴而居러니
常祈于神雄하야 願化爲人이어늘
時에 神遺로 靈艾一炷와 蒜二十枚하시고

頂 꼭대기정 穀 곡식곡 餘 남을여 艾 쑥애 炷 자루주 蒜 마늘산

태백산 꼭대기 신단수 아래에 내려오시어 이를 신시神市라 이르시니, 이분이 바로 **환웅천황**이시다.

환웅께서 풍백風伯과 우사雨師와 운사雲師를 거느리고 농사와 왕명과 형벌과 질병과 선악을 비롯하여 인간 세상의 360여 가지 일(人事)을 주관하시고, 신교神敎의 진리로써 정치와 교화를 베푸셨다.

이때 웅족과 호족이 같은 굴에 살았는데, 늘 삼신상제님과 환웅님께 사람이 되게 해 달라고 빌었다.

이에 환웅께서 신령스러운 것을 내려주시며 그들의 정신을 신령스럽게 하시니 그것은 곧 쑥 한 묶음과 마늘 스무

曰「爾輩食之하고 不見日光百日이면
便得人形하리라.」
熊虎得而食之러니
忌三七日에 熊得女身이나
虎不能忌하야 而不得人身이라.
熊女者無與爲婚 故로
每於壇樹下에 呪願有孕이어늘
雄乃假化而婚之하사 孕生子하시니
號曰 壇君王儉이시니라.

輩 무리 배 便 곧 변 忌 꺼릴 기 呪 주문 주 孕 아이밸 잉 假 임시 가

매였다. 환웅께서 이르시기를, "너희들은 이것을 먹으면서 햇빛을 보지 말고 100일 동안 기원하라. 그리하면 인간의 **본래 참모습을 회복할 것이니라**" 하셨다.

웅족과 호족이 환웅께서 주신 쑥과 마늘을 먹으면서 스무하루 동안을 삼감에 웅족은 여자의 몸이 되었으나 호족은 금기를 지키지 못하여 사람의 몸이 되지 못하였다. 웅족 여인이 혼인할 곳이 없으므로 매일 신단수 아래에 와서 아이를 갖게 해 달라고 빌었다.

이에 환웅께서 웅족 여인을 임시로 광명의 민족으로 받아들여 혼인해 아들을 낳으시니 이름을 단군왕검이라 하였다.

以唐高卽位五十年庚寅에都平壤城하시고
始稱朝鮮하시니라.
又移都於白岳山阿斯達하시니
又名弓忽山이오 又今彌達이니
御國一千五百年이라
周虎王卽位己卯에 封箕子於朝鮮하니
壇君이 乃移藏唐京이라가
後에 還隱於阿斯達하사 爲山神하시니
壽는 一千九百八歲시니라.

壞 땅양 彌 널리미 御 다스릴어 箕 키기 藏 감출장 隱 숨을은

당唐나라 요임금이 즉위한 지 50년이 되던 경인庚寅년에 평양성에 도읍하고 비로소 조선이라 일컬었다.
또 도읍을 백악산 아사달로 옮겼는데 그곳을 궁홀산弓忽山, 또는 금미달이라고도 하니 이곳에서 1,500년 동안 나라를 다스렸다.
주나라 무왕이 즉위한 기묘己卯(BCE 1122)년에 무왕이 기자箕子를 조선에 봉하니, 이에 단군이 장당경으로 옮겨 가셨다가 뒤에 돌아와 아사달에 은거하여 산신이 되시니 수가 1,908세이셨다.

^{당배구전} ^{운고려} ^{본고죽국}
唐裵矩傳에云高麗는本孤竹國이니

^{주이봉기자} ^{위조선}
周以封箕子하야爲朝鮮하고

^{한분치삼군}
漢分置三郡하니

^{위현토낙랑대방}
謂玄菟樂浪帶方이라하고

^{통전} ^{역동차설}
通典도亦同此說이라.

裵 성씨배 矩 법도구 孤 외로울고 置 둘치 菟 호랑이도 帶 띠대

당나라 『배구전裵矩傳』에 이르기를, 고구려는 본래 고죽국인데 주나라가 기자를 봉하여 조선왕으로 삼았다. 한나라가 이를 나누어 3군을 설치하여 현도, 낙랑, 대방이라 불렀다. 『통전』에서 이르는 바도 역시 이와 같다.